普通高校"十三五"规划教材·工商管理系列

企业管理咨询
——理论、方法与演练

宋丹霞　冉佳森 ◎ 主编

清华大学出版社
北　京

内 容 简 介

本书聚焦于企业管理咨询与诊断的理论与实操训练,以企业管理咨询项目的实施过程为主线,分为4篇,12章。第一篇为绪论篇,包括管理咨询导论和咨询项目团队的组建与管理;第二篇为程序方法篇,包括管理咨询的基本流程、工具与方法;第三篇为咨询内容篇,包括企业战略管理、组织管理、人力资源管理、运营管理、商业模式设计与营销管理、企业信息化与电子商务管理等模块的管理咨询;第四篇为成果展示篇,包括咨询报告的撰写与展示以及成果的验收与管理。每章之前设有引导故事、管理启示和学习目标导入本章学习;每章结束设有本章小结和技能训练,提出明确的实训任务,使学生通过实战演练提高应用能力。本书还配有拓展阅读、教学课件等辅助资源。

本书可作为高等学校经济管理类专业本科生、硕士生、MBA学员的专业课教材,也可作为管理咨询公司初级咨询师的培训教材,以及企业管理从业人员提升管理知识和管理水平的自学书籍。

图书在版编目(CIP)数据

企业管理咨询:理论、方法与演练/宋丹霞,冉佳森主编.—北京:清华大学出版社,2019(2024.8重印)
(普通高校"十三五"规划教材·工商管理系列)
ISBN 978-7-302-52675-9

Ⅰ.①企… Ⅱ.①宋… ②冉… Ⅲ.①企业管理—咨询 Ⅳ.①F272

中国版本图书馆 CIP 数据核字(2019)第 053307 号

责任编辑:高晓蔚
封面设计:汉风唐韵
责任校对:宋玉莲
责任印制:杨 艳

出版发行:清华大学出版社
   网　　　址:https://www.tup.com.cn,https://www.wqxuetang.com
   地　　　址:北京清华大学学研大厦 A 座　　　邮　　编:100084
   社 总 机:010-83470000　　　邮　　购:010-62786544
   投稿与读者服务:010-62776969,c-service@tup.tsinghua.edu.cn
   质量反馈:010-62772015,zhiliang@tup.tsinghua.edu.cn
印 装 者:三河市龙大印装有限公司
经　　销:全国新华书店
开　　本:185mm×260mm　　印　张:18.25　　　字　　数:387 千字
版　　次:2019 年 3 月第 1 版　　　印　　次:2024 年 8 月第 11 次印刷
定　　价:49.00 元

产品编号:082091-01

前　言

近年来,随着我国宏观经济持续快速增长,市场竞争日益激烈,企业竞争优势快速被颠覆,国内企业对管理咨询的需求增长迅速,我国管理咨询服务行业得到快速发展。目前,很多高校都在经济管理类专业和工商管理硕士(MBA)的培养方案中设置了企业管理咨询课程,以满足管理咨询公司对管理咨询人才的需求。企业管理咨询是一门实践性很强的课程,如何让学生较好地掌握管理咨询的理论和方法,并能够在实践中得以应用和训练? 本书正是为了应对这种需求而编写的,将本课程团队前期所采用的基于行动学习的课程教学模式融入教材中,让学生通过角色扮演、项目演练等方式,增强学生的学习兴趣,让学生在"干中学"和"边学边干"的过程中提升将理论应用于管理实践的综合能力,真正做到学以致用。

一、教材的基本框架结构

本教材的基本框架共设置为 4 篇 12 章。第一篇为绪论篇,包括管理咨询导论和咨询项目团队的组建与管理;第二篇为程序方法篇,包括管理咨询的基本流程和企业管理咨询的工具与方法;第三篇为咨询内容篇,主要包括企业战略管理、组织管理、人力资源管理、运营管理、商业模式设计与营销管理、企业信息化与电子商务管理等按模块划分的管理咨询内容;第四篇为成果展示篇,主要包括管理咨询报告的撰写与展示以及咨询项目成果的验收与管理。

教材的章节内容结构完整,每章之前设有引导故事、管理启示和学习目标,以导入本章的学习;每章结束设有本章小结和技能训练,提出明确的实训任务,要求学生课后进行实战演练。第五至十章在各咨询模块理论的梳理上主要聚焦于核心知识点和常用的咨询工具与方法,加入新时代背景下的一些新理论和新方法,并结合企业的具体实例来加以说明,尽量做到通俗易懂。

二、教材的阅读对象

本教材可作为普通高等学校经济管理类专业本科生、硕士生以及 MBA 学员企业管理咨询课程学习的教材,亦可作为管理咨询公司初级管理顾问的培训教材,同时也可以作为企业管理人员或对企业管理感兴趣的人士提升管理知识和管理水平的自学书籍。

三、教材的特色和亮点

1. 准确的人才培养定位

根据课程团队前期的一些教学经验和体会,我们觉得培养学生应当有预期,是将其培养成为初级顾问,具备入门管理咨询的基本素养,还是要把他们培养成为某专业领域资深的高级顾问? 我们的培养定位是前者,因为目前管理咨询公司的顾问培养流程也是先入门,再根据顾问个人兴趣爱好往深处培养,而初级到高级的培养过程比较复杂,对学生实践经验的要求也会更高,因此大学的教育主要是侧重培养学生作为管理咨询顾问的基本素养。

2. 差异化的教学内容

首先,在教学内容体系的设计上有别于其他教材。目前已有的管理咨询教材多是以介绍管理咨询的一般流程及常用工具和方法为主线,涉及咨询内容模块的比较少。同时,由于管理咨询的程序与方法这个内容在不同咨询模块下既有共性的一面,也有个性化的一面,处理不好的话各章节内容容易重叠。因此我们在第三章和第四章中主要介绍企业管理咨询的一般程序和具有共性的一些咨询工具与方法,如问卷调查、访谈法等,而在后续的内容篇章则着重介绍在这些核心管理模块咨询的主要内容,以及会用到哪些具体的理论模型及方法。

其次,由于企业在实际业务开展过程中,各部分管理模块是相互联动的,因此在咨询内容模块设计中也要体现其内在的逻辑性,如企业战略指导业务、组织追随战略、组织架构设计又决定了人力资源管理方案;企业总体战略的实现需要相应的职能战略,如人力资源战略、运营战略、营销战略、信息化战略等予以支持。学生在之前学习各模块专业课时,容易学完理论知识就淡化印象,在企业管理咨询这门课中正好可以将各个管理模块串起来讲解,让学生对整个企业管理活动形成一个完整的印象,通过每一模块的技能训练,加深对各管理模块内容的系统化理解,并能够对企业所存在的问题进行诊断分析,提出解决方案。

3. 以项目为导向的实操训练设计思路

目前市场上有关企业管理咨询的教材和参考书不多,且大部分教材都在讲解理论。学员阅读后的感知是理论知识太多,缺乏实践训练,学完教材后仍不知怎样进行企业管理咨询活动。纯讲解理论知识的教材使学生容易形成学习倦怠,学过的知识容易较快忘记,印象不够深刻。考虑到当下本科生、MBA 及公司学员对实践能力培养的需要,本教材偏重于企业管理咨询与诊断的实操训练。

整个教材的编排是基于项目为导向的实操训练环节而设计的,教材章节的顺序是按照真实的管理咨询公司运作流程设计,逻辑思路具有连贯性,学生能够由浅入深掌握知识,较易于掌握咨询过程的要点。学完本教材的章节并完成每章后的技能训练,学生能从头到尾进行一次完整的管理咨询项目的实践活动。这一套基于行动学习的、以项目为导向的实操训练教学模式已通过前期的教学实践检验,具有一定的可操作性。学生的感觉是过程很新颖,能让他们在大学上课有焕然一新的感觉,学生参与度高,学习兴趣浓厚,教学效果良好。

4．以角色扮演的方式培养学生成为合格的管理咨询顾问

基于课程团队教师前期在管理咨询公司的工作经验及课程教学的体会,我们觉得目前的大学生对于公司管理活动的理解和认识不足;企业新招聘员工也面临同样的问题,学员需要深刻熟悉和掌握公司的基本管理活动,在此基础上才能形成个人的见解与认识,才能有后期为企业当参谋、提建议的能力。因此,采用"干中学"的行动学习方法,让学生从组建咨询项目小组开始,合理进行角色分工,结合课上所学知识,进行课下的实操训练,做到学以致用。在课堂展示中可以要求学生着职业正装,以咨询顾问和同事相称,真正做到全真模拟,使学生具备成为一名合格管理咨询顾问所需要的能力和素养。

总之,本教材的特色和亮点是以管理咨询项目的实施为导向、以角色扮演和全真模拟的行动学习为教学方法、以培养学生成为合格管理咨询顾问为目标,是一本理论与实践相结合的教材。教材的编排力求凸显差异化和品质化。希望本教材能帮助教师教学更具新颖性和有效性,使学生学习更具趣味性和实践性。

本书由广州大学工商管理学院企业管理咨询课程教学团队的教师根据多年的教学体验和教学积累而编写,主要分工如下:宋丹霞编写第一、三、七、八章;冉佳森编写第九、十、十一、十二章;马大卫编写第四、五章;冉佳森、詹茜编写第二章;宋丹霞、詹茜编写第六章;冉佳森编写各章技能训练模块;最后由宋丹霞对全书进行统稿和修订。感谢鲜一多、刘春梅、刘琪琪、江燕伶、朱婷婷、陈洁如、梁丽珠、范羽彤、刘苓在教材编写过程中所承担的资料收集、图表绘制、格式修订及文字校对等工作。

本书的出版受广州市高校创新创业教育课程与教学研究项目(201709K11)的资助。本书在编写过程中参考了大量的文献、教材、著作以及管理咨询公司的相关资料,有关作者未能一一列出,在此一并表示衷心的感谢。鉴于作者的能力和编写时间有限,书中难免仍有错误和遗漏之处,恳请广大读者和各位专家学者批评指正。作者 E-mail: dannasong@163.com。

编　者

2019 年 2 月

目录

第一篇　绪　论　篇

第一章　管理咨询导论 ……………………………………………………… 3

第一节　认识管理咨询 ……………………………………………………… 4

第二节　管理咨询的价值及特点 …………………………………………… 8

第三节　管理咨询的起源与发展 …………………………………………… 11

第四节　中国现代管理咨询业的发展 ……………………………………… 16

【技能训练】　模块一：走进管理咨询行业 ……………………………… 20

第二章　咨询项目团队的组建与管理 ………………………………… 21

第一节　管理咨询师的职业能力与职业规范 …………………………… 22

第二节　咨询项目团队的组建与角色分工 ……………………………… 26

第三节　咨询项目团队的沟通与知识管理 ……………………………… 31

【技能训练】　模块二：管理咨询团队的组建 ………………………… 41

第二篇　程序方法篇

第三章　管理咨询的基本流程 ………………………………………… 45

第一节　业务洽谈阶段 …………………………………………………… 46

第二节　咨询项目的诊断分析阶段 ……………………………………… 54

第三节　提出改善方案阶段 ……………………………………………… 59

第四节　咨询项目的实施与指导 ………………………………………… 61

【技能训练】　模块三：管理咨询项目计划的编制 …………………… 64

第四章　企业管理咨询的工具与方法 ………………………………… 66

第一节　管理咨询中的数据来源 ………………………………………… 66

第二节　管理咨询中的数据收集方法 …………………………………… 71

第三节　管理咨询分析工具与方法 ·· 84

【技能训练】　模块四：咨询客户企业资料的收集 ····························· 91

第三篇　咨询内容篇

第五章　企业战略管理咨询 ·· 95

第一节　企业战略管理咨询概述 ·· 95

第二节　企业战略诊断分析 ·· 100

第三节　企业战略的选择与制定 ·· 108

第四节　企业战略实施指导与控制 ··· 115

【技能训练】　模块五：企业战略管理咨询模拟演练 ························· 120

第六章　企业组织管理咨询 ·· 121

第一节　企业组织管理咨询概述 ·· 122

第二节　组织结构设计与优化咨询 ··· 126

第三节　组织效能提升诊断与咨询 ··· 136

【技能训练】　模块六：企业组织管理咨询模拟演练 ························· 144

第七章　企业人力资源管理咨询 ·· 145

第一节　企业人力资源管理咨询概述 ·· 145

第二节　企业人才选拔与配置相关咨询 ·· 150

第三节　企业人才任用相关咨询 ·· 158

第四节　企业人才培育相关咨询 ·· 162

第五节　企业留住人才相关咨询 ·· 165

【技能训练】　模块七：企业人力资源管理咨询模拟演练 ··················· 173

第八章　企业运营管理咨询 ·· 174

第一节　企业运营管理咨询概述 ·· 174

第二节　企业运作系统设计咨询 ·· 180

第三节　企业运作系统运行咨询 ·· 189

第四节　企业运作系统维护咨询 ·· 196

【技能训练】　模块八：企业运营管理咨询模拟演练 ························· 207

第九章　商业模式设计与营销管理咨询 ··· 208

第一节　企业商业模式设计咨询 ·· 208

第二节　企业营销管理咨询 ·· 214

第三节　咨询方案设计及实施指导 ·· 222

【技能训练】　模块九：企业营销管理咨询模拟演练 ················· 225

第十章　企业信息化与电子商务管理咨询 ····························· 227

第一节　企业信息化管理咨询 ·· 228

第二节　企业电子商务管理咨询 ·· 234

第三节　咨询方案及实施指导 ·· 238

【技能训练】　模块十：企业 IT 与电子商务管理咨询模拟演练 ··· 242

第四篇　成果展示篇

第十一章　管理咨询报告的撰写与展示 ······························· 245

第一节　管理咨询报告的撰写 ·· 245

第二节　咨询方案汇报展示的目的及作用 ·································· 252

第三节　咨询方案汇报展示的能力要求 ···································· 254

第四节　咨询方案汇报展示的操作流程 ···································· 257

第五节　咨询方案汇报展示的演练技巧 ···································· 259

【技能训练】　模块十一：项目咨询报告的撰写与演示 ·············· 261

第十二章　管理咨询项目成果的验收与管理 ························· 263

第一节　咨询方案成果的管理 ·· 264

第二节　咨询方案有效性的评估 ·· 267

第三节　咨询方案的调整与优化 ·· 270

第四节　咨询方案成果的交付与验收 ······································· 275

【技能训练】　模块十二：咨询项目的验收及经验分享 ·············· 278

参考文献 ·· 279

第一篇

绪 论 篇

第一章　管理咨询导论
第二章　咨询项目团队的组建与管理

第一章

绪　论

第一章

管理咨询导论

 引导故事

田忌赛马的故事

战国时期,赛马是当时最受齐国贵族欢迎的娱乐项目,上至国王,下到大臣,常常以赛马取乐,并以重金赌输赢。田忌曾多次与齐王及其他大臣赌输赢,屡赌屡输。一天他赛马又输了,回家后闷闷不乐。孙膑安慰他说:"下次有机会带我到马场看看,也许我能帮你。"

当又一次赛马时,孙膑随田忌来到赛马场,孙膑了解到,大家的马按照奔跑的速度分为上中下三等,等次不同装饰不同,各家的马依等次比赛,比赛为三赛二胜制。孙膑仔细观察后发现,田忌的马和其他人的马相差并不远,只是策略运用不当,以致失败。孙膑告诉田忌:"大将军,请放心,我有办法让你获胜。"田忌听后非常高兴,随即以千金作赌注邀请齐王与他赛马。齐王在赛马中从没输过,欣然答应了田忌的邀请。

比赛前田忌按照孙膑的主意,用上等马鞍将下等马装饰起来,冒充上等马,与齐王的上等马比赛。比赛开始,田忌的马远远落在齐王的马后面,齐王得意地开怀大笑。第二场比赛,按照孙膑的安排,田忌用自己的上等马与齐王的中等马比赛,在一片喝彩中,田忌的马竟然冲到齐王的马前面,赢了第二场。关键的第三场,田忌的中等马和齐王的下等马比赛,田忌的马又一次冲到齐王的马前面,结果二比一,田忌赢了齐王。

从未输过比赛的齐王目瞪口呆,他不知道田忌从哪里得到了这么好的赛马。这时田忌告诉齐王,他的胜利并不是因为找到了更好的马,而是用了计策。随后,他将孙膑的计策讲了出来,齐王恍然大悟,立刻把孙膑召入王宫。孙膑告诉齐王,在双方条件相当时,对策得当可以战胜对方,在双方条件相差很大时,对策得当也可将损失减小到最低程度。后来,齐王任命孙膑为军师,指挥全国的军队。从此,孙膑协助田忌,改善齐军的作战方法,使齐军在与别国军队的战争中屡屡取胜。

【管理启示】 中国古代就有历史悠久的咨询行业,并且几乎历代都有由成千上万的谋士所组成的庞大的咨询人员群体。中国古代的咨询就是谋略,这些不同朝代的谋略家运用各种计谋、意见,协助君主更好地取得天下、赢得战事、治理国家、运用人才。中国古代咨询为人类提供了最原始的咨询思想,很多思想对现代咨询仍然具有启示和借鉴意义。

🎯 学习目标

- 什么是企业管理咨询？企业管理咨询的特点和作用是什么？
- 企业管理咨询的顾客是谁？它向顾客提供何种产品与服务？企业为何需要管理咨询？
- 管理咨询的起源和发展是怎样的？了解中国企业管理咨询行业的现状及其发展趋势。

第一节　认识管理咨询

一、什么是管理咨询

"咨询"一词，拉丁语意为商讨、协商。在中国古代"咨"和"询"原是两个词，咨是商量，询是询问，后来逐渐形成一个复合词，具有询问、谋划、商量、磋商等意思。咨询作为一项具有参谋、服务性的社会活动，在军事、政治、经济领域中发展起来，已成为社会、经济、政治活动中辅助决策的重要手段，并逐渐形成一门应用性软科学。

对于管理咨询，企业界、学者以及管理咨询行业从业者都有其各自的理解。例如英国管理咨询协会(MCA)对管理咨询的理解是："针对有关的管理问题提供独立的建议和帮助。它一般包括确定和考察相关的问题以及机会，推荐合适的行动方案，并且为所提出的建议提供帮助。"

英国管理顾问协会则定义为："合格的独立人员或者人员小组为企业、公益组织或其他事业提供有关服务，确定和考察有关政策、组织和程序方法的问题，推荐合适的行动方案，并且为所提出的建议提供帮助。"

美国哈佛《企业管理百科全书》中对管理咨询是这样描述的："对现营的事业实行确实的诊断，进而针对经营环境之变化，确立现营事业的基本方针与有关未来的事业结构的方法，然后根据方针来厘定计划并确实执行。"

美国管理咨询公司协会在《管理百科全书》中对管理咨询进行了如下的描述："由独立的和外部的专职人员，或组成咨询公司的一群人员，为了一定的费用而提供的服务，他们帮助经理分析与诊断管理和经营中的问题。"

在日本，企业管理咨询更多地被称为经营诊断，日本经营学家占部都美在《经营学辞典》中是这样对企业经营诊断进行界定的："所谓经营诊断，是指调查企业的实际经营状态，诊断经营方面的问题，提出具体的改善建议，或者在此基础上对改善建议的落实给予指导。"

国内学者较为一致的观点是："管理咨询是帮助企业和企业家，通过解决管理和经营问题，鉴别和抓住机会，强化学习和实施变革，以实现企业目标的一种独立的、专业性的服务。"

综合前人的一些观点，我们对管理咨询可以定义如下：

所谓管理咨询(management consulting)，是由具有丰富经营理论知识和实践经验的专家，与企业有关人员密切配合，根据客户的需求，运用科学的方法，到企业进行实地调查研究,找出企业管理中存在的问题及其产生的原因,有针对性地提出科学的、切实可行的解决方案,并指导方案的实施,以提高企业绩效的智力服务过程。

二、对管理咨询的理解

管理咨询行业是属于知识密集型的生产者服务业,它的服务对象是企业或企业家,管理咨询公司以创造性的知识和智慧产品去满足客户的需求。在对管理咨询内涵的理解中,我们应该充分理解服务性产品所具有的特点,着重把握以下几个观点。

1. 管理咨询是由管理咨询专家和企业有关人员共同参与的活动

管理咨询作为一项知识密集型的服务,服务的提供和交付必须要有顾客的参与。因此管理咨询服务提供的全过程中,咨询顾问和企业管理者都必须共同参与,咨询顾问要多次深入企业与企业管理人员进行访谈和交流,而企业管理人员也必须给予咨询小组密切的配合,才能保证管理咨询项目的顺利完成。

2. 管理咨询是"一把钥匙开一把锁"的过程

大家都知道,生活中锁和钥匙是高度匹配的相关关系,一把钥匙只能开一把锁。服务产品通常具有高度个性化和定制化的特点,作为知识密集型服务企业的管理咨询公司,其所提供给客户的咨询方案同样应当是高度个性化和定制化,咨询项目小组要针对企业所存在的具体问题提出非常有针对性的解决方案,就好像中医医生给病人看病,一定要通过望闻问切,才能开出对症的药方。

3. 管理咨询公司为客户提供的是专业化的智力服务,而不是中介机构

管理咨询公司作为高度专业化的知识密集型服务企业,为顾客提供的是专业化的智力服务,它不是中介机构,它要求咨询顾问具有扎实的管理理论基础和丰富的行业管理经验,能采用科学的分析方法帮助企业找出经营管理中存在的问题,分析产生问题的原因,并提出改进的解决方案。当企业接受改进方案后,咨询顾问还要负责为企业培训人员,帮助指导企业实施改进方案。因此,管理咨询公司所提供的专业化智力服务贯穿管理咨询活动的全过程,具体如图 1-1 所示。

三、管理咨询的分类

管理咨询的类型可以按照以下不同的划分依据分为不同的类型。

1. 按照咨询对象性质划分

管理咨询按照咨询对象的不同可以分为企业管理咨询、事业单位管理咨询、社会团体管理咨询和政府机构管理咨询,而每个对象内部又有不同的类别,如企业里面又可以按照行业的不同,分为制造业、批发零售业、服务业、金融保险业等咨询。

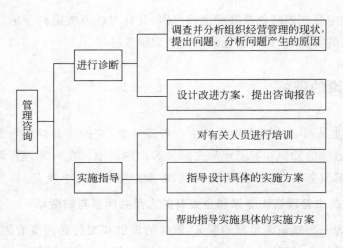

图 1-1　管理咨询含义示意图

2．按照咨询时间长短划分

管理咨询按照咨询项目持续的时间长短可以分为中长期咨询和短期咨询。中长期咨询通常是指管理咨询机构对客户连续进行一年以上的管理咨询活动,而短期的管理咨询则是指一年以下的管理咨询活动。

3．按照咨询人员和企业的关系划分

管理咨询按照咨询人员与企业的关系可以分为外部专家咨询和企业内部自我咨询。外部专家咨询是指聘请外部咨询公司顾问对企业管理存在的问题进行诊断和咨询。内部自我咨询是指企业内部管理人员对企业管理中存在的问题进行自我分析并提出改进方案。

4．按照咨询涉及的业务广度划分

管理咨询按照涉及的业务广度可以分为综合咨询、专题咨询和微咨询。综合咨询也称为全局性咨询,是对企业的总体情况进行综合咨询。专题咨询也称为单元型咨询,是对企业的某一方面管理职能进行具体咨询,如战略管理咨询、人力资源管理咨询等。近年来还逐步兴起一种微咨询,它是以众包的方式来完成的第四代管理咨询,是管理咨询的新模式。微咨询是针对更具体的单一问题,借助专家经验与洞察,通过面对面或远程交流而实现的小型管理咨询服务。

5．按企业内部价值链的环节划分

管理咨询按照企业内部价值链环节可以分为产品开发与设计、物资采购、生产加工、仓储储运、销售和服务等环节的咨询。

6．按照管理职能和业务进行划分

管理咨询按照管理职能和业务的不同可分为经营战略咨询、组织结构咨询、制度体系咨询、商业模式咨询、营销管理咨询、生产管理咨询、质量管理咨询、业务流程咨询、薪酬绩效管理咨询、企业文化咨询、集团管控咨询、企业并购与重组咨询以及企业电子商务与信息化咨询等。

四、管理咨询、管理诊断以及管理培训的关系

（一）管理诊断与管理咨询的联系和区别

当谈到企业诊断时，一般就会认为企业诊断就是企业咨询，两者没有多大的区别。这是因为我国的企业管理咨询概念最早是在改革开放初期从日本引进，而在日本企业管理咨询活动都被称为"企业诊断"，与"企业管理咨询"从概念上没有什么不同。但其实管理诊断与管理咨询并不完全是一回事。它们既有联系，也有明显的区别。

1. 管理诊断与管理咨询的联系

管理咨询的规范程序包括进入阶段、诊断阶段、提出建议和解决方案阶段以及实施阶段。管理诊断只是整个管理咨询过程中的一个阶段，但同时也是非常重要的一环。管理诊断是寻找病症的过程，管理咨询则是整个的开药方和治疗的过程。医生给病人看病必须"对症下药"，才能做到"药到病除"，同样管理咨询师在为企业做管理咨询时也必须先通过管理诊断寻找病症，然后才能在此基础上提出解决方案和辅导实施。所以管理诊断是整个管理咨询过程的基础和依据。

2. 管理咨询与管理诊断的区别

由于管理诊断是管理咨询中的一个环节，所以二者存在明显的差异。首先，二者的最终目的不同。管理诊断的目的是发现问题，而管理咨询的目的是解决问题。管理诊断只是管理咨询工作的一个环节，除了管理诊断以外，管理咨询工作还包括提出建议和辅助实施等环节。管理诊断只需要找出企业的问题，而管理咨询在找出问题后还要负责解决问题。

其次，管理诊断与管理咨询在工作内容和重点方面也是不同的。管理咨询是一个完整的过程，它包括深入企业现场，运用各种科学方法，找出企业存在的主要问题，进行综合分析，查明问题的根源，提出切实可行的改善方案，进而指导实施，以改进企业经营等多个环节。而管理诊断只涉及查找问题、分析问题、查明问题原因并提出初步改进建议等步骤。从工作重点方面来说，管理诊断的核心任务是找出企业的问题。而管理咨询除了要找出问题，还要分析问题并找出解决方案，同时还要监督实施，确保改善方案能够充分发挥作用。

（二）管理咨询与管理培训的联系和区别

由于很多管理咨询公司会为客户提供培训服务，而很多培训公司也通常注册为"管理咨询公司"，因此很容易让人误认为管理咨询就是管理培训。虽然大多数管理咨询公司都有管理培训的业务，但其实管理咨询和管理培训有很大的不同。打个简单的比方，管理咨询扮演的是医生的角色，需要根据病人的病症进行诊断并开出药方，其最终目的是治病救

人,救死扶伤;而管理培训则扮演的是制药商角色,通常只负责制药和卖药,至于病人应该吃什么药、这个药是否对症,是否能治好病则不是制药商的职责范围。

管理培训是以管理理念为主,解决管理中存在的共性问题;而管理咨询是以实操为主,针对企业实际情况解决管理中的个性问题,而且是系统地解决问题。与培训相比,管理咨询作为一个项目,通常具有更多的项目管理要求,如管理咨询项目具有更为明确的项目目标,必须为企业解决具体的问题;管理咨询是一个持续的过程,需要经历现状调研、方案设计、推行实施三个阶段,通常一个管理咨询项目历时都在三个月以上,而培训项目的周期一般都比较短;管理咨询项目通常需要组建项目组,明确分工,紧密合作。管理咨询过程中会含有管理培训活动,但培训的作用在于导入理念、达成共识、讲解方案。管理咨询不仅要帮助企业解决问题,还要通过培训来训练管理人员解决问题的方法和技能。

第二节　管理咨询的价值及特点

一、企业为什么需要管理咨询

企业在发展过程中,很难保证一帆风顺,总会遇到各种各样的管理问题和发展困惑,这时通常会想到请管理咨询公司为企业提供咨询和诊断服务。那么企业为什么要请咨询公司呢? 其实,企业的生存和发展就好像我们每一个人,也会有生命周期,也会有生老病死。人如果生病了,首先想到的就是要去看医生,医生会根据你的病情作出诊断并开出药方,给你提供对症的治疗;同样,企业如果出现问题,尤其是管理体系的问题,也同样需要看医生,这是同一个道理。

企业出现管理问题时,有的企业说,我偏不去看医生,让它自愈,但实际上往往会使病情加重,一旦病入膏肓可能连华佗也医治不了;有的企业说,我自己买药吃,去听一次专家讲课或者请人培训一下,或者仿照别的企业进行改革。买别人吃过的药,有可能治好病,但还是很危险,如果药不能对症,可能会导致病情加重,延误了治疗机会,还可能产生副作用。所以当企业出现管理问题时,考虑请管理咨询公司进行管理咨询和诊断,让外脑及时介入,实为明智之举。

企业需要管理咨询公司为其提供咨询和诊断服务,主要有以下几方面的原因:第一,企业改革需要强大的推动力,单靠企业内部力量难以达成,需要引入外部的推动力量;第二,"外来的和尚好念经",外脑的中立立场使其提供的建议更有说服力;第三,很多企业的管理者并没有经过系统的管理理论知识学习和技能培训,而外部的管理咨询专家通常都是管理专业领域的学者,具有更为丰富的理论和实战经验,能更专业地提出改进方案,改革的效率也更高,企业可以少走弯路;第四,企业内部管理人员忙于日常事务,很难有时间去考虑完善管理体系的事,就算去做了,也因存在个人爱好的趋避,或利益的纠葛,而导致改革的成效打折,甚至失败,这时就需要引入外脑,帮助企业渡过难关。

二、管理咨询的价值

管理咨询行业是一种典型的知识密集型生产者服务行业,为企业提供的是一种智力服务。对于企业来说,聘请管理咨询顾问为企业出谋划策,是一种投资行为。企业希望通过管理咨询公司提供的服务,帮助企业提高管理水平,从而提升企业的运营效益。既然是投资,就要计算投入和产出,只有产出大于投入,才值得投入,否则就是"不值"。一般来说,管理咨询带给企业的价值产出应是咨询费用(投入)的三倍以上,才可称为"值"。那么管理咨询对接受咨询的企业方的价值体现在哪里?归纳起来,主要体现在以下四个方面。

1. 方案价值

管理咨询的最终成果往往是以咨询报告和解决方案等形式体现出来,这也是大多数咨询公司与客户约定的咨询项目的主要目标。咨询顾问根据客户实际情况,运用其专业知识和经验,为客户提供有针对性的咨询报告和解决方案,进而帮助客户企业提高经营绩效。

2. 传递知识和经验

在管理咨询项目实施过程中,除了咨询方案的提出,咨询顾问还会通过对被咨询企业员工的课程培训、访谈、会议、日常沟通等方式给客户企业传递一些先进的管理理念、管理方法和管理工具等,因此对管理知识和经验的传递也是管理咨询公司为客户带来的价值。

3. 人才培养

在管理咨询项目实施过程中,咨询公司与客户企业会有密切的合作,帮助客户管理团队接受所提出的先进的管理理念、管理方法和管理方案等,从而提升客户企业的管理人员技能和素养,为客户企业进行管理人才的培养。

4. 咨询业绩效果

企业管理咨询并不是终止于管理咨询报告和解决方案的提出,还需要在项目实施过程中,对企业进行持续的指导和跟踪,最终帮助企业顺利完成管理的变革,实现经营绩效的提升。因此,管理咨询项目会直接或间接为客户创造价值,提升企业的绩效。

管理咨询行业或企业的存在价值正是源于企业对管理咨询的需求及对管理咨询产品价值的认知。对于企业而言,管理咨询的直接价值是取决于为企业解决的是怎样的问题,企业通过管理咨询公司的咨询和诊断,获得了解决当前管理问题的具体方案和实施步骤;同时,在咨询方案的实施过程中,通过员工培训和辅导,也会掌握很多管理的工具和方法,这就是企业通过管理咨询所获得的长久价值。中国有句古话叫作"授人以鱼,不如授之以渔"讲的就是这个道理。以上四个方面的价值,最能直接衡量的是咨询业绩效果,这也是咨询项目最终和最主要的价值体现。

三、管理咨询的特点

管理咨询行业作为一种专业技术性较强的知识密集型服务行业,其所提供的管理咨询服务具有较为典型的智力型服务产品特点,具体包括以下几个方面。

1. 科学性

科学性是管理咨询赖以生存的根本。管理咨询的科学性主要体现在三个方面:其一,整个咨询过程都是遵循管理科学和其他相关学科的基本原理,因此作为管理咨询顾问,必须拥有扎实的管理理论基础作为知识储备。其二,管理咨询的诊断过程符合由表及里、去伪存真、由局部到全局的事物认识过程,管理咨询顾问必须采用严密的逻辑思维能力来对问题进行分析和归纳。其三,在管理咨询过程中需要采用科学的咨询和诊断方法和工具来进行资料的收集以及问题的分析,如我们在咨询中经常采用的访谈法、问卷调查法、观察法等资料收集方法以及头脑风暴法、决策树法、鱼骨图等问题分析方法。

2. 创新性

创新性是管理咨询生命力和活力的源泉。纵观管理理论的发展历程,很多先进的管理理论和管理方法最早都是由管理咨询公司和业界实践者提出。例如,经典的波士顿矩阵、德尔菲法、麦肯锡 7S 分析框架、企业流程再造等管理理论和方法都是由管理咨询公司提出并命名。管理咨询的创新性主要体现在以下两个方面。首先是改善方案的创新。咨询人员从管理理念、管理体制和机制、管理方法等多层次、多角度提出有益于客户提高绩效的方案。其次,诊断方法创新。咨询人员在提供管理咨询服务时,不断地运用新的思维方式、新的观点去观察新的客户,采用不同的方法和工具分析其存在的问题及原因,以创新精神去设计切实可行又有所突破的咨询方案。

3. 有效性

有效性是管理咨询存在的基础和前提。咨询人员为客户所提供的管理咨询方案,应确保其质量和有效性。管理咨询公司存在的价值就在于能够给客户提供有效的管理解决方案,帮助客户提升经营绩效,实现企业价值的最大化。同时,管理咨询改善方案遵循"一把钥匙开一把锁"的原则,具有很强的针对性和有效性。

4. 独立性

管理咨询人员作为企业外部的专家顾问,应该保持客观、中立的态度来看待和思考客户存在的问题,并提出自己独立的见解。管理咨询人员的这些见解,应该是依据深入的调研、科学的分析得出的结论,而不应被企业领导人的意见或企业员工的情绪所左右,更不应被企业外部其他因素的影响而轻易地改变。

5. 合作性

在整个管理咨询过程中,都需要咨询项目组成员与客户建立良好的合作关系。一方面咨询项目组成员之间需要相互协作,发挥各自的专长,形成团队优势,保持团队的一致性;另一方面咨询项目组和客户各有关人员之间也要保持密切配合,相互沟通,相互信任。良好的合作性,是管理咨询项目取得成功的必要条件,也是对咨询人员素质的基本要求。

6. 建议性

通常一项管理咨询活动最终都是以咨询报告和诊断解决方案作为成果呈现,尽管咨询顾问为企业作出了专业的咨询和诊断,但是否采纳和实施咨询解决方案,决策权还在于企业,管理咨询公司仅仅具有建议权。企业是否采用咨询公司的方案或如何推行管理的变革,完全是由企业管理者自主决策,当然在方案实施过程中,咨询公司还应当继续为企业提供支持和辅导。

第三节　管理咨询的起源与发展

一、源远流长的中国早期管理咨询活动

中国古代就有历史悠久的咨询行业,并且几乎历代都有由成千上万的谋士所组成的庞大的咨询人员群体。中国古代的咨询就是谋略,这些不同朝代的谋略家运用各种计谋、意见,协助君主更好地取得天下、赢得战事、治理国家、运用人才。中国古代咨询为人类提供了最原始的咨询思想,很多思想对现代咨询仍然具有启示和借鉴意义。

中国古代贤士作为参谋、智囊型的咨询人员,为君王、政府、官员、统兵将帅出谋划策、献计献策,最早可追溯到助商汤打败夏桀的伊尹以及辅周武王克商的姜尚。伊尹、姜尚在与政谋国、担任要职之前,其身份都属于咨询大师性质,二人也是我国上古时期超级咨询大师的典型代表,先游于市井江湖,后居于国家朝堂,谋断军机国事。

春秋时期,秦穆公招贤求士,百里奚向穆公推荐了自己的儿子孟明视和他的朋友宋人蹇叔,蹇叔又带来两个儿子西乞术、白乙丙。由百里奚、蹇叔、巫豹、公孙支、孟明视、西乞术、白乙丙等人,组成了秦穆公的高级智库。这一时期的管仲、孙武、范盖等更是亘古不朽的超级咨询大师。

战国时期,我国咨询行业更是蔚为大观。从事咨询工作的不仅有"食客""门客""智囊"之称,还有"善士"之称。不仅如此,咨询师们相互合作帮助,形成大大小小的各色咨询团队。"纵横家"鬼谷子、"合纵派"领袖苏秦、"连横派"翘楚张仪、兵家的孙膑,以及法家的商鞅、李悝、吴起等,更是名噪一时并且名传千古的伟大的咨询师。以战国四大公子——魏国的信陵君魏无忌、齐国的孟尝君田文、赵国的平原君赵胜、楚国的春申君黄歇,以及吕不韦等为代表的养士之风,更是把我国先秦时期咨询业推向了最高峰,他们的咨询团队(门客)成员有数千人之众,不仅人才济济,而且网罗了各方奇人异士。

秦汉时期,从事咨询工作的被称之为"博士",秦汉博士是当时政治决策的理论家,是君

主的"外脑"。秦始皇统一全国之后,政府设立了博士官署,征召六国博士70人于朝廷,规定博士的职务是掌握古今历史文化,备作政府顾问。博士除参议政事外,亦有以私人名义传业授徒。

三国时期,咨询业也很兴盛,活跃在大小军阀集团中的咨询顾问构成了一个比较大的社会智库群,其中,诸葛亮、司马懿、庞统、姜维、徐庶、陆逊、贾诩、邓艾、周瑜、荀彧等是其中的佼佼者,诸葛亮后来更是被文学作品塑造为中国人智慧的化身。他们在被正式任命官职之前都带有个体咨询师的身份,正式任职之后又继续奉献自己的智慧。

魏晋南北朝时期的参军、主簿属于咨询师的角色,从事这一行当的人也不在少数。其中,羊祜、张宾、王猛、王导、谢安、崔浩是他们的代表人物。

唐宋时期,由政府设立的咨询机构是谏官系统。谏官是专门以进谏为职务的,充当"咨询师",以保证国家各种政策的适用性。宋代著名谏官很多,如司马光、欧阳修、范仲淹、苏辙等。

明代的咨询业也有一定的进步。朱元璋高度重视"咨询"工作,他每到一地,必访求当地贤才,充当其咨询师。如进军定远时,冯胜向他献定都金陵之策,他加以采纳,制定了先取金陵、后定四方的建国方针。当起义军打到徽州,老儒朱升又献"高筑墙,广积粮,缓称王"之计,他视为创业的基本方略。攻下浙东以后,刘基、叶琛、宋镰、章溢四大名士应聘至应天,朱元璋称为"四先生",请他们做自己的咨询顾问。当朱元璋登基以后,"四先生"才识过人,即被重用,任其所长,成为明朝的开国元勋,由咨询人员转为国家正式官吏。

清初皇太极为了集思广益而选贤任能,设置文馆作为自己的咨询机构,文馆成员或是考取,或是荐拔,大都是贤能韬略良才。其中范文程最为典型,他几乎为皇太极一切重大决策提供咨询。范文程也没有辜负皇太极的厚望,他谋划了后金改革,制定了大清入关的方略。在清代,被称为"师爷"的咨询顾问非常活跃,尤其以绍兴师爷为最。上自督抚,下自州县,都聘请师爷佐理衙门事务。晚清,曾国藩幕府人才鼎盛;李鸿章更是青出于蓝而胜于蓝,他的幕僚人才荟萃;著名洋务派官员张之洞的幕府也有一批咨询大师,晚清这些军阀幕府后来演变成民国军阀集团。

民国时期咨询业的兴盛是在清末重视幕僚的基础上逐渐发展起来的,袁世凯、吴佩孚等民国政要纷纷聘请外国咨询人员充当顾问,以得到各种各样的决策咨询;孙中山和蒋介石也都聘有大量外国顾问。但民国最富典型意义的咨询大师则要数蒋介石长期聘用的陈布雷。民国咨询业兴盛,表现在从上到下各级军政长官对幕僚的普遍重视,以及智囊咨议机构的设置逐渐规范化。

自中国共产党诞生和中华人民共和国成立以来,为党的事业和国家事业建言献策的,就咨询机构而言,主要是各级政协、社科院、中科院、军科院、党委和政府各研究室与中心,以及大学的研究中心、研究所等;就咨询群体而言,主要是民主党派人士、社会团体及民间组织;就个体而言,主要是现代知识精英、专家学者,也有少量的国外专家。

综上所述,我国古代、近代的咨询业不仅历史悠久,而且代代人才济济,大师辈出,灿若群星,书写了我国一部极富魅力、极为迷人、极为精彩的智慧史。我国古代咨询业的历史功绩是极为巨大的,难以估量的,并且产生了深远的历史影响。出色的咨询大师们不仅有治国安邦、经纬天下的宏图大略,而且还创造出"姜太公钓鱼,愿者上钩"设疑法、"毛遂自荐"法、商鞅先展示假货后推销真货的比较法、诸葛亮欲擒故纵法,以及激将法、设喻法、类比法、迂回法、情境法等好计谋、妙点子,演绎了一场场精彩迷人的智慧大戏,留下了一段段千古传诵的智者佳话。

在古代,我国咨询业在世界上处于领先地位,但是在近现代,随着西方资本主义经济的兴起,科技文化日益发达,其咨询业的产业化、市场化远远超过了中国。

二、西方管理咨询的起源与发展

从根本上来讲,管理咨询的发源地是英国和美国。管理咨询行业是 19 世纪后期和 20世纪早期的美国先驱以及 20 世纪 20 年代之后的英国管理思想家和商人建立起来的。真正意义上的管理咨询最早源于美国。1886 年,第一家管理咨询公司——阿瑟·李特公司的成立,标志着管理咨询行业正式诞生。

第一代管理咨询顾问于 1870 年到 1914 年诞生于美国,当时他们所扮演的主要角色是帮助制造企业提高生产效率。他们尤其活跃的领域是美国西北部的钢铁工程公司。当时,人们并没有把他们叫作管理咨询顾问,实际上谁也不知道管理咨询顾问的真正含义;相反,人们把他们看作时间和动作研究者,称作"工业工程师"。一直到 20 世纪 60 年代,对他们的这种占统治地位的看法才有所改变。在这些人中,阿尔弗雷德·泰勒(Taylor)为我们留下了一份特别的遗产。泰勒的研究方案使他被后人尊称为"科学管理"之父。泰勒所关注的实际上就是后来所谓的组织方法。他所提出的简化复杂制造工作、监督模式清晰化以及提高生产率的观点在当时的美国和欧洲有着深远影响。

20 世纪 20 年代的管理咨询仍然是在美国人思想的启示下向前发展的。这个时期的管理咨询开始受到早期动机工业心理学家的影响,如埃尔顿·梅奥和玛莉·帕克·福利特。这些思想家从更广泛地组织角度来考察效率问题,其中人的因素开始得到人们更多的重视。

到 20 世纪 60 年代,工业结构和经济结构发生了巨大的变化,因此管理咨询活动也有了蓬勃的发展。在现实的市场中,分布广泛的消费者群体也已经成型,广告和市场营销的重要性开始得到人们的重视。美国的咨询公司对此同样作出了巨大的贡献。它们的很多咨询顾问都是在像宝洁这样的公司内接受培训的,宝洁公司长久以来一直被人们尊为一所市场营销商学院。这样,管理咨询顾问就帮助各大公司学习和使用全新的市场营销技巧。

20 世纪 60 年代,同时也是"目标管理"盛行的年代。"目标管理"的框架是阿尔威克奥尔合伙公司的约翰·哈姆伯勒(John Humble)提出来的。简言之,哈姆伯勒的主要观点是:卓越管理的诀窍在于建立清晰的公司目标体系,设置可测量的目标,对实现既定结果的途径形成共识。这种管理观点同当时的管理文化吻合得非常好,因为当时的管理文化非常强调长期规划、人力规划等。不过,这种管理观点很快就退出了统治地位,因为商业世界很快进入了一个变幻莫测的阶段,难以预测。

粉碎企业管理所有古典假设的是 20 世纪 70 年代的石油价格危机。1973 到 1978 年间,全球石油价格提高了两倍,上升到了前所未闻的天价。发生在两次经济大萧条期间的石油价格飙升戏剧性地改变了人们的商业优先序列。财务业绩成为企业的最高关注点,各个会计咨询公司开始重视咨询市场。到 20 世纪 70 年代末,会计咨询公司在咨询市场上占据了相当大的市场份额。

在 20 世纪 80 年代,管理思想的一系列进展对咨询行业也产生了相应的影响。第一,随着日本公司在全球汽车产品市场、家用电器市场、半导体产品市场以及计算机市场上份额的提高,日本人的柔性制造系统尤其是质量管理等生产方法产生了巨大的影响。一时间,制造系统和技术、全面质量管理成为英国管理咨询市场成长速度最快的一部分。第二,金融市场的自由化、国际关税壁垒的降低以及企业国际化经营创造了对全球公司战略和全球市场营销战略的需求。

企业的国际化经营发展也推动了一个全新的咨询市场的出现,即文化变革管理。事实已经证明,对拥有多种不同的制度、文化和产品的国际性公司进行管理是极其复杂的。这一新的咨询领域已经受到许多从事管理文化研究的专家们的影响,同时受到下列因素的驱动:购并浪潮的兴起、增加对个体的培训和职业发展的需求、确保人力资源管理实践能够反映公司文化方面的变革,对人力资源管理咨询的需求也越来越多。

此时,美国哈佛大学战略管理教授迈克尔·波特认为企业必须"创造价值",他提出了"价值链"的概念。企业开展的每一个活动都可以进行分析,寻找它们之间的相互影响。他解释道:"对这些在战略上具有重要意义的活动,如果一家企业能够比它的竞争对手付出更低的成本或者做得更加优秀,那么,它就可以获得竞争优势。"波特的著作鼓励各个公司不仅要考察所有公司内部的活动,而且还要考察外部的关系,其中至关重要的是考察企业同供应商的关系。

波特观点之后的发展是业务流程重组,迈克·哈姆和詹姆斯·钱皮的著作《企业再造》告诫我们的管理者:应该把注意力放在流程上而不是管理职能上。很多公司因此对自己的业务流程进行全面系统的重组。在实际操作中,几乎每一个业务流程重组都是在咨询顾问的帮助下进行的。

价值链分析和业务流程再造概念对组织自我评价的强调还衍生了管理实践中的其他发展趋势,即把精力集中在企业最适合或者"最擅长管理"的"核心"业务上,相应地,对那些对业务并不起核心作用的活动,企业可以外包出去或者"外部寻源(外购)"。各个管理咨询公司在其中所做的事情就是向公司建议外购什么、如何外购以及在外购活动同 IT(信息技术)有联系时如何不断改善对外购活动本身的管理。IT 的出现就把我们带到咨询行业中另一个主要的发展方面。

20 世纪 90 年代晚期以来,互联网开始对管理咨询领域产生有力的影响。电子商务的兴起为管理咨询活动提供了大量机会,因此它们的客户都开始利用这种新兴的商业媒体。同时这也推动了网络咨询的发展——尤其是针对强调网络应用与发展的企业。例如,根据麦肯锡公司的统计,在 2000 年有一半的客户项目中都包含着相当大部分有关电子商务的内容。

网络咨询的发展还进一步推动人们对知识共享和知识管理服务的需求。在《全球化与知识社会》的报告中,说明了知识的利用以及与知识传播相伴随的信息技术将如何改变企业。知识管理的重要作用并不仅仅对咨询客户来说如此,就管理咨询公司本身而言,知识管理也已经成为关键问题。

三、西方管理咨询机构及组织的发展

现代西方咨询业起源于英国,以 1818 年英国建筑学家约翰·斯梅顿成立的"英国土木工程师协会"为标志,至今已有 200 年历史。20 世纪,西方智慧业再度兴起,以创造、创新、创意竞相标榜的思维革命掀起了一次次大脑革命的浪潮。

1939 年,美国创造学家 A. F. 奥斯本提出了"头脑风暴"概念,倡导无限制的自由联想和讨论,以求产生新观念或激发创新设想,从而掀起了"头脑革命"。其提倡的思维方法即头脑风暴法,1953 年正式确认为激发性思维方法。在头脑风暴法的推动下,借助现代科技与信息业的资源,产业界兴起了一种智慧型产业——现代咨询业。这是一种在规模、服务内容、经营模式、经济效益等方面完全有别于其他服务业的行业。其经营服务活动是通过社会调研、市场预测、科学分析、准确论证、正确决策,以探寻经济社会运行的规律和发展态势,对政府出台政策或企业投资进行风险评估与规避,并提出战略性的规划方案或策略性的建议。

现在西方发达国家的咨询业已形成了各自的特色,各有各的优势领域,如美国在企业管理方面,英国在工程咨询方面,德国在国际组织方面,日本在产业情报方面,都有明显的优势。世界著名的咨询机构,如美国兰德公司、斯坦福国际咨询研究所,英国伦敦国际战略研究所,德国系统技术研究所和系统工程公司,日本野村综合研究所、三菱综合研究所等,都是老牌的咨询机构,而麦肯锡、罗兰贝格、埃森哲、毕博、科尔尼、德勒、盖洛普、波士顿、SAP、普华永道等,则是当今世界顶级的跨国咨询集团,它们都有自己比较明确的服务领域与极具特色的品牌。

为了促进咨询业的快速发展,西方各国十分注重成立咨询行业的协会组织。例如,美国管理咨询公司协会(即管理咨询工程师协会,ACEM)成立于 1929 年,是最早成立的管理咨询协会。此外,创建于 1959 年的管理咨询师协会和职业管理咨询协会,以及成立于 1968 年的管理咨询学会和创建于 1970 年的内部管理咨询者协会,也都是美国声誉很好的管理咨询行业组织。除美国之外,英国的经营管理咨询协会、管理咨询协会,法国的咨询和研究团体联合会,加拿大的加拿大管理咨询协会,德国的德国企业咨询联邦联合会,日本的经营士会、中小企业诊断协会等管理咨询行业协会,也在本国的管理咨询业的发展中起着十分积极的作用。从总体上看,西方各国的咨询协会代表着该国咨询服务业的整体。

第四节　中国现代管理咨询业的发展

一、中国现代管理咨询业的发展历程

中国现代管理咨询业是在借鉴日本和欧美国家企业管理咨询理论、方法和经验的基础上发展起来的。20 世纪 80 年代初，中国管理咨询业随着中国改革开放进程的不断推进应运而生。综观中国管理咨询业近 40 年的发展历程，主要可以划分为以下几个阶段。

1. 20 世纪 80 年代的官办咨询业

中国管理咨询业的发展首先起源于政府创办的咨询企业，主要集中在投资、科技和财务咨询领域。为了有效地调整国家产业结构，解决"瓶颈"产业和建立合理的价格体系，原国家计划委员会系统在全国创立了投资咨询和建设工程咨询公司，以期实现国家投资决策的科学化和工程建设的合理化；为了推动科技成果转化，原国家科委和中国科协系统在全国创办和扶持了一批科技咨询企业；为推动企业财务会计咨询的社会化，会计、审计、评估工作的社会中介化，国家财政系统在各地创立了财务会计咨询公司和会计师事务所。

2. 20 世纪 90 年代初期的信息咨询业

20 世纪 90 年代初期，我国信息咨询业开始进入起步发展阶段，这一阶段的咨询公司主要从事市场信息调查、收集、整理和分析业务，为企业决策提供准确、完善的辅助信息。早期对信息咨询业的需求主要来自外资企业和部分合资企业。信息咨询业的特点是企业对信息咨询业服务的需要一般以年为周期，如每年年底请专业咨询公司组织市场调查和分析，了解企业产品在市场上所占份额、客户对产品的满意度等。信息咨询业务一般不按人天收费，通常是按项目定价收费。

3. 20 世纪 90 年代前半期的点子策划公司

20 世纪 90 年代前半期，管理咨询业仍处在初级发展阶段，最典型的就是早期的"点子公司""策划公司"，最有名的就是 1992 年北京的何阳一个"点子"卖了 40 万元，被媒体炒得沸沸扬扬，加之紧随其后的"点子公司"和几本宣传"点子"的畅销书，让咨询的名头着实火了一阵。但把管理咨询业与流星般坠落的"点子公司"联系在一起，实属误解。一个非专业人士也可能冒出几个"点子"，但管理咨询却是典型的知识产业。

4. 20 世纪 90 年代后半期的管理咨询业

到 20 世纪 90 年代中期，随着我国市场经济的日趋完善，市场竞争日趋激烈，国外管理咨询公司大批进入我国市场，我国的管理咨询业才开始起步发展。从此管理咨询业告别"点子"时代，进入专业化发展阶段。到 90 年代末，一部分国内管理咨询公司开始在市场上崭露头角管理咨询公司。按照企业管理的各个专业业务领域，如投融资咨询、财务会计咨询、税收咨询、市场营销咨询、人力资源管理咨询、生产管理咨询、创业咨询、工程技术咨询、业务流程重组与管理信息化咨询等为企业提供管理咨询服务。

5. 21世纪的管理咨询

虽然我国咨询行业发展较晚,但随着我国市场经济不断走向成熟和发展,我国咨询行业发展迅速,已经形成了百花齐放的局面,管理咨询行业将是我国21世纪最具希望的朝阳产业。目前,我国管理咨询业迅速发展,一些优秀的管理咨询企业,认真学习国外知名管理咨询公司的咨询经验与程序,结合自己企业的专业优势,形成了符合中国管理咨询企业实际的一套咨询方法。经过坚持不懈的市场拓展,这些企业已度过艰难的创业时期,管理咨询实践已具有一定的特色,并逐步发展壮大。

二、中国管理咨询行业发展现状

从19世纪末期和20世纪上半叶开始,管理咨询行业不断发展、日臻成熟,形成巨大的市场体量和产业辐射面,成为西方发达国家服务业的重要组成部分。管理咨询是提高组织经营管理能力、提升政府行政效能的重要环节,被人们形象地比喻为企业和政府的"外脑"。据中为咨询网2016年统计数据,美国75%的企业都与咨询公司有业务合作,日本50%的企业在咨询顾问的帮助下改善了自身管理。

我国的管理咨询起步于20世纪80年代初期的"信息服务公司"和"市场调研公司"。随着经济体制的改革,经过30多年发展,我国咨询业已具备一定规模。进入21世纪,我国管理咨询业市场规模以30%的年增长速度快速发展,目前已形成包括各类外资、合资、本土咨询公司,以及开展咨询业务的高等院校和研究院所等各类专业机构上万家。2013—2015年间,行业市场总量达2 000多亿元人民币,年均产值增长近600亿元人民币。

近年来我国宏观经济持续快速增长,市场竞争日益激烈,国内企业对管理咨询的需求增长迅速,我国管理咨询服务行业稳步发展。目前国内有1.1万多家管理咨询公司注册登记,专职管理咨询人员20万余人,管理咨询行业的服务范围涵盖战略、财务、人力资源、信息管理等类型;包括项目前期、中期和售后服务、从业者规程等流程内容,覆盖领域极广。据国外研究机构的预测,我国2020年管理咨询市场将达2 500亿元,成为全球十大管理咨询市场之一。

在快速发展的同时,与国外发达国家相比,我国的管理咨询行业还是有着明显的差距。目前外资咨询机构营业额已占到中国管理咨询市场份额的一半,且多为高端市场,它们有着良好的服务理念、严格的管理制度、完善的信息系统。我国管理咨询机构的规模明显落后于国际知名咨询公司,多数本土管理咨询机构缺乏核心竞争力,管理咨询从业人员专业水平不高,本土管理咨询机构品牌效应弱,管理咨询市场不够规范。这些问题导致本土管理咨询机构难以涉足高端、大额咨询业务,既不利于管理咨询机构自身资源的积累、壮大,也难以树立管理咨询的品牌形象。因此,不断提高服务质量、增强服务能力,是管理咨询行业的发展趋势和必然要求。

三、中国现代管理咨询产业的发展方向

管理咨询业隶属于第三产业。众所周知,在宏观经济中,第三产业在一个国家的产业结构中所占的比重大小,决定一个国家经济发达程度。然而技术密集的高科技产业以及知识密集的咨询产业在第三产业中所占的比重是衡量一个国家经济发达质量和一个国家未来核心竞争力的一个重要指标。现代管理咨询业的发展方向主要是体现在以下几个方面。

1. 面向电子商务

随着互联网技术的广泛应用,企业都将在电子商务时代背景下竞争与发展。企业不仅要实施业务流程重组以突破传统科层制组织的局限性,实现面向流程和企业供应链的扁平化管理,更重要的是要突破企业组织边界的局限,使企业成为全球网络供应链中的一个组成单元。企业要重新审视和重新定义自己的业务领域与发展战略,以便适应电子商务时代的商业运行环境。因此管理咨询活动也将更多地面向企业的电子商务转型需求而开展。

2. 面向信息化管理

信息的完整性和有效性是企业科学管理和决策的基础。如何及时准确地获取、处理和利用信息,是当前企业管理中最重要的问题之一。现代咨询业将会辅助企业制定 IT 技术解决方案,并利用 IT 技术建立自己的信息管理系统,而这些信息系统的成功应用将会极大地提升企业竞争力。信息系统应用成功的核心环节就是系统实施,现代咨询业将会帮助企业实施计算机信息系统,准确识别并事前防范信息系统实施过程中存在的各种潜在危险,提高信息系统应用成功率,辅助企业对信息进行科学高效的综合利用,以使信息系统应用达到预期目标。

3. 面向管理持续改善

企业管理的改善不仅要求企业进行业务流程重组和实施应用信息系统,还需要企业建立持续改善的机制。现代咨询业将会帮助企业建立个性化管理评价指标体系,并辅助企业不定期地对自己的管理进行自我评价,以达到管理持续改善的目标。此外,现代咨询业还将帮助企业建立知识管理体系和建立知识型组织,以提升企业的长期核心竞争力。

4. 面向企业国际化发展

随着全球经济一体化进程的推进,企业规模化发展将面对国际化运作的管理问题,其中,IT 和互联网技术将起到至关重要的作用,这就需要现代咨询业同时实现国际化发展,以快速响应企业国际化运作过程对 IT 技术应用与维护的需求。现代咨询业在推动企业国际化发展的同时,也将同时实现自身的国际化发展。

5. 面向互联网的发展

管理咨询业发展至今,从技术咨询到信息咨询,从信息咨询到管理咨询,从管理咨询到 IT 咨询,几乎没有发生过主动性的变革,即使经历了技术大爆炸的 30 年,管理咨询对于技术使用仍然停留在 30 年前。互联网时代,企业的产品和服务都在快速迭代,对颠覆式创新有着极高的要求。大数据、物联网、云计算、人工智能等技术应用的日新月异,对传统咨询业服务方式带来前所未有的挑战,咨询业的竞争优势正在逐渐消失,很难再满足快速发展的企业要求。在这种时代背景下,面向互联网发展的"互联网＋"咨询呼之欲出,势不可当。

6. 面向大数据的发展

在信息技术飞速发展的大背景下,大数据作为继云计算、物联网之后 IT 行业的又一颠覆性技术革新,成为社会各界普遍关注的焦点,也为管理咨询行业的发展带来机遇。大数据时代数据成为咨询行业第一竞争要素,咨询公司赖以生存的传统意义上的数据已经发展到以 volume(大量)、velocity(高速)、variety(多样)、value(价值)4 V 为特点的大数据,大量企业依靠数据和业务分析取得成功的实证研究都确凿地表明,基于数据竞争力驱动的决策是企业长期立于不败之地的最可靠保障,数据已经成为企业重要的战略资源。对咨询行业而言,大数据是强劲的业务价值驱动力,未来 5～10 年将会重塑整个行业的竞争规则和格局。大数据将成为咨询公司竞争的关键,数据竞争力将引领新一轮的业务增长与创新。

视频

拓展阅读

📝 案例讨论

阅读二维码案例材料"麦肯锡兵败实达",结合观看视频"中央电视台《对话:洋管理水土不服——麦肯锡兵败实达》",思考以下问题:

1. 实达为什么要引入麦肯锡咨询?

2. "麦肯锡兵败实达"给予我们什么启示?

拓展阅读

视频

本章小结

• 管理咨询是由具有丰富经营理论知识和实践经验的专家，与企业有关人员密切配合，根据客户的需求，运用科学的方法，到企业进行实地调查研究，找出企业管理中存在的问题及其产生的原因，有针对性地提出科学的、切实可行的解决方案，并指导方案的实施，以提高企业绩效的智力服务过程。

• 管理咨询行业是属于知识密集型的生产者服务业，其服务对象是企业或企业家，管理咨询公司以创造性的知识和智慧产品去满足客户的需求。管理咨询的特点包括科学性、创新性、有效性、独立性、合作性和建议性。

• 管理咨询行业或企业的存在价值是源于企业对管理咨询的需求及对管理咨询产品价值的认知。管理咨询的价值和作用主要体现在四个方面：提供咨询方案、传递知识和经验、培训人员以及提升企业经营绩效。

【技能训练】 模块一： 走进管理咨询行业

【训练目标】

掌握管理咨询的内涵及其特点；理解管理咨询的作用和价值；了解中外管理咨询行业发展历程，了解中国咨询行业的发展现状及其未来发展的趋势。

【训练任务】

1. 结合本章内容的学习，谈谈你对管理咨询行业的理解。

2. 通过上网查询和收集最新的数据和资料，了解和分析中国管理咨询行业现状，查看中国有哪些知名的管理咨询公司，并查看这些知名管理咨询公司都擅长哪些咨询业务，咨询公司都有哪些业务模块？

3. 根据收集的资料，分析和思考目前中国管理咨询行业发展中存在的主要问题，思考中国管理咨询行业未来有哪些潜在的发展机遇。

【训练要求】

学生分小组进行资料收集和讨论，并将讨论结果制作成 PPT 进行课堂演示。

第二章

咨询项目团队的组建与管理

 引导故事

三个"丑皮匠"与诸葛亮的故事

诸葛亮到东吴做客,为孙权设计了一尊报恩寺塔。其实,这是诸葛亮先生要掂掂东吴的分量,看看东吴有没有能人造塔。那宝塔要求非常高,单是顶上的铜葫芦,就有五丈高,两千多公斤重。孙权被难住了,急得面红耳赤。后来寻到了冶匠,但缺少能做铜葫芦模型的人,便在城门上贴起招贤榜。时隔一月,仍然没有一点儿下文。诸葛亮每天在招贤榜下踱方步,高兴得直摇鹅毛扇子。

那城门口有三个摆摊子的皮匠,他们面目丑陋,又目不识丁,大家都称他们是"丑皮匠"。他们听说诸葛亮在寻东吴人的开心,心里不服气,便聚在一起商议。他们足足花了三天三夜的工夫,终于用剪鞋样的办法,剪出个葫芦的样子。然后,再用牛皮开料,硬是一锥子、一锥子地缝成一个大葫芦的模型。在浇铸铜水时,先将皮葫芦埋在沙里。这一着,果然一举成功。诸葛亮得到铜葫芦浇铸好的消息,立即向孙权告辞,从此再也不敢小看东吴了。"三个丑皮匠,胜过诸葛亮"的故事,就这样成了一句寓意深刻的谚语。这句俗语的意思是说,三个普通人的智慧合起来要顶一个诸葛亮。

【管理启示】 其实,"丑皮匠"和诸葛亮是没有丝毫联系的,"皮匠"实际是"裨将"的谐音,"裨将"在古代是指"副将"。这句俗语原意是指三个副将的智慧合起来能顶一个诸葛亮。在企业实际管理过程中,咨询公司往往成为企业的最强"外脑",而这个"外脑"则通常会源自团队不同成员的智慧,这也就是为什么咨询公司通常都是团队作战,而非单打独斗了。

学习目标

- 了解管理咨询师应具备的素质与能力;
- 了解管理咨询师应遵循的职业道德规范;
- 了解管理咨询团队应如何组建以及如何进行角色分工;
- 熟悉管理咨询团队的沟通管理策略;
- 熟悉管理咨询公司的知识管理策略与方法。

一位资深的麦肯锡咨询顾问曾经这样评价他的年轻同事:"我认识的那些在咨询行业

成功的年轻人,都是超人聪明而且超人扎实的。成功永远不可能信手拈来,也不可能一步登天。"那么管理咨询师要做到哪些才能称为合格呢? 管理咨询师需要从哪些方面来提升自己的职业能力与素养? 管理咨询师又应该遵循怎样的职业道德规范呢? 通过以下内容的学习将会获得答案。

第一节 管理咨询师的职业能力与职业规范

一、管理咨询师的界定

国际管理咨询协会对管理咨询人员的职业定义是:"管理咨询人员是独立的、有良好素质和知识的人,他们为商务、公众和其他社会机构提供非常专业的服务,这些服务包括调查和甄别客户在管理、战略、政策、营销、生产过程、组织领域中存在的问题,通过全面分析,提出合适的建议用于商业和管理的应用,在得到客户的认同之后,有必要配合客户的要求协助客户实现这些建议。"

二、不同类型管理咨询项目对咨询顾问的要求

企业管理咨询项目一般可以分为复杂型项目、经验型项目和标准程序化项目三类。第一类是复杂型项目。这类项目需要创新与创造力,宜采用头脑风暴法。这类项目风险大,需要建立跨部门的团队,在咨询队伍中,应保证年轻的高层次咨询顾问的高比率,如罗兰贝格的咨询顾问通常在国内一流的大学毕业,其中许多具有理工科专业背景,同时还是工商管理硕士。罗兰贝格的咨询顾问还往往在不同的大型跨国企业工作过,拥有各种行业的不同背景。复杂的项目需要优秀的顾问。第二类是经验型项目。这类项目需要大量的行业或企业运营经验,但并不需要很多的创新。第三类是标准型项目。这类项目的一般特性较容易理解,完成项目的活动与其他项目类似,有标准的程序可依,因而具有较低的风险性。现代企业管理咨询项目一般趋于复杂,因为管理咨询需要帮助客户了解市场、了解竞争对手、了解新技术、了解相关业务状况,才能帮助客户创造更新和更好的产品或服务,发展业务关系,改进业务流程,进而提高生产率,改善财务状况。

三、管理咨询师的职业能力与素养

通常,在走进咨询行业的时候人们往往会有一个问题,那就是我的专业背景是否适合做咨询。或者人们通常会想,咨询行业的咨询师,是否有专门对口的专业呢? 其实,这些问题的提出通常是由于对管理咨询师的职业能力理解不够而导致的。管理咨询存在于遇到

管理难题的企业管理场景中,因此这就决定了管理咨询师所具备的专业知识背景应当是多样化的。从管理咨询人员的定义及管理咨询人员所做的工作来看,一个优秀的管理咨询人员应当具备扎实的管理咨询专业知识、良好的职业技能和职业素养与能力。

(一)管理咨询师应具备的专业知识

管理咨询人员在为客户提供服务的过程中,与其他行业所提供的产品或者服务所不同的是,咨询人员所提供的服务是一种智力产品,包括对问题现状的剖析和针对性的解决方案,是智力的集成。为了完成咨询活动,管理咨询人员首先必须具备良好的专业知识,主要包括以下两个方面。

1.管理专业领域的知识

管理咨询活动是为企业在管理中所面临的问题进行诊断分析,这就要求管理咨询师首先应当具有较为扎实的管理专业知识,做到既广博又专深,在多层次、多学科、较为全面的知识结构基础上,拥有一门或者一门以上较为扎实的管理专业知识,如心理学、经济学、社会学、市场营销和管理学等专业知识。美国咨询行业的发展处于世界前列,美国咨询从业人员大体上由三部分人组成:来自名牌大学的 MBA 毕业生、来自相关行业有经验的专业人员和政府部门和企业界退休的管理人员。这种人员构成,很明显地体现出了咨询行业注重系统的专业知识和丰富的专业技能的素质能力取向。

2.咨询领域的知识

管理咨询人员同时也需要对咨询活动本身的规律有深入系统的认识。这些知识主要是指管理咨询工作本身的基本特征和基本性质、咨询项目的实施流程、不同环节不同阶段的实施要点、咨询项目的评估、咨询活动的绩效管理等,这些对于咨询活动的顺利实施同样重要。

(二)管理咨询师应具备的通用技能

管理咨询师要熟悉各种测评工具和方法,有超强的沟通能力和分析问题、解决问题的能力,善于从多个渠道获取信息,通过多种方式处理信息,具备良好的人际交往能力。成功的咨询顾问不仅需要精湛的技术能力,而且还需要卓越的人际技能。按照菲利浦·萨德瑞(Philip Sadleruy)的分类方法,咨询顾问应具备的通用技能分为:

(1)形成/制定技能:这种技能是指管理咨询师对咨询方案的构思并选择合理方案所需的技能。这一技能使我们的决策所建立的基础是合理的理性逻辑,这一类技能特别注重技术工具,如决策树分析、帕雷托分析等的应用。

(2)过程技能:促进和推动座谈会的进行、项目管理、规划与监控项目的进程等。这一技能使人们在以团队的形式进行工作时能够实现最佳效果。过程技能往往需要技术性技能作为必要条件,如项目管理和过程规划等。

(3)教育技能:指做培训需要的影响、表达和互动能力,包括确认培训需求、设计培训课程、投入培训课程等。

（4）人际技能：主要包括人际关系技能和内控技能。人际关系技能包括倾听、语言沟通、视觉沟通、心领神会与影响力等；内控技能包括对情绪的控制能力、反应能力、团队组建与管理的技术、解决冲突的能力等。

（5）领导技能：是指管理咨询师将"人"和"事"的有机结合，使他人同自己一同完成目标的艺术。

✐ 情景案例

　　DX 公司营销咨询项目洽谈已经结束，双方意见达成一致并签约。项目组在 DX 公司总部召开完项目启动会后，开始分批奔赴各个区域进行市场调研工作。由于区域分部不了解项目情况，项目经理贾经理要求组织安排小型启动会说明情况。于是，贾经理就与客户公司的对接人王经理沟通，说明召开项目启动会的目的。王经理就把能叫到的人都叫来了，结果来了店长、店员、设计师、安装工人一堆人。区域项目启动会从下午 3 点一直开到晚上 11 点，大家苦不堪言。结果不但没有起到增强信心的作用，反而让大家的信心大幅下降。项目经理贾经理感觉到无限的压力，因为每个人有提不完的问题。

　　请问在这个案例中，贾经理犯了什么错误？管理咨询顾问应该怎样提升自己的组织能力？

（三）管理咨询师应具备的职业素养与能力

管理咨询师要有丰富的阅历和社会经验，一般要求有企业管理相关工作经验，有对各行各业进行全面分析的能力，能够在一问一答之间展示自己的全部知识和经验储备。同时，管理咨询师还应具有超乎寻常的耐心、亲和力和高尚的职业道德，有保密意识和一定的创新思维。从实施管理咨询的全过程来看，管理咨询师应具备的职业素养和能力可以归纳为以下几方面。

1．对于问题的敏锐洞察力

管理咨询顾问对于问题的敏锐洞察力，指的是咨询顾问能够在与客户的交流中及时捕捉客户陈述的问题要点，并且能够对客户的问题进行梳理和分析，同时提供中肯的建议。通常客户在陈述问题的时候，都会讲到很多实际工作过程中的场景及现象，这要求咨询顾问能够将这些场景中的问题从专业的角度进行提炼，找出问题的关键点以及潜在的解决方案。

2．较强的问题提炼与归纳能力

对于问题的提炼及归纳这一项能力，要求咨询顾问能够在客户叙述问题的过程中，及时将客户讲到的重要问题、关键点进行梳理。必要的时候，能从客户提供的大量数据及资料中进行提炼和归纳，并且通过口述的形式将问题要点表述出来和客户进行确认。例如，在咨询过程中咨询顾问会经常问客户"您说的是否是这几个问题？"或者"我将您的问题表述成以下几个要点,您看对吗?"类似这样一些和客户的交流则需要对问题的提炼及归纳。

3. 快速高效的资料收集及整理能力

由于行业知识背景的不同,很多时候,咨询项目的进行通常是采用"干中学"的方式,即边帮客户解决实际问题,边学习知识来指导下一步的实践环节。管理咨询顾问通常会接触到大量的资料和数据信息,如何快速且高效地收集、处理数据和资料,获取所需要的信息,就显得尤为重要。

4. 良好的分析问题与解决问题的能力

作为管理咨询顾问不单单是要求能够及时洞察问题、发现问题,我们更强调的是对问题的分析及处理。具体来说,就是依照数据信息及客户的描述,分析问题的根本原因并快速形成问题的解决方案。在实际的管理咨询活动中,很多时候要求咨询师在与客户当面沟通交流时,就能够当场给出问题解决思路及方案,这就需要管理咨询顾问具有良好的分析问题和解决问题的能力。

5. 经验积累及快速学习的能力

客户通常具备很多实践经验以及很多业务知识,管理咨询顾问需要在帮其解决问题的过程中,一边解决问题,一边向客户学习。在咨询项目实际开展过程中,咨询顾问一方面是帮客户解决问题,同时也是在陪伴客户一同成长。很多用于解决客户问题的方法,我们都需要在短时间内学会并且用于客户的问题场景中。由于咨询项目的完成时间很有限,因此经验的积累与学习的过程必须快速进行。

6. 团队的沟通与合作能力

团队的沟通与合作主要是针对项目工作而言的。咨询项目的工作涉及各个方面,同时咨询项目的工作也包含了大量的工作量,需要花大量的时间、人力和物力来完成。这个过程需要对资源进行合理分配,团队成员通常会根据各自的专业背景和专长进行分工,这就需要团队成员之间有良好的沟通和高度的配合,帮助整个咨询项目顺利开展。

7. 计划管理及任务工作规划能力

计划管理及任务工作的规划,这项能力主要针对项目的工作需要通过系统的时间计划任务安排来进行。通常我们的咨询项目都是有一定的时间周期,不可能在短期内完成。因此,我们需要在有限的时间,将我们的工作进行合理的规划,以确保项目的工作能够顺利进行,同时能够按照与客户约定的时间节点交付项目成果,因为咨询项目组的时间即代表着金钱,时间越长,成本的管理控制面临的压力就越大,成本越高,那么项目的收益就会越小。

8. 创新思维与严谨的工作态度

创新思维与严谨的工作态度,这两项对于项目咨询顾问来说同等重要。对于创新思维来说,我们给客户提供的咨询方案,一定要包含新的洞见。方案里面一定要有创新的思维,给客户带来新的启发。而这些新的启发和管理理念,都源于管理顾问的贡献和努力。同时,咨询顾问还需要具有严谨的工作态度,咨询顾问所提出来的观点、所作出的贡献和创新都必须是有依据的。这就需要咨询顾问对所使用的数据资源的可靠性负责,对所用到的每一条信息来源,可信度以及有效性进行严格把握,必要时要进行一定的标注,避免咨询方案对客户造成误导,同时也成为咨询顾问能否做出一份高质量的咨询方案的关键。

四、管理咨询师应遵循的职业道德规范

随着管理咨询行业的快速发展,有关咨询师的职业道德问题也越来越引起重视。根据我国管理咨询实践和国际经验,管理咨询师应遵循的职业道德规范归纳为以下几点。

(1) 合法守纪,严格遵守国家有关法律、法规和政策。

(2) 力所能及,不接受力不胜任的咨询委托;除事先商定的报酬以外,不接受其他额外酬金。

(3) 为客户提供高质量的服务。不谋私利,体现客户利益最大化;坚持社会效益、环境效益和企业经济效益的统一。

(4) 独立性、客观性和廉正性。保持咨询工作的独立、客观、公正,一切判断基于事实。

(5) 尊重客户隐私,保守客户秘密,未经许可不得将任何咨询过程中的资料透露给第三方。

(6) 有效咨询,管理咨询服务不仅要为企业解决问题,更要着眼于提高企业的管理水平。做到既"授人以鱼",又"授之以渔"。

(7) 尊重同行,不做诋毁同行的事情,不做因维护客户的利益而损害第三者的事。

第二节　咨询项目团队的组建与角色分工

一、咨询项目团队的组建

(一) 了解咨询项目团队

1. 咨询项目团队的含义

咨询项目团队,也叫咨询项目组,是由咨询顾问组成的项目团队。咨询项目组因客户具体咨询业务的需要而成立。咨询项目组的建立即赋予了咨询团队的使命及其存在的意义。

2. 咨询项目团队的特点

咨询公司中的咨询顾问在公司中是流动的,有的顾问一人会身兼多个项目,也就是有很多个项目都会有同一名顾问参与。同时,咨询公司中咨询顾问资源也是可以灵活配置的,例如,擅长战略规划类业务的咨询顾问,常常会被安排到企业战略规划咨询类的项目中,而擅长组织设计的顾问,会被安排到组织管理问题类的咨询项目中。

3．咨询项目团队的生命周期

咨询项目团队并非永久存在，它有一定的生命周期，将伴随着整个咨询项目建立、发展及完成。咨询项目团队在整个咨询项目进行过程中，通常会历经四个阶段，每个阶段的管理方式和方法都有所不同。

（1）形成阶段。在团队形成阶段，团队成员的情绪特点是激动、希望、怀疑、焦急和犹豫，在心理上处于一种极不稳定的状态。此时项目经理需要为整个团队明确方向、目标和任务，为每人确定职责和角色。

（2）震荡（冲突）阶段：这一阶段，团队成员的情绪特点是紧张、挫折、不满、对立和抵制。项目经理需设法解决出现的各种问题和矛盾，消除震荡的关键在于容忍不满的出现和积极解决冲突，消除团队中的震荡因素。

（3）规范阶段：进入第三阶段，团队成员的情绪特点变为信任、合作、忠诚、友谊和满意。此时项目经理应通过正负强化等激励手段去规范团队成员的行为，开展积极授权，支持项目团队成员的建议和参与，使整个团队和每个团队成员的行为都能为实现项目目标服务。

（4）辉煌（执行）阶段：此阶段项目团队的成员积极工作，项目团队不断取得辉煌成绩。此时团队成员开放、坦诚、相互依赖和具有很高的团队集体感和荣誉感。项目经理在这一阶段应该采用自我管理和自我激励的模式开展管理。

（二）咨询项目团队的组建

1．管理咨询公司的常用组织结构形式

咨询公司采用的组织结构特征决定了咨询项目组在整个咨询公司中的功能定位及功能设置。与常规的企业组织结构特征类似，管理咨询公司常用的组织结构形式包括职能式、项目式、矩阵式及虚拟组织式。

（1）职能式。职能式的组织结构通常是按照具体的职能内容进行划分的，一个职能部门通常只负责某一具体的职能，如咨询项目的数据搜集、咨询项目的财务管理等，由若干的职能部门一起协同完成一个咨询项目。这也很像我们工厂的生产流水线，只是每一个不同的职能部门成为流水线上的某一个环节，通过职能部门之间的协同来促成咨询项目工作的开展。

（2）项目式。项目式的结构特征广泛存在于管理咨询公司中，咨询公司中会有很多咨询顾问，咨询顾问又有不同的专业知识背景，他们可以相互协作组成咨询项目组，并且以项目组为单位来开展咨询项目，这也俗称"咨询公司内部的项目组队"，其中，项目的经理也作为整个项目组的负责人，负责整个项目的管理、运作、实施。

（3）矩阵式。矩阵式结构通常会出现在管理经验要求高且专业化知识要求高的管理应用场景中。例如，建筑工程行业一方面要求具备管理经验的管理人才，而另一方面则要求具备建筑行业专业知识的工程师。因此，团队事务性的管理工作会交给事务管理人员管理，而技术方面的事务会交给技术管理人员管理，管理人员有两套体系，并且两套体系两两

进行交叉,形成了矩阵式管理模式。

(4)虚拟组织。虚拟组织是基于资源的角度对组织形式进行设计,根据组织具体要开展的任务需求,灵活地对资源进行配置和整合,以确保能够在有限时间内快速地整合资源。虚拟组织通常也是不用在同一办公地点的组织,组织内成员可以基于互联网、邮件、电话等沟通方式建立起团队间的沟通联系。

2. 咨询项目团队的成员构成

咨询项目团队通常是由管理咨询公司和企业共同组成的项目联合小组。项目联合小组的组长和副组长分别由企业高层领导与管理咨询公司项目总监担任;项目团队成员由咨询公司项目组和企业项目对接小组共同构成。其中,咨询公司项目组通常由一名项目经理和若干咨询顾问组成;另外,咨询公司也会根据情况安排项目研究和后勤支持人员,如安排一名项目经理助理来提供后勤支持工作。管理咨询项目团队的构成如图 2-1 所示。

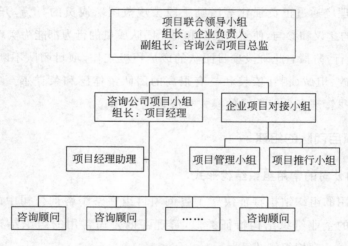

图 2-1　管理咨询项目团队的成员构成

为了让咨询项目能够顺利进行,也离不开客户企业的配合与支持。因此,在咨询公司项目组建立之后,还需要建立一个企业项目对接小组。当涉及业务权限问题而影响某些咨询资料的获取,或者需要客户企业更高一级别的人员参与项目访谈的时候,这些需求往往都是通过企业项目组这一途径进行处理和解决的。企业项目对接小组可分为项目管理小组和项目推行小组,管理小组由企业的人力资源管理或相关部门成员构成,根据企业规模大小,可搭配 2~6 人不等,项目推行小组可由各职能部门负责人构成。

项目团队成员之间拥有统一的理念和价值追求,并且愿意共同承担风险,收获利益。在一个优秀的咨询项目团队里,成员之间能够取长补短,使团队更加具有战斗力。

3. 咨询公司项目团队成员的选择

咨询公司项目团队成员的选择包括项目经理的选择和项目组成员的确定。项目经理的选定是咨询项目管理的重要内容,也是项目管理成功与否的关键。项目经理往往是由那些能力及才华出众的项目顾问来担任。项目经理应选择受过良好的教育,拥有丰富的行业知识和经验,善于倾听、沟通,善于教练、激励以及善于发掘他人的专长的咨询顾问,同时作为一个团队的管理者还需要富有激情、具有亲和力、信任他人,同时也能赢得他人的信任。

对于项目组成员的选择,首先,应根据项目的具体需求决定人员组合,考虑个体的专业知识、业务经验、个性特征以及发展潜力等方面进行有效搭配,以期取得整体优势。其次,掌握以下团队管理的基本原则:促进信息共享;及时通报项目进展及个人工作情况;明确个人职责和权限;尊重他人;把握团队温度。最后,应在项目与项目之间进行人员的合理搭配。

二、咨询项目团队成员的角色分工

随着咨询项目组的建立,项目组内部的成员也有不同的角色与分工。这一方面是由于咨询项目的性质所决定的,咨询项目通常需要一定的时间周期,需要经历走进客户管理环境、发现问题再到解决问题的过程。因此,在这一过程中将伴随着大量的工作出现,而这些工作都需要不同的项目成员来完成,项目组成员在整个项目生命周期中扮演着不同的角色,各自也有不同的分工,他们通过共同的努力,来推进咨询项目工作的实施。通常,咨询项目组成员的角色与分工有以下几种。

1. 项目总监

项目总监通常是一个项目的整体负责人,同时项目总监还负责项目前期的商务洽谈以及项目合作的商议。很多时候咨询项目的建立是由项目总监所促成的,因为项目总监代表咨询公司去和客户企业进行洽谈合作。因此,项目总监也被理解为一个咨询公司的商务代表,具有一定的"拍板"决策权。一些知名的大型咨询公司的项目总监,通常每年会给咨询公司带来几百万元、甚至上千万元的咨询项目。对于大型的项目启动会,以及项目签约仪式,都是由项目总监出席,并作为咨询公司代表去参加客户企业的正式活动。在很多知名的大型咨询公司,项目总监也通常是咨询公司的股东或者是合伙人。项目总监对于项目团队的管理具有最高权限。这也包括对项目经理的任免,以及对项目预算、项目奖金、项目团队成员的工资发放等内容的管理及审核。

2. 项目经理

项目经理可以理解为是咨询项目中的具体管理人员,负责整个咨询项目运作的人。在项目总监洽谈项目业务,并且确定项目合作之后,任务将会下达到项目经理手上,而这个时候的项目经理往往是通过项目总监来进行任命的,项目总监会按照项目的内容及类型进行人选的选定。项目经理也是项目咨询顾问,只是比项目咨询顾问多了很多项目团队管理权限。项目经理是咨询项目具体任务开展过程中管理咨询顾问团队的团队领导。换句话来说,咨询项目的总监负责洽谈项目的商务活动,决定项目的报价。而项目经理是报价谈妥之后,带领具体的项目顾问开展咨询项目工作的人员。

项目经理是咨询现场的实际负责人,通过对项目各项活动的计划与控制,保证项目在规定的时间、成本、质量和范围内完成。项目经理的职责一般分为对外职责和对内职责。对外职责包括成功实现项目目标、不断开拓团队生存的外部空间、负责对外谈判、收取客户支付的费用。对内职责包括确定项目目标、组建项目团队、报告工作意图、制订并执行计划、负责资金的到位、负责组织并提出项目报告。

项目经理首先应具备良好的分析问题能力、正确决策的能力、解决问题的能力和灵活应变的能力。其次,项目经理还需要具有良好的沟通能力、激励能力、交际能力和协调能力等人际关系能力。最后,项目经理还需要有勇于承担责任的精神、要有积极创新精神,还要有实事求是、任劳任怨、积极肯干的作风。

3. 项目经理助理

项目经理助理通常是由项目经理任命的,主要负责协助项目经理开展项目运行过程中的综合事务管理。例如,协助项目经理分发团队任务,协助项目经理开展项目的沟通会议,发布项目的重要通知,协助项目经理进行项目团队成员的工作考核,材料审定等工作。很多咨询公司的项目组都会存在异地办公的情况,因此,这个过程中将会产生大量的差旅及餐饮住宿等费用。而这些费用的预算及管理,主要都是由项目经理助理来完成的。项目经理助理的角色可以理解为项目团队内部的后勤人员。项目经理助理可以不是项目咨询顾问出身,项目经理助理甚至可以不关心项目具体的工作内容。他只对项目团队所有的成员的交通及项目日常开展过程中的生活条件进行支持。类似像一些项目运行过程中比较难界定和难划分的工作内容,如项目材料的整理及打印,这样一些琐碎的事务也是由项目经理助理来协助完成的。值得注意和强调的是,项目经理助理通常是对项目团队内部进行协助管理,它具有一定的管理权限,但不会直接面对客户代表。

4. 项目咨询顾问

项目咨询顾问成为咨询项目组中的主要力量,通常咨询顾问可以根据其工作经历、顾问的学历、教育背景等,依次划分为:高、中、低三个等级。毋庸置疑,越高级别的项目咨询顾问所获得的薪酬越高。同时,有高级项目咨询顾问参与的项目,往往报价都会比较高。甚至有些高级别的项目咨询顾问是按照工作时间来付费的,并且每个小时的费用都不便宜,这也一定程度上反映了咨询顾问这个职业需要不断的实践经验的累计和沉淀。越有经验的项目咨询顾问,越有可能创造更高的价值。

通常在咨询项目组中,咨询项目顾问会根据自己不同的任务分工,被称作××领域的项目咨询顾问。例如,战略咨询顾问、人力资源咨询顾问、组织管理咨询顾问等。战略咨询顾问负责主导战略设计相关的项目工作内容的讨论,并担任项目团队中战略管理领域问题的专家,并且主要对战略咨询相关的成果及方案的质量负责。咨询顾问在对客户企业进行问题诊断时,常常扮演的是类似于医生的角色,需要发现问题和分析问题,而在咨询方案实施阶段则扮演着类似于教练的角色,指导和辅助客户来实施解决方案。

5．企业事务代表

企业事务代表这一角色稍微显得比较特殊，这是因为这一角色的人员往往不是咨询公司的人。而这角色的人员通常是来自咨询项目服务的对象，也就是通常所说的客户企业的人员。在很多咨询项目管理场景中，咨询项目组会配备一到两个企业事务代表。而我们会细心发现，在咨询项目结束后，这些企业事务代表都成为延续项目管理工作的管理人员。部分企业事务代表甚至获得了升迁或者晋升的机会。这一角色的出现往往会有两方面的原因。第一，客户企业希望通过项目的开展，为其培养相关的能够巩固项目实施效果的专业化管理人才。例如，咨询公司为企业开展信息化咨询，在项目咨询过程中所参与的企业事务代表最后都成为信息系统管理的负责人。第二，这是由于咨询公司渴望更深刻地了解客户需求，与客户企业建立更好的沟通所设置的项目组成员角色。通常咨询公司项目团队成员对客户企业的员工都不够了解。那么这一到两名企业事务代表，他们本来就是企业的员工，其在文件的收发、人员的沟通协作方面都能显现优势。他们更了解客户环境，他们会更懂方言和地方文化，这些对于项目能否正常开展，都显得至关重要。

📝 情景案例

在咨询师小付与客户进行简单的电话沟通后，客户说："我们公司就在上海，不如您来我们公司，我们当面聊。"小付觉得也很合适，于是就前往客户公司。到客户公司后，小付感觉该公司规模不大，并且工作人员的穿着是清一色的西服领带。小付心想，看来是家暴发户公司，弄得跟保险公司似的，谁现在还穿西服打领带上班啊，思维一定很僵化。在前台的带领下，小付见到总经理张总并开始沟通。由于张总所谈的问题都是小付很熟悉的，于是还没等张总说完，小付就急忙说："这个我知道，像你们这样的公司应该是先搭架构，进行岗位梳理，然后再进行绩效考核调整，实现公司化、透明化管理……"经过几个回合的沟通后，张总说："我们的情况可能跟你说的不一样，你回去先思考一下，有机会我们再聊。"小付觉得自己说得都对，而且也满足客户的需求，一定是这位张总听不懂，既然如此就算了。

请问：到底是什么原因让小付失利呢？你也认为是客户的"土"造成的吗？小付作为一名管理咨询师，在角色扮演上有哪些失误？如何给客户留下一个好印象？

第三节　咨询项目团队的沟通与知识管理

一、咨询项目团队的沟通管理

沟通是人际之间传递信息的过程，它对于管理咨询项目取得成功是必不可少的。研究表明，每个管理者每天 50% 以上的时间花费在各种会议上，而咨询顾问在工作中，80% 以上的时间用来进行沟通和表达。咨询顾问为保证咨询项目的成功，必须与客户一同开展工作,一方面不断就企业的问题与企业各个层面的员工开展沟通,一方面会提出相应的报告和方案,并就这些方案和建议听取企业的反应,咨询顾问还应该与企业高层定期沟通。要做好咨询项目每个阶段的工作,达到预期的效果,就必须在项目组内部以及项目组与外部环境之间建立沟通渠道,快速准确地传递信息,从而达到各成员的协调一致。咨询顾问必须勇于沟通、勤于沟通并善于沟通。咨询顾问应通过会议、头脑风暴、培训、专题讨论等方法加强自己的聆听能力、语言表达和书面表达能力。

(一)咨询项目组的内部沟通

1. 咨询项目组的内部沟通范围

在咨询项目组成立之后,项目的沟通机制变得非常重要。项目沟通机制决定了项目工作开展的规则,明确了项目中各级管理人员及项目成员之间的协作关系,体现了项目中各个不同角色人员之间的任务协作关系。我们在咨询项目管理过程中,通常会遇到这样一个场景:某一个咨询项目顾问,由于个人关系和项目总监比较好。在项目组顾问遇到问题的时候频繁地去联系项目总监,从而让项目经理感觉到很不满意。这就是一个沟通机制没有明确而带来的麻烦。因此,一套有效的项目沟通管理机制将有助于整个咨询项目有序地开展和进行。对于咨询项目中的项目总监、项目经理以及项目顾问的项目沟通机制如图 2-2 所示。图中灰色区域表示项目总监的沟通范围,虚线圆圈表示项目经理的沟通范围,实线连线表示的是具体的沟通联系关系,N 表示结合实际场景中的具体人数。

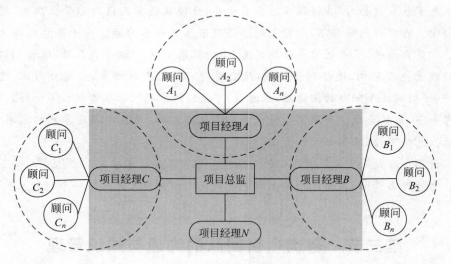

图 2-2　咨询项目内部沟通范围示意图

在咨询公司,一个项目总监可能会同时管理多个咨询项目,会任命若干个项目经理。其中,每一个项目经理负责具体的团队管理事务。在这一过程中,项目总监需要对若干个咨询项目的完成质量及进度进行综合把控。如果说咨询项目需要建立一个管理群,那么项目总监就是这个群的群主,群里面的成员就是若干个项目经理。项目经理分别组建自己的项目团队,确定自己项目团队成员。由图 2-2 可见,项目总监直接联系到各个项目的项目经理,对应上图中的灰色区域部分。通常一个项目的项目总监会同时管理几十个甚至上百个咨询项目,但是他没办法管理到每个咨询项目中的具体做事的顾问。因此我们对应图上可以看出,具体的项目组中顾问开展的工作的审核及考核,顾问的工作任务分配等具体的事务性工作都是由项目经理来完成的,而不应由项目总监来完成。

对应图 2-2 中的虚线圆圈区域,划定了项目经理和项目顾问的沟通范围。从图中可以看出项目经理会对具体的顾问开展工作的内容进度进行把控。同时,项目经理会把具体开展的项目情况及效果,及时地向项目总监进行反馈。这就是很多知名的大型咨询公司中的总监会组织各个项目经理开咨询项目进度交流会,及时听取各个咨询项目的开展进度,资金管理情况以及客户是否有投诉,或者不满意的地方。这一机制能够有效地平衡各方的工作,任务量及沟通压力,不会让项目总监限于过多的事务性工作中。这样,项目总监就会留有更多的时间和精力去寻找咨询项目机会和洽谈商业合作。

通过上图,我们也可以看出作为项目团队里面的具体咨询顾问,通常在工作任务开展过程中,他的直属上级是项目经理。因此,无特殊的情况影响下,项目顾问只能是向项目经理汇报工作及沟通工作。当然,涉及项目比较难以沟通,或者与项目经理存在纠纷的时候,项目顾问可以直接联系项目总监。

2. 咨询项目组的内部沟通协调

沟通协调是指管理咨询项目组成员在日常工作中妥善处理好上级、同级、下级等各种关系,使其减少摩擦,能够调动各方面的工作积极性的能力。咨询项目组的内部沟通协调应做到以下几点:

(1) 积极沟通。重视且乐于沟通,项目组成员之间应建立良好的合作关系,在遇到沟通障碍时,能够以积极心态和不懈的努力对待冲突和矛盾,而不是强权或回避。

(2) 及时反馈。重视信息的分享,用心倾听各方的意见,并根据实际情况及时作出调整和回应。

(3) 机制保证。能够有意识地在组织中搭建沟通平台,通过机制建设确保沟通渠道的顺畅。

(二) 咨询项目组的外部沟通

1. 咨询项目组外部沟通范围

管理咨询项目的成功很大程度上是依赖于客户管理层的大力支持、客户实施层的积极配合以及客户明确的需求表达,这三个关键要素全都需要依赖于良好的沟通技巧。每一个项目,能完整地理解客户需求,按照预计的项目进度时间实施完成,并达到预期设计的质量标准,都是有一定困难的。作为项目经理必须有效地把握"客户"这一外部因素和"团队成员"这一内部因素以及其他众多有关方面进行综合协调管理。

项目实施前对客户需要的沟通、项目启动时客户明确需求的表述、计划实施阶段的费用申请、实施过程中的进度控制和加建需求、采购风险的预期等所有环节无一不与客户保持着最密切的联系,既要按规定统一的计划执行,又要通过无数次的与客户各阶层的沟通以随时掌握客户需要动态的变化。沟通途径和方法的不妥都会导致以上各阶段实施的计划性和有效性。

2.咨询项目组外部沟通应注意的问题

要在项目实施和管理过程中,获得客户的持续满意,并最终达到双方的共同目标,项目组成员要关注、改进和把握好如下事项:

(1)售前不作过分承诺。售前的每一项与客户的承诺作为项目经理全都知晓并都能传达给项目组的每一个成员,这是建立起双方互相了解的诚信机制。

(2)在充分明确客户项目需求的基础上,项目经理要擅长用文书的表述方式与客户确认,这不仅仅是对客户的一种最高尊重,也是最有效的档案记录形式。

(3)项目经理要建立起定期与客户相关负责人正式沟通和非正式沟通的计划,随时关注并了解客户的需求和变化,根据变化做好相关的协调。

(4)与客户的沟通要保持平和的、经常的频率,不能有事就见面,无事躲着走。

(5)项目实施过程遵循标准规范,项目资料编写规范和齐全。

(6)项目组成员齐心协力,以技术过硬和规范化的实施,赢得客户的信赖,取得客户的认可和支持。

(7)项目阶段成果要让客户参与评审并听取客户的意见和建议,并在里程碑点交付客户。

(8)虚心地、及时地听取客户意见和建议,争取客户的信任是项目成功最好的外部资源。

(三)咨询项目有效沟通的原则及机制

1.咨询项目有效沟通的原则

在咨询项目的实施过程中,很多人也知道去沟通,可效果却不明显,似乎总是不到位,由此引起的问题也层出不穷,其实要达到有效的沟通有很多要点和原则需要掌握,具体包括以下三个方面。

(1)尽早沟通。尽早沟通要求项目经理要有前瞻性,定期和项目成员建立沟通联系,不仅容易发现当前存在的问题,很多潜在问题也能暴露出来。在项目中出现问题并不可怕,可怕的是问题没被发现。沟通得越晚,问题暴露得越迟,带来的损失就越大。

(2)主动沟通。沟通是人与人之间交流的方式。主动沟通说到底是对沟通的一种态度。在项目中,我们极力提倡主动沟通,尤其是当已经明确了必须要去沟通的时候。当沟通是项目经理面对用户或上级、团队成员面对项目经理时,主动沟通不仅能建立紧密的联系,更能表明你对项目的重视和参与,会使沟通的另一方满意度大大提高,对整个项目非常有利。

(3)保持畅通的沟通渠道。沟通看似简单,实际很复杂。这种复杂性表现在很多方面,比如,当沟通的人数增加时,沟通渠道急剧增加,为相互沟通带来困难。典型的问题是"过滤",也就是信息丢失。产生过滤的原因很多,比如语言、文化、语义、知识、信息内容、道德规范、名誉、权利、组织状态等,经常碰到由于工作背景不同而在沟通过程中对某一问题的理解产生差异。如果要想最大程度保障沟通顺畅,当信息在媒介中传播时,就要尽力避免各种各样的干扰,使得信息在传递中保持原始状态。信息发送出去并接收到之后,双方必须对理解情况做检查和反馈,确保沟通的正确性。如果结合项目,那么项目经理在沟通管理计划中应该根据项目的实际明确双方认可的沟通渠道,建立沟通反馈机制,任何沟通都要保证到位,没有偏差,并且定期检查项目沟通情况,不断加以调整。这样顺畅、有效的沟通就不再是一个难题。

2. 咨询项目的沟通机制建立

咨询项目团队必须建立良好的有效沟通机制,通常应包括以下内容:

（1）项目中常见名词标准术语、定义、解释等;

（2）成员的联络方式（包括电话、邮箱、QQ、微信等）;

（3）项目文件命名及编码规则（可以参考企业已有规则）;

（4）不同沟通内容的沟通方式;

（5）项目会议的时间、内容、形式等（主要是例会和协调会）;

（6）信息汇报内容、时间、方式;

（7）沟通的考核方式;沟通的严禁事项。

其中,需特别注意以下几个问题:

第一,根据不同沟通内容确定沟通形式。一般地,项目团队内部关于工作的协调和一般问题的处理的沟通采用非正式方式,鼓励项目组成员之间,或项目经理与项目组成员直接私下沟通,非必要情况不在项目例会中提出。但是涉及项目外部传递信息,则必须有所区别,客户邮件或发送的正式文件,可能涉及合同、技术条件变化等,需及时转发或抄送项目经理和项目相关成员;项目组成员从非正式渠道获取的客户信息,如项目供货范围变化、新增要求、项目工期变化等特殊信息,需填报"项目沟通记录表"等正式文件,报送项目经理甚至项目管理办公室（PMO）;其他一般客户口头信息,可通过项目组的微信群等方式传递。此外,项目团队内部沟通方式的确定也和项目组成员的工作习惯和企业项目文化氛围有关,比如对于工作责任心较强的成员口头通知、电话、微信等方式即可,而对于责任心较弱的成员则必须采用会议纪要或工作计划等书面形式。

第二,确定项目会议的时间、内容、形式。其中,项目例会和项目协调会的要求是必须在内部沟通协调机制中明确的,包括召开的时间,内容,特别是需要提前准备的材料和数据,项目问题决议和后续跟踪。

第三,确定信息汇报内容、时间、方式。项目经理或项目团队根据进度、风险、成本等管控需要,明确项目组成员必须汇报的事项以及汇报的时间和方式。比如在进度方面,可以要求项目组成员有四个进度汇报时间点:每周或每月的进度汇报时间、原进度计划节点已到、计划发生风险事件后、项目发生变更后。

第四,确定沟通的考核方式。对于沟通机制可能存在的抵制不执行的情况,需要配套相应的考核方式。对于有明确时效要求的沟通,比如客户的信息传递不及时,或发生的项目问题和风险不上报等情况都应进行考核。

第五,明确沟通的严禁事项。设置内部沟通的严禁事项,主要为了保证沟通效率、维护项目团队和谐氛围,避免激化项目组成员之间的矛盾冲突,以及控制项目信息风险。比如禁止项目组成员之间的相互指责、谩骂;禁止重要消息通过微信、QQ等渠道传递后且不提醒;禁止没有经过项目经理和相关领导同意,向客户直接发送文件或同意相关条件等。

当然,项目团队的沟通机制能否良好运转最终还是与项目经理的个人领导力和企业的项目管理文化氛围紧密相关,但是详细梳理项目团队存在的沟通问题,有针对性地建立规范机制不仅可以在短期提升团队内部的沟通效率,也能长期持续营造企业的项目管理文化环境。

✍ 情景案例

客户公司的李老板、华总监及市场部孙经理一行三人来到某咨询公司洽谈咨询合作。咨询公司对应的项目组成员进行接待,其中两位是客户服务人员,其他三位分别为品牌实战专家王老师、渠道专家李老师和终端专家龚老师。在洽谈过程中了解到,客户做床垫加工生意,主要给希尔顿、香格里拉等五星级酒店供货,在行业内是很知名的企业,但苦于打不开终端市场,没有中间商渠道,使消费者没有途径购买其的床垫。随着互联网的兴起,他们也尝试了互联网渠道,有2 000多万元的销售额。虽然销量看着很好,但实际上利润很少,大部分都支付天猫、淘宝的运营费了。这时渠道专家李老师说:“网络销售的本质就是比价,所以低价竞争必死无疑。贵公司应该走的路线还是开终端门店,然后拓展全国市场。”而终端专家龚老师说道:“终端门店建设是个长期过程,像罗莱家纺、水星家纺等有1000多家门店,建设好要花几年时间,那时早就没有市场了,何况很多企业现在都在关店。”客户见此状况,一脸茫然,沟通气氛十分尴尬。

请问在以上的咨询沟通中存在哪些问题?应如何改进?

(四)咨询项目的书面沟通文档管理

项目沟通计划、项目绩效报告和项目管理收尾是项目整体进程中的非常重要的部分,作为一种高效的体系不应该只在大脑中存在,也不应该仅仅依靠口头传授,落实到规范的编制很必要。因而,在项目各阶段不同的沟通计划或是状况汇报更应该对用户提交书面的正式文档,这是客户最看重的被尊重的体现,但往往也是项目经理经常遗忘的沟通形式。

项目的文档管理强调的是在咨询项目内部所要达成的标准和共识。这也是为了统一项目组成员的工作习惯及偏好。通常有些项目组顾问,在制定文件及文件夹的时候文件命名较为随意。例如,有的文件夹命名为“1”“2”“3”,还有的文件命名为“报告”“材料”“任务1”等,这样的一些错误的文件命名方式将会严重影响到项目工作。同时,在我们需要找回某个文件的时候。由于文件名的命名错误,将会导致我们花大量的时间去找回原文件,甚至很多时候我们花了大量的时间也没有办法找到我们想要找的文件。因此,项目文档及材料的命名、文件类型的规定、文件的形式及汇总工作管理,以及团队内部文档提交及审核工作流程都成为项目内部书面沟通管理的重要内容,以下将逐一进行介绍。

1.沟通文件的统一命名及规范

沟通文件的统一命名及规范针对的是咨询项目过程中的文档的命名,以及一些常规的邮件交流的题目及邮件内容的一些规范格式。在具体的操作过程中,文件或邮件的题目都应当具体。必须包含关联的资料具体内容及时间,例如:××公司项目启动报告20180105,在这里××公司项目启动报告是为了让文件的接收者快速明白这份文件的内容。而文件名后的时间,只是为了避免在将来的修改过程中,不同的修改和修订将会带来不同版本的文件。而有效地对不同版本文件进行区分的方式,就是通过附加时间来进行不同文档之间的辨别。同时,邮件的沟通也是类似的。我们的同事或者是客户通常都会收到大量的邮件信息,如果我们所发送的邮件标题不能较好地体现具体的工作内容。那么很容易在大量的邮件信息中被我们拟定的接收方给忽略,或者被当成垃圾邮件处理掉。

2.文件类型的规定

文件类型的规定,明确的是项目内部沟通交流及项目组与客户之间的沟通交流所用到的统一的文件类型及文件格式。例如我们给客户所发送的项目最终成果,咨询报告包含了报告的 WORD、PDF 格式的文档(通常约定会同时发 WORD 和 PDF 两个版本的文档,WORD 版本方便编辑,而 PDF 版本方便查阅),项目汇报所用到的汇报文件统一用 PPT 格式,我们发送的文件,统一在邮件中以附件形式进行发送(避免在邮件中发送表格等信息)。

3.文件汇总工作管理

项目组在具体开展工作的过程中,文件应当按照相关的任务工作内容进行归档整理。我们很多年轻的咨询顾问很喜欢在电脑桌面上编辑文档,当文档变多之后,就很难找回目标文档了。外加咨询公司的业务性质,很多咨询项目组会同时接到很多客户的咨询项目需求,或者咨询项目组会在短时间内完成一个项目而紧接着开始另外一个项目,如果项目文件汇总工作没做好的话,将会导致项目文件管理混乱。关键的文件找不到或者难找到的情况就容易出现。我们在汇总项目文档的时候,一定要以"第三方"的角度来进行审视,也就是我们所汇总的文档,不仅仅是为了将来给自己看,还会要给到我们的客户,或者是我们项目组内部的同事来看的,因此,文档的编排必须要有条理,要按照大家都公认的任务模块对相应的文档进行归纳整理。这里面特别要避免按照自己的风格和习惯去管理文件,因为那样将会导致其他人找不到,或者是看不懂文件的情况出现。

4.团队内部文档提交及审核工作流程

团队内部文档提交与审核针对的是项目工作进度和时间节点上需要交付的一些关键成果。例如,项目中期报告、项目各个模块方案初稿等。因此,这里就有相关文档资料及信息审核的机制、流程及要求。通常,我们的项目顾问负责具体的工作内容开展,开展完成具体的工作内容后,由项目经理负责对顾问提交的材料进行审核。也就是说项目经理对于项目最终的成果质量负责。在项目经理审核无误之后，成果会提交给项目总监审核，项目总监只负责从大的项目内容方向，以及一些关键的内容信息（如报价、预算等）进行审核，项目总监将代表整个咨询公司对项目成果的内容质量负责。因此，在交付相关的项目成果时，项目经理就需要对相应的成果质量严格把关，以确保内容质量没问题，经历了这样的团队成员间的协调配合，以确保团队知识管理的有效性。

二、咨询项目团队的知识管理

管理咨询行业作为一个典型的知识密集型服务行业，知识管理也是咨询团队管理的一个重要内容。

（一）知识的相关概念

1. 知识的定义

知识是人们在实践中获得的认识和经验，指人们在实践中对客观事物特征、联系等属性的认识，表现为事物的感性知觉、表象，或概念、规律。知识可以是老员工的经验方法，也可以是新员工的奇思妙想；知识可以是源于企业内部的案例和总结，也可以是来自企业外部的有效信息；知识可以是对企业所属行业的认识和积累，也可以是在企业日常工作中积累和提炼的规范性要求。

2. 知识的分类

一般情况下，可以将知识分为显性知识和隐性知识两个部分。显性知识指的是可以结构化、明确化的知识信息，比如常见的设计图纸、开发文档、会议纪要、参考资料、规范规定等。隐性知识指的是存在于个体或群体内的非结构化的知识信息，比如个人的经验、灵感、特有的专业技能，各专业非固化的专业技术积累，等等。

3. 知识的主要来源

企业中的知识主要源于以下几个方面：一是来源于企业的业务运营活动，如在项目开展过程中和实际业务操作过程中总结出的工作方法及优化建议；会议讨论过程中产生的思想闪光点等。二是来自一些专业资料、操作手册等文档，例如操作手册一般都是由前人经验积累形成的，是重要的知识来源之一；专业资料中通常也会提供大量的专业信息，经过筛选、分析后可形成对员工和企业有用的知识。三是存储在员工头脑中的知识，如咨询专家在某些行业的从业经验、对某些管理领域的长期观察所形成的独特见解、咨询专家所掌握的咨询工具和咨询技巧以及在咨询过程中所形成的创意等。

（二）知识管理的含义及作用

1. 知识管理的含义

知识管理是指组织的管理者通过对组织内外部知识的获取、存储、传递和应用活动进行管理和利用,以达到提高组织创造价值的能力这一目的的过程。从企业应用的角度讲,知识管理是以组织为研究对象,涉及组织的方方面面;知识涉及组织内部和外部的知识;知识管理的重点,不仅在"管理",还在"利用";知识管理是提高组织创造价值的能力的过程。

2．知识管理的作用

有效的知识管理可以帮助企业员工快速成长,员工在企业内可以不断学习新知识,发展自我。员工综合素质的整体提高有利于企业整体实力的提升,从而提升企业的竞争力。所以,在知识经济浪潮下,知识管理对企业长足发展的支撑作用越来越重要,同时,企业对知识管理的需求也越来越迫切。在知识管理过程中,最为核心的是对现有显性知识的管理,以及利用各种知识管理工具将隐性知识转化成显性知识的转化过程,以便于知识的传播、共享与复用。

3．知识管理的内容

知识管理可以提高组织向外界学习并将知识运用于业务流程的能力。知识管理系统主要包括知识获取、知识存储、知识传播和知识应用。

(1)知识获取。组织获取知识的方式很多,这取决于它们追求的知识类型。最初的知识管理系统致力于存储公司的文件、报告、演讲和最佳案例,以及后来的非结构化文件(如电子文件)。另一种获取知识的方式是建立在线专家网络,通过该网络,员工可以找到公司中掌握特定知识的专家。还有一些情况是公司需要创造新知识。

(2)知识存储。文件、模式、特定规则等信息应当在发现后立即存储,以便员工检索使用。创建数据库是知识存储的一个常规手段。文件管理系统依照连贯的规程对文件进行数字化、索引及标签处理,将各种信息整理到不同类别以便查找使用,确定知识分类方案后,每个知识对象都应贴以相应的"标签"或被分类,便于快速检索访问。另外,专家系统以将知识融入组织流程和组织文化的方式来保存知识。同时,管理层必须详细规划、开发知识存储系统,开展公司范围内的文件索引工作,奖励存储、更新文件的员工。

(3)知识传播。近年来,网络门户网站、电子邮件、及时通信工具、维基平台、社交网站、搜索引擎等协作技术和办公系统已成功应用到日程表、文件、数据、图表等信息共享中。

(4)知识应用。任何知识管理系统,若不能有效共享和应用,解决公司和管理者面临的实际问题,就没有商业价值。要得到投资回报,组织的知识就必须成为管理决策系统的一部分,并融入决策支持系统。新的知识必须融入公司的业务流程和主要应用系统,包括管理关键的内部流程以及与客户和供应商关系的企业应用系统。为达到这一目标,管理层会在新知识的基础上,创造新的商务实践、新产品和服务以及新市场。

(三)管理咨询企业的知识管理体系

管理咨询顾问在编制方案之前及在制定解决方案时,都要确保掌握足够多的背景知识。这些背景知识中有一些来源于咨询顾问之前从事类似项目的经验,属于已知知识。另一些则属于未知知识,需要进行知识的收集和查找。当咨询顾问无法利用现有的知识提出建议时,可以通过有效地知识管理系统获得需要的知识,从而高效率地解决问题。因此,管理咨询企业需要建立一套相对成熟的知识管理体系,该体系可分为三个部分,即知识管理部门专业化、知识管理系统更新制度化和知识共享正规化。

1. 知识管理部门专业化

对于中等规模以上的管理咨询企业应建立知识管理部门,该部门的规模应与企业的规模相适应。对于新入职的知识管理部门员工,要在培训和分工上作出相应的安排。要为上岗的知识管理人员提供培训,包括基础的数据库检索、搜索引擎查找、电话访谈等咨询常用的知识搜集技能。同时,由于管理咨询项目的专业性,要对知识管理人员的分工作出相应的安排,即每一名员工负责一个或几个行业,熟悉行业的背景知识和专业术语、发展趋势等,以便能较快地进入角色。另外,在管理咨询项目进行过程中,知识管理人员要对咨询项目的其他知识作出响应,真正成为咨询项目的知识库。

2. 知识管理系统更新制度化

对于建立独立的知识管理系统并对第三方数据库进行整合的管理咨询企业来说,应充分利用现有资源,对更多的知识,尤其是项目即时搜集和产生的知识进行更新。可以结合企业的具体情况,每周或每月对知识管理系统中的知识进行更新,更新由知识管理人员和参加咨询项目的顾问共同完成。知识管理人员将在项目前期从数据库之外的其他渠道,如搜索引擎、电话访谈等获得的基础数据按照统一的格式进行整理,上传到知识管理系统中;而咨询顾问可以将项目中进行的专家访谈、汇报、会议纪要、咨询模型和方法、经验体会等按照统一的格式加以整理,上传到知识管理系统中,以备后续项目参考查阅。

3. 员工知识信息共享正规化

目前,国内管理咨询企业顾问现有的知识共享行为比较随意,共享范围也有限。为了充分利用管理咨询企业内部的知识,可以通过分享会等形式使顾问信息共享更加正规。如半个月或一个月举行一次全体咨询顾问参加的知识分享会,主要分享最近所在项目中涉及的信息系统中的非常规资源以及咨询项目中的心得体会,对彼此掌握的信息资源有一个大概的了解,并促进顾问间的交流与沟通。在项目进行过程中,还可能会遇到向其他顾问进一步求助的情况。而有了正规的信息分享会做基础,顾问之间的交流将变得更加容易,信息不对称的状况也将得到改善,顾问之间的了解也得到加深,沟通将会进行得更加顺畅。

本章小结

- 一个优秀的管理咨询人员应当具备扎实的管理咨询专业知识、良好的职业技能和职业素养与能力。管理咨询顾问应具备的专业知识包括管理领域的专业知识和咨询领域的专业知识及工具方法;管理咨询顾问应具备的专业技能包括形成/制定技能、过程技能、教育技能、人际技能及领导技能;管理咨询顾问应具备良好的职业素养与能力主要包括良好的洞察问题、分析问题和解决问题的能力、沟通与团队合作能力、创新思维与严谨的工作态度、经验积累与快速学习能力等。

- 管理咨询项目团队一般是在项目联合小组的领导下由咨询公司项目组和企业项目组成员共同构成,主要的角色包括项目总监、项目经理、项目经理助理、咨询顾问以及企业代表等。

- 管理咨询项目的沟通主要包括管理咨询团队内部沟通和管理咨询团队与企业方的沟通两个方面,同时按照沟通方式的不同可以分为口头的沟通和书面文档的沟通两类,管理咨询顾问需要掌握不同沟通方式的技巧和方法。

- 知识管理是指组织的管理者通过对组织内外部知识的获取、存储、传递和应用活动进行管理和利用,以提高组织向外界学习并将知识运用于业务流程的能力。知识管理系统主要包括知识获取、知识存储、知识传播和知识应用。管理咨询公司的知识管理体系主要包括三个方面,即知识管理部门专业化、知识管理系统更新制度化和知识共享正规化。

【技能训练】　模块二：　管理咨询团队的组建

【训练目标】

通过本章内容的学习,了解咨询顾问应具备的职业能力和职业规范,组建模拟的管理咨询项目团队,为咨询项目实践活动的开展做好准备。

【训练任务】

由学生自行组建管理咨询项目团队,明确团队成员角色与分工,完善咨询项目团队信息。具体任务描述如下。

任务一：设定管理咨询公司名称。由学生自行根据团队成员意见,个性化设定一个咨询公司名称,LOGO、口号等作为学生团队开展咨询项目演练工作的团队标识。

团队口号设定说明：团队口号体现了项目团队成员的凝聚力,具有提振团队士气、给顾客企业留下深刻印象的作用；团队口号设定的提示如下。

- 口号不宜过长；
- 口号不宜烦琐；
- 口号可与团队名称相关联；
- 口号可个性化创新和设计；
- 口号一经确定,在整个项目实践环节中不得再次修改。

任务二：确定项目组成员及角色分工

咨询项目团队可设立 5 种角色：项目总监、项目专家、项目经理、项目经理助理、项目顾问。其中项目总监可由课程教师担任；项目专家由课程邀请的点评嘉宾担任(课程嘉宾可以是行业人士、学者、往届毕业生等)；学生项目团队可选角色为：项目经理(每个团队 1 名)、项目经理助理(每个团队 1～2 名)、项目顾问(根据团队规模灵活设置人数)；以下是人员角色的具体分工：

- 项目总监：通常由任课老师担任，负责综合考评项目方案的内容和质量，并提出建议；
- 项目专家：通常由课程邀请的嘉宾担任，负责对项目方案协助点评指导；
- 项目经理：负责统筹项目工作、整体管理项目进度和质量、成员沟通、成员激励；
- 项目经理助理：负责协助项目经理开展工作，协助进行团队沟通，任务统筹与规划；
- 项目顾问：负责专业领域知识、信息、数据的整理，并形成方案成果。

项目组人数及管理关系说明：

（1）通常咨询项目团队人员以5～8人为宜（根据每次模拟训练参加人员可灵活调整）；

（2）由各个项目团队推选出一名咨询项目经理，项目经理应对整个咨询项目工作的完成质量及效果负责，并定期直接向项目总监汇报项目进展情况；

（3）根据项目组的具体咨询任务来设置咨询顾问的人数，可按照不同模块增设或减少团队人员数量，如战略管理模块，可设置1～2名战略咨询顾问；人力资源管理咨询模块可设置1～2名咨询顾问，以此类推，所有的咨询顾问对各自负责的咨询模块内容负责，并直接向项目经理汇报工作。

（4）如果项目任务与分工内容过多，可设置1～2名项目经理助理岗位（超过10人的团队可设2名项目经理助理），项目经理助理由项目经理任命，并进行管理，协助项目经理开展任务的分配、管理、项目团队成员的协调沟通、项目过程记录、文档成果的校对、排版、格式审核等工作。

任务三：填写"管理咨询项目小组信息汇总表"

1. 由学生自发组建的管理咨询公司，当学生人员集齐并且选定1名项目经理后，项目经理负责将团队成员信息进行收集填写至表2-1中。

2. 当项目经理完成项目团队信息收集后，将信息记录表统一交给项目总监进行资料汇总；当咨询公司组建完毕之后，由每一家咨询公司的项目经理进行团队成员介绍及口号演练。

表 2-1　管理咨询项目小组信息汇总表

编号	公司名称	团队口号	客户企业名称	咨询项目团队角色与分工		
				姓名	角色	主要工作内容
1						
2						
3						
4	格式：××管理咨询有限公司	此处填写团队口号	（预先填写）			
5						
6						
7						
8						

第二篇

程序方法篇

第三章　管理咨询的基本流程

第四章　企业管理咨询的工具与方法

第 三 章

管理咨询的基本流程

 引导故事

丁渭重建皇宫

宋朝真宗年间,皇宫曾经被焚。皇帝急命大臣丁渭负责重建,限期完成。丁渭深知重建皇宫的工程浩大:一要从城外取来大量泥土做地基;二要从外地运来大批的建筑材料;最后还要把用剩下的废料污土运出城外。工作量惊人,时间又紧,无论是工程质量出问题,还是延误了工期,都是要杀头的。怎样完成这个浩大的工程呢?他想,在实施第一步工程的同时,为第二步工作做好准备;在进行第二步工作时,又为下一步工作打下基础。这样,各项工作互相补充、互相依存,就可以达到既快又保证质量的目的了。于是,他制定了以下的方案,进行建设。第一步,开工。一开始,丁渭就命令民工"借道铺基",在城里通往城外的大道上取土,用来铺设皇宫的地基。土沿着大道运来,没几天就把地基铺好了。这时大道成了又宽又深的大深沟。第二步,"开河引水"。就是把取土造成的大沟和城外的汴水河挖通,使原来的大道成了一条河,这条河和汴水河通着。于是,外地的大批建筑材料可以沿着这条河一直运到工地旁边,使取用材料极为方便。在这样的条件下,工程建设日夜不停,进展很快。最后,在皇宫建成之后,丁渭命令:"断水填沟"。这是把汴水河与大沟截断,在排水之后,把一切废料、垃圾全部扔进大沟。很快,大沟又变成了一条新的大道。

【管理启示】 成功的领导者不会因为事情的艰巨和烦琐乱了分寸,而是能明确事情完成的过程应该具备怎样的管理要求。管理咨询的工作程序亦是如此,要完成一个管理咨询项目,必须妥善而精密地制定程序,安排工作开展的流程,利用有限的人力、物力和财力,一环紧扣一环,为接下来的工作做好充分的准备,才能高质量地完成管理咨询任务。

学习目标

- 了解管理咨询的一般工作流程;
- 了解管理咨询和诊断的区别与联系;
- 了解管理咨询过程中咨询顾问与客户分别应该承担哪些工作;
- 了解管理咨询顾问在咨询项目实施过程中应完成的主要工作。

对管理咨询机构而言,管理咨询是有基本程序的,一项完整的管理咨询活动通常包括四个阶段,即业务洽谈阶段、诊断阶段、改善方案设计阶段和实施指导与项目总结阶段。本

章将介绍各个阶段的主要工作步骤、工作内容和工作要点。

第一节 业务洽谈阶段

　　管理咨询活动源自客户的需求,因此咨询活动的第一个阶段——业务洽谈阶段是从企业提出管理咨询需求开始,经过咨询机构和企业的相互了解、洽谈,直至签订管理咨询服务合同为止的全过程。这个阶段是整个管理咨询活动的起始阶段,是正式开展咨询活动的前奏。在这个阶段,管理咨询机构主要任务是初步了解企业的需求和基本情况,同时,也要让企业了解管理咨询机构的特长和能力,并且与客户建立良好互动关系,争取企业信任,最终能够签订管理咨询服务合同。要实现本阶段的任务,管理咨询机构的主要工作步骤如图 3-1 所示,接下来将会对每一步骤的具体工作内容进行说明。

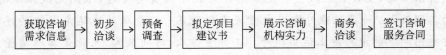

图 3-1　业务洽谈阶段的工作步骤

一、获取咨询需求信息

　　获取咨询需求信息是所有咨询机构开展咨询服务的第一步,如何获取数量更多、质量更高的咨询需求信息是咨询机构市场竞争的开始。管理咨询公司通常可以采用以下信息渠道来获取咨询需求。

　　(1)网络:部分有咨询需求的企业会通过网络搜索了解咨询机构信息,因此通过网络来获取咨询需求是当前最常见的一种咨询需求信息来源。

　　(2)培训与会议:通过组织或参与管理培训与各类相关会议,使企业在需求信息产生之前,能够对管理咨询机构有所了解和信任,这是咨询需求信息的重要来源。

　　(3)书籍与文章:管理咨询师通过将自身的知识储备以书籍、报刊文章等方式予以发表,并对客户产生帮助,使客户对管理机构有所了解和信任,这也是咨询需求信息的重要来源。

　　(4)合作伙伴:通过与培训机构、管理软件供应商、会计师事务所、行业管理机构等组织建立合作伙伴关系,在这些机构为企业提供服务时捕捉企业由此产生的咨询需求,也是非常重要的信息来源。在这种方式下获得的信息将得到合作伙伴强有力的支持。

　　(5)老客户:为企业提供优质的管理咨询服务,与企业中高层管理人员建立良好的关系,在企业产生新的咨询需求时将会得到后续项目需求信息。

二、初步洽谈

　　初步洽谈是管理咨询机构获取需求信息后与企业的第一次交流,因此咨询机构和企业应做好充分的准备,为双方的第一次正式见面留下良好的印象,为后续的合作打下良好的基础。

1. 初步洽谈的主要内容

(1) 管理咨询公司需要向企业介绍的内容。管理咨询公司可以利用初步洽谈机会向客户企业介绍咨询公司的基本情况,也可向企业介绍管理咨询的基本程序和方法、管理咨询人员的职业道德等。介绍的目的是打消企业对管理咨询公司的疑虑,建立对咨询公司的初步信任。

📝 情景案例

如何在业务洽谈时介绍公司

某管理咨询公司专长于为客户提供营销管理咨询服务,客服部吴经理与咨询师小王一起去拜访××公司李经理。二人做了充分的准备,带了公司的宣传册、出版的图书、介绍公司的PPT等资料。与客户见面后,两人先同××公司业务主管和李经理交流项目情况。大家聊得非常愉快,还交换了双方资料。这时,李经理说:"我们公司的赵总刚好在,你们的思路很好,跟他谈谈,把项目再推进一下,毕竟这件事最后得赵总做决定。"听李经理这么说,吴经理和小王十分高兴地答应了。

李经理带着他们到了赵总办公室。赵总很热情地接待了他们。坐下后,赵总问:"先说说你们公司主要是做什么的。"这时小王说:"我们公司是张老师创办的,在1996年就成立了。当时,我们老板给人家打工,年薪50万元,还被各大报纸报道了,因此我们老板就成了名人。但是后来我们老板发现这是一个炒作,招聘他的公司根本不想兑现年薪50万元的承诺,因为半年后这家公司就辞退了我们老板。于是我们老板就同这家公司打官司,在被记者追踪这件事后,我们老板又出名了。后来我们老板就创办了这家公司。我们公司选择有实战经验的老师进行……"赵总一脸茫然,追问:"你们公司做过什么跟我们行业有关的咨询吗?"小王支支吾吾答不上来,只好把目光投向吴经理……

请分析:在初步的业务洽谈时,咨询师应怎样向客户介绍咨询公司的情况?本案例中咨询师小王犯了哪些错误?应如何改进?

(2) 了解客户的基本情况。初步洽谈是一个双向交流的过程,咨询公司也可向客户企业了解企业的基本情况、企业咨询需求产生的原因与背景以及企业希望咨询的内容和想要达到的目的。在项目洽谈中,挖掘客户的需求是最重要的。如果搞不清客户的需求,那么后续的一切方法技巧都将无效,因此明确客户需求是项目洽谈的第一任务。

📝 情景案例

如何挖掘客户需求

一位服装行业的客户曾经打电话联系过某咨询公司,恰巧这次到这家公司所在的城市出差,于是就顺道拜访一下。由于咨询公司的零售项目总监不在,咨询师张凯负责接待客户。张凯之前是某服装公司的经理,对服装行业非常了解,听说和服装行业的客户面谈特别兴奋。张凯感觉自己终于有用武之地了,于是使出全部才能,从公司的品牌定位、产品库存、管理运营到终端导购的水平提升,滔滔不绝,讲了一个半小时,最后客户以赶飞机为由离开。之后,零售项目总监看完会议记录问张凯:"客户到底有什么需求?"张凯说:"他还没有说就走了。"零售项目总监毫不留情面地说:"你是做什么的?客户需求都没有搞清楚,牛皮就吹上天。"

请问:本案例中客户为什么没有提出任何需求就离开了?咨询师张凯应怎样做才能真正挖掘到客户的需求?

(3) 在明确企业初步咨询意向后,双方应就下一步工作,包括资料的提供、下次的洽谈或预备调查时间等达成一致,以利于咨询项目的推进。

2. 初步洽谈的注意事项

(1) 介绍咨询公司情况的注意事项。在介绍咨询公司情况时应提前做好资料准备工作,避免信口开河;应理解和分析客户心理,揣摩客户心中的疑问并给予相应的回答,做到有的放矢;通过角色转化,彰显专业。通过多角度、多方面的介绍和交流,让客户看到自己的能力,感受到公司的专业性,争取主动权和客户的好感,为后期的合作打下坚实的基础。

(2) 挖掘客户需求的注意事项。咨询顾问在与客户进行初步洽谈了解客户需求时应避免经验导向,仅凭以往的经验,就自我感觉良好地滔滔不绝;作为企业的医生的管理咨询师不能把自己锁定在自己的圈子里,应该跳出圈外看圈内;咨询师要想很好地挖掘到客户的需求,就应该对客户所在的行业进行深入的分析,耐心倾听客户的诉求,多采用开放式的提问与客户进行交流。

(3) 初步洽谈内容应记录在专门的客户档案内,条件允许的情况下,管理咨询机构应建立专门的信息系统,记录、整理和分析客户的资料;通过初步洽谈,为下一步的预备调查做好准备。

三、预备调查

1. 预备调查的主要任务和结果

预备调查是项目洽谈中很重要的一个环节,能够有效地提高咨询项目洽谈的成功率。其主要任务是根据企业的要求和企业的现状,判定咨询项目应解决的主要问题;把握咨询项目的范围和质量要求;了解客户企业进行变革和有效解决问题的潜力。预备调查的目的并不是提出解决问题的措施,而是确定和规划咨询任务或项目,为顺利进行项目洽谈铺平道路。预备调查的结果是为拟定项目建议书提供充足的依据。

2. 预备调查的准备事项

管理咨询机构应根据来访者提供的情况,选派 1~3 名管理咨询人员进行预备调查;预备调查人员应提前做好相应的技术准备,和客户联系人约定预备调查要做的工作,特别要约好与企业领导或主管领导见面,并做好交通和生活准备。

3．预备调查的基本过程

（1）和企业的领导或主管领导沟通见面。这次见面既是礼节性的，又是极重要的面谈，涉及内容如下：管理咨询人员根据企业对管理咨询和管理咨询机构的了解程度和常出现的疑虑，适当介绍一些管理咨询的做法、咨询机构的业绩和承诺，让企业对管理咨询机构有一个好的印象；管理咨询人员应尽可能多的从企业领导那里了解企业情况、对本次咨询的想法与要求、领导班子对本次咨询的意见；根据见面时的需要和气氛，可以适当地交流一些企业感兴趣的其他问题，包括该咨询项目国内外其他公司的成熟做法。

（2）现场参观。对于初次接触的企业，管理咨询人员可以通过现场参观的方式建立对企业的感性认识，初步了解企业的生产过程、业务流程和员工精神状态，感受企业的管理水平。在征得企业同意的基础上，管理咨询人员应与企业共同确定参观的范围。现场参观的内容包括产品、工艺流程、设备、物料的堆放、物流路线、作业现场管理、员工工作情绪、劳动定额、生产记录、员工生活设施等。咨询人员应注意遵守作业现场各项规定、不影响工作、不拍照录像、气氛融洽、可适当询问或浏览现场资料。

（3）收集必要的资料。对企业收集必要资料的目的是对企业建立起框架性的认识；了解企业的一般经营情况，对企业当前整体经营状况有一个基本的判断，例如是亏损还是盈利，未来发展前景如何；了解企业基本的战略思想与管理模式，判定存在的管理问题。

（4）询问调查。咨询人员可以通过询问的方式了解企业的组织机构、运营现状、员工感受、企业自身对问题的看法等；了解和咨询内容相关的其他问题；如果咨询的内容比较窄，可以访问主管人员或领导，了解一下该项工作目前是如何开展的等有关问题。

（5）信息的汇总、整理与分析。通过对预备调查中所得信息资料的整理分析，管理咨询人员应当作出如下判断：企业希望进行咨询的项目存在吗？该项目在企业内的重要性、紧迫性、成效性和难易度如何？是否接受该咨询项目？如果接受该项目，应该如何进行、如何安排、如何报价？

4．预备调查中的注意事项

（1）管理咨询人员应具备较为全面的知识。参与调查的主要人员需掌握管理领域的知识和丰富的管理咨询实践经验，才能与企业领导进行有效沟通，及时发现企业存在的问题并作出准确的判断。

（2）管理咨询人员要验证企业对本单位的认识。从管理者企业获取的资料并不一定都正确，咨询人员需要运用系统的管理理论以及科学的分析方法，透过现象看本质，对问题作出正确判断。

（3）管理咨询人员要基于事实作判断。在调查中注重收集客观事实，避免收集他人的片面观点，只有在事实的基础上才能得到真实可靠的结论。

（4）应妥善保存预备调查的资料。预备调查得到的资料较宝贵，应系统地整理并在公司中保存，也不宜在项目建议书中全面展开。

拓展阅读

【课堂思考】 一家生产制造型企业的业绩以往每年以 20％的速度增长，而今只有 8％的增长速度。该企业的领导分析多次，也不知道问题出在哪里。如果由你负责洽谈，请问你该如何准备一份洽谈的问题表格呢？

【分析提示】 在进行初步洽谈或预备调查之前，管理咨询师可根据"咨询初步沟通函"来收集并挖掘客户的需求。

四、拟定项目建议书

1. 项目建议书及其作用

项目建议书是咨询机构在对客户进行预备调查之后，向客户说明其存在的问题、咨询项目的内容、解决问题的思路和框架，以说服客户向咨询机构委托咨询项目的书面材料。项目建议书的主要作用是向客户展示咨询公司对其问题和需求的把握程度；向客户说明咨询公司将如何完成咨询任务；使客户相信咨询公司有理由、也有能力完成咨询任务。项目建议书是向客户收费的关键依据，项目建议书把无形的咨询项目变成有形的咨询产品，从而向客户收"钱"，客户通过项目建议书来判断你要做什么，你的收费是否合理。

2. 项目建议书的主要内容

项目建议书一般包括以下几部分的内容：

（1）项目背景和目的。项目的背景和目的是指企业提出咨询需求的内外部环境和咨询应达到的目的；需求是对整体项目目标的理解，应通过前期的交流和资料收集，锁定客户的需求；此部分是项目建议书的引言，具有确定基调的作用。

（2）企业面临的问题。在描述企业所面临的问题时应做到以下几点：第一，明确地表述出企业存在问题并做必要的解释。对问题的表述和理解可能与客户原来的认识不完全一致。只要实事求是、有足够的理由说服客户，是会得到客户的认可和好感的；第二，证明问题的存在。适当选用预备调查中的分析资料证明即可。证明资料不在多，重要的是要有力度，观点要鲜明；第三，阐述问题的重要性、紧迫性、难易度和成效性。阐述的时候尽量用事实证明，用数据说话。以上三点是预备调查的结果和精华所在，也是反映管理咨询公司水平的有力证据之一。

（3）解决客户问题的技术思路和方法。这一部分重点是体现管理咨询机构的专业能力；解决问题的技术思路与方法必须结合企业的实际问题，有针对性地阐述，要简要明了，言简意赅。

（4）项目内容的界定。项目内容是指完成该项目所要做的工作。在项目建议书中，应明确指出项目所包括的具体内容和边界，不仅要考虑技术因素，还要考虑商业因素；由于在业务洽谈阶段，咨询公司不可能对企业情况有非常深入的了解，因此，项目的边界往往不可能有非常准确的界定,而只能是尽量准确,以保证未来在项目运作时不会出现工作量或工作难度大幅度增加的情况。

(5)项目成果的描述。项目成果是指项目完成之后以何种方式体现咨询结果。项目成果一般包括三类:咨询方案,培训与沟通,指导实施。每一类的工作成果以何种方式体现和提交,在项目建议书中应当有清晰的界定。某些情况下,此部分可能还包括项目成果的验收标准。

(6)项目时间进程和初步计划。在建议书中要界定咨询项目的周期,同时要对项目进行主要里程碑划分,以使客户对项目如何进行有一个宏观的了解。项目初步计划一般包括主要工作步骤、工作先后顺序与衔接、每个步骤所需时间、项目主要里程碑等。

(7)项目组构成与分工。一般情况下管理咨询公司应成立咨询项目组,客户也应成立相应的小组对接。由于企业方面人员还要忙于日常业务,所以在咨询的诊断阶段和拟订方案阶段,他们一般不参加具体工作,但应参加讨论并发表意见;而在方案讨论确定阶段,企业方面必须参加。

(8)管理咨询机构简介。一般包括管理咨询机构资质(公司背景、专业强项和成功案例)、咨询团队简介(人员构成、主要经验、核心成员简介)、采用的咨询方法和技术的详细说明(专有或专利方法的详细解释)。管理咨询公司对曾经做过的、与企业项目比较相近的项目进行详细描述往往大有裨益。当然,列出以前客户的资料,必须事先征得同意,并在保密协议规定的范围内披露,不要违背管理咨询公司对客户的保密原则。

3.项目建议书编写的要求

(1)深度合适:项目建议书内容的阐述深度,应方便客户理解,并为客户最终决策提供必要的依据。切忌故弄玄虚,让企业摸不着头脑。

(2)具有针对性:项目建议书应针对客户的特定问题"量身定做",而不能泛泛而谈。它的针对性主要体现在对企业问题的理解、解决方案和项目预期的成果。

(3)具有体系性:即使在项目建议书阶段,管理咨询人员可能也无法见到企业中能影响咨询服务购买决策的每一个人。因此,即使对咨询项目的执行方式已经达成了口头一致意见,仍然应该将其详细地、具有体系性地表达出来,以便企业中那些不太知道相应咨询项目,但具有购买决策权的人阅读。

(4)以适当方式表达:项目建议书多以 PPT 方式完成。由于幻灯片的表达方式简练,客户不一定能够很好地理解,因此管理咨询师还需要现场向客户讲解建议书,并回答相关疑问,与客户进行沟通。建议书也可以用 Word 方式完成,这种方式一般人阅读比较习惯,能够较好地理解管理咨询机构的表述。最终以何种方式完成建议书,应根据项目的具体情况进行具体分析。

情景案例

如何撰写项目建议书

远大咨询公司十分重视某咨询项目,把其当作战略项目,仅参加项目谈判的人员就有五六位。需求研讨会结束后,项目总监王总说:"这次的情况大家都清楚了,每人负责一个模块,小王负责服务模块,小张负责品牌模块,小李负责市场模块……小赵,你刚刚来没多久,并且还是农产品专业出身,就负责行业现状这块吧!这个最简单了。"小赵一脸茫然不知所措,心想这个模块最难了,怎么写啊?一般情况下,项目建议书需要项目组成员合作完成,即使一个人撰写,也需要其他人来协助收集资料。那么在这种情况下,项目建议书该怎么完成呢?请给项目的咨询顾问提一些可行的建议。

五、展示管理咨询机构实力

早期国内管理咨询机构实力的展示,更多的是通过项目建议书展示的方式进行。但随着国内管理咨询行业的不断发展,企业对管理咨询机构的实力展示提出了更高的要求,即采用招投标的方式。规范的招投标是对管理咨询机构实力展示要求最全面、最严格的一种方式。以下分别介绍两种不同的展示做法。

1. 项目建议书的常规展示

(1)演示前的准备。在进行项目建议书演示前,应了解以下事项:演示的时间与地点;客户对演示说明的期望;正式演示说明和讨论所允许的时间;参加和听取演示说明的企业人员有哪些,他们各自的兴趣何在;企业还邀请哪些管理咨询机构参加演示说明会;演示说明会的目的是什么。通过认真地准备,管理咨询人员要把本管理咨询公司对客户企业问题的理解、解决方案以及质量保证等情况真实地展示出来,争取得到企业的认可。

(2)演示需要注意的问题。①逻辑清晰。建议书的演示中要有一条清晰的逻辑主线,让客户了解咨询公司到底是怎么想的,并有助于对咨询公司的实力作出准确的判断。②突出重点和特色。建议书的内容一般较多,但客户给每个咨询公司演示的时间不会太长。因此,要根据客户的特点有重点地给客户讲解,突出特色,以争取其关注。③给企业提问的机会。通过客户的提问可以知道其关注点,并给出相应的回答。这对客户有效地理解建议书是非常重要的。

2. 咨询项目的招投标展示

随着管理咨询行业的逐步成熟和企业内部管理的规范,招投标正在成为企业选择管理咨询机构的重要方式。

(1)咨询项目的招投标过程。管理咨询行业的招投标程序包括招标、投标、开标、评标和中标五个过程。招标是指企业事先公布有关咨询项目内容、条件和要求,邀请管理咨询公司参加投标。投标是指管理咨询公司按照客户企业提出的要求和条件,参加投标竞争的行为。开标和讲标是指企业将所有的投标文件启封揭晓后,由投标人对投标文件进行演示,并与客户进行充分沟通的过程。评标是指对投标文件及管理咨询公司的建议书、现场表现等,按照规定的标准和方法进行评审,选出最佳投标。评标是招投标活动中的核心环节。中标是指客户企业的评标委员会根据中标条件和评标标准程序选出的符合招标人要求的投标人。中标人确定后,企业向中标人发出中标通知书,并同时将中标结果通知所有未中标的投标人。

（2）招投标过程中管理咨询机构的实力展示。讲标的过程实际就是咨询机构对自身实力的展示过程,评标过程则是企业对管理咨询机构实力的评价过程。具体来说,管理咨询机构需要向企业展示的内容主要包括以下九个方面：管理咨询机构介绍；管理咨询机构的规模和专长；相关项目的案例经验；知识储备与专业研究；重点客户的评价反馈；项目经理的能力；售后服务的承诺；对项目的认识与理解；招投标过程的现场表现。

六、商务洽谈

在企业方和咨询公司达成合作意向后,就进入商务洽谈环节。商务洽谈主要围绕管理咨询合同逐条具体化,形成规范的文字表述草案,供双方领导最后签字。商务洽谈涉及的主要内容包括管理咨询内容与细化的成果、咨询项目的周期、咨询项目组主要人员与结构、咨询过程中合作方式、咨询费用和付款方式、培训的内容以及客户关心的其他内容。

1. 管理咨询合同的主要内容

管理咨询合同一般应包括以下主要内容：（1）订立合同的甲乙双方,即委托方与受托方；（2）项目名称；（3）项目涉及范围及主要内容；（4）项目成果、成果提交与验收方式；（5）项目总体时间、工作计划框架或项目里程碑；（6）项目双方合作方式；（7）项目双方项目组成员及主要职责；（8）双方在管理咨询项目中各自承担的工作、权限与义务；（9）保密与知识产权条款；（10）总体费用、支付方式、需单独付费的项目以及付款条件和方式；（11）项目中止、延期处理、其他争议处理与违约责任；（12）合同附件。一般会将项目建议书作为管理咨询合同的附件。其中,对第3和4项内容应尽可能地加以量化。

2. 管理咨询项目的报价方法

管理咨询项目的费用是企业和管理咨询机构都非常关注的内容。管理咨询的报价通常有以下几种方法：

（1）成本定价报价法。以管理咨询人员的人力资本投入为计算原则,即成本定价法,包括管理咨询人员人力投入报价加差旅费。这是最为传统,也是最常用的咨询项目报价方法。

（2）企业增益报价法。对某些类型的咨询项目,可以采取企业增益报价的方法。即管理咨询机构收取的费用不是一个固定的数目,而是按照一定时间内企业年度销售收入或利润的增加值的固定百分比来收取,也可能是按照成本费用降低值的固定百分比收取。需要注意的是,并非所有咨询项目都适合用这样的方法来报价,只有那些直接影响收入或利润增长的项目,如广告策划,或者直接影响成本费用降低的项目,如物流系统、生产流程等,才适合用这样的方法来报价。

（3）管理咨询人员工作时间报价法。这种方式是以用于该咨询项目实际所花的时间为基数来计算咨询费用的,在项目开始之前,只能确定大概的范围。此种方式在成熟的市场比较流行。这种报价方式能够使咨询人员将注意力完全投入咨询项目中,保证项目的质量。

3. 管理咨询费用的支付方式

在管理咨询项目的运作过程中,客户一般采取分期支付的方式。项目的付款条件一般分为项目首期付款、中期付款和尾款三大部分。其中,咨询项目启动时支付咨询费用的首期付款,一般约为咨询合同总额的 30％～40％；根据合同中确定的里程碑,在完成关键里程碑后,支付中期付款,一般约为咨询合同总额的 40％～50％；在整个项目完成并经客户验收之后,支付余下的 10％～30％。

七、合同确认与签订

当管理咨询机构与客户双方就合同条款和细节达成一致,并经过双方确认形成最终的管理咨询合同文本之后,就可以签订咨询合同了。合同签订的过程实际是履行法律手续的过程。合同签订前需注意两点：第一,由双方的法律专家,从法律的角度对合同草案文本进行最后审核；第二,对双方单位名称、法人资格、签字人的资格（法人代表或其授权人）进行确认。

第二节　咨询项目的诊断分析阶段

咨询项目的诊断阶段是从签订咨询服务合同着手准备咨询开始,经过分析明确企业存在的问题和产生问题的原因、理清改善建议的方向和重点、编写诊断报告书,向企业汇报交流直至使诊断报告得到认可为止的全过程。这个阶段的主要任务是围绕咨询项目,找出企业存在的问题,分析这些问题产生的根本原因,并明确解决问题的思路框架。为此,管理咨询机构必须在做好诊断准备的基础上,进行调研分析（问题和原因诊断）、拟定诊断报告书、确认诊断结果。其工作步骤如图 3-2 所示。

图 3-2　诊断阶段的工作步骤

一、诊断准备

诊断准备工作是在咨询人员正式开展调研分析之前,由管理咨询机构和客户双方所做的组织上、思想上、技术上和物质条件上的准备工作,以便咨询活动顺利开展。咨询诊断前的准备工作涉及管理咨询机构和企业两方面,准备的内容包括：咨询项目组的组建、项目工作计划的制订、项目调查提纲的准备、项目组内部启动会、资料收集、项目组办公和生活条件准备以及项目启动会。

1. 管理咨询机构的准备

（1）咨询项目组的组建：主要包括项目总监和项目经理的确定以及项目组成员的挑选。

（2）制订咨询项目工作计划：咨询项目一般采取"三类计划、二级滚动"的计划体系。三类计划是指项目总体计划、阶段计划和周工作计划；二级滚动指阶段计划根据项目总体计划滚动，周工作计划根据阶段计划滚动。咨询项目工作计划应以咨询合同为依据进行制定，计划应明确咨询项目各阶段的名称、工作起止时间、工作内容、预期目标等。

（3）项目调查提纲的准备：项目组组长根据预备调查的结果、客户单位概况、项目调查内容和范围，拟定综合调查的调查内容、调查方法和分工。

（4）项目组内部启动会：项目组组建完毕，应召开项目组内部启动会，做好项目的动员、培训工作，确立项目运作的内部规则，讨论安排前期的准备工作、基本工作分工及初步计划。

（5）外部资料收集：项目组成员根据分工从专业期刊、网站、图书、行业等多渠道收集与本项目有关的资料，为咨询项目的顺利进行做充分的资料准备。

2. 企业方的准备

（1）企业组建相应的项目组：由于管理咨询对企业有很大的影响，因此一般由企业一把手或主管副总担任项目组长，相应职能部门负责人作为项目直接联系人，由相关部门抽调员工加入项目组。

（2）办公条件和生活条件准备：企业方应为管理咨询人员提供专用的办公室以及必要时可供使用的会议室等。

3. 召开项目启动会

项目启动会就是签订项目合同后，以一种正式的形式告知双方公司的相关成员要做什么，要做到什么程度，要达到什么效果的会议。项目启动会应当强调如下内容：咨询项目的内容、目的与意义；咨询项目的周期与整体工作计划；需要企业各部门、企业员工配合的事项；内部调研阶段的主要工作；相关的专业培训，包括咨询的基本程序和做法。

📝 情景案例

如何认知项目启动会的重要性

咨询师小赵经过多次谈判沟通，与客户达成协议，用一个月的时间帮助客户华南分部做一份市场分析报告。由于谈判时间过长，签约时已经到12月初，这意味着第二年的1月1日就要拿出报告，于是客户提出来不用去总部，直接到市场做调查。小赵也觉得可以，就答应了。然而，到区域市场后，客户各个部门根本不知道小赵他们是来干什么的，以为是年终审查组，非常警惕。咨询小组与区域市场人员做访谈沟通时都要说明不是审计调查，是市场帮扶，要花费很长时间才能打开僵局。小赵感觉这样不行，工作推进很困难，于是要求总部李主管发送群邮件说明项目组情况，然后再去进行市场访谈工作。等邮件发过后，有不少人知道了项目组情况，但仍有很多同事不知道，即使知道的也是一知半解。由于个人理解能力不同，对公司邮件的理解有很大不同，小赵他们要解释的内容反而更多了。这样的进展速度令小赵郁闷不已，而又无计可施。到底是什么原因造成了这样的困境呢？咨询师小赵应如何组织项目启动会呢？

二、调研分析

1. 调研分析的任务

调研分析阶段的任务是围绕咨询项目内容，运用多种调查分析的手段，找出客户存在的问题及问题产生的原因，为制定改善方案指出方向和要点。调研分析一般分为两个环节进行，一是综合调研分析，主要是对客户的整体情况、管理现状进行调研；二是专题调研分析，即针对咨询项目的具体内容，找出客户存在的问题和产生问题的原因。

2. 综合调研分析

综合调研分析是管理咨询的基础，其主要目的是建立起对客户的概况性认识。综合调研分析主要包括：

(1) 客户基本情况：包括客户企业发展历史、主要经营数据、主要业务情况、通过的认证与荣誉、员工数量及构成、薪酬与激励方案框架、中高层管理人员基本情况、股权结构等。

(2) 客户管理状况：包括客户企业未来几年发展战略、组织结构与各部门核心职责、管理制度的健全程度和执行情况、核心文化等。

综合调研分析最主要的方法是客户内部资料研究、高层管理人员访谈，同时，咨询人员在现场对客户管理状况和文化的感受也非常重要。综合调研分析方法我们将在第四章进行详细说明。

3. 专题调研分析

专题调研分析是围绕咨询项目充分地了解和掌握客户管理的现状，找出客户存在的问题，运用数据和资料证明这些问题确实存在和对经营的影响程度。具体内容如下。

(1) 建立明确的判断管理问题的标准。没有标准就无法判断是否有问题，咨询人员判断管理问题的标准有三个层次：第一个层次是"做错了没有"，做错了应纠正，这属于纠偏型标准；第二个层次是"做优秀了没有"，可以与行业内的标杆企业进行对比，这属于改进型标准；第三个层次是"满足企业要求了没有"，虽然做好但与企业的目标或要求相比还不够，需要用新思路、新理念进行创新，创造出前人没有的方法，这属于创新型标准。所以，采用不同的标准，判定的客户问题类型也不一样。

(2) 认真查清现状。查清现状是就调查清楚客户实际存在的客观事实，包括各种现象、员工的行为、各种记录和统计汇总以及管理制度等。通常情况下，管理咨询师在企业调研首先看到和听到的都是现象,是属于现状,而不是问题,问题是现象和标准之间的差异。

（3）采用正确的分析方法作出独立判断。在明确了管理标准和查清了现状后就要对现状和标准进行分析和比较,找出其中存在的问题。

（4）查清问题产生的原因。任何问题的产生总有原因,而且原因后面可能还有更深层次的原因。同样的问题出现在不同的客户单位,或出现在不同的时间,其原因可能是不一样的。因此找出问题产生的原因必须采用具体问题具体分析的方法。找原因需要从直接原因"层层剥笋",多问几次为什么,切勿"一步到位"。

（5）明确解决问题的方向和重点。只有把问题和原因查清楚了,才能确定改善方案的方向和重点。

4.调研分析的工作步骤

由于咨询项目的大小、涉及范围不同,调研分析过程的工作步骤、占用的时间和运作的难易程度也不尽相同。一般过程如图 3-3 所示。

图 3-3　调研分析的工作步骤

调研分析的工作步骤是首先向客户提交所需要的内部资料清单,并对客户提供的资料进行研究;接着和客户领导见面,了解客户的主要业务流程,参观业务现场;其间,可以根据项目需要安排对客户高、中层部分领导及员工进行访谈;根据项目需要进行问卷调查;收集和整理参观现场、访谈、问卷调查所得到的资料和数据;然后,对调查收集到的资料和数据进行统计和分析;在调查分析的基础上,项目组全体人员共同分析、归纳,形成问题列表,并明确其对客户经营的影响;最后,对问题产生的原因进行分析,如需要可进行补充调研,并拟定改善建议的方向和重点。

三、诊断报告拟订

诊断报告是管理咨询项目实施过程中给企业提交的第一份正式报告,对于确立管理咨询机构与企业良好的合作关系、确定解决方案都具有重要意义。

1.诊断报告应达到的目的

诊断报告是咨询项目小组经过对企业的调研和分析后,对企业存在的问题、原因及解决思路的书面意见,在整个咨询活动中具有阶段性小结、启动后续工作的意义。一份合格的诊断报告应达到如下几个目的:

（1）对企业存在的问题及其原因有全面准确、清楚透彻的分析，并能得到客户的认可；

（2）能够提出有针对性的解决思路框架，并能得到客户的认可；

（3）咨询项目小组内部达成一致，以诊断报告为核心，指导下一步工作的开展；

（4）客户通过诊断报告能够充分感受到咨询人员的专业水平，对咨询项目小组产生高度的信任；

（5）能够作为咨询项目小组、企业高层和企业一般员工就企业问题进行沟通的平台，通过诊断报告的讲解使企业员工就企业存在的问题达成一致看法；

（6）对咨询公司而言，诊断报告经客户认可后，能够按时收回与该部分内容挂钩的项目咨询费用。

2．诊断报告的框架

由于每个咨询项目的方向和内容不一样，因此诊断报告并没有一个一成不变的格式。但是，作为以说明问题为主的演示文件，还是有可供参考的基本框架。诊断报告的基本框架如下。

（1）对诊断阶段所做工作的说明。在诊断报告的最前面，需要简单介绍一下咨询项目组在诊断阶段所做的工作。

（2）通过诊断得出的主要结论。这是诊断报告的核心部分，是整个报告的灵魂和提纲。

（3）对每个需要说明的专项问题加以论证。首先描述专项问题及该问题在所有问题中的地位；其次说明问题的分析过程，要将如何判断企业存在这个问题的论据讲清楚，并进行严密的论证；第三要分析这个专项问题产生的根源；第四要分析这个专项问题对其他问题可能产生的影响；最后要对这个问题的重要性和限制性条件等予以说明。

（4）行业或者其他企业先进经验的借鉴。

（5）提出针对问题的解决思路框架。虽然名为诊断报告，但是如果仅有诊断内容还是不够的，还需要增加解决问题的大致思路和框架，可以从管理解决思路、技术路线以及下一步工作思路几方面进行阐述。

3．诊断报告的表达形式

管理咨询公司的诊断报告多以幻灯片的形式提交，也可以用 word 格式文件，但要注意图文并茂，尽量注意每一张幻灯片片头主题句的应用、图表工具的应用、目录与向导的应用以及语言运用与表达方式。

四、诊断结果的确认

咨询项目组向企业汇报诊断报告是对诊断阶段的总结，是咨询过程中一个重要的里程碑。诊断报告的汇报需要注意以下几点。

（1）正式汇报前的沟通。正式汇报是指有客户最高领导者直接参与并给予评价的汇报。这次汇报力求一炮打响,给客户留下良好的印象。

(2)正式汇报的对象。听取正式汇报的可以是企业的一把手,也可以是一把手以外的其他人员,但这些参加人员需要由企业一把手决定。不管谁参加,应事前要求客户告知咨询项目组,便于咨询人员针对不同汇报对象做不同的准备。

(3)正式汇报前需预演。汇报过程中要体系清晰、逻辑性强,不要事无巨细地给客户介绍,而是要抓住客户的关注点进行重点介绍,言语要有渲染力和激情。

(4)汇报后给客户发表意见和提问的机会。诊断报告的汇报结束后,要给客户留一定时间发表意见、提出问题,咨询人员应该现场解答问题。

当这一部分得到客户认可之后,咨询项目小组下一步的工作目标、工作重点和工作方式、时间要求等就可以基本确定,项目组的工作就要开始进入改善方案设计阶段了。

第三节　提出改善方案阶段

诊断阶段的成果是弄清了客户存在的问题及其原因,这为提出进一步的改善建议提供了方向和思路。管理咨询项目提出改善方案阶段的工作步骤如图 3-4 所示。

图 3-4　改善方案阶段的工作步骤

一、改善方案的设计

改善方案的设计是依据诊断阶段提出的改善方向和重点,对业务流程、操作规程和管理制度重新建立或在原有基础上进行修改、补充和完善的过程。这个过程包括详细方案的构思、必要的验证、梳理归类和文本形成等环节。

1. 改善方案的构思

任何一个设计在正式出方案之前,都有一个构思的过程。即把方案的框架结构和重要环节的操作要点,逐一描绘出来,并且进行平衡、修改、补充,使之逐步完善。

(1)详细设计方案的基本内容

由于客户情况不一样,咨询项目的内容不一样,详细方案所包括的内容也会不一样。但是,设计方案一般包括业务操作层面和管理活动层面的内容。两个层面都涉及有关部门或岗位的权限与责任、质量要求、业务操作或工作流程、管理或操作方法、需要的条件等内容,还涉及阻碍方案执行的因素等其他内容。

(2)详细设计方案构思的来源

① 在原有做法的基础上梳理和完善。通过对客户内部已有的做法进行梳理和完善,形

成新的解决方案。常用的分析方法有 ECRS 和 5W1H1C 分析法,我们将在第四章进行介绍。

② 借鉴其他企业成功的做法。企业管理,尽管不同的企业有许多特性,但仍然有许多共性的做法,其不同点更多的是在细节上。所以根据管理理论的要求,吸收其他企业,特别是先进企业行之有效的实际做法,是进行方案设计的又一个重要思路。

③ 多种方案的整合。对于企业在某个方面存在的管理问题,虽然企业本身并没有形成一套完整可行的解决方案,但是,许多员工对解决该问题都有自己的建议。需要注意的是,整合并不是简单的叠加,而是围绕解决问题的核心思路进行的创造性工作。这样出来的方案,可能融合了很多人的建议和意见,但又不是任何单一个人的建议。在方案整合过程中,也可以采用前述的 ECRS 和 5W1H1C 分析方法。

④ 改善方案构思的创新。在企业管理咨询中,需要完全创新的解决方案并不多,但是针对企业一些非常棘手的管理难题,则必须提出创新性的方案,才能解决这些问题。方案创新常用的方法之一是"头脑风暴法",我们将在下一章进行具体介绍。

值得指出的是,一个高质量的咨询方案的形成往往需要综合运用上述几种方式。

（3）构思多套方案

每个项目应构思三套左右的改善方案,并且注明每一套方案的限制条件、所需的资源和优缺点。典型的三套方案至少包括:①最理想的方案,可能需要较多的资源和成本投入;②最小化的方案,投入不多但是收效也不很明显;③前两套方案的平衡。但无论任何一套方案,都必须具有可操作性。

（4）方案构思时应让客户充分参与

改善方案构思的主角是咨询人员,但整个过程中应让客户充分参与。首先,客户有丰富的实践经验,能提出许多有益的参考意见;其次,方案的执行者是客户,他们对方案理解得越透彻,执行会越好,特别是自己提出的方案,从个人感情角度更容易接受。

2．方案构思的验证

咨询方案构思出来之后,需要加以试验验证,验证方案的有效性、可行性、实用性。实验活动全过程包括明确实验方法、确定实验过程、进行实验和实验结果分析。

3．改善方案文本草案的形成

这里的文本是指在改善方案的基础上所形成的完整的文字材料。主要包括三个步骤:咨询项目组内部讨论设计方案的构思、设计方案文本的表达形式以及改善方案文本草案的形成。

二、改善方案的研讨

在整体的咨询建议方案初步形成以后,咨询团队应与客户进行深度的沟通交流和研讨,从下而上地对已经形成的咨询方案征求意见。

1．方案的研讨内容

方案研讨的内容主要是方案的有效性和可行性。衡量咨询方案是否具有可操作性,应该考虑的主要因素包括：①客户是否具备实施这一解决方案所需的资源；②客户能否接受方案实施的成本；③客户是否具备解决这一方案所必要的技能；④咨询方案同客户的文化和管理风格是否相适应。

2. 方案研讨和评价活动的组织

首先需要确定参加研讨的人员，参加人员一般是客户单位相关业务和管理人员的代表；把文本草案发到参加讨论人员手中，请他们先做准备；召开会议，听取意见。会议期间认真听取客户代表发言，认真做好记录。对与会者提出来的疑问，应当场解答，当场来不及解答的，会后一定单独解答；根据会上的意见和建议，修改设计方案文本草案，形成设计方案文本的送审稿。

三、改善方案的汇报与确认

1. 汇报前的准备工作

改善方案的汇报请做好前期准备工作，具体包括详细设计报告并汇编成册、确定汇报方式以及做好演示用的 PPT 文件等。

2. 改善方案的演示和确认

（1）演示。改善方案的演示需要注意以下几个方面：①叙述要清晰易懂。②应根据听众的具体情况，平衡在分析、研究、解释推荐方案三大部分内容所耗费的时间。③报告要尽量使用图表、幻灯、投影仪等视觉辅助工具进行说明，通过具体、直观、生动的说明，增加感染力。

（2）确认。演示完毕应认真听取客户领导的意见，并进一步完善详细设计方案。一般来说，客户此时通常都会认可咨询方案。

四、改善方案的完成

方案设计阶段的结果是咨询报告书，整个咨询报告书是由诊断阶段的诊断报告书和方案设计阶段的详细设计报告书两部分组成。改善方案完成后就进入咨询项目的实施阶段。需要说明的是整个咨询报告提交给客户后，是否实施以及如何实施的决定权还在于客户，咨询公司通常只具有建议权。

第四节 咨询项目的实施与指导

咨询项目实施指导阶段是咨询方案被客户认可后，咨询项目小组在一定时间段内指导、协助客户实施方案并最终结束咨询项目的过程。管理咨询方案只有靠正规的管理组织系统推进才能有效实施,实施工作应由客户自身组织,咨询机构不能够越俎代庖,但应在项目实施过程中给予指导和辅助实施。

管理咨询项目实施指导阶段的工作主要包括以下五方面的内容:指导客户制定实施计划;对客户进行相关培训;对实施中的重点环节进行辅导;根据实施中出现的情况,对方案进行修改与完善;对实施效果进行评估。

一、管理变革的类型与咨询方案的实施

管理咨询方案的实施意味着企业内部的一场管理变革,客户和咨询人员不仅需要具备咨询方案的实施技巧,还需要具备管理变革的技巧,因此,首先需要了解管理变革的类型及其特点。

1. 管理变革的类型

根据变革的推进方式,管理变革可以划分为激进式变革和渐进式变革两种基本类型。

(1)激进式变革。激进式变革是指企业完全打破原来的管理体系,在一个较短的时间内完成管理体系的更新,由新的管理体系来取代旧的管理体系。企业采取激进式变革可能基于多种原因,一是由于外部环境的剧烈变化、动荡和不可预测,企业必须及时应对各种变化和要求;二是企业内部管理体系严重滞后于企业的发展,存在着系统性的问题,很难通过局部的调整发生根本性的改变。

(2)渐进式变革。渐进式变革是指组织变革表现为一系列持续的改进,它维持着组织活动的一般平衡。渐进式变革通常只影响组织的一部分,使变革过程比较好控制,不至于影响当期的经营活动,但变革的时间往往会比较长。

2. 管理变革方式的选择

咨询方案开始实施时,需要考虑企业的管理体系是按照新方案一步到位还是以一种更为稳妥的方式逐步到位。对于变革方式的选择,管理咨询公司只具有建议权,决策权还在于企业。一般情况下,激进式变革往往是企业被迫选择的,是企业对外部环境变化的一种被动适应过程,在企业的变革过程中不会经常发生;而渐进式变革则是企业主动选择的,是由组织的不稳定和日常偶发事件驱动的,变革是不间断地、连续地通过大量较小的管理调整而逐步实现质变,应该成为企业管理变革的一种常态。循序渐进的方式可能会取得更好的效果,风险也会小一些。但是这种变革方式必须能够保证是持续的,因为最终的目的是实现管理体系的脱胎换骨。

3. 不同变革类型下管理咨询方案的实施

(1)激进式变革的实施。激进式变革的实施会对企业产生巨大的影响,在实施过程中应该注意以下几个问题:①企业一把手必须有魄力、有充分的信心和决心。②要制定严密的实施计划,尤其是针对实施情况制定奖惩措施。③必须要有充足的资源支持。④加大培

训的力度。⑤要充分发挥咨询机构的作用。

（2）渐进式变革的实施。渐进式变革的实施对企业的影响相对较小，实施的难度和面临的阻力也没有激进式变革那么大，但这并不意味着渐进式变革就一定能够取得成功。另外，在渐进式变革中，要有一个长期有效的变革管理机制。

二、指导企业制订实施计划

咨询方案的实施是一个系统工程，涉及方方面面的内容，需要统筹安排，才能保证实施工作的顺利进行。此外，一项改革工作不能无限制地进行，那样难以形成一种良好的气氛，使咨询效果受到影响。

三、对企业进行相关培训

咨询方案实施过程的培训一定要注意培训的针对性和实用性，切忌泛泛而谈。培训的内容包括对方案实施的认识、对方案的理解、方案实施的困难、实施中各部门人员协调等。总之，实施中需要解决的问题，都可以列入培训内容，培训的方式应灵活多样。

四、对实施中的重点环节进行辅导

咨询方案实施的时候，有些重点环节需要咨询人员进行辅导。对于某些实施起来比较重要而且技术性比较强的环节，咨询人员必须深入指导，直到教会为止。

五、对方案进行修改与完善

咨询方案毕竟是方案，实施过程中还会遇到许多新问题，需要不断地修改和完善。但是，咨询方案既要修订，又不能轻易修订。咨询人员对于修改意见一定要认真地进行调查，同时还要思考原方案存在的理由，在此基础上作出是否修改的决定。对于不便修改的地方，咨询人员一定和提议者认真沟通，听取意见，耐心地说服对方，让原来的方案得以实施。

六、对实施效果进行评估

1. 组织变革评价的方法

建立变革的评价机制具有非常重要的意义，评价通常有两种方法：一是调查客户员工态度、想法和价值观的转变；二是以项目结果的好坏来评价成功与否。

2．组织变革评价的一般步骤

组织变革的评价步骤一般分为：确定评价目标、制定评价指标设定的原则、选择评价方法、制定评价指标体系和标准、确定评价指标权重、确定评判依据、进行综合评价并进行分析、提出评价报告和建议。

七、进行正式项目总结

在项目全部结束之后，管理咨询机构应对项目进行正式总结。这也是评价一个管理咨询项目是否成功的关键因素。项目总结是管理咨询机构对项目实施过程的总结与反思，分析项目实施效果，了解企业对项目的整体评价。总结项目实施过程中的经验和启示，找出存在的问题，为后续的咨询项目提供借鉴。

【课后思考】 客户一行人来到公司进行洽谈交流。客户的业务主要是做广东市场的纸品销售，由于历史原因，销售渠道特别复杂，因此希望重建渠道。你该如何进行初步的洽谈沟通呢？大家可以从几个角度去考虑分析：（1）需要几个人呢？（2）如何把握谈判的节奏呢？可以按挖掘需求、合作沟通、资料索取这几个步骤去考虑分析。

本章小结

- 管理咨询的一般程序包括业务洽谈、咨询诊断、方案设计和项目实施指导四个阶段。管理咨询的一般工作流程和各阶段的主要工作任务可以总结归纳如图 3-5 所示。

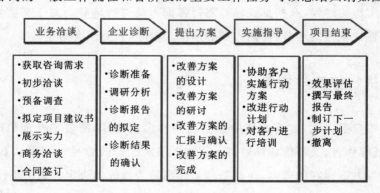

图 3-5　管理咨询的一般工作流程

【技能训练】　模块三：管理咨询项目计划的编制

【训练目标】

通过本章内容的学习，了解管理咨询的一般过程包括哪几个阶段，每一阶段需要完成哪些具体的工作，通过模拟制定管理咨询项目计划或编写项目建议书来加深对本章内容的理解，培养学生的资料收集和分析问题能力。

【训练任务及要求】

结合本章课程内容的理解和认识,在 A4 空白纸上梳理管理咨询公司项目运作流程图,并思考流程图中的内容能否再进行丰富或优化。请为你所在的咨询项目团队设计和完成以下任务。

1. 确定拟开展咨询的服务对象,并将服务对象企业名称填写到"咨询项目小组信息汇总表"中。

服务对象体现出即将开展咨询项目实践活动的企业场景,企业的选择应尽量选用公信力强的、行业具有一定影响力和代表性的知名公司,以便于有充分的资料信息供咨询项目组进行资料搜集和分析,同时,也为了方便后期咨询项目成果能够得到模拟演练中其他咨询项目组的学习和借鉴。也可选择你所熟悉的或者你能够接触到的中小企业进行问题诊断,试图帮助企业解决管理中存在的问题。

服务对象选定提示:

* 利用移动互联网等信息渠道,寻找自己熟悉或感兴趣的企业,供项目组成员讨论;
* 具有较强发展潜力的科技公司或互联网企业;
* 具有突出管理特色的知名企业,如海尔的人单合一模式;
* 在地方具有一定知名度的特色企业,如广东的美的集团、北京的联想集团等。

2. 制订咨询项目计划

根据咨询项目的一般程序,结合本学期本课程的学习进度安排,为你所在的咨询项目团队设计一份项目计划进度安排,为后续的项目完成进度控制提供参考。计划中需列出具体开展咨询工作流程,关键任务,以及关键任务所对应的时间。

3. 如果是针对你所熟悉的或能够进行项目调研和诊断的公司,请尝试进行项目的预备调查并在此基础上编写一份项目建议书。

第 四 章

企业管理咨询的工具与方法

 引导故事

老农与石头

有一位老农的农田当中,多年以来横亘着一块大石头。这块石头碰断了老农的好几把犁头,还弄坏了他的种耕机。老农对此无可奈何,巨石成了他种田时挥之不去的心病。一天,在又一把犁头打坏之后,想起巨石给他带来的无尽麻烦,老农终于下决心要了结这块巨石。于是,他找来撬棍伸进巨石底下。他惊讶地发现,石头埋在地里并没有想象的那么深,那么厚,稍使劲就可以把石头撬起来,再用大锤打碎,清出地里,老农脑海里闪过多年来被巨石困扰的情景,再想到可以更早些把这桩头疼事处理掉,禁不住一脸的苦笑。

【管理启示】 从这则寓言故事中,我们会领悟出企业管理中的道理:遇到问题应立即弄清根源,有问题更需立即处理,绝不可拖延。企业管理活动中,往往会遇到反复出现的问题或不良现象,如若讳疾忌医或拖延了事,积压下来,就必然给企业造成困难,甚至使企业的生产经营活动无法正常进行,严重时还会威胁到企业的生存。所以,对企业管理中出现频率较多的问题,不应回避,而应抓住苗头,及时调查,追根溯源,找出解决问题的途径和办法。

 学习目标

- 企业管理咨询数据的来源是什么? 我们分别可以从哪里获取这些资源?
- 企业管理咨询中的数据收集方法有哪些?
- 访谈法有哪些技巧? 应注意哪些问题?
- 企业管理咨询常见的诊断和分析工具有哪些?

第一节 管理咨询中的数据来源

数据是企业在业务经营和管理过程中产生、获取、保存、传递和处理的信息记录,对企业的经营管理产生越来越重要的作用。作为对企业全盘分析的管理咨询,获得企业相关数

据的数量和质量,将直接决定咨询服务的好坏。管理咨询中的数据来源,指的是在进行企业管理咨询项目时通过调查和搜集所得到的数据的来源。总体而言,这些数据来源可以分为一手资料和二手资料两大类别。

一、一手资料

1. 一手资料的定义及其特点

一手资料(primary source),也被称为原始数据,是指通过访谈、询问、问卷、测定等方式直截了当获得的。在企业管理咨询中的一手资料,指的是管理咨询团队通过对企业的实地走访,运用访谈、问卷、观察和实验等方式直接收集企业相关数据的方法。相对于二手资料,一手资料往往证据更为直接,准确性、科学性更强。

2. 一手资料的来源

在企业管理咨询数据收集过程中,一手资料的来源主要包括以下几个方面,如图 4-1 所示。

（1）销售人员与顾客用户。通常企业内普遍被认为最没有被充分利用的资料来源是该企业的销售人员。由于工作性质,他们长年累月与顾客接触,非常了解竞争对手的一些最新信息,也可以发挥类似于市场调研人员的作用和顾客用户交流沟通,而这些沟通的内容将为我们提供最为直接且真实的一手资料。

图 4-1 一手资料的数据来源

（2）企业员工。企业每个员工都会对其负责领域的产品市场有所了解,员工们从不同的角度出发,集思广益之后都能得到一些有价值的信息,这也是企业管理咨询中最为有价值的一手资料来源。

（3）供应商。企业可以通过上游供应商获取有用信息。比如一家食品企业可以通过食品包装厂商的生产信息进一步推断自身和竞争对手的销售情况；对于互联网企业而言,广告站点投放观察、网站流量查询等都可视为此途径。

（4）第三方调查咨询公司。这里是指第三方调查咨询公司与企业进行的合作调研项目,比如很多网络游戏公司在游戏推广前就会找调研公司合作招募一些样本做问卷调查或是样本在线跟踪服务。

（5）投资银行。投行的分析师每年都会对行业内的企业或产品进行大量的研究分析,这些以大量实证资料以及投行分析观点构成的投行研究报告也是一个很好的资料来源。

二、二手资料

1．二手资料的定义及其特点

二手资料（secondary source）是指特定的调查者按照原来的目的收集、整理的各种现成的资料，又称次级资料，如年鉴、报告、文件、期刊、文集、数据库、报表等。对现有二手资料进行分析，是管理咨询公司常用的管理咨询方法之一。相对于一手资料，二手资料的获得过程迅速而简单，成本低，用时少且范围较广。

2．二手资料的来源

在企业管理咨询的数据收集过程中，二手资料的来源主要包括以下方面，如图 4-2 所示。

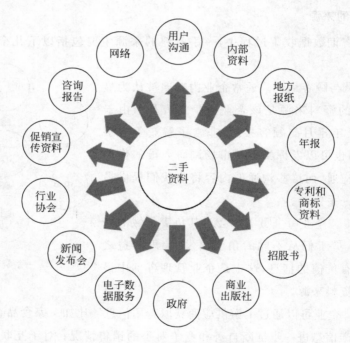

图 4-2 二手资料的数据来源

（1）企业内部现存资料。企业过去的营销计划以及对竞争对手收集的历史资料等，都是很好的二手资料来源，特别是互联网企业公司内部网站上的资料共享更是为资料的查找提供了便利性。

（2）地方报纸。很多地方报纸都会对本地区做得好的企业进行报道，关注查阅当地报纸或许是个不错的方式，在互联网时代，很到地方报纸都有其网络版，还有一些专业的网站或者机构专门采集一些地方报纸数据，供其用户使用。

（3）企业财务报表。这一来源通常只对上市公司有效，很多投资咨询公司都会对企业财务报表进行研究分析以获取相关信息。

（4）招股书。从企业提供的招股资料说明中获取资料信息。如唯品会公司的招股说明书中，向大家详细介绍了他的用户数、订单数以及重购率，以及企业内部的相关重要情报。

（5）专利和商标资料。专利和商标资料通常可以帮助我们了解相关产品或技术方面的信息。我国的专利情况可在国家知识产权局官方网站上查询。

（6）一般商业出版物和行业出版物。很多杂志都会根据自己的调查发布一些参考数据，譬如早在 2001 年美国著名的杂志《产业标准》就发布了互联网相关的 100 个数据，披露了互联网相关的人数、金融、广告、发展规模、电子商务等数据。当然，每个行业都有自己的杂志，也可以关注一些行业专家、分析家的专业微博，上面也会发布相关非商业性的分析内容。

（7）新闻报道。企业公关通常会向媒体披露一些企业信息，或是新品发布，或是高层人事变动等，通过点滴的信息积累或许就能发现很多有价值的资料。互联网相关的新闻报道大家可以看几大门户的相关频道以及相关专业等站点。

（8）促销宣传资料。这种途径在传统行业使用较多，通常其促销宣传册上都会对产品特点以及价格等做详细说明。如果你关注过银行或保险行业的一些宣传资料，你还会发现部分企业的宣传资料做得跟数据分析报告一样。

（9）其他咨询公司数据报告。咨询公司数据报告通常是我们最先想到的。艾瑞、尼尔森、易观国际、DCCI 等的咨询公司每年都会发布大量的互联网相关的行业或专题报告，通过简版免费、完整版收费的方式供大家查阅。

（10）员工沟通。企业的博客或企业内刊、同事间的交流也能在不经意间透露很多的有用信息。对于外部，如天涯爆料、人人发帖、微博、博客爆料等，有很多企业内幕消息是以这样的方式被爆出来。

（11）行业协会。很多成熟的行业都会有政府牵头，成立相关行业协会。行业协会在某种程度上发挥了部分政府职能，协会常常组织行业内的企业开会探讨，会请业内知名企业宣讲其对行业发展的看法及其企业成功的经验介绍。此外，有的行业协会还会组织一些市场调研活动，对行业进行摸底。

（12）政府来源。政府资料的主要来源，首先是统计局。此外，譬如新闻出版总署等机构也会提供一些行业数据。

（13）电子数据服务。这种网络或电子数据库提供的二手资料类似于学术论文期刊资料检索库。国内的电子数据服务中较为常见的是百度统计数据搜索，而国外的一些电子数据服务数据库则要全得多，比如标准普尔公司、DIALOG 公司、邓白氏公司等。

（14）网络。前面提到的很多来源都与网络有关，当你需要寻找某个公司的产品信息时，你第一时间想到的或许就是利用谷歌或者百度去搜一下，从公司的官方网站或其他人的介绍中去进一步了解产品信息。

当然，除了上面介绍的这些渠道外，还有很多其他的渠道，比如招聘信息、行业峰会、产品展会、企业参观、核心人员消息刺探等。简单地说,一切与产品或企业相关的媒介、人都可能成为信息资料来源。

三、一手资料与二手资料的优缺点比较

(一)一手资料的优缺点

1. 一手资料的优点

相对于二手资料,一手资料所包含的信息更加真实可靠。因为其来源都是自己的调研,所以其真实性和质量能够得到最好的保证;此外,由于收集目的不同,很多二手数据不能很好解答管理咨询项目中的具体问题,而一手资料却能很好地解决这一问题;而且,由于一手数据是管理咨询团队和公司自己收集的,更容易保密,防止资料外泄。

2. 一手资料的缺点

在拥有许多优点的同时,一手资料也有其缺点,主要体现在:(1)一手数据的收集过程中需要占用较多的人力、物力和时间,工作量大且对收集信息的成员要求较高,是一件工作量极大的搜集过程;(2)由于管理咨询项目的特殊性,相较于二手资料,有些数据可能无法有效获得或者获得难度较大。

(二)二手资料的优缺点

1. 二手资料的优点

使用二手数据有三个主要的优点:(1)通常情况下,它比一手资料容易获得,减轻了咨询团队的精力消耗和对相关技能的要求;(2)比起收集一手数据,二手数据的收集途径要简单和方便许多;(3)如果方法得当,二手资料能被快速获得。收集一手数据,从开始到结束可能要几个月的时间,相比之下,二手资料降低了时间成本。简单地说,就是省事、省钱和省时,所以在可能的情况下管理咨询团队总是优先考虑使用二手数据解决问题。

2. 二手资料的缺点

二手数据的缺点主要表现于三个方面,即相关性差、时效性差和可靠性低。(1)所谓相关性差,指的是二手数据往往不是专门为企业咨询诊断人员解决问题所收集的数据,而是因其他目的而收集的,这就不可避免地造成了数据与咨询诊断项目要求的内容在很多方面出现不一致的情况。(2)所谓时效性差,指的是二手数据就是在当前的咨询项目之前已经存在的数据。因此在反映当前企业内外部环境等信息方面存在着一定的差距。(3)所谓可靠性低,指的是二手数据存在着不真实的情况,即便是一些政府部门的统计数据也可能存在一定程度的误差,甚至不排除极个别数据有很大水分的可能性。

【课堂思考】　某线下实体店,主营餐饮业务,想开展互联网营销,发展自己的O2O事业部。在谈判过程需要用到你收集的行业素材,请试试收集素材吧! 提示:不要忘记行业网站。思考要点:行业网址、跨行业信息、信息鉴别等。

第二节　管理咨询中的数据收集方法

数据的收集是企业管理咨询活动顺利实施的重要基础工作。管理咨询顾问在企业咨询项目的实地调研中会看到各种现象,听到企业管理者对企业管理现状及问题的描述,还可以通过各种渠道和方法获取一些咨询所需要的数据与信息。那么我们有必要首先了解一下事实、数据和信息这几个概念之间的关系。事实不等于数据,数据也不等于信息。事实需要有选择性地收集,才能形成数据;数据经过适当的处理和分析,才能形成信息,信息用于决策及行动支持,才真正实现价值,真正转化为有效的关键信息。

在企业管理咨询过程中,主要的数据收集方法包括访谈法、问卷调查法、观察法、文献分析法和实验法等。在本章中,我们将重点介绍企业管理咨询中最为常见的访谈法,其他数据收集方法将做简要介绍。

一、访谈法

访谈法是管理咨询项目实施过程经常运用的有效方法。访谈法是指根据访谈提纲,由访谈人员对被访者进行深入访谈,以探求某一特定问题产生的原因、潜在解决方案的关键信息的一种调查方法。

(一)访谈的定义及作用

1. 访谈法的定义

访谈法是通过有目的地与调查对象直接交谈来获取数据和信息的方法。这种方法同我们日常生活中相互间的交谈,有许多不同之处。首先,访谈有预定的计划,有专门的主题,有一定的工具(如访谈提纲)或辅助手段(如录音机),而日常交谈不需要这些。其次,访谈主要是由被调查者提供信息,而日常交谈则是双方相互交换信息。

2. 访谈法的优缺点

作为一种一手资料收集方法,访谈法的优点主要表现在:(1)认识社会现象的广泛性。(2)研究问题的深入性。(3)资料收集的可靠性。(4)调查方式的灵活性。与此同时,访谈法也存在一些不足和缺点。具体体现在:(1)访谈法的实施高度依赖于具有较高素质的访问员,以保证调查的质量;(2)在不便当面询问或不能询问被访者的情况下,访谈法就无法实施,也不能获取资料;(3)与其他调查方法相比,访谈法费用大、时间长,因而常常会碰到许多意料不到的困难。

3. 访谈的作用

成功的访谈可以帮助咨询双方进行信息的沟通和相互的交流与合作,使管理咨询项目能够得以顺利实施。具体而言,访谈在咨询项目的实施中主要的作用可以归纳如下。

(1)帮助咨询公司收集客户的数据和信息,没有数据资料,咨询公司难以形成对客户企业的总体认识;

(2)访谈可以帮助咨询顾问了解客户的企业文化,以便在后续的合作中以适当的形式沟通工作内容;

(3)访谈可以帮助咨询顾问与客户之间建立信誉和信任,通过交流,加深理解,避免猜疑,找到共同的利益点和潜在的矛盾点;

(4)通过访谈可以使咨询双方进一步了解相关议题、领域和团队现状,确认感兴趣的内容,未来工作的潜在解决方案就隐含在相关议题之中;

(5)通过访谈可以帮助咨询双方发现项目实施的障碍,才能找到未来需要解决的主要矛盾,使项目的实施和推广能顺利进行。

总之,管理咨询项目的实施是需要咨询双方的通力合作来共同完成的,而访谈就是一种有效的共同工作的形式。项目初期的访谈以收集资料为主,后期的访谈则以设计、沟通和执行方案为主。因此,成功的访谈是咨询双方共同工作、做好项目实施和推广的有效方法。

(二)访谈的类型

访谈的类型可以按照访谈结构、访谈的正式程度、访谈双方的接触方式以及受访者人数不同分成不同的类型。

1. 按照访谈结构的类型进行分类

(1)标准化访谈(结构型访谈)。在这种访谈中,研究者对访谈的走向和步骤起主导作用,按照自己事先设计好了的、具有固定结构的统一提纲进行访谈。选择访谈对象的标准和方法、所提的问题、提问的顺序以及记录方式都已经标准化了,访谈者对所有的受访者都按照同样的程序问同样的问题。

(2)半标准化访谈(半结构型访谈)。在这种访谈中,访谈者对访谈的结构具有一定的控制作用,但同时也允许受访者积极参与。通常,访谈者事先准备一个粗线条的访谈提纲,根据自己的调查需要对受访者提出问题。但是,访谈提纲主要作为一种提示,访谈者在提问的同时鼓励受访者提出自己的问题,并且根据访谈的具体情况对访谈的程序和内容进行灵活的调整。

(3)非标准化访谈(无结构型访谈)。这种访谈没有固定的访谈提纲,访谈者鼓励受访者用自己的语言发表自己的看法,目的是了解受访者自己认为重要的问题,他们看待问题的角度、对意义的解释,以及他们使用的概念及其表达方式。访谈者只是起一个辅助的作用,尽量让受访者根据自己的思路自由联想。

2．根据访谈的正式程度进行分类

（1）正规型。访谈者和受访者双方事先约定好时间和地点,正式就一定的问题范围进行交谈。

（2）非正规型。访谈者根据受访者日常生活的安排,在一些非正式场合与受访者进行交谈。

3．根据访谈者与受访者双方接触的方式分类

（1）直接访谈。访谈者与被受访者一起坐下来,进行直接的、面对面的交谈。

（2）间接访谈。访谈者与受访者事先约好时间,通过电话、QQ、微信等即时通信工具对对方进行访谈。

4．根据参与访谈的受访者的人数分类

（1）个别访谈。通常只有一名访谈者和一名受访者,两个人就所需要调查的问题进行交谈。

（2）集体访谈。可以由1～3名访谈者和6～10名参与者组成,访谈者主要协调谈话的方向和节奏,参与者自己相互之间就有关的问题进行讨论。

（三）访谈法的实施步骤

一般来说,访谈大体可分为访谈前的准备、正式访谈的实施、访谈信息的汇总三个阶段。

1．访谈前的准备

访谈准备工作直接影响访谈效果的好坏,访谈准备工作大致分为以下几个方面。

（1）访谈思路的准备。主要包括明确关键议题、形成初步假设,构建访谈提纲。访谈提纲是访谈顺利实施的一个关键计划,咨询项目成员,尤其是项目经理必须高度重视访谈提纲的形成,利用访谈提纲整合项目团队的思路,达成思考的一致性。

（2）访谈小组的建立。在实施访谈之前,需要事先成立访谈小组,分配好各自在访谈中所担任的角色,如谁负责沟通与联系,谁负责主问,谁承担笔录,谁负责起草访谈纪要等。

（3）选择访谈对象。访谈小组成立后就要与客户公司沟通访谈目的和行程,提出明确的访谈需求,并确定访谈对象。要找到影响项目实施或能够为数据资料收集提供信息的各层面关键人物,如分管副总、分管部门经理、相关业务主管等,并请客户提前提供访谈对象的名单、背景资料。

（4）沟通访谈内容。访谈内容应提前与受访者进行沟通,访谈提纲不一定需要发给受访者,但应该让受访者有所了解,不至于太过突兀。

（5）确定日程安排。访谈的时间、地点和参加人员都应提前敲定。一般而言,访谈机会难得,访谈安排将会非常密集,经常有意外情况出现,给访谈的计划安排造成一定的困难,最好能找到备选的访谈对象,因此注意访谈日程安排的灵活性非常重要。在安排访谈日程时,必须留出小组用于沟通讨论的时间,相互印证访谈记录,可以及时总结关键发现,调整访谈重点。

2．正式访谈的实施

在访谈的实施过程中,访谈者应控制整个访谈的实施进程,做好以下几项工作。

（1）营造良好的访谈氛围。在访谈刚开始时,首先应由访谈双方进行自我介绍;接下来访谈者应感谢被访者能抽空接受访谈,简单解释访谈的目的及时限;告诉被访者,访谈将被记录并说明记录的用途;如有必要,向被访者重申访谈内容的保密。整个过程注意营造良好氛围,增加双方的好感。

（2）控制访谈进程。按预先拟订的访谈提纲适时地提出关联的问题,并要巧用引导和追问。引导是防止跑题,追问是为了尽可能多地获取有效信息。无论在何种情况下,访谈者都应注意倾听,注意力不集中是非常不礼貌的行为。正式提问时,访谈者应注意的一些事项有:语气委婉、善解人意、不要轻下断语,等等。访谈过程中做好记录,访谈记录可分为当堂记录和事后记录两种。受访者的谈话最好能够一字不漏地被记录下来,如果可能的话,访谈者应该对访谈进行现场录音或录像。

（3）做好访谈结束的总结。在访谈即将结束时,可以提出最后一个开放式问题,如"有没有什么没有谈到的问题您想补充的?"双方可就下一步工作达成共识,为今后进一步提问留有余地。同时不要忘记对被访谈者表示感谢,最好在访谈结束后的48个小时之内送出致谢信或电话致谢。

3．访谈信息的汇总

访谈结束后,访谈小组应及时进行访谈数据的整理和汇总,完成访谈总结,主要包括以下几项工作。

（1）修改补充原始记录。访谈小组要及时补充漏记的要点,加入访谈相关的背景资料,在记录中,适当引用被访谈者的原话。访谈者在事后进行补充记录时一定要注意将自己放回到访谈的情境之中,身临其境地回忆当时受访者所说的原话。

（2）向咨询项目小组介绍访谈情况。与咨询项目小组成员共同从访谈记录中找出关键信息,考虑哪些结论或观点是可行的,汇报内容繁简适当。

（3）形成正式访谈记录。完成正式访谈记录,确保访谈记录数据和信息的真实性、客观性,充分反映出被访谈者的观点和看法。

（四）访谈中应掌握的技巧

咨询顾问通过与自己原来并不熟识的客户交流,把所需的资料拿到手,这不是一件很容易的事。所以用访谈法进行资料信息的调查,对访谈者的要求很高,特别要求管理咨询顾问掌握并灵活运用好各种访谈技巧。在整个的访谈实施过程中,管理咨询顾问应掌握构建访谈提纲的技巧、访谈中提问的技巧、访谈中聆听的技巧以及访谈进程掌控技巧。

1．构建访谈提纲的技巧

访谈提纲的构建,有助于咨询小组成员达成共识,增强相互的了解和沟通,最终实现所有成员一致地、在同一层次、按照同一节奏、高效率地沟通问题和解决问题。构建访谈提纲要遵循两个原则,一是对于事实要追求"相互独立,完全穷尽",要能够尽可能多地收集相关信息。二是对于思考,力求系统化、结构化、条理化。系统化就是要求思考尽量全面,考虑到公司各层面的情况;结构化就是要求思考尽量有区别、有层次、有次序;条理化就是要求思考尽量精练,能够提炼或概括出事实的主要内容,忌繁杂。构建访谈提纲可以先采用头脑风暴的方法,集思广益,写出所有需要答案的问题,然后确定需要回答的问题的分类和优先次序,并在此基础上形成一份比较合格的访谈提纲。

2．访谈中的提问技巧

访谈者应该学会随机应变,根据具体情况选择最佳的方式提问。尽可能自然地、轻松地、以闲聊式的方式进入,结合受访者当时的具体情况开始谈话。

（1）把握好访谈问题的封闭和开放程度

访谈的问题,主要可以分为开放型和封闭型,访谈者在访谈提纲设计时应确定好访谈问题是从封闭到开放还是从开放到封闭。封闭式问题指事先设计好备选答案,受访者问题的回答被限制在备选答案中。封闭式问题的常用词汇包括"能不能""对吗""是不是""会不会""可不可以""多久""多少"等。单纯地使用封闭式问题,会导致谈话枯燥,产生令人尴尬的沉默。受访者如果不停地回答封闭式问题,会觉得自己在接受侦查讯问。

要想让谈话继续下去,并且有一定的深度和趣味,就要多提开放式问题。开放式问题是指在内容上没有固定的答案、允许受访者做出多种回答的问题。这类问题通常以"什么""如何"和"为什么"之类的词语为语句的主线。开放式问题就像问答题一样,不是一两个词就可以回答的。这种问题需要解释和说明,同时向对方表示你对他们说的话很感兴趣,还想了解更多的内容。

（2）灵活运用不同类型的问题

一般来说,访谈者提问的方式、词语的选择以及问题的内容范围都要适合受访者的身心发展程度、知识水平和谈话习惯,要能够使对方听得懂。在访谈中,应该遵循口语化、生活化、通俗化和地方化的原则,尽量熟悉受访者的语言,用他们听得懂的语言进行交谈。在访谈中灵活运用不同类型的问题来尽可能多地获取数据和信息。主要的问题类型包括探测型问题、挖潜型问题、"关于"型问题、反馈型问题、假设型问题、查问型问题、排序型问题和构架型问题等。

探测型问题主要用于对事实信息的收集,如"这个部门一共有多少人?";挖潜型问题是为了澄清概念保证理解正确,如"对您的部门来说,'短期'是指什么?";"关于"型问题是设置一些开放式问题以便引导沉默的人发言,如"就您了解的这一领域,您对老李的建议会怎么回答?";反馈型问题是将自己听到的东西反馈给应答者,总结议题核实结论,如"这些是您所认为的主要障碍吗?";假设型问题是在假设情境中寻求信息的开放式问题,如"假设您的竞争对手也采用同样的策略,您会怎么办?";查问型问题是要求应答者提供一些支持性信息,如"有何证据可证明此点?";排序型问题是对各种方案优先排序或在不同选项之间取舍,如"A 和 B 两个解决方案您认为哪个更好?";构架型问题是为了围绕讨论重点增进信任、加深理解和拓宽思路,如"发生那些变化时您有何感受?""质量与数量之间是什么关系?""还有哪些重要因素?"等。

3．访谈中聆听的技巧

访谈过程中,访谈者以问为主,受访者来进行回答,因此访谈者应学会倾听。咨询顾问应了解不同层面的倾听,尽量克服有效聆听的障碍,掌握有效聆听的技巧。

（1）了解不同层面的倾听

倾听可分为行为层面上的"听"、认知层面上的"听"和情感层面上的"听"。访谈者在行为层面上的"听"指的是一种听的态度,有可能表现为"表层的听""消极的听"和"积极关注的听"三种状态。访谈者应更多地采用"积极关注的听",在这样的倾听中,访谈者给予对方的不仅是一种基本的尊重,而且为对方提供了一个探索自己的宽松、安全的环境。在认知层面上的"听",可以分为"强加的听""接受的听"和"建构的听"。访谈者应更多地采用"建构的听",在倾听时积极地与对方进行谈话,在反省自己的"倾见"和假设的同时与对方进行平等的交流,与对方共同建构对"现实"的意义。在情感层面上的"听",可以分成"无感情的听""有感情的听"和"共情的听"。访谈者应更多地采用"共情的听",在无条件的倾听中与受访者在情感上达到了共振,双方一起同欢喜、共悲伤。

（2）克服有效聆听的障碍

在访谈过程中,咨询顾问应尽量克服一些常见的有效聆听的障碍,如对受访者过早进行主观印象打分;在聆听过程中经常打断对方的交流,喜欢与受访者争辩;在聆听过程中不断猜测对方想法,不会适时与受访者进行核实和交流;在聆听的过程中加入太多个人感情因素,如对某些问题的个人看法或个人喜好,影响受访者交流的客观性;在受访者回答问题时,不能做到认真倾听,保持必要的眼神交流,而是低头考虑自己的下一个问题等。

（3）掌握有效聆听的技巧

访谈者要做到有效倾听,应在访谈过程中不断地用关键词总结你所听到的信息,善于从受访者的长篇大论中搜集和捕捉到有价值的信息;注意受访者所说的潜台词,能够找出受访者没有用语言表达出的线索,不断地总结、归纳并及时地与受访者核实。在访谈中,还要学会应对受访者的沉默。造成受访者沉默的原因可以有很多,如无话可说、不好意思、有意拒绝回答访谈者的问题、思想开小差、在建设性地思考问题,等等。如果访谈者不能确定对方长时间保持沉默是否是因为对方在进行一些建设性的思维活动,可以试探性地询问对方:"请问您在想什么?"通常,访谈者在受访者沉默时,首先要扩大自己容忍沉默的能力。访谈者要相信自己对所探讨的问题有一定的了解,对访谈的情境有一定的判断。这样,受访者也会相应地感到轻松,也就会比较自然地表现自己,包括沉默地思考访谈者所希望了解的一些问题。

4. 访谈中追问与回应的技巧

(1) 访谈中的追问技巧

追问指的是访谈者就受访者前面所说的某一个观点、概念、语词、事件、行为做进一步的探询,将其挑选出来继续向对方发问。在开放型访谈中,追问的一个最基本的原则是使用受访者自己的语言和概念来询问受访者自己曾经谈到的看法和行为。访谈者应把握好追问的时机和度。一般来说,追问不要放在访谈的开始阶段频繁进行。当然,如果在受访者谈话时,访谈者发现自己对一些具体的细节不太清楚,希望对方进行补充或澄清,可以及时进行追问。访谈者在追问时要考虑到受访者的感情、访谈者本人与受访者之间的关系以及访问问题的敏感程度。访谈中最忌讳的追问方式是访谈者不管对方在说什么或想说什么,只是按照自己事先设计的访谈提纲挨个地把问题抛出去。要使追问适时和适度,访谈者必须首先将自己的"前见"悬置起来,全身心地倾听对方谈话。在倾听的时候,访谈者应该对对方使用的语词保持高度的敏感,发现了重要的词语、概念或事件以后需要记下来,在适当的时候进行追问。追问适时和适度的一个具体办法是注意捕捉受访者在谈话中有意或无意抛出的言语"标记"。

(2) 访谈中的回应技巧

访谈中的回应是在访谈过程中访谈者对受访者的言行作出的反应,其中包括言语反应和非言语反应。回应的常用方式有以下几种。访谈者对受访者所说的话表示认可,希望对方继续说下去;访谈者将受访者所说的事情重复说一遍,目的是引导对方继续就该事情的具体细节进行陈述,同时检验自己对这件事情的理解是否准确无误;访谈者将受访者所说的话换一个方式说出来,检验自己的理解是否正确,邀请对方即时作出纠正,同时起到与对方进行高级共情的作用。在访谈中,访谈者还要学会适时地鼓励受访者,因为受访者通常有一些顾虑,不知道自己所说的内容是否符合访谈者的要求,尽管访谈者一再告诉对方,按照自己的思路谈,但是受访者往往习惯于听到对方的肯定和鼓励。

(五) 访谈法运用中的注意事项

1. 建立良好的人际关系

建立良好的人际关系就是为访谈创造出合适的气氛。俗话说,"顺利进门是成功的一半"。彼此陌生的人头次见面,很可能受到冷遇或拒绝,因此进门的技术很重要。有熟悉被访者的人引见,将容易被接纳。访谈一定要自然切入,进门后,创造访谈气氛非常重要。

2. 学会应对不同类型的受访者

如果受访者表现出紧张或焦虑,访谈者应向受访者明确阐述访谈背景,解释此行的目的及被访者将获得的益处,和被访者建立相互信任的关系,让受访者变得轻松和自信;如果受访者喜欢滔滔不绝,访谈者应避免提开放式问题,并在访谈中适时提醒被访者时间有限;如果受访者沉默寡言,访谈者应尝试与被访者建立相互信任的关系,找出共同语言及共同经历,尽量不问封闭式问题,利用开放式问题引导被访者的思路;如果受访者充满敌意,访谈者要勇于承认错误或在可能时做些让步,避免反过来生受访者的气。

3. 注意访谈中的过渡

在访谈过程中,访谈者应注意控制访谈的进程,对于沉默寡言的受访者和侃侃而谈的受访者应区别对待。在受访者严重跑题时,要技巧性地适时打断,在这种情况下,访谈者应该使用一个过渡型问题,使内容的转换显得比较自然。如果需要转换的话题很难与当时受访者正在谈论的问题联系起来,访谈者可以用铺垫的方式为转换话题事先做一些准备,使话题转换尽可能显得自然。

4. 注意访谈中的非言语行为

访谈中交谈双方除了有言语行为,还有各种非言语行为,如外貌、衣着、打扮、动作、面部表情、眼神、人际距离、说话和沉默的时间长短、说话时的音量、音频和音质等。受访者的非言语行为不仅可以帮助访谈者了解双方的个性、爱好、社会地位、受教育程度以及他们的心理活动,而且可以帮助访谈者理解他们在访谈中所表现出来的言语行为。访谈者本人的非言语行为,如服饰、打扮、动作、表情和目光等,也会对访谈产生十分重要的影响。

📝 情景案例

胡先生原本是一家食品公司的华东区市场总监,刚刚跳槽跨入咨询行业。一天,工业品行业最大的机床生产企业来公司讨论营销转型的项目。项目总监陈先生对胡先生说:"你也来参与一下吧,到时候有你懂的就谈谈。"胡先生来到会场后发现,客户公司的人员全都是副总裁级别的。自己公司的老板和客户公司的董事长、项目总监跟客户的副总裁聊得正欢。胡先生看没有同自己一个级别的,而且自己对这个行业一窍不通,不知道要聊些什么,只好默默无闻地记笔记。会后陈总监说:"你怎么像一个木头似的,要多说话,这样的状态还不如不让你去。"胡先生听了此话郁闷不已。

请问此案例中管理咨询师胡先生应怎样准备和参加这次的访谈呢?

二、其他数据收集方法

(一)问卷调查法

1. 问卷调查的含义

问卷调查法是企业管理咨询中经常采用的一种方法,它是咨询团队用统一严格设计的问卷,通过书面语言与被调查者进行交流,搜集研究对象关于企业经营及管理中的各种信息和资料的方法。

2．问卷的种类

问卷调查法的核心是问卷。根据调查问卷中问题的表达形式可分为封闭式问卷和开放式问卷。封闭式问卷一般指要求被调查者从所限定的答案中作出选择；开放式问卷则不提供和限定答案，由被调查者按自己的实际情况和认识回答问题，开放式问卷有利于了解一些有关动机、思想、观念、价值等方面的问题，给被调查者以充分发表自己观点的空间，但难以统计。

根据问卷的标准化程度，可以分为标准化问卷和自编问卷两种类型。标准化问卷是指按照教育和心理测量的严格要求，由专家研制的、使用面广泛的、关于某些特殊问题测量的量表性问卷。自编问卷是研究者根据研究目的和研究对象的特点而自行编制的问卷。与标准化问卷相比较，自编问卷在项目设计、结果分析和结果解释方面的标准化程度较低。尽管自编问卷有很多不足，但绝大多数管理咨询调查研究项目仍主要采用自编问卷。

3．问卷调查法的特点

（1）问卷调查法的优点

问卷调查法的优点之一是标准化程度高。问卷调查法的优点之二是匿名性强。问卷调查法一般不要求被调查者署名，这能够消除被调查者在回答对他的利益或发展具有威胁性、敏感性的问题时的疑虑，从而客观真实地回答问题。问卷调查法的优点之三是效率高。在问卷调查的实施过程中，调查者能够同时对大量的调查对象进行调查，在短时间内能够在被咨询企业内部搜集到大量的信息和资料。

（2）问卷调查法的缺点

问卷调查法也存在一些缺点或局限性：第一，问卷调查法的结果完全取决于被调查者的合作态度和实事求是的科学精神。如果被调查者对一些调查的意义和目的认识不清，采取敷衍的态度随意作答，不真实地反映实际，那么，问卷调查的结果就可能不客观，甚至是虚假的。第二，由于局限于书面文字，问卷调查法对企业中文化程度不高的对象难以进行调查。第三，调查过程不深入，难以发挥调查者的主动性。问卷调查过程局限于问卷本身，调查者往往不理解被调查者对某些问题更深刻的理解和认识。尽管问卷调查法有一些局限性，但它仍不失为是企业管理咨询中的一种基本的调查研究方法，对进行企业调查研究具有重要的作用。

4．问卷的设计和编制

问卷设计得是否科学、完善、准确、有效，直接决定着问卷调查的结果。问卷的设计要考虑问卷的一般结构、问题、答案、问题数量以及问题的排列。

（1）问卷的一般结构。问卷的一般结构包括问卷标题、前言和指导语、问题、选择答案和结束语等部分。各部分在问卷中都具有不可忽视的作用。

（2）问题。问题是问卷的核心，一般而言，问卷中的问题可分为两类：事实性问题和态度性问题。事实性问题是指关于曾经发生过的、已经存在的或将要发生的事件、事物的状态、人的实际行为等方面的问题。态度性问题是关于被调查者对某一事物、人或现象的看法、认识，以及他们的心理状态的问题。问卷中的问题表述应做到语句简洁、通俗易懂；问题的内容具体、清晰、含义单一；问题的设计应保持立场中立，客观谨慎，避免"暗示效应"；妥善处理与社会规范一致或冲突的问题，避免"社会认可效应"。

（3）答案。问卷中的问题答案的设计一般有两种情况：一种是设计者只提出问题，不提供被选择的答案，而由被调查者自己任意回答，即开放式问题。另一种更为常见的是提出问题后，提供被选择的答案，即封闭式问题。封闭式问题答案可以设计为是否式、多选一式、多项选择式、排序式、量表式、表格式和后续式。

（4）问题的数量。一份问卷的问题的数量和问卷长度要适当。问题数量和长度的适当是指通过控制问卷数量和答题时间，以保证被调查者对应答问卷的兴趣和认真态度。在时间上，一份问卷作答时间一般应在 30 分钟左右为宜，问题的数量一般应在 50 道左右。问题太多，时间过长，容易使被调查者产生厌倦情绪，导致敷衍塞责；问题太少，又不能得到有关研究的基本事实材料。

（5）问题的排列。问题的排列要遵循一定的规则，使问题之间具有一定的逻辑联系，并保证问题的自然过渡。一般来说，问题的排列应遵循同类组合、先易后难、先一般后特殊、先大后小、先次要后主要、先封闭后开放等原则。

（二）观察法

人们常说："耳听为虚，眼见为实"。通过访谈法，我们已经了解如何通过"问"和"听"来收集资料，但通过"问"来收集资料，无论如何没有通过"看"得到的资料那么直接。观察法就是咨询顾问通过感官或一定的仪器设备，有目的、有计划地观察企业内部各种活动，并由此分析企业各方面经营情况的特点、问题和不足的一种方法。

1. 观察法的定义

所谓观察法是在自然条件下有目的、有计划地观察研究对象，收集、分析事物感性资料的一种方法。在企业管理咨询项目的观察中，观察对象往往是企业的员工，因而，观察者观察过程的进展，将影响被观察者的态度与行为，从而影响观察结果。如何克服因观察者存在而带来的偏差，是在管理咨询项目中运用观察法要克服的重要难题。

2. 观察法的特点

观察法优点是能比问卷法、访谈法得到更直接的原始资料，收集的资料生动具体。其缺点是对于收集调查对象主观原因上的资料，不如问卷法和访谈法。观察结果也往往会受到观察者与观察对象之间的人际关系、观察者的观察能力、经验以及心理和时空条件限制等因素的影响。

3. 观察者的角色

在管理咨询的观察研究中，观察者和观察对象都是人，因而观察者是否参与观察对象

的活动,对观察结果影响颇大。观察者以取得必要的观察资料为标准,按照与观察对象的不同关系,可以充当下面四种角色:

(1)完全参与者。完全参与者是不暴露观察者身份而参与到观察对象及其生活中的一种角色。被观察者只知道其是"自己人"而不知道其是观察者。这种角色需要观察者用较长的时间和观察对象生活在一起,和他们打成一片。被观察者在不知道自己正在被观察时表现得最为自然与诚实。完全参与者能够了解到许多不容易了解到的真实情况。

(2)名义参与者。名义参与者是以观察者的身份参与到观察对象及其活动中去的一种角色。观察者参与被观察者的活动,但公开自己的真实身份,被观察者把观察者当作"外人",但容许观察者和他们一起活动。完全参与观察和名义参与观察都是内部观察。

(3)交往非参与者。交往非参与者是公开观察者身份,但不参与观察者的活动的一种角色。俗语说:"当局者迷,旁观者清"。以"局外人""旁观者"的身份观察调查对象的行为,容易保持自己的客观立场。但是由于没有加入观察者的活动中去,观察对象或其中的部分成员可能对"外来的"观察者怀有戒心,从而改变或停止某种行为。

(4)完全非参与者。完全非参与者是既不参与观察对象的活动又不暴露身份的一种角色。采用这种观察法进行观察,观察者以完全局外人的身份出现,最有利于保持社会过程的自然状态,也有利于观察者保持客观立场,避免情感因素的影响。交往非参与者和完全非与者都是属于外部观察。

4.观察的类型

根据观察的目的不同,可以将观察法分为以下的不同类型。

(1)参与观察与非参与观察。根据观察者是否直接参与到被观察者所进行的活动之中,观察法可分为参与性观察与非参与性观察。参与性观察就是观察者参与到被观察者的实际环境之中,并通过与被观察者的共同活动,从内部进行观察,故又称为局内观察。如为了了解企业内工作氛围,观察者可以花一定的时间,亲身参与到员工的日常工作生活之中,这样观察就比较全面、深入,能获得大量真实的研究资料,但这种方法容易使观察结论带有主观成分。非参与性的观察就是观察者不参加被观察者的群体,不参与他们的任何活动,完全以局外人或旁观者的身份进行观察。这种方法比较客观、公正,能获得初步的事实和资料,但不深入。

(2)有结构观察和无结构观察。与访谈法相类似,根据观察是否有预定的、标准化的观察目的和内容,是否严格按照一定的观察程序进行,观察法还可分为有结构观察和无结构观察。有结构观察指观察者事先设计好观察的内容和项目,制定出相关的观察表,并严格按照表中内容进行观察记录。这种方法可靠、翔实,所得数据可以进行进一步的定量分析,但费时。无结构观察指观察者只有一个总的观察目的和要求,或一个大致的观察内容和范围,但没有详细的观察项目和内容,亦无具体的记录表格,因而在实际的观察活动中常常是根据当时的具体情况而有选择地进行观察。这种方法灵活、简便,但所获得的资料较零散。

5．观察法的实施及误差控制

（1）观察法实施的步骤。观察法的实施大致可以分为确定观察计划、确定观察内容、进入观察现场、正式观察、记录几个步骤。

（2）观察误差及控制。观察法实施过程中，由于观察者和被观察对象之间缺乏直接的互动交流，主要依靠观察者"眼见为实"，因此观察到的结果难免或多或少地带有观察者的主观判断，因而不可避免地存在观察误差。产生观察误差的原因既可能是来自观察者也可能是来自被观察对象或者观察工具。减少观察误差的途径包括提高观察者的素质、利用辅助工具、多人或多组同时观察、多次观察以及不先入为主等。

（三）文献分析法

在企业管理咨询的调查研究中，文献分析法也占据着非常重要的位置。我们所采用的问卷调查法、访谈法或观察法等都无不是从文献资料的研究开始的。

1．文献资料的界定及其分类

（1）文献及其要素。文献就是人们用一定技术手段建立起来的储存与传递信息的载体，其上有人们从事各种社会活动的纪录。文献有三个基本要素，即有一定的知识内容或信息，有一定纸质或非纸质的固态载体，有一定纪录手段。

（2）文献资料的种类。文献资料的种类繁多，常用的分类方法有以下几种：根据文献的加工程度，文献资料可分为一次文献和多次文献；根据文献的来源，文献资料可分为公事文件、宣传性读物、私人性文件三种；根据文献资料的形式，则可以将文献资料分为文字文献、统计文献、视听文献。近年来，由于电子信息技术带来数字化革命，上述各种文献形式都可以以"电子出版物"的形式出现。

2．文献分析法及其特点

文献分析法是指从前人或别人留下的资料中收集资料的方法。文献分析法相对于其他的收集资料的方法，它具有没有时空限制、没有反应性问题、效率高、花费少等特点。但文献分析法也同时具有倾向性较大、对路性差、整理困难、滞后现实、可靠性难以评估等局限性。

3．文献资料的收集过程

通常情况下，文献资料收集的过程包括检索、浏览、筛选、阅读、记录、鉴别几个步骤。

（1）检索。搜集文献资料，首先要把它们查到。常用的查找文献的方法有工具法、追溯法和循环法。

（2）浏览。通俗地讲，浏览就是将搜集到的文献资料普遍地、粗略地翻阅一遍。通过浏览，使自己对搜集到的文献有个初步认识或大致了解。在浏览文献时速度要快并且善于抓要点。

（3）筛选。所谓筛选，就是在浏览的基础上，根据调查目的的需要，将数量众多的文献分为必用、应用、不用等几个基本部分，根据文献中有用信息数量的多少和质量的优劣将众多的文献进行"排队"。

（4）阅读。无论是浏览还是筛选，都是走马观花式的收集文献。真正要从文献中摘取有用信息，还是需要进行认真的阅读。阅读文献也是有技巧的，应先读文摘，后读原文；先读综述性文献，后读专题性文献；先读现刊文献，后读过刊文献；先粗读，后精读。

（5）记录。许多人阅读文献都有过这样的教训，只注意阅读而忽视了及时记录，结果阅读时发现的许多有用信息，到用的时候却找不到，这说明及时记录非常重要。文献信息的记录与平常我们做读书笔记不尽相同，相对来说它的规范性更强一些。文献调查中，常用的记录方法主要有提纲、标记、眉批、抄录和心得。

（6）鉴别。对于准备使用的文献进行真伪、可靠程度的判定，即鉴别。由于文献是第二手资料，所以在文献收集的过程中，鉴别是一个非常重要的环节。一般通过对同类、同年代文献的相互比较，对文献加以鉴别。对于当前资料也要核对，尤其是统计数字，一定要查看其来源的可靠性。根据鉴别，我们可以对文献作出取舍。

📝 情景案例

　　一家卖爆米花的公司一年的销售额能做到 1 亿多元，现在该公司想打造自己的品牌。某咨询公司的项目总监钱先生了解到这个信息后，感觉比较棘手，因为他完全不了解这个小众行业。为了充分准备洽谈，钱总监让咨询师小周收集信息，并对小周说："给你一天时间准备，明天下午给我资料。"第二天，正当钱总监头昏脑涨时，小周来交资料了。钱总监拿到资料后，头更大了，10G 的资料里什么样的信息都有，一打开文件夹就差点发疯，里面居然还有十多年前一个老大爷卖爆米花的亲情故事。钱总监狠狠地批评道："你这是给我收集资料吗？你这是把我这里当废品收购站了。"小周很委屈，心想：我给了你 10G 的资料，你还想怎么样，你自己不是也不知道要什么吗？

　　请问：此案例中的咨询师小周在进行文献资料收集中存在哪些问题？应如何改进？

（四）实验调查法

1. 实验调查法的概念

实验调查法是指设定特殊的实验场所、条件来继续调查的方法。其目的就是为了查明原因和结果之间的关系。在企业咨询管理活动中，实验调查法主要用于市调营销实验等领域。

2. 实验调查法的实施要则

（1）正确地选择实验对象和实验环境。选择的方法一般有两种：一种是主观挑选，即由实验者根据实验对象调查的目的、要求和对调查对象整体情况的了解，有意识地挑选那些具有代表性的单位或个体进行实验；二是随机抽样，也就是按照随机抽样方法从调查对象的总体中抽取实验对象。

（2）对实验过程进行控制。对实验过程的控制，主要是对实验激发和非实验因素两个方面的控制。对实验激发的控制既要严格按照设计的方案进行，又要在不违背实验目的的前提下具有一定的灵活性。对非实验因素的控制，就是要排除各种干扰实验的因素，这些因素主要是来自实验者自身的干扰和实验对象的干扰，当实验对象对实验活动不理解、不合作、不适应时，常常会给实验带来障碍。周围环境的干扰主要是一些与实验无关的社会经济因素的干扰。只有有效地控制以上干扰因素，才可以达到预期的目的。

第三节　管理咨询分析工具与方法

在上一章我们介绍了管理咨询项目的一般过程，在整个管理咨询项目的实施过程中，我们会使用到不同的咨询工具和方法。上一节我们已介绍了数据的收集和调查方法，接下来主要介绍管理咨询诊断与分析过程中的常用分析工具和方法。分析工具经常被管理咨询团队和相关咨询师用来发现问题、分析问题和解决问题，在企业管理咨询中起着不可忽视的作用。

一、管理咨询过程中的问题分析七步法

在管理咨询诊断过程中，对问题的分析和解决一般都是采用如下七步法进行。如图 4-3 所示。首先要搞清楚企业要解决的基本问题，这应该是具体的、有内容的，而不是泛泛而谈；对问题的分解过程，就是咨询顾问提出假设的过程。问题可能会分解成多个方面，可以使用鱼骨图、问题图、逻辑图来帮助分解问题，同时应注意二八原则，找到关键因素；接下来是对问题的分析解决过程作出规划，制定相应的行动计划。然后在企业内外部进行资料的收集，如员工的意见访谈、企业外部的公开数据、咨询公司的相关案例和研究报告等；接下来进行分析论证，可采用因果分析、标杆分析、趋势分析（可采用德尔菲法）和模型分析等，最后在此基础上提出改善方案的建议并进行方案展示和付诸实施。

问题描述　问题分解　问题规划　信息收集　分析论证　提出建议　方案展示

图 4-3　管理咨询中的问题分析流程

管理咨询顾问应以假设为前提，以事实为依据，对咨询问题进行结构化的论证。管理咨询顾问在与企业人员初步沟通后，就会初步提出一个假设，而后会根据提出的假设，在企业内部开展调研，搜集企业的内部和外部数据，这是收集事实的过程。咨询顾问利用行业知识和经验，挖掘事实并展开分析，根据所掌握的事实进行结构化论证。一个主论点（预设的假设）可分为多个分论点，用事实来支持这些分论点，完成问题的论证。分析论证结束后，企业的分析诊断报告也就形成了，接下来就是提出相应的变革建议，实施检验之后，又

会形成新的事实。

二、管理咨询中常用的分析工具和方法

（一）头脑风暴法

1. 头脑风暴法的提出及其定义

头脑风暴法又称智力激励法、自由思考法。该方法是 20 世纪 40 年代由被誉为创造工程之父的奥斯本所提出的一种分析方法。头脑风暴法在随后的几十年商业活动中得到了运用与发展，并且在许多需要创造性的领域中得到了拓展。在管理咨询行业，头脑风暴法也被认为是最有效的分析工具之一而被各大管理咨询公司和咨询人员所广泛使用。

2. 头脑风暴法的基本程序及注意事项

头脑风暴力图通过一定的讨论程序与规则来保证创造性讨论的有效性。由此，讨论程序构成了头脑风暴法能否有效实施的关键因素。组织头脑风暴法的基本程序包括以下几个环节。

（1）确定议题。一个好的头脑风暴法从对问题的准确阐明开始。因此，必须在头脑风暴前确定一个目标，使与会者了解通过这次会议需要解决什么问题，同时不要限制可能的解决方案的范围。一般而言，比较具体的议题能使与会者较快产生设想，主持人也较容易掌握；比较抽象和宏观的议题引发设想的时间较长，但设想的创造性也可能较强。

（2）会前准备。为了使头脑风暴畅谈会的效率较高，效果较好，可在会前做一点准备工作。如收集一些资料预先给大家参考，以便与会者了解与议题有关的背景材料和外界动态。就参与者而言，在开会之前，对于待解决的问题一定要有所了解。会场可作适当布置，座位排成圆环形的环境往往比教室式的环境更为有利。

（3）确定参会人选。头脑风暴法的讨论人数一般以 8～12 人为宜，也可略有增减（5～15 人）。与会者人数太少不利于交流信息，激发思维。而人数太多则不容易掌握，并且每个人发言的机会相对减少，也会影响会场气氛。只有在特殊情况下，与会者的人数可不受上述限制。

（4）明确分工。头脑风暴法在讨论时需要推定一名讨论主持人，1～2 名记录员（秘书）。主持人的作用是在头脑风暴畅谈会开始时重申讨论的议题和纪律，在会议进程中启发引导，掌握进程。记录员应将与会者的所有设想都及时编号，简要记录，最好写在黑板等醒目处，让与会者能够看清。记录员也应随时提出自己的设想，切忌持旁观态度。

（5）规定纪律。根据头脑风暴法的原则，可规定几条纪律，要求与会者遵守。如要集中注意力积极投入，不消极旁观；不要私下议论，以免影响他人的思考；发言要针对目标，开门见山，不要客套，也不必作过多的解释；与会之间相互尊重，平等相待，切忌相互褒贬等。

（6）掌握时间。会议时间由主持人掌握，不宜在会前定死。一般来说以不超过一小时

为宜。时间太短与会者难以畅所欲言,太长则容易产生疲劳感,影响会议效果。经验表明,创造性较强的设想一般要在会议开始10~15分钟后逐渐产生。

3. 头脑风暴法的实施原则

在企业管理咨询中,为了激发项目成员的创造性,更好地解决管理咨询中可能会遇到的各种难题,非常适合采用头脑风暴教学法来进行问题分析。但是为了保证分析效果,头脑风暴法的实施必须遵循以下几个原则。

(1) 自由畅想原则。在管理咨询项目中,头脑风暴法必须保证参与成员发言的自由性,人员在一种毫无拘束、自由愉快的气氛中,让思维自由驰骋,从不同角度、层次、方位,提出各种设想。设想越多,越标新立异,能得到的高质量的方案和解决方法就越多,管理咨询的对策和成效往往就越好。因此,组织者在成员提出创造性解决问题的过程中,应不断地给予鼓励,激发成员的创造性思维。

(2) 改善原则。在头脑风暴进行的过程中,必须追求思想的互补。大量未经深思熟虑、反复策划后提出的设想,肯定会有考虑不周、运筹不详的缺点,与会者仔细倾听别人的设想,在别人思想的启发下不断修改完善自己的设想,互相取长补短,才能形成更新、更完美的创意和方案。

(3) 追求数量原则。头脑风暴的效果是与发言人的数量成正比例关系的,与会者要在规定或一定的时间内加快思维的流畅性、灵活性和求异性,尽可能多地提出有一定水平的设想和建议。提供的设想和建议越多,从中得到的完美答案的可能性就越大。

(4) 延迟评判原则。头脑风暴必须坚持当场不对任何设想作出评价的原则,既不能肯定某个设想,也不能否定某个设想,更不能对某个设想发表评论性的意见。所有的评价和判断都要延迟到会议结束以后才能进行。这样做一方面是为了防止评判约束与会者的积极思维,破坏自由畅谈的有利气氛;另一方面是为了集中精力先开发设想,避免把应该在后阶段做的工作提前进行,影响创造性设想的大量产生。

(5) 禁止批评原则。绝对禁止批评是头脑风暴法应该遵循的一个重要原则,参加头脑风暴会议的每个人都不得对别人的设想提出批评意见,因为批评对创造性思维无疑会产生抑制作用。同时,发言人的自我批评也在禁止之列。

(二) 德尔菲法

1. 德尔菲法的提出

德尔菲法在西方应用比较广泛,它首先由美国兰德公司的奥拉夫、海尔默等人发展的一种专家调查法。取名德尔菲(Delphi)法,是借用希腊历史遗址德尔菲之名。在古希腊,德尔菲是阿波罗神殿所在地,由于阿波罗有很高的预测未来的能力,因此,德尔菲便成为预告未来的神圣之地。现在使用的德尔菲法就是采用函询来分别征求专家们的意见进行预测。

2. 德尔菲法的程序

德尔菲法依据一定的程序,采用匿名或背对背的方式,使每一位专家独立自由地作出自己的判断；专家之间不得互相讨论，不发生横向联系，只能与组织人员发生关系。在收到专家的问卷回执后，组织者将他们的意见分类统计、归纳，然后不带任何倾向性地将结果反馈给各位专家，供他们作进一步的分析判断。通过两三轮次专家问卷调查，以及对调查结果的反复征询、归纳、修改，最后汇总成专家们基本一致的看法，并以此来作为预测的结果。

3．德尔菲法的特点

与其他的预测方法相比较，德尔菲法具有其他方法所不具备的一些特点，正是这些特点使得德尔菲法在企业管理咨询中成为一种较为有效的判断预测工具。这些特点主要体现为以下三个方面。

（1）专业性。德尔菲法吸收专家参与预测，充分利用专家的经验和学识。这些专家一般都具备与策划主题相关的专业知识，熟悉市场情况，精通业务策划。

（2）匿名性。德尔菲法采用匿名或背靠背的方式，要求每一位专家独立自由地作出自己的判断，专家之间不得发生与主题相关的任何联系。

（3）收敛性。在收到专家的问卷回执后，将他们的意见分类汇总，并及时反馈给各位专家，以便他们分析判断，直到最后对某一问题达成统一意见。其间要进行多个轮次的征询、归纳和修改。

4．德尔菲法的优缺点

德尔菲法的优点主要体现在该方法既能发挥专家们的集体智慧，又可以避免专家会议的缺点。通过背靠背地发表意见，可以把心理因素的影响降到最低限度，然后将各个专家的不同意见进行分类处理，经多次反复征询、分析处理，最后形成比较客观的预测结果。

与此同时，德尔菲法也有自己的缺点，主要体现在专家的协商过程中要花费太多的时间，成本相对较高。因为多轮次的征询、反馈和修正往往会消耗过多的时间和精力，因此当需要进行快速决策时，这种方法通常是行不通的。

（三）鱼骨图分析法

1．鱼骨图分析法的提出及其定义

鱼骨图分析法（以下简称鱼骨图）是由日本管理大师石川馨先生所发明，故又名石川图。鱼骨图是管理咨询人员进行因果分析时经常采用的一种方法，其特点是简捷实用，比较直观。鱼骨图看上去有些像鱼骨，问题或缺陷标在"鱼头"处。在鱼骨上长出鱼刺，上面按出现机会多寡列出产生问题的可能原因，有助于说明各原因之间是如何相互影响的。

2．鱼骨图的分析和绘图步骤

鱼骨图有点类似于树状图，是分析思考、理清思路、找出问题点的工具。对问题要刨根问底，鱼骨图就是帮助全面系统了解问题、细化问题的利器。在绘制鱼骨图时，特别需要注意的是，绘图时应保证大骨与主骨呈 60°夹角，中骨与主骨平行。如果有几个相关人员一起来分析填制，或者自己经过几天来制作，效果往往会更好。鱼骨图的示例如图 4-4 所示，绘图步骤主要包括以下几步。

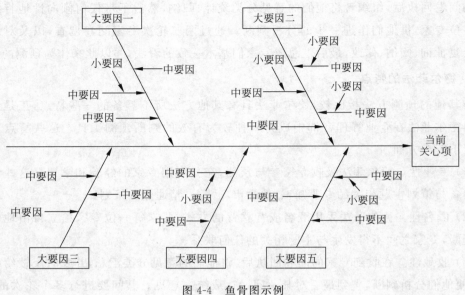

图 4-4　鱼骨图示例

（1）查找要解决的问题，即项目组成员商议后，明确将要讨论、分析和解决的问题，把问题写在鱼骨的头上；

（2）召集项目组同事，采用头脑风暴法尽可能多地找出问题产生的可能原因；

（3）把相同类别的原因分组，在鱼骨上用大骨标明，填写大要因；

（4）根据大的要因再进一步分析出更深层次的原因，画出中骨、小骨，填写中要因和小要因；

（5）根据所列出的问题产生原因，列出相应的解决方法。

在采用鱼骨图分析问题产生的原因时，可以结合"头脑风暴法"等方法来罗列原因。参与分析的人员自由发表意见，并将所有观点和意见都罗列起来，系统地整理出它们之间的关系，最后绘制出一致同意的因果分析图。这种类型的因果分析图，反映出的因素比较全面，在整理因素间的关系时，客观地促使对各因素的深入分析，有利于问题的深化。

（四）三色笔法

三色笔法通常与鱼缸会议和鱼骨图法一起使用，用来对搜集到的问题进行进一步处理，使我们分清问题主次的一种方法。由于在对问题进行处理的过程中，会使用三种不同颜色的笔，因此，这种方法被称为"三色笔法"。三色笔法的实施步骤：首先用一种颜色的笔将所有的问题罗列出来；接着用另一种颜色的笔，对问题进行分类；然后用第三种颜色的笔，画出鱼骨图，标出关键性的问题；最后，对关键性的问题制订计划，使问题得以改善。

（五）鱼缸会议

鱼缸会议是一种组织会议的方式。不同的群体本着合作的精神，一起分享各自的观点和信息。让销售部门与客户服务部门，或高层管理人员与管理顾问碰头，对各部门进行诊断。被诊断的部门自始至终不能发言，只能记录其他部门的意见。由于这种方式，被诊断的部门好像鱼缸中供人观赏的金鱼，因此，这种会议被称为鱼缸会议。

（六）5WHY分析法

1. 5WHY分析法的提出及其定义

所谓5WHY分析法，又称"五问法"，也就是对一个问题点连续以多个"为什么"来自问，以追究其根本原因。虽为5WHY法，但使用时不限定只做"5次为什么"的探讨，而是必须找到根本原因为止。如古话所言：打破砂锅问到底。五问法的关键所在：鼓励解决问题的人要努力避开主观或自负的假设和逻辑陷阱，从结果着手，沿着因果关系链条，顺藤摸瓜，直至找出问题的根本原因。

这种方法最初是由丰田佐吉所提出的；后来丰田汽车公司在发展完善其制造方法学的过程之中也采用了这一方法。丰田生产系统的设计师大野耐一曾经将五问法描述为："丰田科学方法的基础，重复五次，问题的本质及其解决办法随即显而易见。"目前，该方法在丰田之外已经得到了广泛采用，并且现在持续改善法、精益生产以及六西格玛管理之中也得到了采用。

2. 5WHY分析法的举例说明

通过下列生产现场不良现象分析的案例，可以帮助我们对5WHY分析法的理解，如图4-5所示。在生产现场机床旁边发现了一摊油，作为一种不良现象，应及时予以处理。在问第一个为什么时，得到的答案是由于清洁工没有及时清扫。但是发现清洁工清扫后，第二天机床旁边仍然会有一摊油，接着继续追问第二个为什么，得到的答案是油封密封阀破损，那么就要更换密封阀；但是发现更换密封阀后，仍然漏油，接着继续追问第三次为什么，继续探寻的原因是密封阀的质量差，但是为什么会质量差呢？还需要进行第四次追问为什么，这次可能会找到原因，是采购人员过于注重成本，导致采购了质量差的密封阀，但这还不是根本原因，为什么采购人员会这么注重成本呢？在经过第五个为什么的追问之后，终于找到了问题的根本原因，是由于不合

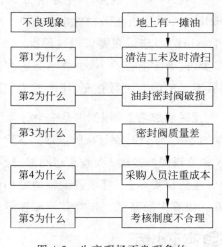

图4-5　生产现场不良现象的
5WHY分析法

理的考核制度，导致采购人员在采购密封阀时，过于注重采购成本的节约，使机床的油封密封阀频繁破裂，导致不良现象产生。

彼得·圣吉在《第五项修炼》中提到，问题的解决方案既有"根本解"，也有"症状解"，"症状解"能迅速消除问题的症状，但只有暂时的作用，而且往往有加深问题的副作用，使问

题更难得到根本解决。"根本解"是根本的解决方式,只有通过系统思考,看到问题的整体,才能发现"根本解"。我们处理问题,若能透过重重迷雾,系统思考,追本溯源,总揽整体,抓住事物的根源,往往能够收到四两拨千斤的功效。

(七)改善方案的构思方法

在进行改善方案设计和构思过程中,可以通过对客户内部已有的做法进行梳理和完善,形成新的解决方案。常用的分析方法有 ECRS 法、5W1H1C 分析法等。

1. ECRS 法

ECRS 是分析问题的方法,即对客户现有的做法逐一审查,有没有可以排除(eliminate)的、有没有可以合并(combine)的、有没有可以调整顺序(rearrange)的、有没有可以简化(simplify)的。

具体的操作流程如下:将公司现有的工作流程在一张巨大的纸上用流程图的方式按照运作顺序描绘出来;再根据检查出来的错误和不良现象分析流程中重复、错误、遗漏的环节,用上面提到的三色笔法进行详细的分析;采用合并、删除、重组、简化的方法对流程进行重新再设计、调整和优化;从流程的及时再造来适应外部环境的变化,从而预防不良病症的产生。

2. 5W1H1C 法

5W1H1C 法也是一种分析方法。即对客户现有的做法逐一提出问题:在做什么事(what)?为什么要做这件事(why)?应该由谁来做这件事(who)?应该在什么时候做这件事(when)?应该在哪里做这件事(where)?应该怎样做这件事(how)?做这件事的费用有多少(或效率有多高)(cost)?上述方法将有助于把客户原有做法中不合适的内容进行调整,不足的内容进行补充,使之成为完整的方案。

【课后思考】 假如你是一个管理咨询公司的咨询顾问,现在需要见一个生产运动健身器械的客户,你暂时没有接触过这类客户,但是项目总监让你收集与客户见面的资料。你该如何收集资料呢?提醒:要收集运动健身器械行业的全部信息,做好分类整理,并且要有指向性。

【分析提示】 管理咨询师通常面临的都是没有标准答案的课题,但是我们心中必须要有寻找答案的路径。按"图"索骥在管理咨询领域是十分可取的。

📚 本章小结

- 管理咨询中常用的数据资料来源包括一手资料的收集和二手资料的收集,管理咨询顾问应充分了解这两种数据资料的主要收集渠道及其优缺点。

- 企业的管理咨询活动在不同的阶段,都会采用不同的咨询工具和分析方法。首先咨询顾问需要对咨询对象进行数据信息的收集,常用的数据收集方法包括访谈法、问卷调查法、观察法、文献分析法和实验法等;在对问题进行分析诊断阶段,管理咨询常用的工具和方法包括头脑风暴法、德尔菲法、鱼骨图、三色笔法、鱼缸会议、五问法等;在进行改善方案的设计与构思时,可以用到 ECRS 法、5W1H1C 分析法等。企业管理咨询常用的工具与方法可归纳如图 4-6 所示。

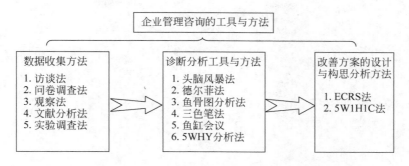

图 4-6　企业管理咨询工具与方法

【技能训练】　模块四：咨询客户企业资料的收集

【训练目标】

通过本章内容学习,了解管理咨询过程中的数据资料来源、理解和应用资料收集和处理的方法对拟开展咨询的企业信息进行调研,并掌握问题分析和诊断的常用工具及方法。

【训练任务】

学生应对选定的咨询客户企业有充分的认识和了解,以便更好地为企业提供管理咨询方案设计。如要任务如下:

- 访问企业官网,查看"企业介绍";
- 搜集企业基本信息、业务模块、有年报公司的企业可搜集企业近三年的年报;
- 查看 2～3 篇关于企业管理者(或企业家)的个人专访或报道;
- 熟悉企业的主要产品、核心优势;
- 熟悉企业所处行业发展现状、市场发展现状。

【任务提示】

由项目组经理带动全体项目团队成员,熟悉和了解客户企业的基本信息,并组织讨论客户企业的核心竞争优势在哪? 是否有可以潜在提高和改进的管理问题? 公司是否存在潜在可盈利的商业机遇? 如果资源和条件允许,鼓励项目组人员通过私人关系,联系到客户企业真实的管理人员作为访谈对象,可增进对项目服务对象企业的了解和认识。

【训练要求】

了解所服务的咨询客户企业,撰写客户企业背景分析报告;背景分析报告中必须包含以下四个问题,并分别对四个问题进行分析和回答:客户企业基本信息(企业名称、简介等);客户企业的优势在哪里? 客户企业为什么能够成功? 哪些方面还可以提升? 每个问题限定字数 200～300 字,加上开头陈述和结尾的文字内容,整个报告字数不超过 1500 字,此项作业将由项目经理带领项目团队成员按问题进行讨论,将讨论结果进行汇总整理成报告,报告要求结合自己的理解进行撰写,非原创内容需注明资料引用来源。

第三篇

咨询内容篇

第五章　企业战略管理咨询

第六章　企业组织管理咨询

第七章　企业人力资源管理咨询

第八章　企业运营管理咨询

第九章　商业模式设计与营销管理咨询

第十章　企业信息化与电子商务管理咨询

第五章

企业战略管理咨询

 引导故事

温水煮青蛙

19 世纪末,美国康奈尔大学做过一次有名的青蛙实验。他们把一只青蛙冷不防丢进煮沸的油锅里,在那千钧一发的生死关头里,青蛙用尽全力,一下就跃出了那势必使它葬身的滚烫的油锅,跳到锅外的地面上,安全逃生! 半小时后,他们用同样的锅,在锅里放满冷水,然后把那只死里逃生的青蛙放到锅里,接着用炭火慢慢烘烤锅底。青蛙悠然地在水中享受"温暖",等到它感觉到热度已经熬受不住,必须奋力逃命时,却发现为时已晚,欲跃乏力。青蛙全身瘫痪,终于葬身在热锅里。

【管理启示】 一个企业,必须能够应对不断变化的社会环境,管理者更要有深远而犀利的洞察力,让企业始终保持高度的竞争力,切不可在浑浑噩噩中度日,更不可躲避在暂时的安逸中。如果管理者与企业对环境变化没有高度的警觉,企业最终会面临这只青蛙一样的下场。

学习目标

- 什么是企业的战略管理咨询? 其核心要点是什么?
- 企业战略管理咨询的目标是什么?
- 企业战略分为哪几个层次? 企业战略的制定包括哪几个步骤?
- 企业战略管理咨询的主要工具及方法有哪些?

第一节 企业战略管理咨询概述

一、企业战略管理概述

(一)企业战略管理的定义及其特点

1. 企业战略管理的含义

企业战略管理是指企业根据外部环境设定战略目标,为保证战略目标实现进行谋划,并依靠内部资源将这种谋划和决策付诸实施,以及在实施过程中进行控制的一个动态管理

过程,其本质上是一种长期计划,是在对内部条件和外部环境分析的基础上,通过对组织优劣势的判别,所提出的关于组织发展的全局性、纲领性、长远性的谋划。

2. 企业战略管理的特点

总体而言,企业战略管理的特点主要体现在以下五个方面。

(1)管理对象的全局性。战略管理是以全局为对象,根据总体发展需要而制定、实施和控制战略规划及具体措施的过程。对于企业来说,战略管理的对象涉及企业总体经营活动,所追求的是企业总体经营效果。

(2)决策主体的高层性。企业战略管理的主体是高层管理人员。由于战略决策涉及一个企业活动的各个方面,虽然它也需要企业上、中、下层管理者和全体员工的参与和支持,但起决定作用的是企业最高层管理人员。

(3)中心内容是企业资源的配置。企业的经营方针、经营规模和产品结构等重大战略决策目标的实现都需要资源条件作为保证。对企业资源进行统筹规划,合理预算和配置,都是战略管理中必不可少的内容。

(4)时间安排上具有长期性。战略管理中的战略决策是对企业未来较长时期内(一般在 5 年以上),就企业如何生存和发展等进行的统筹规划。在迅速变化和竞争性的环境中,企业要取得成功必须对未来的变化采取预应性的态势,需要企业做出长期性的战略计划。

(5)影响因素的综合性。现今的企业都存在于一个开放的系统中,它们虽然能够影响着这些因素的变化,但更通常地是受这些不能由自身控制的因素所影响。在未来竞争的环境中,企业要使自己占据有利地位并取得竞争优势,必须考虑其相关因素的作用程度及范围,这样企业才能够继续生存和发展。

(二)企业战略管理的过程和层次

1. 企业战略管理的过程模型

一般而言,战略管理过程包含战略分析、战略选择和制定及评价与战略实施及控制三个具体环节。这三个环节是相互联系、循环反复、不断完善的一个动态管理过程,具体包括企业使命和目标的确定、内外部环境的分析、企业战略的选定、战略的实施与评价等过程,企业战略管理过程模型如图 5-1 所示。

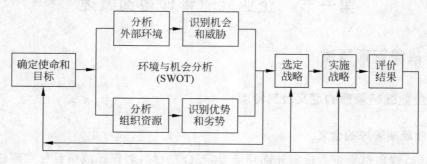

图 5-1　企业战略管理的过程模型

2．企业战略管理的层次结构

由于企业的规模、类型及结构是多种多样的，所以战略管理也就在企业内不同层次上实施。一般而言，拥有多个战略业务单位（以下简称 SBU）的企业战略至少可以分为三个层次：公司战略、竞争战略和职能战略。不同层次的战略解决不同层面的问题，也有各自的特点和不同的选择。企业战略管理层次体系如图 5-2 所示，具体说明如下。

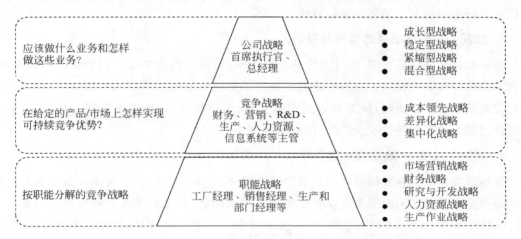

应该做什么业务和怎样做这些业务？

公司战略
首席执行官、
总经理

- 成长型战略
- 稳定型战略
- 紧缩型战略
- 混合型战略

在给定的产品/市场上怎样实现可持续竞争优势？

竞争战略
财务、营销、R&D、
生产、人力资源、
信息系统等主管

- 成本领先战略
- 差异化战略
- 集中化战略

按职能分解的竞争战略

职能战略
工厂经理、销售经理、生产和
部门经理等

- 市场营销战略
- 财务战略
- 研究与开发战略
- 人力资源战略
- 生产作业战略

图 5-2　企业战略管理的层次体系

（1）公司战略。公司战略是公司最高层次的战略，它指明了企业未来的发展方向，指导企业未来应该做什么业务和怎样做这些业务。一般而言，公司战略可以分为成长型战略、稳定型战略和紧缩型战略和混合型战略。

（2）竞争战略。竞争战略又称为事业部战略。竞争战略解决的问题是企业在给定的产品或市场上怎样实现可持续竞争优势，主要包括波特的三种竞争战略，即成本领先战略、差异化战略和集中化战略。

（3）职能战略。职能战略是按照总体战略或竞争战略对企业内各职能活动进行的谋划。职能战略一般可分为生产作业战略、人力资源战略、市场营销战略、财务战略、研究与发展战略等。

二、当前我国企业战略管理中存在的主要问题

1．企业管理者制定发展战略意识不强，企业行为短期化

我国大多数企业管理者缺乏对企业发展的定位意识，在经营活动中缺乏发展眼光，许多企业的管理者整天忙于事务性烦琐的管理工作，缺乏对企业发展方向、发展目标、市场定位等大政方针的考虑，认为发展战略是可有可无的东西。许多企业由于经营者本身的素质局限，没有能力去把握企业未来发展的趋势，因此，在考虑制定企业发展的战略时，不是建立在对外部环境机会、威胁和内部优势、弱点的全面科学的分析的基础上，而是喜欢跟风。

尤其是在企业进入新的领域上,缺乏独立的判断力。

2．企业制定战略管理缺乏科学的依据和论证

许多企业虽然制定了自己的战略管理,但这些所谓的战略管理并不是建立在对企业的内外部环境具体分析的基础上,也没有进行科学的论证,当看到别的企业或行业的战略管理取得成功就盲目照搬,缺乏独立判断能力,导致众多企业经营战略大同小异,其最终结果可能是在行业中引起不必要的恶性竞争。

3．忽视企业发展战略的实施和控制

企业战略管理要求企业在制定战略之后,必须形成战略的实施机制和评价纠偏机制,提供组织保障和管理保障。有些企业虽然制定了正确的发展战略、计划、目标等,但缺乏系统的实施战略的保障机制,缺乏有效的实施机制、组织机构、管理机制和纠偏机制,直到企业经营过程中出现问题,才反过来总结经验教训。

4．战略手段单一,战略思维缺少特色

战略管理要求企业要根据经营目的和经济规律、竞争目的和竞争规律来指导和组织经营活动和竞争活动。国内很多企业在战略态势的选择上,重视发展而忽视实力的积累和巩固;在战略类型上,重"进攻"轻"防御"。由于战略手段单一,也很容易被竞争对手所模仿,从而在激烈的市场竞争中很难形成全方位的竞争优势。

5．认识程度不够,战略管理实施成效不明显

目前,许多国内知名大企业集团的战略管理部门的日常工作不属于企业的战略管理工作,其职能只是体现在企业的规划和计划制定方面。战略管理部参与日常的决策,脱离对重大经营工作的指导,不能适应变化的环境。

6．组织结构与战略不符,战略实施缺乏有效支撑

要有效地实施战略,就要建立适合于所选战略的组织结构,并对原有结构中不适应的部分进行调整。而在许多企业中,这一及时调整却经常被忽视。许多企业在企业环境、经营领域、经营目标、竞争战略、市场范围发生变化,新的战略制定出来后仍沿用旧有组织结构,使战略的实施缺乏有效的支撑。

三、企业战略管理咨询的内容与体系

企业战略管理咨询作为管理咨询的一个重要分支,是在 20 世纪 30 年代产生并迅速发展起来的。经过 80 多年的发展,战略管理咨询已从过去简单的战略计划的制定演变成一项集有效的信息收集、科学的工具分析、正确地帮助实施于一体的系统性的管理咨询业务。

1．企业战略管理咨询的概念界定

企业战略管理咨询是指战略咨询机构或咨询人员接受某一组织委托,运用各种战略管理理论和战略管理咨询工具,在客观地分析企业外部环境和内部条件的基础上,提供完整

系统的战略解决方案以供企业高层管理者采用的一种高级智力服务。

2．企业战略管理咨询的特征

战略管理咨询作为管理咨询中的一种，当然也具有管理咨询的一般共性，如科学性、独立性、客观性、系统性、有效性和合作性等。除了这些管理咨询的基本特征以外，作为提供战略方案设计服务的特殊管理咨询类型，战略管理咨询还具有以下特征。

（1）受外部环境和政策性的影响较大。战略管理咨询是一项政策性和策略性很强的服务活动。它是预测企业环境的未来变化趋势，为企业指明经营活动的方向的活动。在制定战略方案之前，战略管理咨询顾问要对企业所处的政策、社会、行业、经济等因素进行充分的了解和分析，所制定的战略方案在很大程度上都会受到外部环境和政策环境变动的影响，具有一定的风险性。

（2）涉及知识和信息范围广。企业战略管理咨询与其他管理咨询活动相比，所需的信息量和知识面都是最广的。一方面，战略咨询顾问需要从各种各样的渠道收集企业各种宏观和微观层面的信息；另一方面，对信息的分析和消化，也需要战略咨询顾问具有更加丰富的行业经验和知识背景。

（3）创新性强。战略管理咨询提供的战略方案是在分析企业的具体环境和情况后，针对企业发展所面临的关键问题提出的独特解决方案。战略方案不是对其他企业成功经验的简单借鉴，而是提供给客户企业建立核心能力的创新思路，因而战略管理咨询比其他类型的管理咨询创新性更强。

（4）咨询方案实施难度大，咨询绩效评价困难。企业战略管理咨询所提供的解决方案实施周期长，实施阻力一般较大。同时，由于企业所处的环境是不断变化的，这都为咨询方案的实施和最后咨询绩效的评价带来了很大困难。

3．企业战略管理咨询与诊断体系

企业战略管理咨询与诊断的体系，如图 5-3 所示，一共分为三大模块。

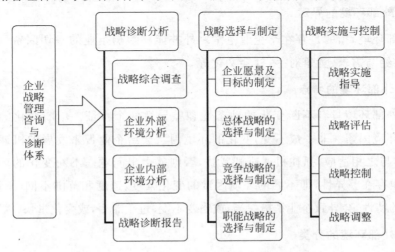

图 5-3　企业战略管理咨询与诊断体系

第一模块是企业战略诊断分析模块。在这一模块中管理咨询方主要的任务是帮助被咨询企业对公司战略进行综合调查,并在收集数据的基础上详细分析企业内外部环境,并最终出具企业战略诊断报告,对企业在战略方面存在的不足和问题进行全面诊断。

第二模块是企业战略选择与制定模块。在这一模块,管理咨询方的主要任务是在前一阶段企业战略诊断的基础之上,帮助被咨询企业在不同的层面分析和比较各个战略或战略组合的优劣,并在此基础上帮助企业选择合适的战略。

第三模块是战略实施指导与控制模块。在这一模块管理咨询方应对企业先前制定战略的执行情况加以指导和控制,采取不同的指导方法和不同类型的控制手段,保障被咨询企业第二模块所指定的战略或战略组合能够得以顺利的实施,并达到预期的效果。

为了更好地指导企业战略管理咨询活动的实施,本章将依据上述三大模块,即企业战略诊断、战略选择与制定和战略实施指导与控制三个部分,围绕战略咨询的主要工具和方法进行说明。

第二节　企业战略诊断分析

为了给被咨询客户设计更好的战略,帮助其更好地进行战略管理,对客户企业所处的环境进行分析,进而进行正确的战略诊断十分必要。把握企业所处内外部环境的现状及变化趋势,是企业正确进行战略选择和制定,进而更好地谋求自身生存与发展的首要问题。

一、企业外部环境分析

(一)企业外部环境的含义及特点

1. 企业外部环境的界定

所谓外部环境,指的是存在于企业范围之外并能够影响企业的一切因素,如国家政策、经济形势、供给与需求、竞争对手、社会文化等。

2. 企业外部环境的特点

企业的外部环境具有不断变化的动态性和差异性两个特征。不断变化的动态性是指影响企业的环境因素并非一成不变,变化的环境因素会给企业带来发展的机遇或生存的威胁,企业必须与之相适应,抓住机遇避开威胁,否则就会出问题。不断变化的环境因素在变化的程度上也存在差异性,即不同的环境因素的变化幅度、速度和范围不同,不能一概而论。认不清环境的特性,会导致企业举措失当,或当变不变、过于滞后,或变化过快、欲速则不达。

3. 企业外部环境的分类

企业的外部环境通常可分为宏观外部环境和行业竞争环境。企业的宏观外部环境又叫作一般环境,指的是可能会对企业的经营发展产生影响的外部宏观因素,同时也是管理者在进行计划、组织、领导、控制的时候需要考虑的外部环境中的相关因素,这些因素主要包括人口,经济,政治、政策和法律,社会文化、技术和全球环境等方面。行业竞争环境则指的是能够直接对企业经营活动产生影响的外部因素的综合。下面将对企业内外部环境的分析工具进行说明。

(二)企业宏观外部环境分析工具与方法

关于宏观外部环境分析工具,首推美国学者 Johnson G. 与 Scholes K. 于 1999 年提出的 PEST 分析模型。PEST 分析法是外部环境分析的基本工具,它通过政治的(politics)、经济的(economic)、社会的(society)和技术的(technology)角度或四个方面的因素分析从总体上把握宏观环境,并评价这些因素对企业战略目标和战略制定的影响。PEST 模型如图 5-4 所示,四个方面的影响因素说明如下。

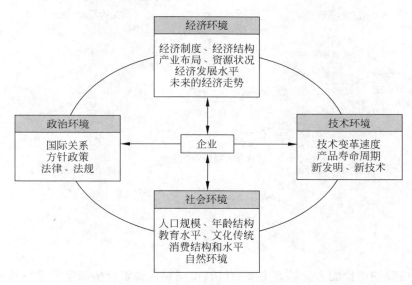

图 5-4　PEST 分析模型

(1)政治因素。是指对组织经营活动具有实际与潜在影响的政治力量和有关的法律、法规等因素。当政治制度与体制、政府对组织所经营业务的态度发生变化时,当政府发布了对企业经营具有约束力的法律、法规时,企业的经营战略必须随之作出调整。

(2)经济因素。是指一个国家的经济制度、经济结构、产业布局、资源状况、经济发展水平以及未来的经济走势等。构成经济环境的关键要素包括 GDP 的变化发展趋势、利率水平、通货膨胀程度及趋势、失业率、居民可支配收入水平、汇率水平、能源供给成本、市场机制的完善程度、市场需求状况,等等。

(3)社会因素。是指组织所在社会中成员的民族特征、文化传统、价值观念、宗教信仰、教育水平以及风俗习惯等因素。

（4）技术因素。技术因素不仅包括那些引起革命性变化的发明，还包括与企业生产有关的新技术、新工艺、新材料的出现和发展趋势以及应用前景。

（三）行业竞争环境分析工具与方法

相对于一般环境，企业所面临的具体竞争环境对于企业的经营活动影响更为直接，是企业选择正确战略的先决条件。依据迈克尔·波特的理论，这些企业外部具体因素主要包括同行业内现有竞争者的竞争能力、潜在竞争者进入的能力、替代品的替代能力、供应商的讨价还价能力、购买者的讨价还价能力这五个方面，这五种竞争力量决定了企业的盈利能力和水平。分析这五个因素对企业的影响的模型，被称为波特的五力模型，如图 5-5 所示，对于五种竞争力量的具体说明如下。

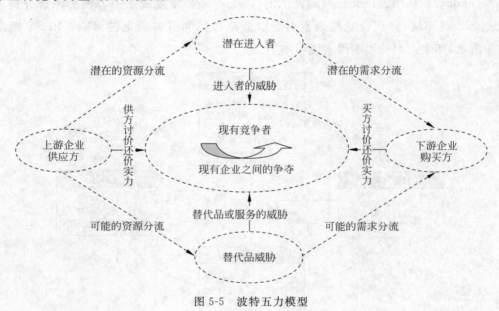

图 5-5　波特五力模型

（1）供应商的议价能力。供方主要通过其提高投入要素价格与降低单位价值质量的能力，来影响行业中现有企业的盈利能力与产品竞争力。供方力量的强弱主要取决于他们所提供给买主的是什么投入要素，当供方所提供的投入要素其价值构成了买主产品总成本的较大比例、对买主产品生产过程非常重要，或者严重影响买主产品的质量时，供方对于买主的潜在讨价还价力量就大大增强。

（2）购买者的议价能力。与供应商一样，购买者也能够对行业盈利性造成威胁。购买者能够强行压低价格，或要求更高的质量或更多的服务。为达到这一点，他们可能使生产者互相竞争，或者不从任何单个生产者那里购买商品。

（3）新进入者的威胁。一个行业的进入者通常带来大量的资源和额外的生产能力，并且要求获得市场份额。除了完全竞争的市场以外，行业的新进入者可能使整个市场发生动摇。新进入者威胁的严峻性取决于一家新的企业进入该行业的可能性、进入壁垒及预期的报复。

（4）替代品的威胁。替代品是指那些与客户产品具有相同功能的或类似功能的产品。如糖精从功能上可以替代糖，飞机远距离运输可能被火车替代等，那么生产替代品的企业本身就给客户甚至行业带来威胁，替代竞争的压力越大，对客户的威胁越大。

（5）同业竞争者的竞争程度。大部分行业中的企业，相互之间的利益都是紧密联系在一起的，作为企业整体战略一部分的各企业竞争战略，其目标都在于使得自己的企业获得相对于竞争对手的优势，所以，在实施中就必然会产生冲突与对抗现象，这些冲突与对抗就构成了现有企业之间的竞争。现有企业之间的竞争常常表现在价格、广告、产品介绍、售后服务等方面，其竞争强度与许多因素有关。

拓展阅读

（四）EFE 分析矩阵（外部因素评价矩阵）

EFE 分析矩阵也叫外部因素评价矩阵，是一种对外部环境进行分析的工具，其做法是从机会和威胁两个方面找出影响企业未来发展的关键因素，根据各个因素影响程度的大小确定权数，再按企业对各关键因素的有效反应程度对各关键因素进行评分，最后算出企业的总加权分数。EFE 矩阵可以帮助战略制定者归纳和评价经济、社会、文化、人口、环境、政治、政府、法律、技术以及竞争等方面的信息。

表 5-1 是一个企业外部环境关键战略要素评价矩阵的示例。由表中所列数据可知，企业的主要威胁来自关键竞争对手的扩张战略，其相应评价值为 1；企业有两个主要的机会，即人口增加和信息处理计算机化，其相应的评价值均为 4；综合分析结果，对企业影响最大的两个要素依次是政府简政放权与人口增加，其相应加权评价值为 0.9 和 0.8；最后得出的综合加权评价值为 2.8，表示企业在抓住外部的机会与回避威胁方面处于行业平均水平(2.5)之上。

表 5-1 企业外部环境关键战略要素评价矩阵示例

关键战略要素	权 重	评 价 值	加权评价值
利率提高	0.3	2	0.6
人口增长	0.2	4	0.8
政府简政放权	0.3	3	0.9
信息处理计算机化	0.1	4	0.4
主要竞争对手战略扩张	0.1	1	0.1
综合加权评价值	1		2.8

二、企业内部环境分析

（一）企业内部环境的含义及其分类

1. 企业内部环境的含义

对企业外部环境，尤其是对企业的市场竞争环境的分析是为了"知彼"，对企业内部资源和条件的分析则是要做到"知己"。开展企业内部资源和条件的分析,一是要分析企业拥有哪些资源和条件,二是要分析企业资源的利用效率如何。

2. 企业内部资源的分类

企业的内部资源通常分为有形资源和无形资源两类。有形资源一般包括人力资源、财务资源和物质资源三部分,它们可以比较容易识别和评估,并在企业的财务报表中有所反映。企业的无形资源可分为无形资产、知识资本和企业文化三部分。科技及社会的进步使得无形资源在企业的经营活动中发挥着越来越重要的作用,有时甚至会超过有形资源的战略作用;同时由于许多无形资源目前还无法通过企业的财务报表反映出来,所以对企业无形资源的分析就显得更为重要。下面对于企业内部资源的类型进行简要的说明。

(1)人力资源。人力资源是企业的核心资源之一,对人力资源的分析,一是分析企业拥有人力资源的数量,二是分析人力资源的质量。结构分析是常用的方法,例如通过年龄结构分析,可以了解企业的活力大小或经验多少;通过专业结构分析,可以了解企业的业务能力;通过学历结构分析,可以了解企业人员的基本素质和发展的后劲;通过职称结构分析,可以了解企业的专业技术水平和管理能力;等等。

(2)财务资源。就企业战略而言,财务是战略的核心,因为对所有资源的整合都离不开价值要素,所以财务资源是企业的生命之源,资金是维持企业生命的血液。财务资源分析通常包括对企业资金来源及其结构、继续筹资的弹性、企业资金使用结构状况、现金流状况、企业总体财力、企业获利能力及经济效益的状况、企业利润分配、成本费用结构、股东资金、股利政策等方面进行分析。

(3)物质资源。企业物质资源包括企业拥有使用权的土地、设备、建筑、存货等。企业物质资源分析的内容包括土地、设备、建筑、存货等资源的拥有数量、分布状态、新旧程度、技术含量、价值高低以及结构等。

(4)无形资产。企业的无形资产包括企业专利、专有技术、特许资产使用权、商标、品牌、商誉、重要社会关系等。其中技术专利、专有技术、特许资产使用权等可以纳入会计核算,在财务报表上有所反映;而商标、品牌、商誉等则未能纳入会计系统核算,其价值只能够在企业生产经营中体现出来。对企业无形资产分析可以从技术和品牌两个角度考察。企业技术可以通过申请专利数量、出让专利的收入、拥有专有技术数量和技术水准、研发人员占总员工比例等方面进行分析。企业品牌则可以通过品牌知名度、品牌重购率、员工满意度等指标进行分析。企业品牌的价值还可通过资产评估公司来定期评估与发布。

(5)知识资本。知识资本是随着知识经济而来的新概念,它是与企业创造价值相关的知识、技能、经验、信息以及信息加工能力。知识资本的分析内容包括企业累积的成败经验、技术文档、信息流量及其信息加工能力、信息沟通效率、重要信息采集能力、员工合理化建议的数量与质量等。

(6)企业文化。企业文化是由企业家倡导、经企业员工在较长时期的生产经营实践中形成的企业使命、信念、共有价值观、行为准则、工作氛围、做事风格及具有相应特色的行为方式和表现的总称。企业文化是形成企业决策机制、激励机制、约束机制、执行机制等的重要组成部分。营造优秀的企业文化,实际上也是在锻造企业的核心竞争力。

(二)企业内部环境分析工具和方法

1. 波特的价值链模型

价值链模型最早是由哈佛大学战略管理教授迈克尔·波特提出的。波特认为企业的竞争优势来源于企业在设计、生产、营销、交货等过程及辅助过程中所进行的许多相互分离的活动,这些活动中的每一种都对企业的相对成本地位有所贡献,并奠定了企业竞争优势的基础。价值链模型将一个企业的行为分解为战略性相关的许多活动,企业通过比其竞争对手更廉价或更出色地开展这些重要的战略活动来赢得竞争优势的。

价值活动分为两大类:基本活动和辅助活动,如图 5-6 所示。基本活动是涉及产品的物质创造及其销售、转移买方和售后服务的各种活动,包括产品的研发、设计、生产、物流、营销以及服务等。辅助活动包括采购、技术开发、人力资源管理以及各种公司范围的职能支持基本活动。需要特别说明的是,在价值链上的能够创造价值的资源才是有用的资源;在价值链的运转上能够使价值链增值的能力才是战略能力。例如,沃尔玛公司通过实行严格的库存控制,批量采购产品和优质用户服务而建立了强有力的价值优势;戴尔公司则在价值链的分销部分进行激烈的竞争,更多地通过直销获得价值优势。对于企业价值链进行分析的目的在于分析公司运行的哪个环节可以提高客户价值或降低生产成本。

拓展阅读

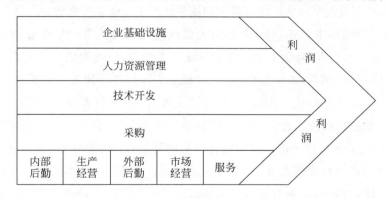

图 5-6　波特的价值链模型

2. 资源审核方法

通过波特的价值链模型,对企业所拥有的资源与能力进行分析和审核,将企业所拥有的资源与能力分别与竞争对手的资源与能力进行比较,由此可以得出图 5-7 所示的四象限模型,其中与竞争对手相似或易于模仿的资源我们称为基本资源,优于竞争对手且难以模仿的资源称为独特资源,如企业拥有的先进技术、专利、核心的人才等都是独特的资源。对于能力来说,与竞争对手相似的或易于模仿的能力称为基本能力,而优于竞争对手且难以模仿的能力则称为核心能力。核心能力的构建是企业为了生存和发展必须不断加强的方面。

与竞争对手相似或易于模仿　　　优于竞争对手且难以模仿

资源	基本资源	独特资源
能力	基本能力	核心能力

图 5-7　企业资源审核模型

核心能力就是公司中有独特价值的资源，可获得竞争优势，且不会随着使用而递减。核心能力具有以下三个方面的特点：核心能力特别有助于实现顾客所看重的价值；核心能力是竞争对手难以模仿和难被替代的，故而能取得竞争优势；核心能力具有持久性，它一方面维持企业竞争优势的持续性，另一方面又使核心能力具有一定的刚性。很多企业都构建了非常独特的核心能力，如佳能公司的企业持续变革能力、微软、INTEL 的企业技术创新能力、宝洁、海尔等公司的企业市场营销能力、邯钢的企业成本管理能力以及海尔、华为等企业独特的企业文化和凝聚力。

拓展阅读

3.战略要素评价矩阵

战略要素评价矩阵法（competitive profile matrix，CPM）是企业内部战略条件分析的有效方法，它可以帮助咨询人员对客户内部各个职能领域的主要优势和劣势进行全面综合地评价。

其具体分析步骤如下：第一步，由咨询人员或者战略决策者识别企业内部战略条件中的关键战略要素；第二步，为每个战略要素指定一个权重，以表明该要素对企业战略的相对重要程度，权重取值范围从 0（不重要）到 1.0（很重要），但必须使各个要素权重之和为 1.0；第三步，以 1、2、3、4 各评价值分别代表对应的"主要劣势、一般劣势、一般优势、主要优势"；第四步，将第一要素的权重与相应的评价值的乘积相加，就可以得出企业内部战略条件的优势与劣势情况的综合加权评价值。以宝洁公司战略要素评价矩阵为例，大家从表 5-2 中可以看到，宝洁公司与竞争对手雅芳、欧莱雅公司进行对比分析后，可以很清楚地看到这几家公司在广告、产品质量、价格竞争力、管理、财务状况、用户忠诚度、全球扩张、市场份额等方面的优劣情况。

表 5-2　宝洁公司战略要素评价矩阵应用举例

关键因素	权重	雅芳		欧莱雅		宝洁	
		评分	加权分数	评分	加权分数	评分	加权分数
广告	0.20	1	0.20	4	0.80	3	0.60
产品质量	0.10	4	0.40	4	0.40	3	0.30
价格竞争力	0.10	3	0.30	3	0.30	4	0.40

续表

关键因素	权重	雅芳		欧莱雅		宝洁	
		评分	加权分数	评分	加权分数	评分	加权分数
管理	0.10	4	0.40	3	0.30	3	0.30
财务状况	0.15	4	0.60	3	0.45	3	0.45
用户忠诚度	0.10	4	0.40	4	0.40	2	0.20
全球扩张	0.20	4	0.80	2	0.40	2	0.40
市场份额	0.05	1	0.05	4	0.20	3	0.15
总计	1.00		3.15		3.25		2.80

4.麦肯锡 7S 模型

麦肯锡 7S 模型,是麦肯锡顾问公司研究中心设计的一种内部导向型的战略分析工具,它指出了企业在发展过程中必须全面地考虑各方面的情况,包括结构(structure)、制度(system)、风格(style)、员工(staff)、技能(skill)、战略(strategy)、共同的价值观(shared values)。在该模型的 7 个 S 当中,可分为"硬件"和"软件"两部分,其中战略、结构和制度被认为是企业成功的硬件;风格、人员、技能和共同的价值观被认为是企业成功经营的"软件"。麦肯锡 7S 模型如图 5-8 所示,具体说明如下。

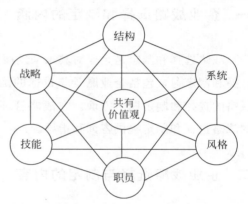

图 5-8　麦肯锡 7S 模型

(1)战略(strategy):战略是企业根据经营思想的集中体现,是一系列战略决策的结果,同时又是制定企业规划和计划的基础。

(2)结构(structure):组织结构是企业的组织意义和组织机制赖以生存的基础,它是企业组织的构成形式,即企业的目标、协同、人员、职位、相互关系、信息等组织要素的有效排列组合方式。

(3)制度、系统(system):企业的发展和战略实施需要完善的制度作为保证,而实际上各项制度又是企业精神和战略思想的具体体现。

(4)风格(style):学者们研究发现,杰出企业都呈现出既中央集权又地方分权的宽严并济的管理风格,他们让生产部门和产品开发部门极端自主,另一方面又固执地遵守着几项流传久远的价值观。

(5)员工(staff):战略实施还需要充分的人力准备,有时战略实施的成败确系于有无适合的人员去实施,实践证明,人力准备是战略实施的关键。

(6)技能(skill):在执行公司战略时,需要员工掌握一定的技能,这有赖于严格、系统的培训。如果不接受训练,一个人即使有非常好的天赋资质,也可能无从发挥。

(7)共享价值观(shared value):战略研究不能只停留在企业高层管理者和战略研究人

员这一个层次上,而应该让执行战略的所有人员都能够了解企业的整个战略意图。企业成员共同的价值观念具有导向、约束、凝聚、激励及辐射作用,可以激发全体员工的热情,统一企业成员的意志和欲望,齐心协力地为实现企业的战略目标而努力。

第三节　企业战略的选择与制定

在进行完企业战略诊断分析之后,战略管理咨询环节接下来就是为被咨询企业选定一个合适的战略或战略组合。在这一阶段,如何综合上一阶段企业内外部环境特点并作出合理决策,将直接影响到企业战略管理咨询的成败,进而对企业整体经营活动和未来发展都会产生深远的影响。

一、企业战略选择和制定的内涵

战略选择和制定是企业对其未来发展的重大战略、规划及策略进行选择的过程。战略选择和制定通常包括企业愿景与目标的确定、企业总体战略、企业竞争战略以及企业职能战略的选择和制定四个方面。在战略管理咨询中往往也会围绕这四个方面对被咨询企业的战略选择和制定提供咨询和指导。

二、企业战略选择与制定的内容

(一)企业愿景与战略目标的确定

1．企业的愿景与使命的确定

企业在战略选择和制定中首要思考的是"我们将成为一个怎样的企业?"愿景描述企业未来要成为一个什么样的企业的重要信息。愿景是企业战略家对企业的前景和发展方向的高度概括的描述。它考虑的是企业未来的发展前景和发展方向,选择好了愿景就明确了企业整体的发展方向。企业的使命是管理者为企业确定的较长时期的生产经营的总方向、总目的、总特征和总的指导思想。它主要考虑的问题是企业的业务是什么,即考虑企业的业务和客户需求。战略管理咨询首先应根据企业特点和未来发展规划,为企业设计和确定合理的愿景及使命。

2．企业战略目标的确定

战略目标是指企业在一定的时期内,为实现企业的愿景和使命所要达到的长期结果。战略目标应具有可接受性、可量化、可实现性和挑战性的特点。企业战略目标通常具有体系性,在对企业内外部环境分析的基础上进行制定,可由上至下逐层分解为企业总体目标、部门目标、团队目标和员工个人目标，以便在企业当中能很好地实施目标管理。

（二）企业总体战略的选择与制定

企业总体战略也称为公司战略，主要包括成长型战略、稳定型战略和收缩型战略几种类型。其中，成长型战略主要包括密集增长型战略、一体化增长型战略、多元化增长型战略等，成长型战略通常可以通过企业内部创业、企业并购和战略联盟等方式得以实现；稳定型战略又称为防御型战略、维持型战略，是指企业在战略方向上没有重大改变，在业务领域、市场地位和产销规模等方面基本保持现有状况，以安全经营为宗旨的战略；收缩型战略是指企业通过减少成本与资产而重组企业，以扭转销售和盈利的下降。收缩型战略主要包括转向战略、放弃战略和清算战略。由于大多数企业都会选择成长型发展战略，以下将重点介绍一下几种常见的成长型战略选择的具体内容。

1. 密集增长型战略

密集增长型战略可以通过图 5-9 所示的密集增长战略矩阵来进行选择。企业根据现有产品和新产品与现有市场和新市场进行匹配后，得出四种不同的密集增长战略，分别是市场渗透战略、产品开发战略、市场开发战略和多元化战略。例如，联合利华生产的立顿系列茶饮品，使用方便茶包，让青少年喜欢上饮茶，成为其产品的购买者，就是采用的市场渗透战略；海尔集团进行全球化

	现有产品	新产品
现有市场	市场渗透 market penetration	产品开发 product development
新市场	市场开发 market development	多元化 diversification

图 5-9 密集增长型战略矩阵

战略，开拓市场将产品卖向世界市场就是采用的市场开发战略；苹果公司针对青少年开发个人电脑、MP3、iPad、手机等多种产品就是采用的产品开发战略；而企业开发出新产品和服务以进入新市场的战略则是多元化增长战略。

2. 一体化增长战略

一体化增长战略是企业发展战略的另一种选择。一体化增长战略主要包括纵向一体化战略和横向一体化战略。纵向一体化又叫垂直一体化，指企业将生产与原料供应，或者生产与产品销售联合在一起的战略形式，是企业在两个可能的方向上扩展现有经营业务的一种发展战略，是将公司的经营活动向后扩展到原材料供应或向前扩展到销售终端的一种战略体系。纵向一体化又包括前向一体化战略和后向一体化战略。中粮集团主营粮油食品生产加工业务，在此基础上有"长城"葡萄酒等酒产品，"福临门"食用油，水果饮品等，向产业链前端延伸，就是属于前向一体化战略。"全聚德"烤鸭，为保证优质鸭肉与供应商签约，定向供应；麦当劳为保证薯条原材料质量，自己建立土豆种植基地，则是典型的后向一体化战略。横向一体化战略也叫水平一体化战略，是指为了扩大生产规模、降低成本、巩固企业的市场地位、提高企业竞争优势、增强企业实力而与同行业企业进行联合的一种战略，

企业业务外包就是一种典型的横向一体化战略的体现。

3. 多元化增长战略

多元化战略,是指企业为了更多地占领市场和开拓新市场,或避免经营单一事业的风险而选择性地进入新的事业领域的战略。多元化战略往往是与专业化战略相对出现的企业发展战略选项,专业化是指企业专注于某种单一业务领域,而多元化则是指企业同时涉足多个业务领域。多元化增长战略包括同心多元化、水平多元化和混合多元化三种类型。同心多元化是指为现有市场增加新的但与原有业务相关的产品或服务;水平多元化是企业为现有市场增加新的不相关的产品或服务,如越来越多的医院在院内设立银行、书店、咖啡厅、餐馆、药店以及其他零售商店,这样能使患者和访问者感到更为愉悦。混合多元化则是指增加新的与原有业务不相关的产品或服务以进入新的市场。

(三)企业竞争战略的选择与制定

企业的竞争战略,也称为事业部战略,是波特为商界人士提供的三种卓有成效的竞争战略,它们是总成本领先战略、差别化战略和专一化战略。波特竞争战略属于企业战略的一种,它是指企业在同一使用价值的竞争上采取进攻或防守的长期行为。

1. 总成本领先战略

成本领先要求坚决地建立起高效规模的生产设施,在经验的基础上全力以赴降低成本,抓紧成本与管理费用的控制,以及最大限度地减小研究开发、服务、推销、广告等方面的成本费用。为了达到这些目标,就要在管理方面对成本给予高度的重视。尽管质量、服务以及其他方面也不容忽视,但贯穿于整个战略之中的是使成本低于竞争对手。该公司成本较低,意味着当别的公司在竞争过程中已失去利润时,这个公司依然可以获得利润。赢得总成本最低的有利地位通常要求具备较高的相对市场份额或其他优势,诸如与原材料供应方面的良好联系等,或许也可能要求产品的设计要便于制造生产,易于保持一个较宽的相关产品线以分散固定成本,以及为建立起批量而对所有主要顾客群进行服务。

2. 差异化战略

差异化战略是将产品或公司提供的服务差别化,树立起一些全产业范围中具有独特性的东西。实现差别化战略可以有许多方式:设计名牌形象、技术上的独特、性能特点、顾客服务、商业网络及其他方面的独特性。最理想的情况是公司在几个方面都有其差别化特点。如果差别化战略成功地实施了,它就成为在一个产业中赢得高水平收益的积极战略,因为它建立起防御阵地对付五种竞争力量,虽然其防御的形式与成本领先有所不同。波特认为,推行差别化战略有时会与争取占有更大的市场份额的活动相矛盾。推行差别化战略往往要求公司对于这一战略的排他性有思想准备。这一战略与提高市场份额两者不可兼顾。在建立公司的差别化战略的活动中总是伴随着很高的成本代价,有时即便全产业范围的顾客都了解公司的独特优点,也并不是所有顾客都将愿意或有能力支付公司要求的高价格。

3.专一化战略

专一化战略是主攻某个特殊的顾客群、某产品线的一个细分区段或某一地区市场。正如差别化战略一样,专一化战略可以具有许多形式。虽然低成本与差别化战略都是要在全产业范围内实现其目标,专一化战略的整体却是围绕着很好地为某一特殊目标服务这一中心建立的,它所开发推行的每一项职能方针都要考虑这一中心思想。这一战略依靠的前提思想是:公司业务的专一化能够以更高的效率、更好的效果为某一狭窄的战略对象服务,从而超过在较广阔范围内竞争的对手们。波特认为这样做的结果,是公司或者通过满足特殊对象的需要而实现了差别化,或者在为这一对象服务时实现了低成本,或者二者兼得。这样的公司可以使其盈利的潜力超过产业的普遍水平。这些优势保护公司抵御各种竞争力量的威胁。但专一化战略常常意味着限制了可以获取的整体市场份额。专一化战略必然地包含着利润率与销售额之间互以对方为代价的关系。

波特认为,这三种战略是每一个公司必须明确的,因为徘徊其间的公司处于极其糟糕的战略地位。这样的公司缺少市场占有率,缺少资本投资,从而削弱了"打低成本牌"的资本。全产业范围的差别化的必要条件是放弃对低成本的努力。而采用专一化战略,在更加有限的范围内建立起差别化或低成本优势,更会有同样的问题。徘徊其间的公司几乎注定是低利润的,所以它必须作出一种根本性战略决策,向三种通用战略靠拢。一旦公司处于徘徊状况,摆脱这种令人不快的状态往往要花费时间并经过一段持续的努力;而相继采用三个战略,波特认为注定会失败,因为它们要求的条件是不一致的。

(四)企业职能战略的选择与制定

职能战略是指企业为实现愿景、战略目标、业务战略,在企业职能方面的重大选择、规划及策略。职能战略为企业提供了发展能力。职能战略首先要根据愿景、战略目标、业务战略,考虑整体上的核心发展能力,为实现核心发展能力,又进一步考虑市场营销战略、技术研发战略、生产制造战略、人力资源战略和财务投资战略。

三、企业战略选择和制定的分析工具

为了帮助企业更好的选择合适的战略或战略组合,行之有效的分析工具必不可少。在这一阶段,管理咨询项目中经常使用的工具主要有SWOT分析模型、波士顿分析矩阵、战略钟分析法等。

(一)SWOT分析模型

1.SWOT分析方法简介

SWOT分析法是一种企业战略分析方法,根据企业自身的既定内在条件进行分析,找出企业的优势、劣势及核心竞争力之所在。其中 S 代表优势（strength），W 代表弱势（weakness），O 代表机会（opportunity），T 代表威胁（threat），其中，S、W 是内部因素，O、T 是外部因素。SWOT 分析模型如图 5-10 所示。

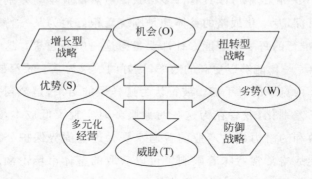

图 5-10　SWOT 分析模型

2．SWOT 分析的基本步骤

SWOT 分析的基本步骤为：(1)分析企业的内部优势、弱点既可以相对企业目标而言，也可以相对竞争对手而言；(2)分析企业面临的机会与威胁，可能来自于与竞争无关的外环境因素的变化，也可能来自于竞争对手力量的变化，或二者兼有，但关键性的机会与威胁应予以确认；(3)将机会和威胁与企业内部优势和弱点进行匹配，形成可行的战略。

3．SWOT 分析四种不同类型的组合战略

(1) 增长型战略(优势＋机会)：在这种情形下，企业可以选择增长型战略，用自身内部优势撬起外部机会，使机会与优势充分结合发挥出来。然而，机会往往是稍纵即逝的，因此企业必须敏锐地捕捉机会，把握时机，以寻求更大的发展。

(2) 扭转型战略(机会＋劣势)：当环境提供的机会与企业内部资源优势不相适合，或者不能相互重叠时，企业的优势再大也将得不到发挥。在这种情形下，企业就需要采用扭转型战略，提供和追加某种资源，以促进内部资源劣势向优势方面转化，从而迎合或适应外部机会。

(3) 多元化战略(优势＋威胁)：当环境状况对公司优势构成威胁时，优势得不到充分发挥，出现优势不优的脆弱局面。在这种情形下，企业可以采用多元化战略来克服威胁，以发挥优势。

(4) 防御型战略(劣势＋威胁)：当企业内部劣势与企业外部威胁相遇时，企业就面临着严峻挑战，如果处理不当，可能直接威胁到企业的生死存亡。此时，企业可以选择防御型战略来帮助企业渡过难关。

SWOT 分析法的主观性比较强。如果人们的理解和认识根植于事实，那么 SWOT 分析就是一种非常有效的分析工具，它可以用来对各种群体进行相应的分析，并且将分析进行比较。但是在很多情况下，人们的认识和理解可能不完全是事实。因此在使用 SWOT 的模型过程中应该比较谨慎。在使用过程中可以利用多人打分和设立权重的办法来全面分

析企业的内外状况。

（二）波士顿矩阵

波士顿矩阵是 20 世纪 70 年代由波士顿管理咨询公司首先提出的,这种分析工具以金牛和瘦狗的隐喻而闻名于世,成为多元化经营的公司进行战略分析的重要工具。这个模型主要用来协助企业战略业务的组合计划的制定,即按照各项业务在组合中的地位区别对待这些业务。波士顿矩阵模型如图 5-11 所示。

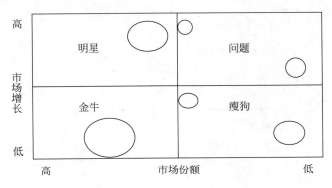

图 5-11 波士顿矩阵

在矩阵坐标轴的两个变量分别是业务单元所在市场的增长程度和所占据的市场份额。每个象限中的企业处于根本不同的现金流位置,并且应用不同的方式加以管理,这样就引申出公司如何寻求其总体业务组合。

（1）金牛产品:在低增长市场上具有相对高的市场份额的业务将产生健康的现金流,它们能用于向其他方面提供资金,发展业务。

（2）瘦狗产品:在低增长市场上具有相对低的市场份额的业务经常是中等现金流的使用者。由于其虚弱的竞争地位,它们将成为现金的陷阱。

（3）明星产品:在高增长市场上具有相对高的市场份额通常需要大量的现金以维持增长,但具有较强的市场地位并将产生较高的报告利润,它们有可能处在现金平衡状态。

（4）问题产品:在迅速增长的市场上具有相对较低市场份额的业务需要大量的现金流入,以便为增长筹措资金。

波士顿矩阵有助于对各公司的业务组合投资组合提供一些解释,如果同其他分析方法一起使用会产生非常有益的效果。通过波士顿矩阵可以检查企业各个业务单元的经营情况,通过挤"现金牛"的奶来资助"企业的明星",检查有问题的孩子,并确定是否卖掉"瘦狗"。

（三）战略钟分析法

"战略钟"是分析企业竞争战略选择和制定的一种工具,这种模型为企业的管理人员和咨询顾问提供了思考竞争战略和取得竞争优势的方法。战略钟模型假设不同企业的产品或服务的适用性基本类似,那么顾客购买时选择其中一家而不是其他企业可能有以下原因:这家企业的产品和服务的价格比其他公司低;顾客认为这家企业的产品和服务具有更高的附加值。

战略钟模型将产品/服务价格和产品/服务附加值综合在一起考虑,企业实际上沿着以下 8 种途径中的一种来完成企业经营行为。其中一些的路线可能是成功的路线,而另外一些则可能导致企业的失败。如图 5-12 所示。

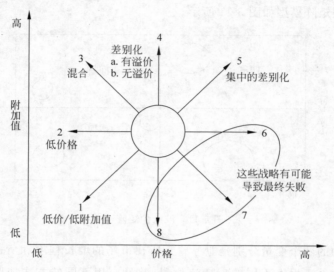

图 5-12　战略钟分析方法

（1）低价低值战略:采用途径 1 的企业关注的是对价格非常敏感的细分市场的情况。企业采用这种战略是在降低产品或服务的附加值的同时降低产品或服务的价格。

（2）低价战略:采用途径 2 的企业是建立企业竞争优势的典型途径,即在降低产品或服务的价格的同时,包装产品或服务的质量。但是这种竞争策略容易被竞争对手模仿,也降低价格。在这种情况下,如果一个企业不能将价格降低到竞争对手的价格以下,或者顾客由于低价格难以对产品或服务的质量水平作出准确的判断,那么采用低价策略可能是得不偿失的。要想通过这一途径获得成功,企业必须取得成本领先地位。因此,这个途径实质上是成本领先战略。

（3）混合战略:采用途径 3 的企业在为顾客提供可感知的附加值同时保持低价。而这种高品质低价格的策略能否成功,既取决于企业理解和满足客户需求的能力,又取决于是否有保持低价格策略的成本基础,并且难以被模仿。

（4）差别化战略:采用途径 4 的企业以相同和略高于竞争对手的价格向顾客提供可感受的附加值,其目的是通过提供更好的产品和服务来获得更多的市场份额,或者通过稍高的价格提高收入。企业可以通过采取有形差异化战略,如产品在外观、质量、功能等方面的独特性;也可以采取无形差异化战略,如服务质量、客户服务、品牌文化等来获得竞争优势。

（5）集中差别化战略:采用途径 5 的企业可以采用高品质高价格策略在行业中竞争,

即以特别高的价格为用户提供更高的产品和服务的附加值。但是采用这样的竞争策略意味着企业只能在特定的细分市场中参与经营和竞争。

（6）高价撇脂战略：采用途径 6、7、8 的企业一般都是处在垄断经营地位，完全不考虑产品的成本和产品附加值。企业采用这种经营战略的前提是市场中没有竞争对手提供类似的产品和服务。否则，竞争对手很容易夺得市场份额，并很快削弱采用这一策略的企业的地位。

第四节　企业战略实施指导与控制

一、企业战略实施阶段的管理咨询

（一）战略实施阶段管理咨询的内容及其特点

战略实施的任务是将企业预先指定的战略规划转变为具体的行动路线的过程，是一个由"虚"到"实"的过程。从某种意义上讲，实施战略这一阶段是管理的艺术性的最好展现，战略实施是战略咨询中最没有凭据可依、最不固定的部分。对于客户方来讲，它涉及大量的工作安排和资金，而且持续时间长，波及面广，有时甚至需要客户全体总动员。战略实施要想取得预期的结果，除了企业内部的"人和"之外，还需要企业外部的"天时"甚至是"地利"。

但无论"天时""地利"或是"人和"，正确的应对企业战略实施阶段可能出现的各种问题，其关键还是在于解决问题的"人"，即组建一支有着适当的人员成分和技能组合的强大的管理团队，是帮助企业应对战略实施阶段的最佳解决对策。除非关键的职位上都配备了得力人选，否则战略实施要全速进行是很困难的。因此管理咨询公司所做的工作，一方面是从外部帮助客户推荐、寻找合适的战略执行人员；另一方面是从内部对企业现有管理人员进行有针对性的培训，以提高这些人员的战略实施能力。

（二）战略实施阶段管理咨询工具

在战略实施阶段，管理咨询师常用的分析工具是平衡计分卡这种分析工具。平衡计分卡（balanced score card，BSC），源自哈佛大学教授卡普兰（Robert Kaplan）与诺朗顿研究院的执行长 David Norton 于 1990 年所从事的未来组织绩效衡量方法研究所提出的一种绩效评价体系，当时该计划的目的，在于找出超越传统以财务量度为主的绩效评价模式，以使组织的策略能够转变为行动；现在平衡计分卡已经发展为集团战略管理的工具，在集团战略规划与执行管理方面发挥非常重要的作用。

平衡计分卡是从财务、客户、内部运营、学习与成长四个角度，将组织的战略落实为可操作的衡量指标和目标值的一种新型绩效管理体系，如图 5-13 所示。设计平衡计分卡的目的就是要建立"实现战略制导"的绩效管理系统，从而保证企业战略得到有效的执行。因此，人们通常称平衡计分卡是加强企业战略执行力的最有效的战略管理工具。

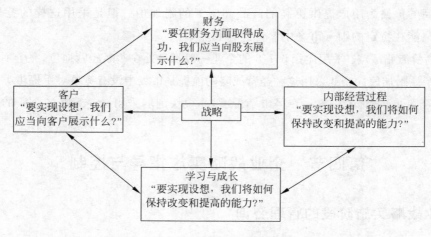

图 5-13   平衡计分卡模型

平衡计分卡的本质是一种强有力的战略实施工具,是革命性的企业全面诊断工具,也是前瞻性的业绩评价手段。那么,平衡计分卡到底"平衡了什么"? 平衡计分卡反映了财务、非财务衡量方法之间的平衡,长期目标与短期目标之间的平衡,外部和内部的平衡,结果和过程平衡,管理业绩和经营业绩的平衡等多个方面。所以能反映组织综合经营状况,使业绩评价趋于平衡和完善,利于组织长期发展。

二、企业战略实施状况的评估及控制

战略评价主要是指从多个层面为决策者展现企业当前运营状况,以便从当前运营情况评价实施企业战略后的企业绩效,把它与既定的战略目标和绩效标准相比较,发现战略差距,分析产生偏差的原因;与之相对,战略控制则更偏向于纠正偏差,使企业战略的实施更好地与企业当前所处的内外环境、企业目标协调一致,使企业战略得以实现。

1. 战略评估的相关内容

对企业战略评价的主要相关内容,如表 5-3 所示,分别从企业当前所应当考虑的关键问题,对这些关键问题的答案及企业该采取的适当行动诸方面来进行分析。对于一般的企业而言,战略评价的结果往往能发现各种或大或小的问题,在这种情况下,纠正措施(控制活动)就显得十分必要。除非企业内外部环境没有发生明显的变化或者企业业绩稳定且令人满意。图 5-14 描述了各种战略评价活动之前的关系。

表 5-3   战略评价决策矩阵

公司内部战略地位是否已发生重大变化?	公司外部战略地位是否已发生重大变化?	公司是否已令人满意地朝既定目标前进?	结　果
否	否	否	采取纠正措施
是	是	是	采取纠正措施

续表

公司内部战略地位 是否已发生重大变化？	公司外部战略地位 是否已发生重大变化？	公司是否已令人 满意地朝既定目标前进？	结　果
是	是	否	采取纠正措施
是	否	是	采取纠正措施
是	否	否	采取纠正措施
否	是	是	采取纠正措施
否	是	否	采取纠正措施
否	否	是	继续目前的战略进程

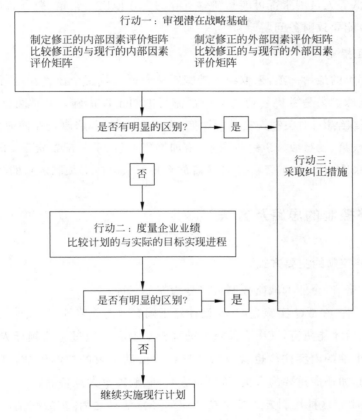

图 5-14　战略评价与控制框架

2．度量企业绩效

另一项重要的战略评估活动是度量企业绩效。这一活动包括将预期结果与实际结果进行比较；研究实际进程对计划的偏离；评价个体绩效和实现既定目标过程中已取得的进展。在这一过程中长期目标和年度目标都普遍被采用。战略评价的标准应当是可度量的和易于调整的。对外来业务指标的预测远比揭示以往业务指标的完成情况更为重要。

确定战略评价中最为重要的目标是困难的。战略评价基于定量和定性的两种标准，分别采用不同的指标：数量指标和质量指标。战略评价标准的选择取决于特定企业的规模、产业、战略和管理宗旨。例如采取收缩战略的企业与采取市场开发战略的企业的评价标准完全不同。各种财务比率被广泛地用作战略评价的定量标准。战略制定者们用财务比率进行三种关键性比较：(1)将公司不同时期的业绩进行比较；(2)将公司的业绩与主要竞争者的业绩进行比较；(3)将公司的业绩与该行业平均水平进行比较。

然而，采用定量标准进行战略评价也有一定潜在的问题。第一，绝大多数的数量标准都是为年度目标而不是为长期目标确定的。第二，对很多数量指标用不同的会计方法计算会得出不同的结果。第三，在制定数量指标时总要利用直觉性判断。鉴于这些原因和其他原因，质量指标在企业评价中也同样重要，出勤率低、频繁调动、生产质量下降、生产数量减少、雇员满意度低等人员因素都可能是绩效下降的潜在原因。营销、财务、研发及管理信息系统因素也都可能导致财务问题。

3. 采取纠正措施

作为战略评价的最后一项，采取纠正措施要求通过变革使企业重新进行更有竞争力的定位，例如，向全球扩张是零售企业的一种很流行的纠正性措施。其他可能需要进行的变革包括：调整组织结构、对关键人员进行调换、售出企业分部、修改企业使命描述、建立或修改目标、制定新政策、发行股票以筹集资金、增加销售人员、重新配置资源、采取新的绩效激励措施，等等。采取纠正措施，不一定意味着放弃现行战略或必须制定新的战略。

三、企业战略控制的思路及方法

1. 企业战略控制的主要方式

从控制时间来看，企业的战略控制可以分为如下三种。

(1) 事前控制。在战略实施之前，要设计好正确有效的战略计划，该计划要得到企业高层领导人的批准后才能执行，其中有关重大的经营活动必须通过企业领导人的批准同意才能开始实施，所批准的内容往往也就成为考核经营活动绩效的控制标准，这种控制多用于重大问题的控制，如任命重要的人员、签订重大合同、购置重大设备等。

(2) 事后控制。这种控制方式发生在企业的经营活动之后，把战略活动的结果与控制标准相比较，这种控制方式工作的重点是要明确战略控制的程序和标准、把日常的控制工作交由职能部门人员去做，即在战略计划部分实施之后，将实施结果与原计划标准相比较，由企业职能部门及各事业部定期将战略实施结果向高层领导汇报，由领导者决定是否有必要采取纠正措施。事后控制的具体操作主要有联系行为和目标导向等形式。

(3) 随时控制。即过程控制，企业高层领导者要控制企业战略实施中的关键性的过程或全过程，随时采取控制措施，纠正实施中产生的偏差，引导企业沿着战略的方向进行经营，这种控制方式主要是对关键性的战略措施进行随时控制。

以上三种控制方式所起的作用不同,因此在企业经营当中它们是被随时采用的。

从控制的切入点来看,企业的战略控制可以分为如下五种。

(1)财务控制。这种控制方式覆盖面广,是用途极广的重要的控制方式,包括预算控制和比率控制。

(2)生产控制。生产控制,即对企业产品品种、数量、质量、成本、交货期及服务等方面的控制,可以分为产前控制、过程控制及产后控制等。

(3)销售规模控制。销售规模太大会占用较多的资金,也影响经济效益,为此要对销售规模进行控制。

(4)质量控制。质量控制,包括对企业工作质量和产品质量的控制。工作质量不仅包括生产工作的质量,而且包括领导工作、设计工作、资讯工作等一系列非生产工作的质量,因此,质量控制的范围包括生产过程和非生产过程的其他一切控制过程。质量控制是动态的,着眼于事前和未来的质量控制,其难点在于全员质量意识的形成。

(5)成本控制。通过成本控制使各项费用降低到最低水平,达到提高经济效益的目的,成本控制不仅包括对生产、销售、设计、储备等有形费用的控制,而且还包括对会议、领导、时间等无形费用的控制。在成本控制中,要建立各种费用的开支范围、开支标准并严格执行,要事先进行成本预算等工作。成本控制的难点在于企业中大多数部门和单位是非独立核算的,因此缺乏成本意识。

四、企业战略的调整

1. 常规的战略调整

常规战略调整是指企业为了吸引顾客或为自己的产品确定位置,而对战略进行正常调整。企业可以在正常经营活动中改变自己的广告、包装形式,使用不同的定价战略,甚至改变销售分配的方式进行常规的战略调整。

2. 有限的战略调整

有限的战略调整是指企业在原有的产品系列基础上向新的市场推出新的产品时作出的局部调整。产品更新的方式较多,调整的形式也较多。

3. 彻底的战略调整

彻底的战略调整是指企业的组织结构和战略发生重新组合的重大变化。这种调整基本上有两种形式:一种是当行业里的企业之间形成联合或兼并等变化时,作为一个新的联合体不仅要求获得新的产品和市场,而且会遇到如何制订新的组织结构、形成统一的企业文化等问题,这些都将使战略调整复杂化;另一种是企业自身发生重大的调整时,特别是多种经营企业,如果企业高层对下属的经营单位采取大出大进的方式推进联合或出售时,这种变化便格外明显。

4．企业转向

企业转向是指企业改变自己的经营方向。这种变化也有两种形式：一是不同行业之间的企业进行联合或兼并所发生的变化。这种变化的程度完全取决于行业之间彼此差异或者相似程度，以及新企业实行集中管理的程度；另一种是企业从一个行业中脱离出来，转到一个新的行业。例如，一个小型啤酒厂，认识到自己在这个行业中没有发展前景，而转向包装行业。这种转向将使企业的使命发生变化，要开发新的产品技术和管理技能。在这种情况下，战略调整更为复杂。

本章小结

• 企业战略管理咨询作为管理咨询的一个重要分支，旨在提供完整系统的战略解决方案以帮助企业更好地制定和实施相关企业战略。其中包括企业战略诊断、战略选择与制定和战略实施指导与控制三大模块。

• 在对被咨询企业进行战略诊断时，全面且准确的内外部环境分析至关重要。选择合适的内外部环境分析工具往往是有效进行环境分析的先决条件。

• 战略选择和制定是企业对其未来发展的重大战略、规划及策略进行选择的过程。战略选择和制定通常包括企业愿景与目标的确定、企业总体战略、企业竞争战略以及企业职能战略的选择和制定四个方面。

• 战略实施与控制模块的任务是将企业预先指定的战略规划转变为具体的行动路线，是一个由"虚"到"实"的过程，并在这个过程中采取各种控制手段，从企业的各方面加以适度控制，保证先前制定的企业战略能够得以顺利执行的模块。

【技能训练】　模块五：企业战略管理咨询模拟演练

【训练目标】

通过本章内容的学习，掌握企业战略管理相关理论知识、熟悉战略管理咨询开展的流程；掌握企业战略管理咨询中常用的工具和分析方法，能对企业的战略管理事务进行咨询和诊断。

【训练任务】

结合咨询对象企业的资料，整理与企业战略发展关联的信息；方案至少应包含以下内容：

• 战略咨询方案设计的规划期限为 3 年（通常是 5 年）；

• 重点关注：公司业务发展趋势、3 年战略目标、公司主营产品的市场环境分析、公司主营业务的行业标杆分析（限 1 家标杆企业）、企业的关键成功因素、企业的核心竞争力、企业的竞争对手情况（与竞争对手的对比）、企业主营产品和业务的未来市场发展走向（范围、规模、战略举措）、财务营收趋势分析、人才需求趋势分析。

【训练要求】

通过对拟开展咨询的客户企业信息收集和资料调研，完成客户企业未来 3 年的战略发展规划报告，方案要求原创，避免大段内容及资料的复制/粘贴，非原创内容应标明资料来源，鼓励多结合图表进行表达，应多体现个人思考（报告限定 2000 字）。

第 六 章

企业组织管理咨询

 引导故事

不拉马的士兵

一位年轻有为的炮兵军官上任伊始,到下属部队参观演习,他发现有一个班的 11 个人把大炮安装好,每个人各就各位,但其中有一个人站在旁边一动不动,直到整个演练结束,这个人也没有做任何事。军官感到奇怪:"这个人没做任何动作,也没什么事情,他是干什么的?"大家一愣,说:"原来在训练教材里就是这样编队的,一个炮班 11 个人,其中一个人站在这个地方。我们也不知道为什么。"军官回去后,经查阅资料才知道这一个人的由来:原来,早期的大炮是用马拉的,炮车到了战场上,大炮一响,马就要跳,就要跑,这个士兵就负责拉马。到了现代战争,大炮实现了机械化运输,不再用马拉,而那个士兵却没有被减掉,仍旧站在那里。

【管理启示】 在我们的许多企业里,同样可能存在"不拉马的士兵",特别是如今大变革、大整合的时代,企业所处的环境发生了变化,企业的工作流程或工作方式发生了变化,企业的技术得以革新,等等。如果企业自身没有意识到,仍因循原来的运作模式,也许就会使一些人力、物力出现"不拉马"现象。"不拉马"现象直接占用了企业的资源,使组织运作的效能降低,也会大大地影响企业内部的公平氛围和员工对公平的感觉。

学习目标

- 了解企业组织管理咨询的基本要求、其特点及重要性;
- 熟悉并掌握组织设计和组织管理的相关理论;
- 熟悉并能熟练运用组织设计和组织管理的工具与方法;
- 熟悉组织管理咨询方案的设计与实施过程。

第一节　企业组织管理咨询概述

一、企业组织管理概述

（一）组织的基本概念

1．组织的含义

所谓组织，是指这样一个社会实体，它具有明确的目标导向和精心设计的结构与有意识协调的活动系统，同时又和外部保持密切的联系。一般来讲，组织是人们为了实现共同的目标而形成的一个协作系统，人类在生存和发展过程中会碰到许多复杂艰巨的问题，这些问题单靠个人的力量是无法克服的，组织就是人类集体协作的产物，学校、工厂、政府机关、社会团体等都是组织。

2．组织的特点

一般来说，组织具有以下三个特征：第一，每一个组织都有一个明确的目的；第二，每一个组织都是由人组成的；第三，每一个组织都通过一种系统性的结构来规范和限制成员的行为。例如，建立规则和规章制度、选拔领导人并赋予他们职权、编写职务说明书等，使组织成员知道他们在组织中应该做什么。

3．组织的类型

组织按照性质的不同可分为经济组织、政治组织、文化组织、群众组织和宗教组织；按照是否营利可以分为营利性组织和非营利性组织；按照组织的形成方式可分为正式组织和非正式组织；按照组织的运行机理可划分为机械式组织和有机式组织。本书的主要研究对象是企业，是现代组织最为重要的形式之一，是一种典型的营利性经济组织，常见的企业组织形式包括个人业主制、合伙制和公司制企业三种形式。同时，在企业这种正式组织中往往会存在着很多的非正式群体，企业管理者应重视非正式群体的存在并对其加以正确的引导，现代企业正逐步由机械式组织向有机式组织转变。

（二）企业组织管理的含义与内容

1．企业组织管理的含义

企业组织管理是对企业管理中建立健全管理机构，合理配备人员，制订各项规章制度等工作的总称。具体地说组织管理就是通过建立组织结构，规定职务或职位，明确责权关系，以使组织中的成员互相协作配合、共同劳动，有效实现组织目标的过程。

2．组织管理的内容

企业组织管理的基本内容就是设计、建立并保持一种组织结构，具体包括组织设计、组织运作和组织调整。而企业组织管理工作的具体内容主要包括以下四个方面：第一是确定实现组织目标所需要的活动，并按专业化分工的原则进行分类，按类别设立相应的工作岗位；第二是根据组织的特点、外部环境和目标需要划分工作部门，设计组织机构和结构；第三是规定组织结构中的各种职务或职位，明确各自的责任，并授予相应的权力；第四是制订规章制度，建立和健全组织结构中纵横各方面的相互关系。

3．组织管理的步骤

组织管理的意义就是把组织当中的人、财、物、信息等用最优化的方式组织起来，实现管理效用的最大化。组织管理的步骤具体包括以下五个方面：确定组织的整体目标，对整体目标予以细分，形成目标体系；对完成任务所需要进行的各项活动加以分类组合，划分职能部门，设置管理机构；明确各部门、各机构的权利与责任，合理配置相关人员；建立指挥命令链，确保信息沟通顺畅；建立规章制度，保持组织的效率和秩序。

（三）组织管理理论的发展与演进

组织管理理论产生于 19 世纪末 20 世纪初，至今经历了四个发展阶段。

1．古典管理理论

这一阶段形成于 19 世纪末 20 世纪初。其代表人物有美国的 F. W. 泰勒、法国的 H. 法约尔和德国的 M. 韦伯等人。这一阶段的前期，泰勒等重点探讨了组织内的企业管理理论。后期，以韦伯为代表的管理理论重点探讨了组织内部的行政管理。这一阶段的理论基础是"经济人"理论，他们认为人们工作是为了追求最大的经济利益以追求组织的生产效率和合理化，因此要建立一套标准化的原则来指导和控制组织及成员的活动。

2．行为科学管理理论

行为科学管理理论产生于 20 世纪 20 年代初，其代表人物有美国的 G. E. 梅奥、F. 赫兹伯格等。他们认为人是有多种需要的"社会人"，满足人的多种需要，在组织内建立良好的人际关系是提高组织效率的根本手段。这一阶段的理论重点研究了组织中非正式组织、人际关系、人的个性和需要等问题。

3．现代组织管理理论

现代组织管理理论产生于 20 世纪中叶，学派甚多，主要有以美国 C. I. 巴纳德为代表的社会系统论、以 H. A. 西蒙为代表的决策理论、以 F. E. 卡斯特为代表的系统与权变理论和以 S. E. 巴法为代表的管理科学理论等。这一阶段理论的特点是吸收了古典组织理论和行为科学管理理论的精华，并且在现代系统论的影响下有了新的发展。他们把组织看成一个系统，要实现组织目标和提高组织效率取决于组织系统内各子系统及各部门之间的有机联系。

4．C 管理模式理论

所谓 C 管理模式，就是构建一个以人为核心，形神兼备、遵循宇宙和自然组织普遍法则,能够不断修正、自我调节、随机应变的智慧型组织,并将中国人文国学与西方现代管理学相互融合,进行企业人性化管理的一种新型企业组织管理运营模式。这种以人为运营核心的、具有更大的能动性和更强的应变能力的企业组织,简称"智慧型组织",由于它是继金字塔型机械式组织(A管理模式)、学习型扁平式组织(B管理模式)之后出现的第三种组织模式,并且是在西方先进的现代管理学的基础上,融入了中国国学之大智慧的组织类型,因而取"China"的第一个字母"C",为这种智慧型组织管理命名为"C管理模式"。

二、企业组织管理中面临的问题和困惑

如果说企业战略决定了企业未来的发展方向与基本经营管理策略,那么组织架构则是保障企业战略落地、高效执行的重要手段。据多家权威咨询机构与《财富》杂志统计,现代企业管理史上战略被搁置或战略失败的案例占比超过70%,其中失败的原因不是战略制定本身存在问题,主要还是败在了"公司战略执行不到位"。为什么会出现"公司战略执行不到位"呢?经过周密调研与分析后发现,除极少数企业是因为高层领导朝令夕改以外,主要的失败原因基本上都是出在组织承受能力及其组织基本执行力方面。目前国内的很多企业已经认识到了组织管理的重要作用,但由于缺乏组织管理的系统知识和丰富经验,组织管理仍然存在一些弊病,企业组织管理面临的问题和困惑可以归结为以下几个方面。

1. 战略方向不明,组织机构缺乏前瞻性

组织结构设计应以支持公司的发展战略、经营管理的有效实施、改善资源配置效率、培养核心竞争力为目标。企业战略是企业阶段性工作的目标,也是阶段性凝聚企业力量、调整企业内外关系的基准和原则,还是企业组织设计的基本依据。但很多中小企业缺乏明确的战略目标,有的企业仅有大概的方向或年度经营计划,还有很多企业只是摸着石头过河,走一步看一步。由于战略不明晰,其组织机构往往是根据企业的现有业务特点或现有人员能力来定。这样设计的组织机构缺乏战略前瞻性,当外部环境变化时,企业只能疲于应对。同时,组织机构调整频繁,也会增加企业的管理成本,降低管理效率。

2. 管理层级多,管理角色错位

企业的管理层级与企业的规模、管理控制模式和行业特点相关,通常管理层级越多,其管控难度就越大,响应反馈的时间就越长。有的企业由于历史原因,或官本位思想,也有的是为了对外联系方便,在企业设了各级副总、经理和助理等。管理层级多,管理人员就相对增加,管理者又不能没有事做,只能是副总做总监的工作,总监做部门经理的工作,造成管理角色错位,对公司来说也是"大材小用",人才资源的浪费。由于高层管理者参与细节性的事务很多,基层员工和中层管理者也就不积极,所有事情往上集中,有的高层就会误认为"下面的人能力有限,无培养价值",造成企业"内部有才不用却外部高薪求贤"的恶性循环。

3. 职责不清,出现职能重叠和空白

职责不清是组织诊断中最常见的问题,主要表现在职能重叠和职能空白。出现职能重

叠和空白的直接后果就是有的事没人做,有的事大家争着做,造成部门之间的产生矛盾,浪费公司资源,影响工作效率和质量,一段时间后还会严重挫伤员工的工作积极性。

4. 企业内控体系不完整,责权不统一

企业的权力主要分人权、财权和事权。人权包括人事任免权、人事指挥权、人事考核权、人员薪酬调整权和人事奖惩权等,财权包括资金预算权、资金支付权、资产使用权和资产处置权等,事权也就是履行职责、开展工作的业务活动权。责、权不统一的问题也是组织咨询诊断中谈及较多的问题,一方面企业的中层管理人员普遍反映是责任多、权力少,另一方面公司老板又觉得下属大事小事都要找自己定。由于不能清晰有效授权和培训授权内容,容易导致效率低下,推卸责任,同时影响主动性,增加协调成本。同时,由于权限过于集中于高层,也会使高层陷入大量事务性工作中,不利于高层考虑企业战略发展等重要问题。

5. 协作意识差,组织效率低

有些企业由于没有规范的业务监管流程、沟通机会少和企业文化中的融和气氛不浓等造成企业各部门之间缺乏协作意识,组织效率低下。协作意识其实是企业内部的一种合作文化,需要不断培养和提升。企业提升组织效率的实质是全体员工工作行为的协作、一致和有效,实现 $1+1>2$ 的效应。

三、企业组织管理咨询的内容及其作用

(一)企业组织管理咨询的含义

组织管理咨询,是通过对企业经营战略目标和客观环境、企业实力的分析,研究企业经营管理组织机构的合理性,为适应企业经营战略的需要,改善组织机构的设置和运行,充分发挥企业管理组织职能作用。企业组织管理咨询主要包括组织结构设计与优化咨询、组织管理综合诊断以及组织效能提升咨询等。

(二)企业组织管理咨询的主要内容

1. 组织结构设计与优化咨询

随着信息时代的来临,各行各业面临着产业转型、商业模式变化、生产方式变革等一系列翻天覆地的变化,这直接影响了组织与管理方式的变革,这就需要借助于组织分析和优化,实现对组织的重塑。组织架构是从战略的功能定位出发,涉及组织架构设计,公司治理结构,以及责权体系,管理流程、业务流程,控制体系等一整套的工程。组织结构分析与优化,是促进企业战略分解,实现职责合理规划和细化的一种工具,是人力资源组织岗位设计的基础,是人力资源序列管理、薪酬绩效管理等一系列工作的基石。

2. 组织效能提升的诊断与咨询

企业组织效能提升诊断与咨询就是在了解企业组织管理现状的前提下,分析和诊断组

织管理中存在的问题及其产生的原因,在此基础上提出组织改革的方案并指导企业进行相应的组织变革,以提升组织效能的咨询过程。

(三)企业组织管理咨询的价值与作用

虽然目前有一些企业已经开始关注组织管理的规范,但因缺乏掌握系统知识和丰富经验的专业人员,企业通过自身的力量往往难以找出病症、解决企业的困扰。正因如此,组织管理咨询业务相应地逐渐增多,成为管理咨询的重要业务领域之一。组织管理咨询可以给客户带来以下价值:帮助客户有效整合企业所拥有的资源;明确企业中各部门职能的划分、定位;明晰岗位的责权利;通过流程的完善提高企业运作效率;通过与绩效考核的结合固化部门职责和岗位职责,激励员工;通过这些措施使企业朝着既定的战略目标迈进。这些目标的实现依赖于管理咨询人员能够为企业提供一套合理、健全的组织管理改善方案。方案的构建要依赖于管理咨询人员对客户组织管理的准确诊断。接下来我们将从企业组织结构设计咨询、组织效能提升的诊断与咨询两个方面进行说明。

第二节　组织结构设计与优化咨询

一、组织结构设计与优化咨询概述

(一)组织结构设计的概念

1. 什么是组织结构设计

所谓组织结构是指组织的框架体系,是对完成组织目标的人员、工作、技术和信息所作的制度性安排。就像人类由骨骼确定体型一样,组织也是由结构来决定其形状。尽管组织结构日益复杂、类型演化越来越多,但任何一个组织结构都存在三个相互联系的问题:职权如何划分;部门如何确立;管理层次如何划分。因此,要进行组织结构的设计,首先要正确处理这三个问题。组织结构设计的成果表现为组织结构图、职位说明书和组织手册。

2. 何时需要进行组织结构设计

那么企业何时需要进行组织结构设计和优化呢?通常在以下三种情况下,企业需要进行组织结构设计和优化:一是新建的企业需要进行组织结构设计;二是原有组织结构出现较大的问题或企业的目标发生变化,原有组织结构需要进行重新评价和重新设计;三是组织结构需要进行局部的调整和完善。

(二)企业组织结构设计中常见的问题

企业组织结构设计中常见的问题主要表现在以下几个方面。

(1)组织设计无章法。组织设计没有一定的方法可以遵循,没有基于组织目标和业务流程设计,没有体现对战略和业务的支持以及未来发展的弹性适应,过度考虑人的因素,机构变动频繁。

（2）岗位设置太随意。岗位设置缺乏一定的科学性和标准,因人设岗,冲动设岗,层级过多等都是岗位管理常见的问题;此外,岗位设置僵化,不能适时调整,缺乏创新机制,难以对业务形成及时有效的支持。

（3）权限划分不清晰。企业在职能划分当中,往往权限得不到明确的授意,缺乏正常的权限划分机制,使得组织岗位职责落实中出现纰漏,存在一定的职权滥用、串用、不用、随意用和过度集中等现象。

（4）职责分工不明确。部门间职能关系划分比较模糊,存在接口重叠、冲突和断开现象;领导分工不明确、不全面、不完整、不协调,存在多头指挥,忙闲不均等。

（三）组织结构设计与优化咨询服务内容

管理咨询公司为企业提供的组织机构设计与优化咨询服务主要包括以下几个方面:一是对组织管理现状及战略、流程、组织匹配情况进行诊断分析;二是设计符合公司战略的组织机构、管控模式,明确部门职责与权限等;三是提出组织结构存在的主要问题和优化方案;四是为企业提供组织设计培训,提高管理人员的管理技能。组织结构设计与企业战略以及人力资源管理中的定岗定编和工作分析都有着密切的联系。

二、组织结构设计的相关理论

（一）组织设计的基本内容

企业组织设计的基本内容主要包括根据组织目标进行部门化分工、设计管理幅度与管理层次、设计岗位职责与职权、建立指挥命令链和制定规章制度等。

1．部门化分工

部门是指组织中主管人员为完成规定的任务有权管辖的一个特定的领域。部门的划分是组织的横向分工,部门的划分应当确保有利于实现组织目标,保持组织一定的弹性,力求精简。常见的部门化形式有职能部门化、产品部门化、地区部门化、过程部门化以及顾客部门化等。

2．管理幅度与管理层次

（1）管理幅度的概念。所谓管理幅度,又称管理宽度,是指在一个组织结构中,管理人员所能直接管理或控制的部属数目。这个数目是有限的,当超这个限度时,管理的效率就会随之下降。

（2）管理幅度与管理层级的关系。对于同一个组织而言,如果组织规模是一定的,管理幅度与管理层次是密切相关的反向关系,即管理幅度越宽则管理层次越少,组织结构趋于扁平,反之,管理幅度越窄则管理层次越多,组织结构趋于高耸。管理幅度宽的扁平结构更倾向于分权管理,管理幅度窄的高耸结构更倾向于集权管理。

(3) 管理幅度设计的影响因素。主管人员要想有效地领导下属,就必须认真考虑究竟能直接管辖多少下属的问题,即管理幅度设计的问题。影响管理幅度与管理层次设计的主要因素包括管理者的个人能力、被管理对象的工作能力、管理者的工作性质和条件、被管理对象的工作性质和条件以及管理环境的稳定性和组织文化的凝聚力等。

3. 职权的设计

(1) 职权的类型

通常企业的职权可以分为直线职权、参谋职权和职能职权。直线职权是指给予一位管理者指挥其下属工作的权力。直线职权是组织中一种最基本、最重要的职权,缺少了直线职权的有效行使,整个组织的运转就会出现混乱,甚至陷入瘫痪。参谋职权是由于组织规模不断扩大,需要借助参谋职能来支持、协助,为他们提供建议,帮助他们行使直线指挥权力。随着管理活动的日益复杂,主管人员把一部分本属自己的直线职权授予参谋人员或某个部门的主管人员,这便产生了职能职权。职能职权介于直线职权和参谋职权之间,是一种有限的权力,只有在被授权的职能范围内有效。

(2) 集权与分权

集权与分权是一个与授权密切相关的内容,如果授权较少,那么就意味着较高程度的集权;如果授权较多,那么就意味着较高程度的分权。集权意味着职权集中到较高的管理层次,分权则表示职权分散到整个组织中。集权与分权的程度可根据各管理层次所拥有的决策权的情况来衡量。企业要根据业务特点,进行恰当的分权与授权,调动各级组织与各层人员的积极性。

从集权与分权角度可以将企业的管理模式分为职能型、战略型、财务型,根据企业业务单元的不同,应该选择不同的管理模式。咨询人员对于集权与分权的诊断,应该集中于企业的集权与分权是否符合其自身的战略发展需要和业务单元的发展需要。咨询人员可以通过问卷调查、深度访谈或者观察法等,判断企业在组织权力的设计中是否存在问题。

(二) 组织结构设计的原则

组织设计是企业发展在不同阶段都必须面对的问题,是与经营战略和企业变革与管理相辅相成的,组织设计应遵循以下原则。

(1) 有效性原则:有效性原则主要是指组织结构设计要为组织目标的实现服务,力求以较少的人员、较少的层次、较少的时间达到较好的管理效果。同时,组织结构设计的工作过程要有效率。

(2) 分工与协作原则:组织部门的划分、业务的归类,应有专业分工与协作。这就要求员工在观念上要有整体目标和共同奋斗的意识;在制度上应明确规定责任与协作义务;在组织形式上,将分工和协作结合起来。

（3）分级管理原则：每个职务都要有人负责，每个人都要知道他的直接上下级是谁。只有分级管理，才有利于发挥各级组织成员的积极性和创造性，才能保证组织高效性和灵活性。

（4）统一指挥原则：组织中指挥不统一是秩序混乱的根本原因之一。因此，任何下级不应受到一个人以上的直接领导，只有实行统一领导，才能保证组织协调。

（5）权责对等原则：整个组织中权责应是对等的，必须严格保证组织中每一职位拥有的权利与其承担的责任是对等的。有责无权，有权无责，或者权责不对等、不匹配等，都会使组织结构不能有效运行，组织目标也难以实现。

（6）精干实际的原则：这一原则可以使组织成员有充分施展才能的余地，在合适的职位基础上，组织的部门机构、人员的职责和职位应根据环境的变化而作相应的变动，促使组织具有高效性和灵活性。

（7）有效管理幅度原则：管理幅度是管理层次或管理范围的大小，这二者成反比例的关系，即管理幅度越大，则管理的层次越少。

（8）制度配套原则：在组织设计符合以上各项原则的基础上，通过充分的评估和对其架构的确认后，就必须考虑制度化配套的可行性，检验其对接和"落地"的协调性。

（三）企业组织结构设计的影响因素

组织设计是一个复杂的系统工程，不但要考虑组织的外部环境的影响，还要结合组织自身的资源特点和能力大小，并在组织的总体战略指导下进行，因此，在组织设计时就要综合考虑许多因素的影响。对其影响较大的因素主要有外部环境、组织战略、技术和规模、企业生命周期阶段这五个基本方面。

1. 外部环境对组织结构设计的影响

环境对组织结构产生的影响反映在职务与部门设计、各部门关系以及组织结构总体特征三个层面。例如，从外部环境对组织各部门关系设计的影响来看，随着市场环境以及企业内部管理的主要矛盾的变化，会形成不同类型的组织结构体系；同时，环境的稳定与否，对组织结构的要求也是不一样的。稳定环境中的组织管理，多采用"机械式"的组织管理结构，而多变的环境则要求组织采用灵活的"有机式"组织管理结构。

2. 组织战略对组织结构设计的影响

组织结构设计必须服从组织战略。如果最高管理决策者对组织战略作出了重大调整，那么就需要修改结构以适应战略调整的需要。由此，钱德勒得到一个很重要的结论："结构追随战略"，也就是公司组织结构的改变是发生在战略改变之后。例如，差异化战略的核心是依赖创新能力来维持其独特性，以产生竞争优势，因此较适合采用具有高度弹性和适应性的"有机式组织"。相反地，采用成本领导战略的厂商则会透过稳定和效率，来提供低成本的产品与服务，因此，"机械式组织"是较佳的选择。而使用集中战略的企业，会将组

拓展阅读

织结构依其所集中的焦点来安排,若焦点放在顾客上,则可能采用顾客部门化的方式;若焦点是放在产品上,则可能会以产品作为部门化的基础。

3.技术对组织结构设计的影响

任何一个组织都需要应用某种技术,将投入转化为产出。企业技术设备的水平不仅影响组织活动的效果和效率,而且会作用于组织活动的内容划分、职务设置和对工作人员的素质要求。一般来说,技术复杂程度越低,稳定性越高,越适合采用机械式、相对集权的组织结构;反之,则采用有机式、相对分权的组织结构。

4.组织规模对组织结构设计的影响

规模是影响组织结构的另一个重要因素。例如,大型组织倾向于比小型组织具有更高程度的专业化分工和纵向及横向管理部门的职能分布,而且组织规则条例更多。这种人员规模对组织结构的影响并非一种线性的影响,随着组织人员规模的扩大,规模对结构的影响强度逐渐减弱。除人员规模外,组织的资产规模、经营规模、效益规模也是决定组织结构的重要管理因素。一般来说,规模较小的组织结构相对简单,其管理分工单一;规模较大的组织结构相对复杂,其管理分工呈多元化特征。

5.企业生命周期阶段对组织结构设计的影响

组织的发展过程通常经历"创业""职能发展""分权""参谋激增"和"再集权"五个阶段,在不同的发展阶段,要求有与之相应的组织结构形式。创业阶段企业组织结构相当不正规,通常采用较为简单的直线式组织结构;职能发展阶段企业人员增多,组织不断扩大,产生了建立在职能专业化基础上的组织机构;分权阶段高层管理者将权限和责任委托给下属的产品、市场或地区经理,建立起以产品、市场或以地区为基础的事业部组织机构;参谋激增阶段企业建立了正式的规则和程序,有利于增强各事业部之间的相互配合但可能带来文牍主义,影响工作效率,阻挠创新,甚至导致企业走向衰败;再集权阶段企业更加强调管理活动的自觉性,强调个人间的主动合作,精简正式体系和规章制度,倡导协作和创新实践,成立小组和矩阵式组织结构,将企业的重要权力再收回到企业高层管理者手中,同时努力增强组织的适应性和创造性。

(四)常见的企业组织结构类型

不同的时代,企业不同的发展阶段,都会对组织形态有不同的需求。企业发展与时代需求的匹配程度,是企业选择组织类型的重要依据和方法。回顾企业组织发展历史,从最为远古的中心制到事业部制以及矩阵制,我们不难发现企业组织结构形式的发展与整个大时代是紧密相关的。

1.传统的组织结构形式

传统的组织结构形式主要包括直线式、职能式、直线职能式和事业部制,具体的组织结构形式及其适用范围说明如下。

（1）直线式。直线式结构的特点是强调工作任务分解的层次性。在这种组织中,决策与执行的关系按垂直系统建立,不从专业化管理角度设立职能部门,决策完全由最高管理者独立承担,属于典型的集权式结构。直线式组织结构如图 6-1 所示。

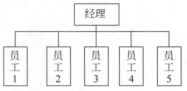

图 6-1　直线式组织结构

（2）职能式。职能式结构是为克服直线式结构对管理者的过分依赖而设计的。其特点是在直线式结构的纵向指挥系统之上增加一个横向的职能系统,分担最高管理者的部分管理职能,称为职能部门,形成一种既有垂直关系,又有水平关系,多重领导的复线式结构,属于典型的分权式结构。职能式组织结构如图 6-2 所示。

（3）直线-职能式：是将直线式结构与职能式结构综合起来形成的一种结构。从形式上看,直线-职能式结构与职能式结构非常相似,只是切断了职能部门下达指令的渠道。直线-职能式组织结构如图 6-3 所示。

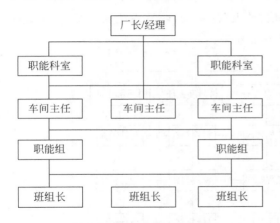

图 6-2　职能式组织结构图

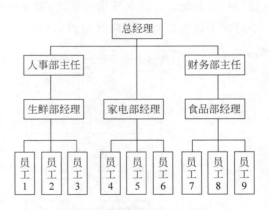

图 6-3　直线-职能式组织结构

（4）事业部制：事业部制组织结构也称"M 型组织",首创于 20 世纪 20 年代美国通用汽车公司,由当时通用公司的总裁斯隆最先采用,因而又称为"斯隆模式",如图 6-4 所示。事业部结构的出现主要是为适应超大规模企业集团和多元化经营的需要。事业部制的特点是整个组织由若干相对独立的事业部构成,每个事业部都是一个利润中心,负责该领域的事业发展,具有较大的自主权。

2.现代组织结构形式

现代的组织结构相比传统的组织结构形式,更加趋于扁平化、网络化和柔性化。现代企业组织结构形式主要包括矩阵式、团队式、虚拟式和阿米巴经营结构等,具体的组织结构形式及其适用范围说明如下。

（1）矩阵式结构

美国在 20 世纪 50 年代开始出现,六七十年代开始流行一种高度灵活的矩阵式结构。

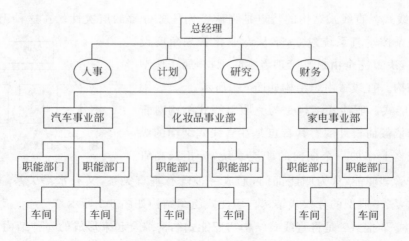

图 6-4　事业部制组织结构

矩阵式结构的特点是有两条指挥系统或说两条命令链。一是项目指挥系统，简单地说即是管"事"的系统；二是业务指挥系统，简单地说是管"人"的系统，两套系统相互交叉，生成一个可聚可散的矩阵。矩阵式组织结构举例如图 6-5 所示。

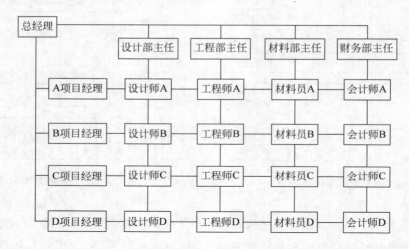

图 6-5　矩阵式组织结构

（2）团队式结构

团队式组织结构就是管理人员让组织成员打破原有的部门界限组建团队，以团队作为协调组织活动的主要方式而构建的组织结构。团队是一种理想的职能执行单位，对外界的变化反应较快，完成工作的效率较高。团队式组织结构举例如图 6-6 所示。

（3）虚拟式结构

虚拟式组织结构又称为网络型组织，是随着新技术的发展和企业低成本竞争的加剧而出现的一种新颖组织结构，如图 6-7 所示。网络型组织是一种规模小，却可以发挥主要商业职能的核心组织。它的最大优点是运营成本低，运营效率高，适应能力和应变能力强。其主要缺点是外协单位的工作质量难以控制，创新产品的设计容易被他人窃取。虚拟式结构并不是适用于所有的企业,它比较适用于那些生产过程中需要大量廉价劳动力的组织,如服装生产企业。

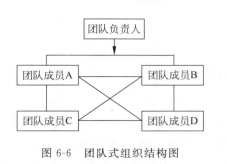

图 6-6 团队式组织结构图

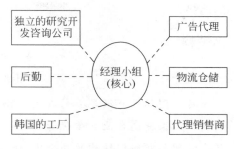

图 6-7 虚拟式组织结构

（4）阿米巴结构

阿米巴经营模式是日本经营之圣稻盛和夫独创的经营模式。阿米巴经营是基于"人心为本"的经营哲学和精细的部门独立核算管理,将企业划分为"小阿米巴",自行制订计划,独立核算,培养员工具有经营者意识,推行"全员参与经营",打造积极主动的集体,依靠全体智慧和努力实现企业的持续发展。

阿米巴组织架构,是由于传统行政组织模式难以适应激烈的市场竞争和快速变化环境的要求而出现的。传统企业的组织架构图都是自上往下的矩阵图,是一种金字塔式的科层制结构。而阿米巴的组织架构图却是自下往上的蜂巢图,由许多个"阿米巴"构成企业的组织基础,每个阿米巴都是一个独立的利润中心。阿米巴组织架构需要员工打破原有的部门界限,绕过原来的中间管理层次,直接面对顾客和向公司总体目标负责,从而以群体和协作的优势赢得市场主导地位。从而达到使阿米巴组织变得灵活、敏捷、富有柔性、创造性的目的。阿米巴组织与通常的行政组织架构相比,阿米巴组织的规模普遍较小,因而灵活多变,不用担心朝令夕改的命令会伤筋动骨。

拓展阅读

3. 当代企业组织结构变化的趋势

随着全球经济的一体化,世界市场的开放程度越来越大,企业面临的竞争越来越激烈。新技术、新材料不断涌现,产品的生命周期越来越短,用户需求的多样化和个性化也越来越普遍,这些都要求企业具有更大的柔性。21世纪的企业组织应该是生物型、开放型、自组织型和智能型的,有很强的环境适应能力、创新能力和转换能力。当代组织结构变化的趋势主要表现在以下几个方面。

（1）组织的扁平化

所谓组织结构扁平化,是指减少管理的层次,扩大管理的幅度,加强横向联系,组织机构由传统的垂直结构向扁平、精简和紧凑转变,由集中控制型向分权管理型转变。传统的组织结构是垂直式的,包含有许多管理层次,强调集权和纪律性,实行纵向管理,信息自下而上传递,决策自上而下输送。然而,这种垂直的锥形结构由于层次多而信息传递效率低,且极易失真,越来越不适应信息化的需要。减少管理层次,使组织结构扁平化便成为发展的必然趋势。

✐ 小资料

组织结构的扁平化

目前国际上有很多公司都大刀阔斧地压缩管理层次,扩大管理幅度,通过组织结构扁平化来提高企业竞争优势。例如,美国的通用电气公司通过"无边界行动"及"零层次管理",即组织结构的扁平化,使公司从原来的 24 个管理层次,压缩到现在的 6 个层次,管理人员从 2100 人减少到 1000 人,雇员人数由 41 万减少为 29.3 万,瓦解了自 20 世纪 60 年代就根植于通用公司的官僚系统。这样不但节省了大笔开支,还有效地改善了企业的管理功能,企业效益也大大提高,销售额由 200 亿美元增加到 1004 亿美元,利润也大幅度增长。

(2) 网络化

扁平化是组织纵向管理的压缩,向横向扩展,而组织结构的网络化则是指管理向全方位的信息化沟通的发展。网络化也称为"模块"化(哑铃式)组织模式,企业只发展几种核心业务,如只负责设计和销售,让外部协作厂商负责制造,形成独立的模块,根据市场竞争所的需要,随时添加或去除。在组织内部,组织小型、自主和创新的经营单位,构成以信息全方位沟通的网络制组织形式;在组织外部,为了增强竞争力,企业组织以联合、并购或其他方式与相关机构建立企业集团或经济联合体,并以网络组织的形式密切连接在一起,创造出巨大的竞争优势。

(3) 柔性化

柔性化即灵活性。传统的组织结构强调集中和稳定,而现代环境的复杂性和多变性则要求组织具有灵活性和适应性。组织结构的柔性化,就是增强组织对环境动态变化的适应能力,强调集权与分权的统一,稳定和变革的统一。临时团队、划小经营单位、更新设计组织结构等都是组织柔性化的典型表现形式。

三、组织结构设计的实施

(一)组织结构设计的步骤

(1) 确立组织目标:通过收集及分析资料,进行设计前的评估,以确定组织目标。

(2) 划分业务工作:一个组织是由若干部门组成的,根据组织的工作内容和性质,以及工作之间的联系,将组织活动组合成具体的管理单位,并确定其业务范围和工作量,进行部分的工作划分。

(3) 提出组织结构的基本框架:按组织设计要求,决定组织的层次及部门结构,形成层次化的组织管理系统。

（4）确定职责和权限：明确规定各层次、各部门以及每一职位的权限、责任。一般用职位说明书或岗位职责等文件形式表达。

（5）设计组织的运作方式：包括①联系方式的设计，即设计各部门之间的协调方式和控制手段；②管理规范的设计，确定各项管理业务的工作程序、工作标准和管理人员应采用的管理方法等；③各类运行制度的设计。

（6）决定人员配备：按职务、岗位及技能要求，选择配备恰当的管理人员和员工。

（7）形成组织结构：对组织设计进行审查、评价及修改，并确定正式组织结构及组织运作程序，颁布实施。

（8）调整组织结构：根据组织运行情况及内外环境的变化对组织结构进行调整，使之不断完善。

（二）组织设计的结果

组织设计的结果是形成组织结构。组织结构的模式可用以下方式来表示。

（1）组织结构图：也称组织树，用图形表示组织的整体结构、职权关系及主要职能。组织结构图一般描述下列几种组织结构及管理关系方面的信息：权力结构、沟通关系、管理范围及分工情况、角色结构和组织资源流向等。

（2）职位说明书：是说明组织内部的某一特定职位的责任、义务、权力及其工作关系的书面文件。包括：职位名称及素质能力要求、工作内容和工作关系等。职位说明书的编制也是企业人力资源管理的一项基础性工作。

（3）组织手册：是职位说明书与组织图的综合，用以说明组织内部各部门的职权、职责及每一个职位的主要职能、职责、职权及相互关系。

（三）组织结构设计的实施原则

组织结构设计的实施是组织设计不可缺少的一个环节。借鉴国内外众多企业组织设计实施成败的经验教训，人们总结出了企业组织设计实现的前提条件，即3P4S实施原则，即企业组织要成功地将组织方案应用到组织当中，必须要遵循领导带头执行、上级领导支持、全体员工认可、与战略紧密相连、有效的激励机制、有力的执行制度和有效的协调机制等七个原则。前三项是直接对人的软工作，可以用3个P(person)来表示；后三项是保证人员有效工作的制度，是成功实施组织设计方案的基础，可以用3个S(system)来表示；最后全部工作都是围绕着正确的战略规划来运作，这是工作的目标和指南，也可以用S(strategy)来表

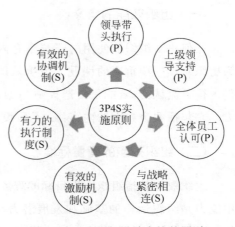

图 6-8　企业组织设计实施的原则

示。人们将上述 7 个方面的工作简称为企业组织设计实现的 3P4S 原则。

四、组织结构设计与优化咨询的总体思路与价值

1. 咨询方案的总体思路

最后归纳一下,企业组织结构设计与优化咨询的总体思路是:首先从企业的战略梳理入手,调查了解企业的使命、愿景,分析企业内外部环境,制定企业的战略目标。然后进行企业组织结构的诊断,分析现有组织结构、职能与战略的匹配程度;通过与企业高管的深度访谈,对行业标杆企业的研究等方法,分析企业组织结构中存在的问题。最后提出组织结构设计与优化的具体方案,主要包括与企业高层充分沟通,明确组织架构设计和优化的方向;结合组织结构设计与优化的原则和方法进行组织结构的设计与优化;明晰部门职能和权责划分等。

2. 咨询的价值

通过咨询公司的组织结构设计与优化咨询,可以为客户提供以下帮助:帮助客户企业建立以市场为导向的组织架构,以支持公司战略的实现;对企业内外部环境的变化作出及时、有效的反应,使企业的组织职能满足业务持续发展需要;明确各部门职责和权限,使各部门协作与协同得到加强与提高;让企业的各级人员都能更加高效地完成工作,让高层有时间思考公司的战略与发展问题,企业员工能集中精力干好本职工作。

第三节　组织效能提升诊断与咨询

一、组织效能提升的相关概念

(一)组织效能的含义

任何一个组织能使用的资源是有限的,为使组织能发挥最大效用,组织效能评价就成为组织管理一项重要的课题。组织效能是组织实现其目标的程度。美国著名管理学家彼得·德鲁克认为,效能是指选择适当的目标并实现目标的能力,就是去做正确的事情的能力。它包括两个方面的内容:一是所设定目标必须适当;二是目标必须达到。

(二)组织效能的衡量标准

组织效能是指组织实现目标的程度,主要体现在能力、效率、质量和效益四个方面。其中能力是组织运作的基础和发展潜力,包括土地、资本、资源、工具、技术、人才和组织能力等;效率是任何一个组织的天然要求,组织的存在就需要不断提升效率,效率包括管理效率

和运营效率；质量是指组织所提供的产品或服务的品质或功能满足目标客户的需求，真正体现组织存在的价值；效益是指增加值或附加价值，是组织运行的产出，也是组织存在的基础，包括利润、员工报酬、税收、利息和折旧等。提升组织效能能够体现组织存在的价值，进而完成组织使命，无论组织战略如何改变，提升组织效能是永远不变的。

（三）衡量组织效能的方法

在衡量组织的效能方面，有多种方法：目标方法、系统资源方法、利益相关者方法和内部过程方法。组织效能的目标方法包括确认组织的产出目标和估计如何更好地达到目标，以及组织是否按照期望的产出水平完成目标；组织效能的系统资源方法考察的是转换过程中投入的方面，即通过观察过程的开始和评价组织是否为较高的绩效而有效地获得必要的资源来估计效能；组织效能的利益相关者方法也称为顾客方法，它是以组织的利益集团（顾客、债权人、供应商、税务机关、员工、经营者和所有者）的满意程度作为评价组织绩效的指标的；组织效能的内部过程方法则需要考察内部活动并且通过内部效率指标来估计效能，在组织效能的内部过程方法中，组织效能被内部组织的健康和效率来衡量。

二、组织效能提升诊断与咨询含义及其标准

（一）什么是组织效能提升诊断与咨询

企业组织效能提升诊断与咨询就是在了解企业组织管理现状的前提下，分析和诊断组织管理中存在的问题及其产生的原因，在此基础上提出组织改革的方案并指导企业进行相应的组织变革，以提升组织效能的咨询过程。

（二）组织机构有效性诊断分析模型

一个组织我们可以把它分为四个部分或者维度，分别是领导、结构、流程、员工，这四个维度决定了组织整体的效能。组织的有效性就是分别对每个维度进行测评，以了解组织整体情况。如果把企业组织比作人体，那么领导维度就相当于人的大脑，结构维度就好比人的骨骼系统，流程维度是人体的血肉及神经系统，而员工就好比人的细胞，如图6-9所示。

通过问卷调查法和访谈法，咨询人员可以收集四个维度的相关数据和信息。在领导维度，主要是从战略的角度挖掘企业的战略总体目标，今后的业务发展方向，企业的价值观，高层领导风格及上下级的职能关系等要素；在结构维度，主要了解企业的组织结构，部门的划分以及角色和职责定位等信息。管理层级在整体结构的协助下，解决部门职责的清晰度以及分工的合理度等问题；在流程维度，需要收集和了解企业组织内部的流程执行力度，部门间信息沟通的有效性以及在执行方面的管控体系是否得当，部门之间的协作通道是否顺畅等；在人员维度方面，咨询人员应收集和了解企业组织内部人力资源的考核绩效体系的

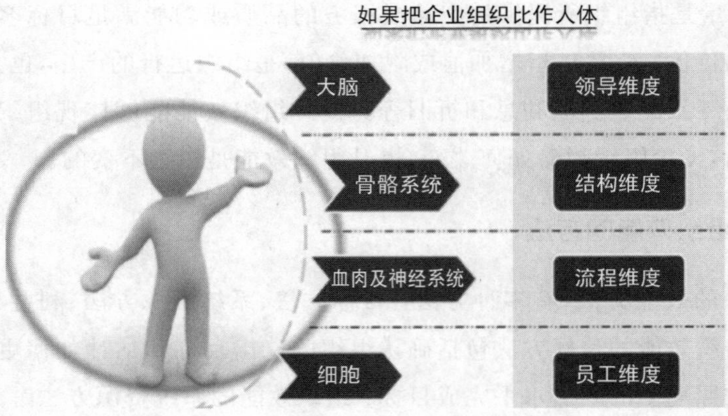

如果把企业组织比作人体

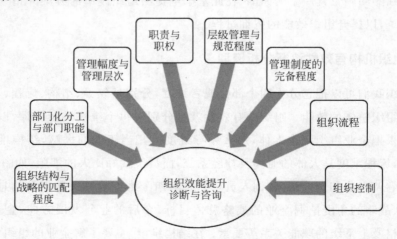

图 6-9　组织机构有效性诊断分析模型

完善性，人员在管理和其他技能方面的发挥情况以及企业对员工的职业发展规划及激励机制等方面的做法等信息。

三、企业组织效能提升诊断与咨询的内容

企业组织管理的诊断分析可以针对企业的组织效能存在的管理问题，从组织结构与战略的匹配度、部门化分工与部门职能、管理幅度与管理层次、职责与职权、层级管理与规范程度、管理制度的完备程度、组织流程、组织控制八个方面进行详细的诊断分析，明确组织效能存在的问题，参照标杆企业的组织架构设计以及组织效能管理，对存在的问题提出相应的解决方案，具体的诊断分析内容模型如图 6-10 所示。

图 6-10　企业组织效能提升诊断与咨询的内容模型

1. 组织结构与企业战略发展的匹配度

企业的组织结构是为实现公司战略目标服务的，因此在对企业组织管理进行诊断时，首先要明确企业的战略目标和未来的发展规划，审视企业各部门设置是否满足未来战略发

展需要或业务单元的发展需要。

2. 部门化分工与部门职能诊断

管理咨询人员需要诊断各部门及其内部工作的内容、责任、权限是否明晰,职能部门对自身工作的职责范围界定是否清楚,是否存在一个可操作的标准。对部门职能的诊断需要管理咨询人员深入分析与客户战略发展相匹配而需要完成的核心业务活动,将客户的核心业务活动与对应的职能和部门相匹配,匹配结果可以帮助咨询人员分析客户是否存在部门职责不明确、工作不协调等问题。通常情况下,企业的核心价值活动与对应的职能和部门如表 6-1 所示。

表 6-1 企业核心价值活动与对应职能、部门举例

公司核心价值活动	对应职能	对应部门
管理与控制:企业发展战略、企业品牌塑造、管理制度、财务控制与预算、审计、后勤保障、法律事务、对外关系等	战略管理、财务管理、品牌建设、后勤	战略发展部、计划财务部、规划市场部、后勤部
人力资源:人力资源规划、招聘、任用、培训、岗位分析和评价、绩效考核、薪酬、职业生涯管理	人力资源管理	人力资源部
科研开发:配方设计、包装设计、产品线拓展	研发	研发部
采购:生产材料采购、计划供应商选择、采购质量控制、采购运输、库存控制	物流配送	物流公司
生产经营:生产计划、计划调度、工序控制、质量控制、成本控制	生产管理	生产部

职能分析方法包括基本职能设计和调整以及关键职能设计和调整。通过相关分析,对企业基本职能提出增加、强化、取消和弱化等不同建议。可以按照行业特点、企业技术特点、外部环境特点和企业规模、企业组织形式等其他因素来进行设计和调整。关键职能设计和调整方法是指企业根据其经营战略决定关键职能,例如企业可以根据经营战略采用以质量管理为关键职能、以技术开发管理为关键职能、以市场营销管理为关键职能和以生产管理为关键职能,并在此基础上进行部门化分工和职能设计与调整。

3. 管理幅度与管理层次诊断

企业在不同的发展阶段会具有不同的发展战略,不同的发展战略又会对相应的管理给予不同的程度要求,这就要求管理咨询人员要关注在企业运营过程中的管理幅度的设置是否合理。根据企业的组织结构图以及到企业进行实地调研和数据的收集,获取管理幅度相关信息,分析企业在管理幅度设计中是否存在问题,并提出合理的改善建议。如调研时发现企业事业部设置过多,高层管理者要同时管理十几个甚至几十个事业部,管理幅度过大,使高层领导者没有时间和精力来考虑企业的未来发展战略和规划,这时就有必要对公司事业部进行精简或战略重组,适当减少企业高层管理者的管理幅度。

4. 职责与职权诊断

公司的管理是通过各个部门的管理来完成,在公司的组织部门的划分过程中,由于部

门对公司贡献的差异和职能的不同,必然会出现授权的不同,那么在进行咨询项目的过程中,就必须要关注部门之间是否存在着权力的严重失衡问题。同时,组织中每一个岗位上的员工都需要履行一定的岗位职责并拥有相应的权力,职责和权力是否匹配,企业的集权和分权设计是否合理,也是咨询诊断过程中需要关注的内容。集权与分权的设计操作时,要分析影响集权和分权程度的主要因素,进而选择适合企业具体条件的管理体制模式。影响集权与分权程度的主要因素包括产品结构及生产技术特点、环境条件及经营战略、企业规模与组织形式、企业管理水平和干部条件等。在此基础上选择适合企业具体条件的管理体制模式,如选择直线-职能制的集权结构或事业部制的分权结构。

5. 层级管理的规范程度诊断

现代化公司的特征是组织清晰,职责细分,人员恰当,层级明确。层级管理的意义就在于通过顺序化的即自上而下的管理方式来保障管理的秩序,企业中的"越级"现象是对秩序的破坏,所以管理咨询人员需要考察客户公司是否存在越权指挥和越权汇报等现象。

6. 管理制度的完备程度诊断

企业组织的发展,不仅需要文化的软性激励,也需要制度规范的刚性要求。管理咨询人员需要深入诊断公司各部门的规章制度是否健全、明晰,日常工作和监管是否有据可依。

7. 组织流程的诊断

流程是业务与业务之间的传递或转移的动态过程,它们贯穿企业的各个部门,是通过各部门协同工作达成组织活动目标的过程体现。各部门职能的发挥要依附于流程,流程是部门职能发挥的重要保障。咨询人员需要对客户的工作流程进行梳理,在此基础上寻找客户工作流程上的漏洞,这些漏洞包括:是否存在高风险的环节没有被充分关注,没有得到有效控制;是否存在低效率环节没有被发现,造成企业工作效率的降低等。

8. 组织控制的诊断

对于组织管理体系的构建来说,控制手段主要是指流程、激励与考核机制。流程是管控的基础和载体。激励与考核是推动员工努力工作的重要手段,只有通过激励与考核才能促进员工不断在自己的岗位上积极努力地、较高标准地履行自己的工作职责。咨询人员应该运用相应的方法对企业的激励与考核机制进行诊断。例如,企业的考核体系是否健全;考核是否以部门职能、岗位职责为依据;考核过程是否公平,是否得到员工认可;考核的结果是否与薪酬、福利等相结合起到激励作用;考核是否对员工的行为起到改善作用等。

四、企业组织效能提升诊断与咨询的过程

企业组织效能提升的诊断与咨询主要是以企业战略目标为根本出发点,以提升企业组织管理效能为目标,对企业组织管理过程中存在的问题进行诊断和分析,提出完善组织管理和提升组织效能的改革方案并指导企业实施。具体的过程如图 6-11 所示。

图 6-11　企业组织效能提升诊断与咨询的过程模型

1. 了解企业组织状况

组织咨询既然是对整个组织进行的,所以首先要对组织概况进行调查,调查主要包括以下内容:

(1)现行组织机构图的调查。这是对全体构成人员的图表进行调查。调查对象包括经营者、从业人员的组织机构图。例如,现行机构图、旧机构图、组织机构图、建立组织的特点等。在调查过程中,要画出现在的职能组织图,按照组织图通过访问调查法听取对机构的意见。

(2)职务状况调查。调查的对象是对各个经营层、各部门或同级各职务是否都明确地规定了全责范围。进行调查时,要针对以下项目开展:各职务人员是否能清楚地理解他在整个组织中所起的作用,以及与组织的关系;是否能准确客观的对各职务人员的能力、业绩进行考评;是否有考评各职务人员的指标依据。

(3)职权控制调查。调查的对象是从整个企业出发,对组织中各业务活动方式进行控制调查。这种控制调查要对某些业务活动进行控制的各单位的职能、职责和关系进行了解。同时,还要了解各经营层权限的来源和限度,以及在评价其成果时采用的方法。

(4)组织规定及分工规定的调查。调查对象是对董事会、全面经营层、部门经营层、现场管理层及其他主要职务所规定的性质的种类。制订和贯彻这些规定,是为了密切配合经营负责人的参谋部门的工作。因此,对制订这些规定的部门进行调查也是非常重要的。在调查过程中,一定要将调查深入同一组织过程的最下层。

(5)公司业务程序的调查。调查对象是有关职务分析、管理规定、业务程序规定、董事会制度、常务会制度、预算控制制度、传阅审批制度、授权手续规定、企业内部规定、内部报告制度、组织监察规定等方面的程序。

(6)组织机构的调查。关于执行业务部门的调查,要调查最高经营管理层的组织,特别是要调查董事会制度的责任和权限。此外,关于支持业务部门的调查,则以参谋组织、委员会制度为调查对象。对科室设立方针的调查方法,其对象为各功能组织、各种产品组织、各区域市场组织的种类和设立原因。调查所使用的基本方法包括以下几个方面:分发组织状况调查表,由企业各级经营人员填写;与各级经营者、职员进行个别谈话;阅读职位说明书;查阅企业组织图;查阅企业系统图;查阅职员考核表;阅读企业会议记录。

2. 确定组织问题,分析发生原因

了解组织现状的目的,是为了发现问题,并分析产生问题的原因,寻找解决问题的途径。用组织的现状同组织理论进行比较,同诊断人员根据企业任务所设想出的"标准组织"

进行比较,从而确定企业组织在哪些方面存在问题。找出存在问题后,就要分析产生问题的原因。在确定问题和分析原因时,可以按下列方面进行。

(1)任务分析。任务分析,即对企业任务的分解过程和分解的结果进行逻辑分析,对企业任务分解的合理性作出判断。如果企业任务的分解是不合理的,那么,依此建立起来的组织机构也就不可能是合理的。如果企业任务的分解基本合理,那么就要研究企业的组织机构和职位是否与任务相适应,有无负荷过重或过轻的部门和职位。

(2)权力分析。权力分析,即对企业内部各级各部门的主要管理者的决策权力进行分析判断,也就是对整个企业组织权力分配情况进行分析,看各个管理者是否拥有同他所承担的任务、所需做出决策相适应的权力。就整个企业而言,是否有权力过分集中或过分分散的问题;就经营者个人而言,是否存在权力过大或过小的问题。

(3)关系分析。关系分析,即从企业组织全局的角度对各个局部组织之间的分工、写作关系及协调情况进行分析,对各个管理性职位之间的相互关系进行分析。看有无权力交叉、权力分裂和权力空档的情况,重点分析企业组织内部权力是否协调。

(4)人力分析。人力分析,即根据企业任务,企业职位标准和企业人员提出的标准,对企业内部所有现职经营者担任现职经营者担任现职工作的能力和发展前途进行分析判断。看有无不胜任本职工作的经营者和其能力特点与本职工作不相适应的经营者,同时也要考虑职位标准是否修改。

3. 确立组织诊断的标准

在对企业组织进行咨询时,必须有明确的诊断标准,即理想的组织结构。常用的诊断组织的标准多采用美国管理协会的标准,具体内容如下。

(1)有效的测定。有效度是指组织对企业目标的完成程度。它是衡量企业经营成果的尺度,包括利润额、资金利润率、市场占有率等指标。衡量各单项功能的有效度的尺度,包括利润额、资金利润率、市场占有率等指标。衡量各单项功能的有效度的尺度则由各从业人员人均产量或销售额,或者用从事该项功能的从业人员人均数额与全体从业人员人均数额之比来计算。

(2)讲求效率。判断效率的标准是着眼于组织中有关个人达到什么目的的程度。例如,对于经营负责人来说,效率标准应该包括:什么是适当的经营组织机构?是否有责权明确的制度?参与制订经营方针的情况如何?是否有提出意见的权力?是否有充分发挥潜力的机会?能否使个人需求得到最大限度的满足?在确立效率标准时,标准的内容因人而异,因不同的组织层次而不同。

(3)工作划分。一个组织的业务要尽量划分成少数不同的功能,必须明确地作出决定使这些功能分离。基本功能的性质和数量要按他们各自对企业的目标所作出的贡献大小来决定。

(4)按权责明确功能。为了达到企业组织的目标,必须使功能或职务的内容明确起来。这一点应该按照以下两条规则来确定:明确规定任务;个人的职务应只限于完成单一的指导功能。

（5）明确指挥系统。这是指从组织中的高层组织到基层组织自上而下的指挥系统。所谓权限系统，就是经过系统中的所有接口从最高权限者向基层传达的途径，或者从基层向最高权限者上报的途径。

（6）明确确定信息沟通的途径。为推动工作而决定最优的接触途径时，组织计划容许各阶层按常识做适当的选择。这种接触途径表现在企业组织机构图上，由组织机构的责权系统进行信息沟通的情况时，企业组织中的各级人员都必须向上级报告。一般来说，应该向上级报告的事项包括：对于负有层层上报义务的事项，必须向上报告；一个组织单位内部或其他单位出现意见不一致时，应该向上报告；对于需吸取上级意见或需要上级与其他单位协商的事项，应该向上级报告；对于因改变既定方针甚至偏离既定方针而需要听取上级意见的事项，应该向上级报告。对于上述事项，必须在组织制度中明确加以规定。

4. 提出组织改革方案

改善组织状况是进行咨询的目的，因此，在企业组织问题分析的基础上，提出组织改进方案是组织咨询中重要的一环。企业组织是多个变量的系统，主要由环境、任务、技术、结构、人员五个方面的因素决定。所以，在进行新的组织方案设计时，应以系统论的思想作为指导，综合考虑各方面的因素对企业组织的要求，防止片面性，以提高组织的整体效能。

组织变革的方式主要有全新式、改良式和计划式三种。全新式是一举打破原来的经营组织结构，完全抛弃旧的经营而建立全新的组织。这种方式风险大，会产生极大的震荡与阻力，代价非常高，一般很少采用。改良式是在原有组织的基础上，做小的局部改动，以期逐渐改变、过渡为较完善的组织。这种方式风险小，但改革时间非常长，不能解决经营组织存在的根本性问题。计划式是企业有计划、有步骤地实现经营组织的根本性改变。这种方式着眼于全局，步步为营，不急于求成，是比较理想的经营组织改革方案。管理咨询人员应尽量为企业提供适合企业发展的组织改革方案。

5. 改进方案的实施指导

组织改进方案的实施一般要经过三个阶段，即思想准备阶段、组织改进阶段和巩固强化阶段。

（1）思想准备阶段。这个阶段要进行舆论宣传工作，通过说服教育使企业组织中的人员认识到改进旧的组织的必要性，使人们对旧的组织中存在的问题形成一致的看法，以减少改进的阻力。在这个阶段，要广泛发动群众，培养群众的参与意识。

（2）组织改进阶段。这一阶段要根据既定方案，对原组织进行制度调整、人事调整和机构调整。在组织改革方案的实施过程中，最大的困难是如何克服各种抗拒组织改革的阻力，影响组织变革的阻力主要来自个人和组织两个方面。这一阶段面临的问题最多，冲突最激烈，压力也最大。因此管理咨询人员要使企业管理者树立坚定不移、稳扎稳打和灵活应变的观念。

（3）巩固强化阶段。在组织改革方案实施以后，还应该采取多种方式方法，不断强化新的价值观念、新的行为规范,使新的组织运行机制逐步稳定下来。否则,稍遇挫折仍会反复,组织改革将前功尽弃。

通过组织效能诊断,帮助企业全面而深入的梳理组织效能管理中存在的主要问题,明确提升组织效能的方向。通过对组织效能的诊断,捋顺组织设计、清晰部门职责、做好部门协同、明确岗位职责、规范管理层级,提升组织效能。

📚 本章小结

• 组织管理咨询,是通过对企业经营战略目标和客观环境、企业实力的分析,研究企业经营管理组织机构的合理性,为适应企业经营战略的需要,改善组织机构的设置和运行,充分发挥企业管理组织职能作用。企业组织管理咨询主要包括组织结构设计与优化咨询和组织效能提升咨询等。

• 企业组织结构设计与优化咨询是从企业的战略梳理入手,调查了解企业的使命、愿景,分析企业内外部环境,制定企业的战略目标。然后进行通过与企业高管的深度访谈,对行业标杆企业的研究等方法,分析企业组织结构中存在的问题。最后提出组织结构设计与优化的具体方案,主要包括与企业高层充分沟通,明确组织架构设计和优化的方向;结合组织结构设计与优化的原则和方法进行组织结构的设计与优化;明晰部门职能和权责划分等。

• 企业组织效能提升诊断与咨询就是在了解企业组织管理现状的前提下,分析和诊断组织管理中存在的问题及其产生的原因,在此基础上提出组织改革的方案并指导企业进行相应的组织变革,以提升组织效能的咨询过程。

🍃【技能训练】　模块六: 企业组织管理咨询模拟演练

【训练目标】

通过本章学习,掌握企业组织设计和组织管理的基本理论和方法,了解企业组织管理咨询的常用工具与一般流程,能对企业的组织架构进行模拟的分析与设计,对组织管理中存在的问题进行模拟的诊断分析并提出改进方案。

【训练任务及要求】

结合上一章的战略规划方案,为客户企业进行组织架构分析与设计,撰写组织管理咨询方案,主要包括以下内容:

• 结合客户企业资料,梳理及设计客户企业的组织架构(用组织架构图表示);

• 组织架构图中应显示具体部门信息(名称、部门间关系);

• 组织架构图中应在部门信息中显示具体的岗位信息,并用一句话介绍岗位职责。

【训练提示】

为客户设计组织架构,提出改进版本的组织架构方案(可以基于企业现有的组织架构优化,也可以全新进行组织架构设计),并简要介绍新设计的组织架构的原因、目的、设计思路;组织架构的设计应与客户战略相关联。组织架构部分报告由组织架构图及说明性的文字构成,其中,文字部分内容建议不超过 1000 字。

第七章

企业人力资源管理咨询

 **引导故事**

狮 子 出 征

狮子图谋霸业,准备开拓自己的疆域,便决定与邻国开战。出征前它举行了御前定事会议,并派出大臣通告百兽,要大家根据各自的特长担负不同的工作。大象驮运军需用品,熊冲锋厮杀,狐狸出谋划策当参谋,猴子则充当间谍深入敌后。有动物建议说:"把驴子送走,它们的反应太慢了,还有野兔,他们会动摇军心的。""不!不能这样办,"狮子说,"我要用它们,而且它们会在战斗中发挥至关重要的作用。驴子可当司号兵,它发出的号令一定会使敌人闻风丧胆,野兔奔跑迅捷,可以在战场上做联络员和通讯员。"那些动物觉得狮王说得很有道理。后来在战争中果然是每个动物都发挥了用处,取得了胜利。

【管理启示】 对人的管理其实就是识人的本领。人人都不相同,优秀的管理者就是在普通之中发现每个人的优点和长处,然后让他们到最适合的岗位去做最适合他们做的事情。这是一个发现人和用人的学问。作为一个团队的领导,要学会发现每个成员的优点和长处。

学习目标

- 什么是企业人力资源管理咨询?
- 企业在人力资源管理方面存在哪些主要的咨询需求?
- 人力资源管理咨询公司通常提供哪些咨询服务?
- 人力资源管理咨询中常用的工具和方法有哪些?

第一节　企业人力资源管理咨询概述

在现代社会,人力资源是组织中最有能动性的资源,如何吸引到人才,如何使组织现有人力资源发挥更大的效用,支持组织战略目标的实现,是每一个领导者都必须认真考虑的问题,这也正是为什么企业的最高领导越来越多来源于人力资源领域的一个原因。在这种情况下,企业的人力资源管理工作就不能再局限于传统人事工作的范畴,而应站在企业战略的高度,用战略的眼光看待人力资源管理工作中招聘、选拔、调配、激励等一系列工作。

一、企业人力资源管理概述

1．人力资源管理的内涵

人力资源管理就是指企业运用现代管理方法，对人力资源的获取（选人）、开发（育人）、保持（留人）和利用（用人）等方面所进行的计划、组织、指挥、控制和协调等一系列活动，最终达到实现企业发展目标的一种管理行为。

2．企业人力资源管理的目的与作用

企业人力资源管理的目的是通过招聘、甄选、培训、报酬等管理形式对组织内外相关人力资源进行有效运用，满足组织当前及未来发展的需要，保证组织目标实现与成员发展的最大化。企业人力资源管理的最终目的是在实现组织目标的同时也实现了员工的个人目标，达到组织和员工的共赢。

图 7-1 展示了企业战略人力资源管理的传导路径。从企业的整体战略出发，落实到人力资源管理部门，部门再确立相应的人力资源战略，并制定合适的人力资源政策，通过人力资源政策的实施使员工的需求得到满足，员工满意度会大大提高，其生产效率和服务效率也随之提高，进而更好地满足客户的需求，提高了客户的满意度和忠诚度，循环往复，最终实现企业的可持续发展。

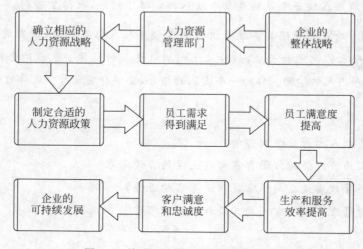

图 7-1　战略人力资源管理的传导路径

3．人力资源管理的发展和演变历程

人力资源管理的演变与管理理论的演变是密切相关的，而管理理论的演变又是和生产力发展水平密切关联的。通过研究人力资源管理实践与理论的发展轨迹，可以看出现代人力资源管理经历了四个发展阶段。

（1）早期人事管理活动阶段。在工业革命以前，企业的生产还处于家庭手工作坊式，各个行会负责管理相关行业的生产方法和产品质量，制定加入行会的条件，开始出现了一些

针对工人的浅层次的管理,但没有完整理论的支持。这一阶段被称为早期人事管理活动阶段。

(2)传统人事管理阶段。从 20 世纪 20 年代开始到 50 年代后期,是西方传统人事管理由萌芽到成长迅速发展的时期。这一阶段具有以下几个特点:人事管理活动被纳入了制度化、规范化的轨道,企业人事管理的制度体系逐步趋于健全完善;出现了专职的人事管理主管和人事管理部门;管理工作的范围不断扩大和深入,由一般行政性、事务性管理,扩展到实行集中式的管理;企业雇主的认识发生了重大变化,即由以工作效率为中心,转变到重视员工个别差异,注重人际关系,激励员工积极性等。

(3)现代人力资源管理阶段。从 20 世纪 60 年代开始到 70 年代,是现代人力资源管理逐步替代传统人事管理的转换期。现代人力资源管理与传统人事管理在管理观念、管理模式、管理内容丰富程度和管理重心、管理地位以及管理者对创新的重视方面都有着较大的区别。

(4)战略人力资源管理阶段。战略人力资源管理产生于 20 世纪 80 年代,后被欧、美、日企业的管理实践证明为是获得长期可持续竞争优势的战略途径。相对于传统人力资源管理,战略人力资源管理就是把人力资源看成组织战略的贡献者,依靠核心人力资源建立竞争优势和依靠员工实现战略目标。战略人力资源管理强调人力资源与组织战略的匹配,强调在组织管理活动中人力资源管理应成为提升员工满意度与敬业度的中心部门。至此人力资源管理才真正成为一整套完整的、实用的理论。

目前人力资源管理开始进入后战略人力资源管理阶段,即人才管理阶段,人才管理已经成为企业的核心竞争优势。人才管理与现代人力资源管理并非迥异或者割裂,而是公司建立了基础的人力资源体系后,必然进入的一个新的阶段。现代人力资源管理强调的是流程,各个管理模块是割裂的,其关注点是功能的实现;而人才管理的出发点是"人"与"人才",人才管理的目标是实现公司发展过程中持续的人才供应,人力资源部门的业务重心转向吸引、招募、发展、管理和留任人才,更加强化人力资源的战略地位。

4. 企业人力资源管理体系

有效建立战略性人力资源管理职能并得到并发挥预期的效果的前提是组织要为人力资源管理提供一个必要的平台,这个平台包括人力资源组织环境、人力资源专业化建设、人力资源管理队伍和人力资源基础建设四个方面,为构建战略性人力资源管理体系提供相应的组织保证和专业能力。合理的组织环境是构建战略性人力资源管理体系的重要外部条件;人力资源专业化建设是构建战略性人力资源管理体系的专业保障;人力资源管理队伍是构建战略性人力资源管理体系的重要保障;人力资源基础建设是战略性人力资源管理体系正常运行的基本保障。在此基础上形成了以人力资源规划战略理念为核心,以人力资源配置、人力资源开发、人力资源评价和人力资源激励四方面为核心职能的人力资源管理体系,从而构建科学有效的"选人、用人、育人、留人"人力资源管理机制,促进企业战略目标的实现。人力资源管理体系如图 7-2 所示。

拓展阅读

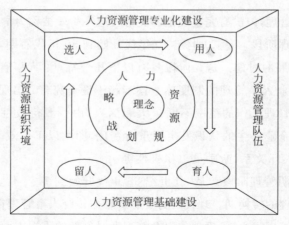

图 7-2　人力资源管理体系

二、企业人力资源管理面临的主要问题和咨询需求

目前,企业人力资源管理面临的主要问题可以归纳如下。

(1) 企业人力资源管理理念陈旧。目前,很多企业都意识到人力资源管理的重要性,但管理理念并没有随着企业战略管理决策的改变而发生变化,且缺乏专业的人力资源管理人才和人力资源规划的指导,导致人力资源管理理念严重滞后。

(2) 企业人才选拔机制不科学。有些企业传统思维贯穿了企业用人机制的全过程,为实现企业内部稳定等目的,通常将论资排辈作为人才选拔和任用的重要参考,难以体现公平公正的原则。

(3) 缺乏科学完善的员工绩效考核体系。很多企业缺乏科学完善的绩效考核体系,使企业难以依据科学的考核结果对员工进行全方位的激励,挫伤了员工的积极性、主动性和创造性,不利于员工在企业中发挥自己的潜能。

(4) 缺乏健全的员工激励制度。随着竞争的加剧,针对不同员工制定不同的激励制度对企业发展至关重要。部分企业自身管理基础比较薄弱,缺少健全公正的激励制度,影响了企业相关工作的开展,引发优质人才的流失。

(5) 薪酬与福利管理的合法性有待提高。薪酬与福利是员工劳动所得、生活费用的来源和保障,是推动企业战略目标实现的重要工具,其设计与相关制度安排一直是人力资源管理中最受关注的问题之一。

(6) 信息资源的合理开发利用需要加强。在当今信息时代,有些企业仍采用较为落后的、传统的人力资源管理手段,没有充分利用信息资源来帮助企业更加高效地进行人力资源管理。

三、企业人力资源管理咨询概述

1. 企业人力资源管理咨询的内涵

人力资源管理咨询是运用人力资源开发与管理的理论和方法,对企业人力资源开发与管理进行分析,找出薄弱环节,并加以改善,以促进企业正确、有效地开发人力资源和合理、科学地管理人力资源,为企业创造永续的竞争力。企业人力资源管理咨询主要围绕人才的选拔与配置、人才的任用、人才的培育和如何留住人才等方面展开。由于人力资源管理咨询理论和方法涉及管理学、心理学、组织行为学、系统工程学及信息管理学等多学科知识,属于技术性很强的管理工作,因此对管理咨询师的素质要求较高。

2．人力资源管理咨询的作用与价值

企业人力资源管理咨询对企业的作用和价值主要体现在三个方面:一是全面发现企业存在的人力资源管理相关问题;二是解决这些问题,量体裁衣,制定切合实际的方案并帮助实施;三是传授企业管理者发现和解决人力资源管理问题的方法和技能,使企业在人力资源管理方面具有自我造血功能。人力资源管理咨询的最终目的是使企业的人力资源管理能够充分的配合企业的发展战略。

3．人力资源管理咨询公司的服务类型

人力资源管理咨询公司通常为客户提供的咨询服务类型主要包括以下几个方面:第一是为客户提供人力资源管理咨询方案,如帮助企业制定人力资源规划、完成工作分析、提出定岗定编方案、建立绩效评价体系、进行薪酬设计、制定员工持股计划等;第二是为客户企业的人力资源管理中存在的问题进行诊断分析,并提出解决方案,如针对员工流失率高、提升员工工作满意度或幸福感等方面的问题提出改进对策;第三是针对客户企业的实际需求,量身定制一些管理类的培训课程,提高管理人员的管理技能和素质;第四是为客户提供一些人力资源外包服务,如为客户提供猎头招聘服务、劳务派遣、薪酬数据调查以及课程培训服务等。

4．企业人力资源管理咨询的主要内容

人力资源管理咨询服务内容是以战略人力资源规划为基础的,主要是围绕人才管理的核心职能模块展开。人力资源规划是基于企业战略所制定的人力资源职能策略,以支撑企业战略的实施。为了承接公司战略,在系统分析内外部环境和历史经验的基础上,形成未来人力资源体系建设的指导思想、总体目标、实现路径、工作任务与量化指标,建立基于业务驱动因素的人才队伍与数量规划,保障战略的实现。企业人力资源管理咨询主要是围绕企业人才管理中的选人、用人、育人和留人四个方面来进行的管理咨询和诊断活动,如图7-3所示,下面将分别介绍这些人力资源管理专题咨询的主要内容及其采用的主要工具和方法。

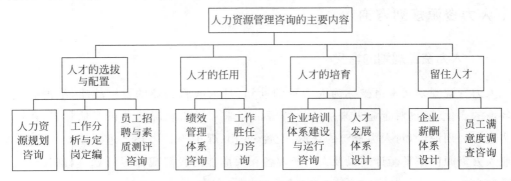

图 7-3　企业人力资源管理咨询的主要内容

（1）人才的选拔与配置相关咨询

人才的选拔与配置相关咨询主要包括人力资源规划、工作分析、定岗定编、员工招聘与测评等。其中员工招聘和测评是根据企业人力资源规划中的招聘计划所做出的人力资源获取活动，工作分析和定岗定编则是根据企业的战略规划，采取一定的程序和科学的方法，对确定的岗位制定工作职责并进行各类人员的数量及素质配备的过程。

（2）人才的任用相关咨询

在完成了企业人力资源的获取和配置之后，如何用人，如何更好地发挥员工潜能，成为企业人力资源管理者要考虑的主要问题。人才的任用相关咨询内容主要包括员工胜任力评价、员工绩效评价和绩效管理等。

（3）人才的培育相关咨询

人才的培育主要是指人力资源的培训和开发活动。员工培训是给新员工或现有员工传授其完成本职工作所必需的基本技能的过程；人力资源开发主要是指通过传授知识、转变观念或提高技能来改善当前或未来管理工作绩效的活动，具体包括员工职业生涯发展规划以及领导者发展继任计划等。人才培育的相关咨询内容包括企业培训体系和人才发展体系的设计与优化咨询。

（4）留住人才相关咨询

目前，企业居高不下的员工流动比率或人才的流失率是困扰企业管理者的一个重要问题，如何提高员工的工作满意度和员工幸福感进而留住企业的核心人才，也成为企业人力资源管理者迫切需要解决的问题之一。企业留住人才的主要手段就是员工激励，具体包括薪酬福利计划、员工持股计划以及其他激励手段的设计等。

第二节　企业人才选拔与配置相关咨询

企业人才选拔与配置相关咨询主要包括人力资源规划咨询、工作分析与定岗定编咨询以及人才招聘与素质测评咨询。

一、人力资源规划咨询

（一）人力资源规划的含义

人力资源规划通常也被称为人力资源计划，是为实施企业的发展战略，根据企业内外部环境的变化，通过对企业未来的人力资源的需求和供给状况的分析及估计，运用科学的方法进行规划设计，对人力资源的获取、配置、使用、保护等各个环节进行职能性策划，制定企业人力资源供需平衡计划以及人力资源各相关职能的发展或保障计划，以确保组织的战略顺利实施。

（二）当前企业可能面临的人力资源规划问题

当前企业在人力资源规划方面主要存在以下问题：规划不清晰、目标不明确；人力资源规划不能随着环境的变化而快速调整；人力资源规划制定过程中缺乏沟通和协作；缺乏人力资源管理专业知识和技术方法。

（三）人力资源规划的过程及内容

管理咨询师应从人力资源现状盘点、人力资源专业模块专题研究、人力资源数量结构规划、人力资源战略举措等多个维度提出解决方案，提供工具方法，提供组织实施与运营的支持，力求为客户提供科学有效、弹性适用的规划设计，体现人力资源的战略性资源地位，实现人力资源对企业战略发展的有效支持。人力资源规划的过程和内容模型如图7-4所示。

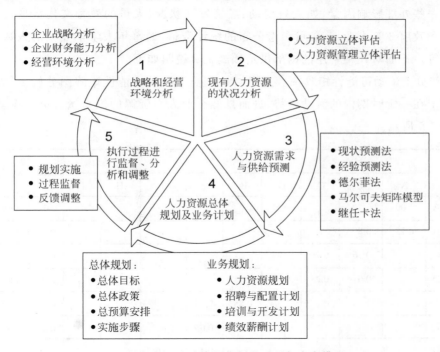

图 7-4　人力资源规划的过程与内容模型

图7-4中，中间圆环里显示的是人力资源规划的一般过程，包括五个步骤，首先是战略和经营环境分析，接下来是现有人力资源状况的分析，然后对未来人力资源供需情况进行预测，并在此基础上制定出人力资源总体规划和业务计划，最后是对规划的执行、监督、分析和调整。在图中圆环的外围矩形方框中展示的是人力资源规划在每一个实施步骤的具体内容以及采用的方法。

（四）人力资源规划的工具与方法

要做好人力资源规划，首先需要对企业内外部环境信息及现有人力资源信息进行初步了解，接着需要选择有效的方法，对企业在未来一段时期的人力资源供给和需求情况进行预测。人力资源的供需预测是整个人力资源规划过程中最为关键的一步，也是难度最大的一步，直接决定了人力资源规划的成败。

1．需求预测方法

对人力资源的需求进行预测，可以采用现状预测法、经验预测法、微观集成法、描述法、德尔菲法、计算机模拟法、劳动生产率分析法以及人员比例法等。

2．供给预测方法

人力资源的供给预测分为内部供给预测和外部供给预测。内部供给预测是根据企业内部人员信息状态预测可供的人力资源以满足未来人事变动的需求。最常用的内部供给预测方法有内部员工流动可能性矩阵图和马尔可夫矩阵模型。外部人力资源供给预测则常常要考虑一些外部影响因素，如人口变动、经济发展状况、人员的教育文化水平、对专门技能的要求和政府政策失业率等，可参考公布的统计资料，如每年大学毕业生的人数，企业的用人情况等。下面对几种常用的内部供给预测工具说明如下。

（1）内部员工流动可能性矩阵图。通过对内部员工流动可能性矩阵图分析，可以了解企业内部员工在一定时期内的流动趋势，进而推测企业人力资源的供给量。员工流动可能性矩阵如图 7-5 所示。

工作级别		终止时间									离职	总量
		A	B	C	D	E	F	G	H	I		
起始时间	A	1.00									0	1.00
	B	0.15	0.80								0.05	1.00
	C		0.16	0.76	0.04						0.04	1.00
	D		0.01	0.23	0.73						0.03	1.00
	E					0.85	0.05				0.10	1.00
	F					0.25	0.65	0.05			0.05	1.00
	G					0.40	0.50	0.03			0.07	1.00
	H					0.02	0.15	0.75			0.08	1.00
	I							0.20	0.50		0.30	1.00

图 7-5　员工流动可能性矩阵图

（2）马尔可夫矩阵模型。马尔可夫矩阵与员工流动可能性矩阵类似，先计算从一时期到另一时期每一种岗位人员变动的概率，然后将此概率乘以期初人数就得到了预测数（净供给量），最后纵向相加，便可以得出组织内部未来不同岗位人员的供给量。

（3）技能档案法。是预测人员供给的有效工具，它含有每个人员技能、能力、知识和经验方面的信息，这些信息的来源是工作分析、绩效评估、教育和培训记录等。技能档案不仅可以用于人力资源规划,也可以用来确定人员的调动、提升和解雇。

（4）继任卡法：此方法是在对人力资源彻底调查和现有劳动力潜力评估的基础上,指出公司中每一个职位的内部供应源。即根据现有人员分布状况及绩效评估的资料,在未来理想人员分布和流失率已知的条件下,对各个职位尤其是管理阶层的接班人预做安排,并且记录各职位的接班人预计可以晋升的时间,作为内部人力供给的参考。

（五）人力资源规划咨询的价值与作用

为企业提供人力资源规划咨询,咨询公司应做到以下几点。

（1）解读企业战略,深入客户行业,分析环境,把握现状,对企业人力资源的基础进行充分的盘点与梳理；提供全面的数据分析与深度的数据挖掘,建立更加人性化的、开放的、充分的沟通机制,确保规划尽可能准确、现实、被共识。

（2）为客户提供科学、规范、系统的人力资源规划解决方案,并在方案的指导下明确规划的目标、设计工作,促进效果的达成。

（3）帮助客户合理使用人力资源规划工具方法,为客户的人力资源规划工作提供操作支持,使人力资源规划有"法"可依,事半功倍；提升人力资源队伍的能力和人力资源管理的专业性。

（4）为客户的人才储备、使用、激励、培育等工作提出建设性的管理建议,保障人才使用的计划性、安全性和有效性,更大限度激发人力资源的潜能。

二、工作分析与定岗定编咨询

（一）工作分析和定岗定编的含义

工作分析、定岗定编是企业岗位管理中的一项基础性工作。它涉及企业业务目标的分解落实、员工能力和数量的匹配,从而影响到企业运营成本和效率。

工作分析是遵循一定的步骤,系统地收集、分析和职位有关的各种信息,以确定职位工作内容、职责权限、工作关系、业绩标准、人员要求等基本因素的过程。工作分析是人力资源管理的基础性工作,组织中员工的招聘、培训、考核、薪酬等一系列人力资源管理政策与实施都需建立在工作分析基础之上。

定岗定编是一种科学的用人标准。它要求根据企业当时的业务方向和规模,在一定的时间内和一定的技术条件下,本着精简机构、节约用人、提高工作效率的原则,规定各类岗位人员必须配备的数量。它所要解决的问题是企业各工作岗位配备什么素质的人员,以及配备多少人员。

（二）当前企业可能面临的定岗定编问题

（1）岗位职责不清晰,导致相互扯皮,职责真空等现象；岗位设置不合理,人员进出无标准,过于随意,产生人员冗余或忙闲不均,由此也会带来内部的不公平,引发一系列的矛盾,造成管理的低效率。

（2）人均劳动生产率是企业岗位人员配置是否合理的一个直观的指标。很多企业的人员饱和度不高,平均在70％～80％的水平,导致人均劳动生产率偏低。

（3）定岗定编直接影响到人工成本的预算与控制,定岗定编的财务结果体现在对人工成本的合理规划与控制上,不合理的安排,很容易给企业带来沉重的负担、造成资源的浪费。

（三）工作分析与定岗定编的分析工具与方法

1. 工作分析的一般流程与方法

工作分析流程与主要工作内容如图7-6所示。

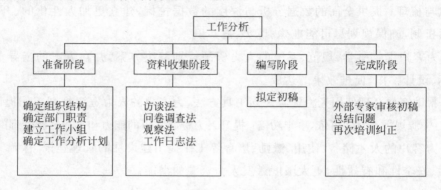

图 7-6　工作分析的一般流程

第一步:准备阶段。主要包括确定组织结构和部门职责、建立工作小组,并制定工作分析计划。企业一般聘请外部管理咨询公司以咨询项目的形式外包完成。

第二步:资料收集阶段。主要包括设计岗位说明书模板,并进行工作分析和岗位说明书编写培训。通过观察法、访谈法、问卷调查法、实验法和工作日志法等方法进行岗位信息资料收集。

第三步:工作分析的编写。在完成培训动员以及资料收集之后,组织参加培训的人员在规定时间内编写工作描述和岗位说明书初稿。

拓展阅读

第四步:进行反馈与修订。工作分析完成之后,应由外部专家对初稿进行审核,对发现的问题进行总结,并针对发现的问题再次进行纠错培训。针对一些公司的关键岗位,可由外部专家主持进行一对一的工作分析。最后还应将书面工作描述和岗位说明书反馈给各岗位员工,并对员工进行培训。

2. 定编定岗的分析

定岗定编分析涉及人与事的关系、人自身的各方面条件和企业组织机制及行业现实等要素,从而形成以下五个方面的状况分析。

（1）人员与事的总量分析。人员与事的总量涉及人与事的数量关系是否对应,即有多少事要用多少人去做,这种数量关系不是绝对的,而是随着企业的经营状况变化而变化的。无论是人浮于事还是事浮于人,都不是企业希望看到的结果。当前许多企业管理者比较烦恼的问题就是,一方面普通和技能性员工难以招到,有事没人做;另一方面又表现为内部管理人员人浮于事现象或缺少称职的管理人员。因此当企业出现人力过剩或人力不足或两者兼而有之的情况之后,就应该更关注如何合理配置人力供给与需求。

(2)人员与事的结构分析。人员与事的结构是指事情总是多种多样的,应该根据不同性质、特点的事,选拔有相应专长的人员去完成。企业内定岗定编的一个重要目标就是把各类人员分配在最能发挥他们专长的岗位上,力争做到人尽其才、才尽其用。

(3)人员与岗位的匹配分析。人岗匹配是指人与事之间的质量关系,即事的难易程度与人的能力水平的关系。事有难易、繁简之分,人有能力高低之分.应根据每种事的特点、难易和繁简程度,及其对人员资格条件的要求,选拔具有相应能力水平的人去承担,使个人能力水平与岗位要求相适应。

(4)人员与工作负荷状况分析。人员与事的关系还体现在事的数量是否与人的承受能力相适应,使人力资源能够保持身心健康,这是因为组织的各项活动是一个相互联系、相互依赖、前后联接的有机整体,每个部门的人员配置都应与其所承担的工作量相适应,使得工作负荷量与人力资源身心承受能力相适应。

(5)人员使用效果分析。人员与事的配置分析最终还要看对在岗位上的员工的使用情况,这是动态衡量人事关系的重要内容。在工作绩效与能力的校对方面,可根据员工绩效的好坏以及能力的高低,将人员使用效果分为 A、B、C、D 四个区间,根据每一区间员工的实际情况,采用不同的策略与改善方法。具体如图 7-7 所示。

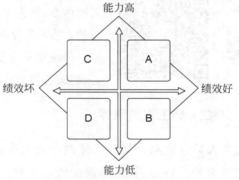

图 7-7　人员使用效果分析图

首先,区间 A 的员工,是价值最高的员工,单位要留住他们,重用他们;其次,区间 B 的员工,应在鼓励他们保持原有的工作热情的基础上,通过培训提高他们的能力,使其向区间 A 靠近;再次,区间 C 的员工,应找出影响绩效的因素,努力帮助他们在今后的工作中提高绩效;最后,区间 D 的员工,应该关注他们是否还有可能改善目前岗位实绩的可能,或通过培训与评鉴重新调整岗位。

进行定岗定编状况分析,是以内部人员配置为着陆点。然而,在内部配置、调节都难以满足企业当前的实际需要时,就要进行外部招聘。可以说,外部招聘工作的关键在于实现所招人员与待聘岗位的有效匹配。

(四)工作分析与定岗定编咨询的作用

1. 通过科学方法帮助企业分析工作,设计工作,明确岗位职责、明确权责划分,建立科学合理、能够有效支撑企业战略和业务发展,提升管理效率的健康的岗位管理体系。

2. 对岗位编制的影响因素进行剖析,建立适用于企业一定发展时期的编制管理模型,并在企业发展中根据业务需要进行调整。

3．通过对定岗定编的规范，提高人均劳动生产率，有效控制人工成本预算等，提升管理的效率。

三、员工招聘与素质测评咨询

（一）员工招聘

员工招聘就是对组织所需的人力资源展开招募、选拔、录用、评估等一系列活动，并加以计划、组织、指挥与控制，进行系统化和科学化管理，以保证一定数量和质量的员工队伍，满足组织发展的需要。企业人员的补充包括内部补充与外部补充，内部招募包括内部晋升、工作调换、工作轮换等方法，从企业内部人力资源储备中选拔人员。外部员工招聘相对内部选拔而言，成本比较大，风险较高，但是具有以下优势：带来新思想和新方法，有利于招聘一流人才，树立企业形象。外部招募的主要方法包括：发布广告；借助中介，如人才交流中心、招聘洽谈会、猎头公司；校园招聘；网络招聘；熟人推荐等。员工招聘常用渠道包括传统渠道和现代招聘渠道。传统渠道主要包括员工的推荐介绍、报纸招聘、学生就业服务中心、招聘会等方式；现代的招聘渠道主要包括猎头公司、网络招聘等。

拓展阅读

（二）员工素质测评

人员素质测评又叫人才测评或人事测评，是通过综合利用心理学、管理学和人才学等多方面的学科知识，主要通过履历评判、答卷考试、心理测验、面试、情景模拟、评价中心技术、观察评定、业绩考核等多种手段，根据岗位需求及用人单位的组织特性，对受测者的知识水平、能力结构、个性特征、职业倾向、发展潜力等方面的素质进行综合测评的一种活动。在招聘场景中人才测评是一个非常有用的识人利器，具有客观、数据化、效率高的特点，人力资源管理咨询师应熟练掌握人才测评的工具与方法。

1．心理测评常用类型

（1）智力测评。这类测评测的就是个体的智商，也是历史最悠久的测评类别之一，现在流行的权威的智力测评是韦氏和瑞文测评，主要是考察被试者的智力水平和结构。智力测评比较容易实现标准化，信效度也较高，因此被心理学界、社会组织和个体广泛接受，但一定要结合其他测评一起使用才能有效用于招聘。

（2）人格测评。人格测评也称个性测验，用于测量个体行为独特性和倾向性等特征。这种测评还可以分为类型测评和特质测评。

（3）职业兴趣测评。职业兴趣测评主要是测验工作与人的兴趣之间的关系，由于题型主要是自我陈述性为主，所以主要是用于校园招聘中的海选，或者没有太多工作经验的新人的初选。

（4）职业能力倾向测评。能力倾向测验是从个人在完成各种职业所必要的能力中，提炼出对个人所要求的最有特征的2～3种。这类型的测评通过测量被试者的职业通用能力及特征，并使用报告一致性的验证方式来最大程度避免求职者欺骗倾向，所以被大量使用在招聘和选拔当中。

（5）动机测评。这类测评主要是测量求职者的工作动机和意愿。通过动机测评可以检测出求职者的工作动机和工作状态，避免求职者由于求职动机与工作待遇不符而快速离职或者状态不佳。

在当今人力成本趋涨，企业对精准招聘的要求越来越高的时代下，人才测评能够起到很好的作用，甄别求职者的职业通用能力和工作动机是实现精准招聘的最重要的两项指标。

2．素质测评常用模型

（1）冰山模型。冰山模型是美国著名心理学家麦克利兰于1973年提出了一个著名的模型，所谓"冰山模型"，就是将人员个体素质的不同表现划分为表面的"冰山以上部分"和深藏的"冰山以下部分"。如图7-8所示。其中，"冰山以上部分"包括基本知识、基本技能，是外在表现，是容易了解与测量的部分，相对而言也比较容易通过培训来改变和发展。而"冰山以下部分"包括社会角色、自我形象、特质和动机，是人内在的、难以测量的部分。它们不太容易通过外界的影响而得到改变，但却对人员的行为与表现起着关键性的作用。招聘人才时，不能仅局限于对技能和知识的考察，而应从应聘者的求职动机、个人品质、价值观、自我认知和角色定位等方面进行综合考虑。

（2）洋葱模型。洋葱模型是在冰山模型基础上演变而来的。美国学者理查德·博亚特兹对麦克利兰的素质理论进行了深入和广泛的研究，提出了"素质洋葱模型"。如图7-9所示。洋葱模型是把胜任素质由内到外概括为层层包裹的结构，最核心的是动机，然后向外依次展开为个性、自我形象与价值观、社会角色、态度、知识、技能。越向外层，越易于培养和评价；越向内层，越难以评价和习得。洋葱模型同冰山模型相比，本质是一样的，都强调核心素质或基本素质。对核心素质的测评，可以预测一个人的长期绩效。相比而言，洋葱模型更突出潜在素质与显现素质的层次关系，比冰山模型更能说明素质之间的关系。

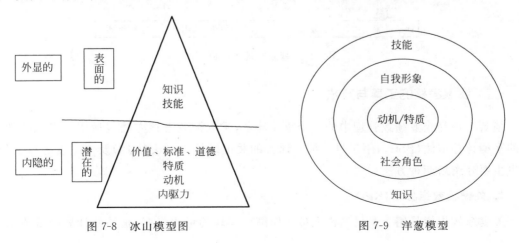

图7-8　冰山模型图　　　　　　　　图7-9　洋葱模型

第三节　企业人才任用相关咨询

　　企业人才任用的相关咨询主要是指企业在人才任用过程中的评价方面的咨询,具体包括绩效管理体系咨询以及工作胜任力的咨询两个方面。

一、绩效管理体系咨询

（一）绩效管理和绩效考核

　　绩效管理是指在管理者与员工之间就目标与如何实现目标达成共识的基础上,通过激励和帮助员工取得优异绩效实现组织目标的管理方法。绩效管理的基本流程是首先明确公司战略、制订绩效计划,然后进行绩效实施和绩效考核,对绩效进行反馈并重新制订计划。员工绩效考核是约束员工行为和提升工作绩效的有效手段。绩效考核是绩效管理的重要环节,绩效考核为绩效管理提供了依据,通过绩效计划、绩效考核、绩效反馈、绩效辅导和提升实现了员工绩效管理中的 PDCA 循环。绩效管理流程如图 7-10 所示。

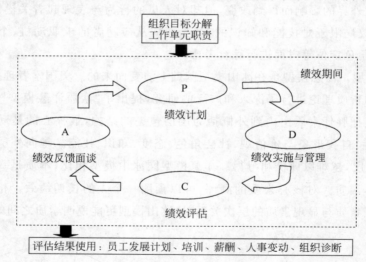

图 7-10　绩效管理工作流程图

（二）绩效考核的工具与方法

　　绩效考核是企业绩效管理中的一个重要环节,常见绩效考核方法包括用于组织绩效评价的平衡计分卡法(BSC),用于员工绩效评价的关键绩效指标法(KPI)及 360 度考核法等,这里主要介绍后两种方法。

1. 关键绩效指标法(KPI)

　　关键绩效指标是用于衡量工作人员工作绩效表现的量化指标,是绩效计划的重要组成部分。关键绩效指标法是把企业的战略目标分解为可操作的工作目标的工具,是企业绩效管理的基础。建立明确的切实可行的 KPI 体系,是做好绩效管理的关键。

KPI 法的理论基础是基于"二八原理"。在一个企业的价值创造过程中,存在"80/20"的规律,即 20% 的骨干人员创造企业 80% 的价值;每个部门和每一位员工的 80% 的工作任务是由 20% 的关键行为完成的,抓住 20% 的关键,就抓住了主体。二八原理为绩效考核指明了方向,即考核工作的主要精力要放在关键的结果和关键的过程上。

KPI 来自于对公司战略目标的分解,是对公司战略目标的进一步细化和发展。公司战略目标是长期的、指导性的、概括性的,而各职位的关键绩效指标内容丰富,针对职位而设置,着眼于考核当年的工作绩效、具有可衡量性。因此,关键绩效指标是对真正驱动公司战略目标实现的具体因素的发掘,是公司战略对每个职位工作绩效要求的具体体现。关键绩效指标随公司战略目标的发展演变而调整,当公司战略侧重点转移时,关键绩效指标必须予以修正以反映公司战略新的内容。在 KPI 指标体系设计中,需要确定关键过程领域 KPA、关键绩效指标 KPI 以及关键绩效标准 KPS,表 7-1 举例说明了三者之间的关系。

表 7-1　KPA、KPI、KPS 三者之间的关系举例

KPA	KPI	KPS
服务质量	(1) 客户投诉	(1) 一个月内,客户投诉最多三次
	(2) 服务效率	(2) 繁忙时间,每位客户平均等待不超过五分钟

（2）360 度绩效考核法

360 度考核也叫多视角考核,考核者可以是被考核者的上级、下属、同级,也可以是外部的考核者,如供应商和客户等,如图 7-11 所示。360 度考核的主体是全方位的,通过考核形成定性和定量化的考核结果,积极地反馈至相关部门和被考核者,达到改变行为、改善绩效的目的。360度绩效考核是绩效考核方法之一,其特点是评价维度多元化,适用于对中层以上的人员进行考核,对组织而言可以建立正确的导向。360 度绩效考核法作为企业实现战略变革的工具有助于实现组织的战略目标;有助于组织文化的转变;有助于员工的个人发展;有助于强化团队工作的效率;符合员工培训和人才选拔的需要。

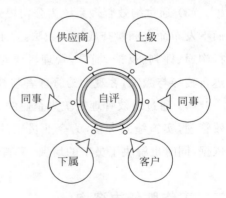

图 7-11　360 度绩效考核法

（三）当前企业可能面临的绩效考核问题

目前,企业在员工绩效考核方面可能存在以下问题。

（1）考核方法简陋,缺乏科学有效性和系统综合性。①心理误差得不到约束,如晕轮效应、首因效应、近因效应、类己效应和板块效应等;②趋中效应难以避免,"老好人"现象多;

③民主无规则,缺乏刚性控制;④缺乏科学有效的数学模型来拟合和刻画考评事件,如认识难度、认识误差、事件分布等;⑤描述和考评单个事件的方法多,系统、综合的考核方法较少。

(2)考核标准缺乏柔性。因为绩效因素具有多因、多维、多变的特征,绩效标准只能是导向性的,并应随企业目标、环境或存在问题的变化进行适时调整。

(3)考核操作程序不恰当,操作形式复杂。企业管理人员缺乏有效的绩效考核培训,考核结果统计性差;员工考核表格繁多、重复的现象严重,考核保密性较差,考核效果差。

(4)考核结果难以评价和利用。绩效考核的结果没有有效地与晋升和薪酬联系起来,考核结果不能有效利用。

(四)绩效管理体系咨询解决方案及其价值

针对企业绩效管理存在的问题,基于企业发展战略,进行战略目标分解;基于公司发展目标、业务发展目标、部门目标、个人目标制定绩效管理计划、构建绩效管理体系、进行绩效考核与反馈、最后进行绩效评估与结果应用,进而持续提升个人、部门和组织的绩效。绩效管理体系咨询的价值主要体现在以下几方面。

(1)通过绩效管理体系的构建,增强企业战略执行力,将个人业绩、个人发展与公司目标有机结合,通过持续改善个人业绩和团队业绩来持续改善公司业绩,并确保公司战略的执行和业务目标的实现。

(2)引导公司员工对应实现的目标及如何实现目标形成共识,在一定期间内科学、动态的衡量员工工作效率和效果。通过制定有效、客观的绩效衡量标准,使各级管理者明确了解下属在考核期内的工作业绩、业务能力以及努力程度。

(3)通过绩效管理系统为公司提供一个规范而简洁的沟通平台,改变以往纯粹的自上而下发布命令和检查成果的做法,要求管理者与被管理者双方定期就其工作行为与结果进行沟通、评判、反馈、辅导,管理者要对被管理者的职业能力进行培训、开发,对其职业发展进行辅导与激励,客观上为管理者与被管理者之间提供一个十分实用的平台。

(4)通过绩效管理系统为企业的人力资源管理与开发等工作提供必要的依据,通过绩效管理,实施绩效考核,为企业员工的管理决策,如辞退、晋升、转岗、降职等提供了必要的依据,同时也解决了员工的培训、薪酬、职业规划等问题,使其行之有据。

二、工作胜任力咨询

(一)工作胜任力的内涵

工作胜任力是工作表现背后所蕴含的个人能力和行为总和,以胜任力为标准评估、选择应聘者,由此发现、开发、安排与岗位相适应的评估和面试方式,有利于提高招聘决策的正确性,招聘到最适合空缺岗位的人选。工作胜任力模型就是针对特定职位表现优异要求组合起来的胜任力结构,是工作分析、招聘、选拔、培训与开发、绩效管理等一系列人力资源管理实践的重要基础。

(二)工作胜任力模型的构建

一个相对完整的胜任力模型构建过程大致可以划分为三个步骤:职系与序列划分、能力素质要素提炼和能力素质要素评级。首先是要进行职系与序列的划分。岗位序列划分,通常是根据岗位职责的相近程度以及对任职者能力素质要求的相似程度,将程度相近的岗位进行分类。任职资格管理,是从胜任角度出发,对员工能力进行分等分级,以任职资格标准体系规范员工的培养和选拔,建立员工职业发展通道,牵引员工能力提升,同时为晋升、薪酬等人力资源工作提供重要的依据。根据工作内容、工作性质不同,岗位序列可以划分为以下五大序列。

(1)管理序列:从事管理工作并拥有一定职务的职位,企业因其承担的计划、组织、领导、控制职责作为主要的付薪依据。例如在一般企业中常用的所谓"中层和高层"的概念。

(2)职能序列:从事某个方面的职能管理、生产管理等职能工作且不具备或不完全具备独立管理职责的职位。与"管理序列"岗位的区别在于该岗位下可能有下级人员,但企业付薪依据的主要是其指导、监督、督促执行、辅助、支持等方面的职责。

(3)技术序列:从事技术研发、设计等工作的岗位,表现为需要一定的技术含量,企业付薪主要依据是该岗位所具备的专业技能。

(4)营销序列:指专业从事专职销售或市场开拓等工作的岗位,一般工作场所不固定,甚至在外时间比在企业时间长。这些岗位的管理中绩效考核、薪酬激励的内容与其他岗位差异是最大的。

(5)操作序列:指在企业内部从事生产作业类或者最基础的、决策层次极低类工作的职位,一般工作场所比较固定,岗位技能的专业化程度较高,工作内容重复性较强,创造性体现较少,在有些企业中是构成"基层员工"的主要群体。

(三)当前企业通常面临的岗位序列、任职资格管理的问题

目前,企业在岗位序列、任职资格管理中面临的主要问题包括以下几个方面:岗位序列划分和任职资格体系的建立缺乏统一性与系统性;进行岗位序列划分和建立任职资格体系,缺乏职位分类与分层的经验;任职资格标准缺乏适应性和可操作性,企业在建立资格标准时,常常会出现标准界定不明确;标准不符合企业的实际情况等。

(四)咨询的改进思路及咨询价值

针对岗位序列、任职资格管理所存在的问题,可从战略职能分解、职位梳理、职业发展通道设计、任职资格标准设计、测评与认证体系设计等多个方面,循序渐进、有效地解决岗位序列、任职资格管理所存在的问题。通过对工作胜任力咨询,可以帮助客户全面、精确地

定义职位对人的要求,完成序列划分以及任职资格标准的建立,为员工的分层分类管理提供基础,对设计有针对性的绩效考核以及设计有差异、有激励的薪酬体系提供有效的支撑,同时也为员工的职业发展通道、管理者继任计划、员工培训与开发等工作奠定坚实的基础。

第四节　企业人才培育相关咨询

企业的人才培育主要是指对人才的培训和开发工作,企业人才培育相关的咨询项目主要包括企业培训体系的建设与运行咨询、人才发展体系的咨询等。

一、企业培训体系建设与运行咨询

企业培训体系建设与运行咨询的主要任务是帮助企业开展培训需求分析与培训体系设计,形成企业年度与专项培训计划,建立培训管理流程与标准,提供市场营销、研发、财务、人力资源、流程管理、通用管理技能等方面的系列培训。

(一)企业培训体系

企业培训体系是指在企业内部建立一个系统的、与企业的发展以及人力资源管理相配套的培训管理体系、培训课程体系以及培训实施体系。

培训管理体系包括培训制度、培训政策、管理人员培训职责管理、培训信息搜集反馈与管理、培训评估体系、培训预算及费用管理、培训与绩效考核管理等一系列与培训相关的制度。培训课程体系是指建立并完善包括企业文化培训、入职培训、岗位培训、专业知识和专业技术培训、营销培训、管理和领导技能培训等一系列具有本企业特色的培训课程。培训实施体系则包含了确保企业培训制度实施,并通过培训活动的有效组织和落实、跟踪和评估、改善和提高,体现培训价值的一整套控制流程。

企业培训体系的建设与运行,是为了实现特定的培训与开发目标,促成企业战略落地和持续发展,不断提升员工能力素质,改善经营业绩。

(二)员工培训的过程模型

员工培训通常经过以下过程,如图 7-12 所示。首先是根据组织目标、岗位任务性质以及员工个人需求,分析和评价培训需要,在此基础上确定培训目标并制定培训计划,包括培训方法和培训内容的确定,然后实施培训计划,最后根据预先设定的评价标准对培训效果进行评估并予以反馈。

(三)当前企业在培训体系设计与管理中存在的问题

1. 企业培训体系管理制度不完善。以要求代替制度,培训管理制度陈旧,培训管理缺

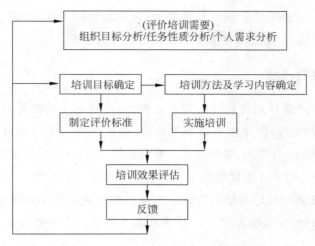

图 7-12　员工培训的过程模型

乏有效的刚性约束,培训工作缺乏权威,导致问题得不到很好解决,要求得不到贯彻。

2. 企业培训体系运作不规范。没有按照培训的流程进行运作,尤其是缺乏有效的培训需求调查和培训效果评估,把培训的实施简化为基本服务工作,使培训缺乏针对性,效果难以保证。课程建设不系统,没有对培训课程进行梳理和打造,缺乏可供企业内部选择的固定的精品课程,造成大量的重复劳动。

3. 企业培训体系管理系统不完备。缺乏横向的其他部门的有效配合,培训工作成了人力资源一个部门的事,使培训与业务相对脱节,培训的作用难以得到有效的发挥。培训体系的建设是一个循序渐进的过程,不能一蹴而就,流于形式。

4. 企业培训体系队伍不稳定。没有固定的教师队伍,兼职教师也多是从企业内部临时抽出来的业务人员,或是从外部临时聘用的,使得其教学水平和教学质量具有很大的不确定性,而这个不确定性则意味着企业培训方面存在一定的成本风险。

(四) 咨询的改进思路及其作用

通过培训体系设计咨询项目可以帮助企业完成标准化培训体系的建设,具体包括培训需求调查、培训计划、培训执行过程管理、培训效果评估、师资库管理、课程库管理等。建立科学培训体系,会结合员工职业生涯,使人才培养工作更加符合人才成长规律,提高员工参加培训的积极性和主动性,促进培训的长期可持续发展。通过培训体系设计咨询,可以帮助企业根据岗位上的任职人与岗位胜任要求的差异开展有针对性的培训,从而提高人岗匹配度,以更有效地实现岗位目标,从而确保企业战略目标的有效达成。帮助企业打造有利于培养创造力和发挥积极性的员工成长环境,提升组织竞争能力。

二、人才发展体系设计

人才发展体系设计指的是咨询公司基于企业发展战略提出中长期的人才队伍建设方

案与核心人才计划,为员工建立职业发展规划,通过系统的引进、培训、竞聘、轮岗、导师制等方式,促进人才的成长,促进人才队伍的建设与素质的提升。

(一) 人才发展的内涵

人才发展,是通过有计划的设计搭建人才梯队,并对人才的发展给出方向、路径、提供必要的技术和资源的支持,提供学习成长的机会,以达到对人才的培育与提升的目的。人才发展属于人才管理的一个部分,人才发展主要包含学习与发展、职业规划、继任者管理等。

一般情况下,企业对人才发展的期望主要聚焦在如下三个方面。

(1) 是否能够实现对战略落地的支撑。企业战略落地需要多种资源和手段的配合,因此人才发展需要特别关注所招募甄选以及培育的人才能否实现对组织能力的提升和对业务的推动。

(2) 是否能够实现对企业文化的传承。通过人才发展是否能够对内进行企业文化的重塑与灌输,帮助各级员工找到价值感和归属感;对外进行企业文化传播,强化企业品牌。

(3) 是否能够实现对组织变革的推动。能否通过人才发展的规划设计,促进战略导向的人才核心能力的塑造,从而推动组织变革是人才发展成效的关键指标。

(二) 人力资源开发的主要方式

1. 在职开发方法

在职开发的方法主要包括工作轮换;让将要被取代的人与被开发人员一起工作,并对其进行指导;让经过选拔的中级管理人员组成一个初级董事会,使其面对目前公司所存在的问题并要求其对整个公司的政策提出建议;通过行动学习,让被开发者将全部时间用于分析和解决企业内部实际问题或其他组织机构问题的开发方法,其解决问题的对象可扩展到企业外部。

2. 脱岗开发方法

人力资源开发也可进行脱岗开发,主要包括以下方式。

(1) 正规教育:包括专门为公司雇员设计的公司外教育计划和公司内教育计划,由大学及咨询公司开设的短期课程;高级经理人员的工商管理硕士培训计划;大学课程教育计划等。

(2) 研讨会或大型学者会议:这种方法既进行思想、政策和程序等的交流,也对一些没有定论或答案的问题展开讨论,包括对某些未来趋势进行探讨。研讨会通常与大学或咨询公司合办。该方法既能借鉴其他公司或学者的一些最新实践模式或研究成果,也能捕捉到一些有关未来走向的一些敏感信息。

(3) 周期性休假:当今企业开始借鉴学术界的通行做法,给员工提供 6 个月甚至更长的带薪休假时间,以参加社会公益项目,开发自身并重获活力。带薪休假在西方国家较为流行,一般是某种形式的志愿者计划。该方法在招募和留住人才方面起到了一定的作用,它能增进员工士气,人们因回报而愿意承担更多的工作重担。其缺点是随意性较强、公司有成本负担。

（4）企业内部开发中心：是让有发展前途的管理人员到企业自己建立的基地去做实际练习从而进一步开发其管理技能的方法。该方法将课堂教学、评价中心、文件筐练习和角色扮演等方法结合在一起来进行管理人员开发。

（三）当前企业面临的人才发展问题

1. 过于注重资历、轻视内在潜能。很多企业在招聘时侧重于通过面试、考试等途径了解应聘者的工作经验、所掌握的工作知识与技能，据此推断应聘者的工作能力，而对于应聘者的潜在能力缺乏辨识。

2. 过分关注优秀人才，没有做到人-岗匹配。在配置新员工的时候，很多企业倾向于选择素质与条件优秀的应聘者，往往结果是录用的新员工中有些条件明显高于岗位的任职资格，造成了人-岗的错位配置。

3. 过度关注人才引进，未做到用人、留人。大多数企业非常重视人才引进工作，制定很多诱人的引进人才的政策，但在人才引进之后却存在人才闲置不用或疏忽培养的问题。

4. 培养模式单一，缺乏创新性。有些企业虽然制定了明确的人才培养计划，但在培养模式上照搬其他企业，并没能结合企业自身的特点进行人才培养的系统设计。

5. 人才的评价培养机制不健全，培养方式单一。目前，不少企业在人才培养体制和机制上有了很大的改善，但仍然有些企业在人才的评价甄选使用等方面工具落后，方法单一，模式单一，缺乏对人才的分层分类的培养设计。

（四）咨询解决方案及其价值

通过人才发展体系咨询，可以为企业在人才开发方面提供以下帮助：

（1）提前筹划人才发展战略，帮助企业规划人才队伍，保障企业发展的人才之需。

（2）在提供人才发展设计时，根据企业的业务情况，结合对于岗位的序列划分以及层级设置，进行分层级、分类别的人才梯队设计，以及发展通道的管理。

（3）在人才发展方式的设计上，综合采取课堂教授、行动学习工作坊、游学交流、研讨辩论，评价考试等多种方式和手段进行人才发展培养。

通过以上的人才发展的设计和规划，实现人才的提升和优化配置，实现人才能力的最大限度发挥，促进人才管理效率的提升。

第五节　企业留住人才相关咨询

在企业的人力资源管理中，除了对人才的选拔、配置、任用和开发以外，还必须考虑如何保持和留住企业所需要的人才。目前很多企业，尤其是中小民营企业都存在员工流失率较高的问题,企业要想留住人才,关键就是要建立良好的激励机制。因此企业留住人才的相关咨询主要是涉及员工激励机制,尤其是薪酬激励体系设计的咨询,以提升员工满意度和幸福感,保持员工队伍的稳定。

一、企业薪酬体系设计咨询

(一)薪酬管理概述

1．薪酬管理的含义

薪酬管理是指在组织发展战略指导下,对员工薪酬的支付原则、薪酬策略、薪酬水平、薪酬结构、薪酬构成进行确定、分配和调整的动态管理过程。它是人力资源管理的重要组成部分,是企业达到吸引、保留、激励人才的重要手段。作为人力资源管理体系的重要组成部分,薪酬管理是企业高层管理者以及所有员工最为关注的内容,它直接关系到企业人力资源管理的成效,对企业的整体绩效产生影响。灵活有效的薪酬制度对激励员工和保持员工的稳定性具有重要作用。

2．薪酬管理的主要内容

薪酬管理是指一个组织针对所有员工所提供的服务来确定他们应当得到的报酬总额以及报酬结构和报酬形式的过程。薪酬管理主要包括以下内容:

(1)薪酬的目标管理。即薪酬怎样支持企业的战略。

(2)薪酬的水平管理。确定管理团队、技术团队和营销团队薪酬水平,确定跨国公司各子公司和外派员工的薪酬水平,确定稀缺人才的薪酬水平,以及确定与竞争对手相比的薪酬水平。

(3)薪酬的体系管理。包括基础工资、绩效工资、期权期股的管理,还包括如何给员工提供个人成长、工作成就感、良好的职业预期和就业能力的管理。

(4)薪酬的结构管理。正确划分合理的薪级和薪距等。

(5)薪酬的制度管理。谁负责设计和管理薪酬制度,薪酬管理的预算、审计和控制体系又该如何建立和设计。

3．薪酬管理体系

薪酬体系设计是根据企业的实际情况,紧密结合企业的战略和文化,系统、全面、科学地考虑各项因素,并及时根据实际情况进行修正和调整,遵循按劳分配、效率优先、兼顾公平及可持续发展的原则,充分发挥薪酬的激励和引导作用,为企业的生存和发展起到重要的制度保障作用。一个设计良好的薪酬体系直接与组织的战略规划相联系,从而使员工能够把他们的努力和行为集中到帮助组织在市场中竞争和生存的方向上去。薪酬体系的设计应该补充和增强其他人力资源管理系统的作用,如人员选拔、培训和绩效评价等。根据美国布朗德提出的以战略为导向的薪酬管理体系模型,组织在设计战略型薪酬体系时,可从战略层、制度层和技术操作层三个层面来考虑,如图 7-13 所示。

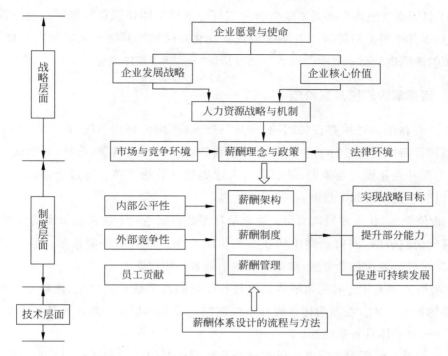

图 7-13　布朗德战略导向的薪酬管理体系的模型

（二）当前企业可能面临的薪酬管理问题

1. 薪酬策略与公司发展战略导向的不一致。目前有些公司实行的薪酬策略，很大程度上与公司经营战略脱钩。没有从公司的总体战略和人力资源战略高度出发来设计薪酬系统，而是就薪酬而论薪酬，把公平合理地分配薪酬本身当成一种目的，而没有关注什么样的薪酬制度才会有利于公司战略和人力资源管理的实现。

2. 薪酬制度不合理。薪酬制度是由公司根据劳动的复杂程度、精确程度、负责程度、繁重程度和劳动条件等因素，将各类薪酬划分等级，按等级确定薪酬标准的一种制度，薪酬制度制定不科学是薪酬其他"病症"的根源。

3. 薪酬和绩效表现关联性不强。绩效激励是公司在做好基础保障的前提下，以绩效为前提，以考核为手段，以激励为导向，以员工进步和公司发展为目的的薪酬管理方式。但是当前有些公司的福利政策设立只与工作年限或工作人数有关，与员工绩效相关不大，缺乏激励性。在兼顾公平的前提下，福利待遇应以员工所作贡献为主要依据，尽量拉开档次。

4. 激励的手段过于单一，忽视薪酬体系中的"精神价值"。当前一些公司的经营者理解的薪酬就是我们所说的"外在薪酬"，而忽视"内在薪酬"。经营者仍然抱着保守、短视的观念给员工支付薪酬，以为只要支付给相当于劳动力价值的薪酬就足够吸引、留住人才了。公司往往对员工人格尊重不够，甚至根本没有注意到"内在薪酬"的存在，导致员工对企业的满意度极低，劳资关系紧张。

5. 任职资格管理体系缺乏激励机制的支持。例如不同任职资格等级的物质激励差异不明显，员工几乎得不到等级上升带来的物质变化；权利等非物质激励手段分配不均衡；激励政策的透明度较低；激励措施和方法有待进一步丰富和体系化。

（三）咨询解决思路及其价值

针对企业薪酬管理所存在的问题，可从薪酬策略、岗位评价系统、员工评价体系、绩效评价体系设计四大模块进行企业薪酬管理体系的设计。通过科学、合理、可实施的薪酬体系设计，为提升企业核心竞争力，吸引核心人才提供有效的支撑。通过企业薪酬体系设计咨询，可以为企业带来如下帮助。

（1）价值肯定，让人才脱颖而出。企业给员工的薪酬绝对不能只是单纯基于职级的，而是必须基于岗位价值，回归到岗位对企业的贡献上来。让优质资源永远向优秀的人才倾斜，好的薪酬机制要让强者更强，鼓励弱者跟上强者的步伐。

（2）吸引关键人才。好的薪酬体系应具有较强的竞争性和激励性，能够帮助企业吸引到所需要的核心人才。在薪酬体系设计中应遵循三项基本原则：即对外具备竞争力，对内具备公平性，对个体具备激励性。

（3）保持员工队伍的稳定性。通过对企业薪酬体系的设计和优化，可以有效为员工提供保障，提高公司员工稳定性，保证企业的可持续发展。

二、员工满意度调查咨询

（一）员工满意度的含义

员工满意是指一个员工通过对企业所感知的效果与他的期望值相比较后所形成的感觉状态，是员工对其需要已被满足程度的感受。该定义既体现了员工满意的程度，又反映出企业在达成员工需求方面的实际结果。了解员工心理和生理两方面对企业环境因素的满足感受并做适应性改变，有助于降低员工流失率，提高企业经济绩效。

（二）员工满意度的影响因素

赫兹伯格认为影响工作满意度的因素可以分为：物理环境因素、社会因素和个人心理因素。物理环境因素包括工作场所的条件、环境和设施等；社会因素是指员工对工作单位管理方面的态度，以及对该单位的认同、归属程度；个人心理因素则包括对本职工作意义的看法、态度以及上司的领导风格等。据权威机构的研究表明，员工满意度每提高 3 个百分点，企业的顾客满意度将提高 5 个百分点；员工满意度达到 80% 的公司，平均利润率增长要高出同行业其他公司 20% 左右。

（三）员工满意度调查的目的及意义

员工满意度调查是很多企业人力资源管理工作的重要组成部分，也是很多企业用来衡量人力资源管理部门工作成绩的重要绩效指标。通过对员工满意度的调查，企业可以找到以下问题的答案：企业中的员工对他们所服务的公司与从事的工作是否感到满意？员工最满意的是什么地方？最不满意的是什么地方？与往年相比较，员工的满意度是上升了还是下降了？主要的变化在哪里？与其他的同类企业相比较，员工对该公司的满意度相对较高还是较低？在获得了这样的信息以后，企业就可以找出在人力资源管理方面需要改进的地方，纳入公司的人力资源管理行动计划当中，提升员工的满意度，进而保证企业工作效率和最佳经济效益，减少和纠正低生产率、高损耗率、高人员流动率等问题。

（四）员工满意度测量方法及流程

员工工作满意度测量的方法有结构式问卷法、非结构式问卷法、观察印象方法、指导式和非指导式的面谈法等。从事实际的调查时，由于问卷法是最易于施测与衡量的量化工具，所以衡量工作满意度时大多数采用问卷调查方式进行。

员工满意度调查流程主要包括以下几个步骤：首先，设计员工满意度/敬业度调查问卷；接着向被调查对象发放问卷，并及时回收，监控调查进度；然后对回收的问卷进行数据统计分析，得出员工满意度调查分析报告；最后，根据调查结果提出企业改进措施并加以实施。

（五）员工满意度调查应注意的问题

1. 满意度调查的适用范围。满意度调查不仅能激发员工的工作热情，也是一种很有效的绩效工具。对规范管理的公司来说，通过满意度调查可以帮助公司采集许多有价值的绩效信息，帮助管理层了解绩效问题在员工层面上的症结所在。但是对那些尚未越过规范管理门槛的公司，满意度调查要慎重使用。满意度调查往往会促使员工对管理提升的期望值升高，如果公司管理层没有能力落实，往往会适得其反。

2. 满意度调查的对象。几乎所有的企业都处在人力资源高度流动的竞争环境中，但并不是所有的人都是企业希望保留的员工。通常来说，企业需要高度关注的员工包括在核心部门与核心岗位工作的员工、表现相对出色的员工以及具备人力资源市场上稀缺能力的员工。对于企业而言，员工满意度调查应该主要集中在企业需要保留的核心员工身上。在进行员工满意度调查的时候企业不仅仅按照传统的分部门或者分级别进行统计，同时可以按照企业员工被保留的价值进行分类统计和分析，真正了解那些企业期望保留的核心员工的需求并尽力满足，确保他们不会转投竞争对手的怀抱。

3. 调查过程中注意保密。无论是由外部管理咨询公司还是企业内部人力资源管理部门组织进行的员工满意度调查，在实施调查全程都务求给予员工机密处理的安全感，以提高员工回答问卷的意愿与态度，确保问卷的填写质量和有效性。

（六）员工满意度分析中常用的理论和方法

1. 领导生命周期理论

领导生命周期理论是由科曼于 1966 年提出,后由赫西和布兰查德进一步发展而成的一种领导权变理论的模型。该理论认为有效的领导取决于下属的成熟度以及由此而确定的领导风格。下属的成熟度包括工作成熟度和心理成熟度两个方面。领导者应根据下属的成熟度不同而适时改变自身领导风格,以实现有效的领导。该理论的核心内容如图 7-14 所示。当下级人员的成熟度低时,应该采取命令式的高工作、低关系的领导形态。这对于新职工,知识水平较低、业务能力较差的职工和基层尤为重要;当下级人员的成熟度进入初步成熟时,采取任务行为、关系行为并重的说服式领导形态较为适宜。这时,布置工作不仅要说明干什么,还要说明为什么这样干,以理服人,不搞盲从。当下级人员更趋成熟时,领导者的任务行为要减少、放松,关系行为要加强,采取参与式。当下级人员成熟度很高,工作熟悉,技术熟练时,领导者应采取低工作、低关系的授权式领导,提出任务后,放手让下级去干,充分发挥下级的主观能动性。

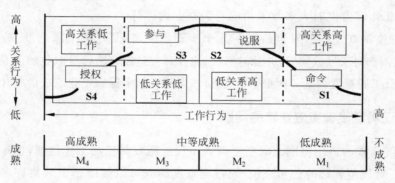

图 7-14　领导生命周期理论模型

2. 马斯洛需求层次理论

在员工激励理论中,用得最多的就是马斯洛需求层次理论。马斯洛将人的需求划分为五个层次,从最低到最高依次为生理需求、安全需求、社交需求、尊重需求和自我实现需求。如图 7-15 所示。马斯洛认为人们只有低层次的需求得到满足,才会追求高层次的需求。马斯洛需求层次理论对管理实践的启示是:管理者应正确认识员工需求的多层次性,找出员工在当前情境下的优势需求,并有针对性地进行激励。

3. 双因素理论

20 世纪 50 年代后期,美国心理学家赫兹伯格调查发现,人们对诸如本组织的政策与管理、工作条件、人际关系、薪酬等,如果得到满足就没有不满意,得不到满足就会不满意,赫兹伯格称为"保健"因素;而对于成就、赏识和责任等,如果等到满足就会满意,如果得不到满足就不会产生满意感,但也不会不满意,赫兹伯格称为"激励"因素。企业要想赢得人才,赢得发展,就必须确保保健因素的提供,尽可能去除员工的不满意,同时还要注重激励因素

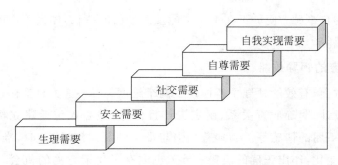

图 7-15　马斯洛需求层次理论

的实施,使员工产生满意,进而达到有效激励。

4.强化理论

强化理论是由美国哈佛大学心理学家斯金纳提出,也是对企业非常有帮助的员工激励理论。其基本内容是认为无论是人还是动物,为了达到某种目的,都会采取一定的行为,这种行为将作用于环境,当行为的结果有利时,这种行为就会重复出现,当行为的结果不利时,这种行为就会减弱或消失。在企业中对员工的激励中可以采用四种强化方式,即正强化(积极强化)、负强化(消极强化)、惩罚和自然消退,以及时强化、权变强化、不定期强化以及奖励为主、惩罚为辅为原则,对员工的行为进行约束和管理。

(七)提升员工满意度的建议

企业提升员工满意度的建议可以从以下几个方面加以考虑:

1.建立公平合理的薪酬制度

根据赫兹伯格的双因素理论,员工工资作为保健因素,奖金作为激励因素,对于员工的工作积极性具有极为重要的影响作用。同时,公平理论认为,员工对自己获得的报酬是否满意,不只是取决于自己得到了什么,而是要把自己的贡献和报酬同别人的贡献和报酬进行社会比较。当人们发现比例相等,公平合理时,心理平衡,心情舒畅,努力工作;如果对比较的结果感到不公平、不合理,就会产生心理上的紧张感,影响工作的情绪和效率。因此,有必要建立科学的薪酬制度,要兼顾外部公平性、内部公平性、个人公平性和过程的公平性,在认真进行工作分析和职务评价的基础上科学设计,注重奖金所能发挥的激励作用。

2.建立良好的员工激励机制

企业应建立良好的员工激励机制,根据不同层次员工的不同的需要特点来设计激励形式,采取从物质激励到精神激励的多种激励手段,提高员工的工作满意度和敬业度,使员工心情舒畅地在工作中充分发挥他们的才智与潜能,为企业创造更高的价值。

3.工作内容的丰富化

在工作方面,科学规划员工的职业发展,明确晋升通道,适当轮岗和加强培训;鼓励和接受员工对改进工作的合理化建议;设置一定具有挑战性的任务,激发员工的工作积极性;

促进员工对工作的自豪感；使员工在工作中能发挥自己的特长，体会工作的乐趣和意义，获得成就感和价值感等。

4．提升领导者的领导效能

在领导管理方面，有效的领导主要体现在两个维度上：一是关心工作，二是关心人。关心工作包括组织设计、明确职责关系、确定工作目标等，关心人包括建立相互信任气氛、尊重下属意见、注重下属的情感等。领导若加强与员工的双向沟通，及时、准确地了解员工的意见、要求和情绪变化，作出正确的决策；员工也因有了反馈意见的机会，而产生对企业管理的参与感，会更积极、主动地关心企业的事情。同时，领导者应根据环境的变化进行领导风格的权变。

5．加强企业文化建设

企业文化就是全体员工认可和共有的企业核心价值，它直接影响员工思维和行为模式，通过加强企业文化建设，强化员工对企业的归属感和责任感，及时表彰、奖励和晋升表现优秀的员工，提高员工满意度，降低离职率，提高工作效率，最终实现个人和企业的双赢。

本章小结

- 人力资源管理咨询是运用人力资源开发与管理的理论和方法，对企业人力资源开发与管理进行分析，找出薄弱环节，并加以改善，以促进企业正确、有效地开发人力资源和合理、科学地管理人力资源，为企业创造永续的竞争力。企业人力资源管理咨询主要围绕人才的选拔与配置、人才的任用、人才的培育和如何留住人才等方面展开。具体的咨询内容和咨询工具与方法详见表 7-2。

表 7-2　企业人力资源管理咨询

咨询类别	咨询专题	主要的咨询工具与方法
人才选拔与配置相关咨询	人力资源规划咨询	员工流动可能性矩阵、马尔可夫矩阵、技术档案法、继任卡法等
	工作分析与定岗定编咨询	观察法、访谈法、问卷调查法、工作日志法、人员使用效果分析模型
	人才招聘与素质测评咨询	员工招聘过程模型、人才测评方法、冰山模型、洋葱模型等
人才的任用相关咨询	员工绩效管理体系咨询	关键绩效指标（KPI）、平衡计分卡法、360 度绩效评价法等
	工作胜任力咨询	工作胜任力模型、岗位序列、任职资格管理法等
人才的培育相关咨询	培训体系建设与运行咨询	员工培训过程模型、员工培训内容体系
	人才发展体系咨询	人才开发模式、员工职业生涯规划
留住人才的相关咨询	薪酬体系设计与管理咨询	布朗德战略导向的薪酬体系模型、薪酬体系设计方法等
	员工满意度诊断与咨询	员工满意度测量模型、领导生命周期理论、马斯洛需求层次理论、赫兹伯格双因素理论、期望理论、强化理论等

【技能训练】　模块七：企业人力资源管理咨询模拟演练

【训练目标】

通过本章内容的学习，熟悉企业人力资源管理的相关理论与方法，了解企业人力资源管理咨询的主要内容及基本流程，能够应用相关的人力资源管理咨询工具与方法，为企业进行人力资源管理的诊断与咨询。

【训练任务及要求】

任务一：通过调研和资料收集，对客户公司的人力资源管理现状进行诊断分析，撰写人力资源管理的诊断报告或咨询方案，具体包括以下内容。

1. 回顾之前为客户企业制定的战略规划方案，找出客户未来发展战略所关注的重点，并挑选 1 个战略方案中重点关注的业务深入进行分析。

2. 围绕该战略关注的重点业务内容，结合上一章为客户梳理/设计的组织架构方案（组织架构图表示），参考组织架构图上的岗位信息，帮助客户制定企业人力资源规划方案，主要回答以下问题：

（1）组织架构中，各个岗位人员的招收条件（含学历、能力/技能要求，计划薪酬数）

（2）去哪里能找到对应的岗位人员？（分析招聘人员的渠道、途径）

（3）每个岗位人员绩效的评价指标（KPI）有哪些？（每个岗位需具体列出 1-3 个 KPI）

请注意以客户视角来审视报告质量，内容要尽量具体，非原创资料及内容应注明资料来源。

任务二：围绕咨询客户公司人力资源管理中任何一个专项职能存在的问题，如企业的员工离职率较高、人才流失严重、员工满意度低、员工岗位职责不清晰、员工招聘效果不佳等，进行诊断分析，并提出改进方案。要求撰写诊断分析报告，并制作 PPT 演示。

第 八 章

企业运营管理咨询

 引导故事

地毯下的蛇

从前有一位经营地毯的阿拉伯商人,对自己地毯店的外观陈设十分上心。他每天总要在店内四处巡视,看看有没有什么不熨帖的地方,如果有的话赶紧纠正。一天,他照例巡视店面,意外地发现自己布置的地毯中央鼓起一块,就上前用脚将它弄平;可过了一会儿,别处又隆起一块,他再次去弄平;然而,似乎有什么东西在专门和他作对,隆起接连在不同的地方出现,他不停地去弄,可总有新的地方隆起。一气之下,阿拉伯商人干脆拉开地毯的一角,一条蛇就立刻溜了出去。

【管理启示】 管理工作是关系到方方面面的细致工作,所以我们经常关注在哪些地方存在问题,出了问题怎么办,有什么解决问题的方案。但是当出现问题时我们并没有冷静下来找出问题存在的根本原因,往往头痛医头,脚痛医脚,忙得焦头烂额,却并没有将问题解决好。寓言中说,蛇不出去,你没法弄平地毯。

学习目标

- 什么是企业运营管理咨询?
- 企业在运营管理方面存在哪些主要的咨询需求?
- 企业运营管理咨询的主要内容有哪些?
- 企业运营管理咨询工具和方法有哪些?

第一节　企业运营管理咨询概述

自 20 世纪 90 年代以来,由于科学技术的不断进步和经济的不断发展,全球化信息网络和全球化市场经济的形成,企业面临着缩短交货期、提高产品质量、降低产品成本和改进服务以及对不断变化的市场作出快速反应等方面的压力,这一现象使企业界越来越认识到运营管理对于企业获取竞争优势的重大作用。

174

一、企业运营管理概述

1．运营管理的内涵

运作是人类赖以生存的最基本的活动,世界上很多人都在从事运作活动,人类社会很早就有运作活动。早期的运作称为生产,主要指有形产品的制造,随着经济的发展、技术的进步,特别是生产社会化、信息化的高速发展,人们除了对各种有形物质需求之外,对无形产品——服务的需求也日益增加。因此,人们把有形产品的生产与无形服务的提供都纳入生产运作的范畴。运作过程就是把输入资源按照社会需要转化为有用输出,实现价值增值的过程。如图 8-1 所示。企业运营管理就是对企业整个运作过程中的转化活动进行管理,主要是指对企业生产与运作系统的设计、运行、维护、评价和改进过程进行的计划、组织和控制活动,其核心是实现价值增值,提高企业运营转化过程的有效性。

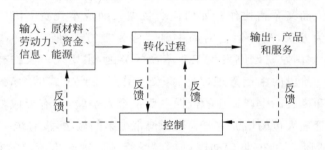

图 8-1　运作活动的过程

2．企业运营管理的目标

企业运营管理所追逐的目标就是提高运作效率,实现价值增值。具体的目标可以用一句话来概括,即高效、灵活、准时、清洁地生产合格产品和(或)提供满意服务。通常我们所说的效率就是指一定时期内的投入和产出之比。高效是指以最少的人力、物力、财力和时间消耗,迅速生产满足用户需要的产品和提供优质服务。低耗是指以最低的成本消耗,获得尽可能多的产出。企业只有尽可能控制好运作成本,才能保证低价格,只有低价格才可能争取更多的用户,更具竞争力。灵活是指能很快地适应市场的变化,开发和生产不同品种的产品,或提供个性化的服务。准时是指在用户需要的时间,按用户需要的数量,提供所需的产品和服务。清洁是指在产品生产、使用和报废处理过程中,对环境的污染和破坏最少。

3．企业运营管理的任务及内容

企业运营管理的基本任务是在计划期内,按照社会需要,在必要的时间,按规定的产品或服务质量,以限定的成本,高效率地生产必要数量的产品和提供满意的服务。企业运营管理的主要内容是对企业提供产品或服务的系统进行设计、运行、评价和改进。运作系统的设计包括产品或服务的选择和设计、运作设施的定点选择、运作设施布置、服务交付系统设计和工作设计。运作系统的运行主要是指在现行的运作系统中如何适应市场的变化,按用户的需求,生产合格产品和提供满意服务,主要涉及运作计划、组织与控制三个方面。为了使运作系统具有快速反应能力以适应市场的变化,必须经常性地对系统加以监控、评价、维护和改进,运作系统的评价和改进包括对设施的维修与可靠性管理、整个运作系统的不断改进以及各种先进的运作方式和管理模式的应用。

4. 运营管理的发展历程

在人类产生与进化过程中,生产劳动一直起着极其重要的作用,对生产劳动的管理活动也得到了极大发展。世界各国在农业文明阶段,完成了许多宏伟的工程,如中国的万里长城、埃及的金字塔等,都是古代生产管理与项目管理的杰作。从英国工业革命至今,运营管理大体经历了制造管理阶段、生产管理阶段和运作管理阶段。

(1)制造管理阶段。18 世纪后半叶,开始于英国的产业革命使机器生产代替手工劳动,机械力取代了人力,手工作坊制度转变成工厂制度。于是,一系列问题也随之而来,怎样才能实现合理分工而又紧密协作?如何使产量增长而成本耗费下降?由于这一时期产业的发展以制造业为龙头,生产运营活动主要被称为"制造",所以被称之为"制造管理阶段"。这一阶段的代表国家是刚刚发生工业革命的英国,主要代表人物有亚当斯、巴贝奇、小瓦特等。纵观这一阶段的生产管理,仍然深受小作坊生产方式的影响,尚未形成一套系统的生产管理理论和模式。生产管理的依据主要是个人经验,没有形成科学的操作规程和管理方法。工人和管理人员的培训主要采取师傅带徒弟的做法,没有统一的标准和要求。

(2)生产管理阶段。自 20 世纪初泰勒的科学管理原理诞生后,1913 年福特发明的流水生产线,拉开了现代大工业生产的序幕。始于 1924 年,完成于 1930 年的霍桑试验,大大地推动了行为科学理论的发展,使管理的重点由重视物的生产转向了重视人的社会心理需求的满足。第二次世界大战期间,在研究战争物资的合理调配中,引入数学模型,以定量的优化方法为主要内容的运筹学得到迅速发展。与此同时,随着企业生产活动的日趋复杂,企业规模的日益增大,生产环节和管理上的分工越来越细,计划管理、物料管理、设备管理、质量管理、库存管理和作业管理等各个单项管理分支逐步建立,形成了相对独立的职能和部门。

(3)运作管理阶段。从 20 世纪 60 年代后期开始,机械化、自动化技术的飞速发展使企业面临着不断进行技术改造、引进新设备、新技术,并相应地改变工作方式的机遇和挑战,生产系统的选择、设计和调整成为生产管理中的新内容,进一步扩大了生产管理的范围。同时,生产管理理论与方法被应用到服务业,使服务业的运作效率得到了很大的提升。这一阶段的生产活动逐步被称为"运作"活动,因此,从 20 世纪 60 年代后半期至今是生产管理历史上的"运作管理阶段"。

5. 现代企业运营管理的特点及其发展趋势

(1)信息技术的全面介入。20 世纪 70 年代以来,运营管理的主要发展是计算机的广泛应用。在制造业生产控制中运用了物料需求计划(MRP),后来在 MRP 的基础上又进一步发展成 MRP Ⅱ 以及 ERP 系统。人们利用计算机技术把运营、营销、财务三大管理职能的信息集成化管理。从 20 世纪 80 年代后半期至今，信息技术的飞速发展和计算机的微型化使得计算机开始大量进入企业管理领域，计算机辅助设计、计算机辅助制造、计算机集成制造以及管理信息系统等技术，使得企业的生产管理发生了根本性的变革。

（2）新的生产方式不断涌现。20 世纪 60 至 70 年代开始，技术进步日新月异，市场需求日趋多变，世界经济进入了一个市场需求多样化的新时期，多品种小批量生产方式成为主流，从而给生产管理带来了新的、更高的要求。以准时生产(JIT)、精益生产为代表的日本丰田生产方式以及大规模定制等先进的生产方式极大地丰富了生产运营管理的内容和手段。

（3）先进的运营管理手段和方法层出不穷。20 世纪 80 年代日本推行全面质量管理(TQM)，使其生产效率和产品质量都得到提高，极大地增强了日本的竞争力。但直到 90 年代，TQM 才得到真正的普及。国际标准化组织颁布的 ISO 9000 质量管理和质量保证的系列标准在建立质量体系、开展质量认证方面发挥重大作用，对全球化经济发展起到极大的推动作用。今天，TQM 已经风靡全球，成为运作管理最重要的领域之一，受到前所未有的重视。1993 年，原麻省理工学院教授迈克尔·哈默与 CSC 公司管理咨询专家詹姆斯·钱皮合著了《再造公司》一书，提出了"公司再造""流程再造"的新概念。20 世纪 90 年代，将集成系统理论用于管理从原材料供应商到最终用户的供应链管理思想逐步形成，实现了整个供应链的资源优化配置，同时快速响应顾客的需求变化。

（4）绿色制造和绿色供应链的提出。生产管理者不仅要对提供产品和服务负责，而且要对人类赖以生存的环境负责，于是绿色制造、可持续发展等概念应运而生。绿色制造是一个综合考虑环境影响和资源利用效率的现代制造模式，其目标是使产品从设计、制造、包装、运输、使用到报废处理的整个产品生命周期中，对环境的影响（副作用）最小，资源利用率最高。绿色供应链管理是在整个供应链管理中综合考虑环境影响和资源效率的现代管理模式，其目的是使产品从原材料的获取、加工、包装、仓储、运输、使用到报废处理及回收利用的整个过程，对环境的影响最小，资源效率最高。

（5）"互联网＋"模式的融入。"互联网＋"就是"互联网＋各个传统行业"，是利用信息技术以及互联网平台，让互联网与传统行业融合，从而创造新的发展业态，给传统行业加上"互联网"的翅膀。互联网的发展目前已经经历了 PC 互联网和移动互联网两个阶段。目前，互联网已成功融入包括制造、零售、物流、餐饮、医疗服务、金融、传媒等在内的各行各业的运营模式中，它改变了人们的消费方式，也为人们的生活带来了便捷。未来"互联网＋"还将进一步促进以云计算、物联网、大数据、区块链为代表的新一代信息技术与现代制造业、生产性服务业的融合，发展壮大新兴业态，为产业智能化提供支撑。

（6）智能制造的兴起。在当今大量而复杂的信息量、瞬息万变的市场需求和激烈竞争的环境下，都要求制造系统表现出更高的敏捷和智能。因此，智能制造越来越受到各国政府的重视。智能制造系统实质上是由智能机器和人类专家共同组成的人机一体化系统，

拓展阅读

它借助计算机模拟人类专家的智能活动,进行分析、判断、推理、构思和决策,取代或延伸制造环境中人的部分脑力劳动,同时收集、存储、完善、共享、继承和发展人类专家的制造智能。这种制造模式突出了知识在制造活动中的价值,智能制造成为影响未来经济发展过程的重要生产模式。

二、企业运营管理咨询概述

1. 企业运营管理咨询的概念

企业运营管理咨询是指管理咨询人员通过与企业访谈、资料收集和深入生产现场,对企业整个生产运营系统的全过程或者部分环节进行深入调查,把握生产运营管理现状,运用科学方法和工具,帮助企业开发运营战略以及查找生产运营系统在设计、运行、维护和改进过程中存在的问题,分析问题产生的原因,提出改善对策,以使企业建立起按质、按量、按期交货的生产运行系统,提高生产效率,实现企业可持续发展。

2. 企业运营管理咨询的需求

企业不管是在经营的巅峰时期还是在经营遇到困难时都需要运营管理的咨询,因为企业运营单元总会存在效率低下与竞争力不足而不能满足顾客需求的情况。运营管理咨询能帮助企业改善运营状况,对盈利产生直接效果。一般来讲,当企业面临重要的投资决策时,或管理者认为组织的生产能力不能获得最大的效果时,或企业的运营系统不能满足顾客需求时,都会求助于管理咨询公司。

运营管理咨询在制造业企业的咨询领域可以归结为以下 5P。第一是工厂(plants),即如何增加或寻找新的工厂,扩大、缩减或重新调整生产设施;第二是部件(parts),即制定制造或采购决策、供应商选择决策等;第三是过程(processes),即对生产工艺流程进行评估、过程改进与重组;第四是人员(people),即帮助企业提高员工素质、设置或修正工作标准、学习曲线分析等;第五是计划与控制系统(planning & control systems),即建立企业的供应链管理、MRP、车间控制与现场管理、仓库与配送系统。以上 5P 是相互关联的,需要从系统的角度寻求解决方案。

在许多服务业的运营管理咨询中,服务运营战略、服务竞争优势、服务流程设计与优化、收益管理、服务质量管理、精益服务等都是服务型企业运营管理咨询的主要领域。

三、企业运营管理咨询的主要内容

企业运营管理咨询的主要内容可以分为三大类,如图 8-2 所示。

第一类是企业运作系统设计方面的咨询,主要包括运作流程的设计与优化、企业选址及设施布置等方面的咨询;第二类是企业运作系统的运行咨询,主要包括运作能力与计划

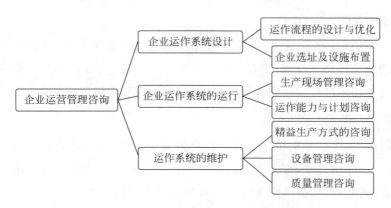

图 8-2　企业运营管理咨询主要内容

咨询、生产现场管理咨询等；第三类是运作系统的维护咨询，主要包括质量管理咨询、设备管理咨询以及精益生产方式的咨询。每一个咨询专题具体的咨询内容概述如下。

1．运作流程的设计与优化咨询

梳理结合企业现状问题和业务管理重点，选择关键业务域（如研发、供应链、营销、财务等）流程进行梳理优化，明晰跨部门的职责和接口/协同关系，打破部门壁垒；建立业务运作的表单模板和标准规范，使企业过去的成功经验得以有效地积累和传承，提升组织运作效率。

2．企业选址与设施布置咨询

帮助企业作出选址决策，提出企业设施布置方案，实现车间各设备和工作场地的合理布置，使运作过程的各阶段、各环节和各工序得到合理的组织与安排。其目的是在空间上、时间上衔接平衡、紧密配合，形成一个有机协调的产品生产系统，保证产品在制造时行程最短、时间最省、耗费最小，促使企业保持较高的生产效率。

3．运作能力与计划咨询

根据企业的生产设备、能源、原材料供应、人员供给等情况计算企业的生产能力。根据企业生产运作能力，合理制订生产计划；根据预测驱动型生产企业（MTS）或订货驱动型生产企业（MTO）的特点，完善相应的生产计划、作业计划、材料计划之间的有效衔接；充分利用"瓶颈"资源，使生产尽可能连续均衡进行，从而缩短生产周期，保证交货期、减少资金占用、实现产销衔接。

4．生产现场管理咨询

通过对企业进行现场考察，发现存在的问题和隐患，并提出改进方案，帮助企业消除隐患，现场做到规范化、制度化管理，促使企业建立整齐、有序和有效率的生产现场。帮助企业建立 5S 管理组织；通过导入 5S 理念和全员参与的方式，在生产现场实施定置管理和目视化管理，建立 5S 监督、检查的长效机制，实现并保持 5S 管理成果，为精益生产奠定基础，提升员工素养，提高企业形象。

5. 质量管理咨询

以提高质量管理水平为目的,组派具有综合实力的咨询组人员,从客观和先进的立场出发,对企业的质量管理工作现状、有效性及发展进行调查分析,找出存在的问题和差距及产生的原因,设计切实可行的改善和提升方案,并进行指导实施的一系列活动。

6. 设备管理咨询

设备管理咨询主要是分析设备管理制度是否健全、贯彻情况如何;分析企业是否针对设备使用上存在的问题,采取有关提高设备使用效益的措施。让企业形成定期的对设备进行维修、保养、检查等习惯,提高设备的使用寿命和设备的利用率。

7. 精益生产咨询

精益生产管理咨询是咨询公司根据精益管理思想,为客户打造卓越现场管理,从交期达成率的提升,品质改善,成本低减,基础管理提升,改善文化植入以及精益人才机制构建等方面提升企业竞争力,增加盈利。

在企业运营管理咨询过程中,咨询师应掌握扎实的运营管理相关理论知识,灵活运用各种运营管理工具,帮助企业分析运营管理中产生的问题并提出解决方案。接下来将对企业运营管理咨询所涉及的专题分别进行介绍。

第二节　企业运作系统设计咨询

生产运作系统设计是对生产和服务所依赖的条件进行的筹划,它主要包括企业产品和服务设计、流程设计、生产与服务活动选址、生产工艺的选择与设施布置、工作系统设计等。本节主要介绍企业流程优化咨询和企业选址与设施布置咨询。

一、企业流程优化咨询

任何产品的形成与服务的提供都是通过一定的步骤和程序来实现的。我们把形成产品和服务价值的这些步骤和程序称为"流程"。作为生产运作的基础,流程设计的优劣与否,决定着企业的效率和竞争力。因此,自20世纪90年代后,重视流程的细节改进乃至于实施流程重构,已经成为众多企业挖掘自身竞争潜力的首选措施。

(一)流程的基本概念

1. 流程的含义

流程是一系列共同给客户创造价值的相互关联活动的过程。在传统以职能为中心的管理模式下,流程隐蔽在臃肿的组织结构背后,流程运作复杂、效率低下、顾客抱怨等问题层出不穷。为了解决这些问题,企业必须对业务流程进行重新设计或优化改进,以便在质量、成本、速度、服务等关键绩效指标上取得突破性的改变。

2. 流程的分类

生产流程的分类主要可分为流水作业流程和单件作业流程,其中流水作业流程是按照产品的生产过程进行设计,也称为对象专业化生产流程,适用于大批量、单一品种生产类型;单件作业流程是按照加工工艺进行的生产流程设计,也称为工艺专业化生产流程,适用于多品种、中小批量或单件生产类型。对于复杂的项目则称之为项目流程,如拍电影,组织一场音乐会等。服务运作流程也可进行类似的划分。

(二)流程优化的含义及其目的

1. 流程优化的含义

在流程的设计和实施过程中,要对流程进行不断地改进,以期取得最佳的效果。对现有工作流程的梳理、完善和改进的过程,称为流程的优化。流程优化不仅仅指做正确的事,还包括如何正确地做这些事。流程优化是一项策略,企业通过不断发展、完善、优化业务流程来保持其竞争优势。

2. 流程优化的目的

对流程的优化,不论是对流程整体的优化还是对其中部分的改进,如减少环节、改变时序,都是以提高工作质量、提高工作效率、降低成本、降低劳动强度、节约能耗、保证安全生产、减少污染等为目的的。

让我们来看一个很有意思的问题:"怎样改进一下 ATM 机才能保证用户不会忘记退卡呢?"答案是五花八门的。有的人说加装屏蔽门,如果不抽卡门就开不了;还有的人说把卡槽出口与钱币出口放在一个视野范围;甚至还有人提出做一个报警装置,如果未拔卡机器又是警报声又是闪红灯。这些各种各样的主意,的确都能解决忘记退卡的问题,但是请注意,在产品设计时,时刻要牢记成本收益比的对称。要让银行面对几万个已铺设的 ATM点,统统重新去改造设备,只是为了提升那么点用户体验,需要多少人力、物力? 会有多少银行有这个驱动力去做? 所以,最好的答案当然是先退卡,再出钱,只要升级 ATM 系统即可。可见,优化产品流程,永远是节约成本和提高效益的最佳方案。

(三)流程管理及优化

通常情况下,如果流程在运行 6 个月之后无人管理和优化,流程将逐步变得难以使用,大多数流程在一年的时间内就将瘫痪停滞。由此可见,流程是具有一定的生命周期,也就是具有流程梳理、流程设计、开发、调试、部署、维护、优化乃至淘汰的一系列过程。因此,我们应该阶段性地对流程进行评估和监控,通过不断发展、完善、优化业务流程保持企业的高效运营。流程优化并不推荐全面优化,企业可以根据实际情况选择核心的业务流程逐步优化提升。核心流程是对创造顾客价值最为重要的部门或者作业环节,如吸引顾客、订货管理、电话服务响应流程、顾客服务与支持或开发新产品等流程,它们直接关系到顾客的满意度与愉悦度。与此相对应,诸如融资、预算、人力资源管理、信息系统等辅助流程,只需要保障顺畅地运行即可,企业不必投入过高的成本进行优化和提升。

(四)企业流程管理中常见的问题

企业流程管理中常见的问题可以概括为以下几个方面。

1. 管理流程和业务流程混为一谈,管理流程的应有功能未得到充分的发挥。

2. 核心业务流程未与绩效考核密切挂钩,部门与部门之间的工作流程界定不清楚,各部门在流程中所要扮演的角色与职责不清。

3. 流程人为分割,流程过程中的部门以短期利益为中心、牺牲长远利益。比如,两个业务部门互相指责、各自为政,造成浪费现象严重,导致全局受损。

4. 工作流不畅,流程的标准化不足,工作方法经验化,没有书面的、成文的流程,导致各个部门在执行工作时随意性很大,需要大量的协调工作。

5. 条框太多,流程并行、串行处理不合适。

(五)流程优化的途径

流程优化的主要途径包括设备更新、材料替代、环节简化和时序调整。大部分流程可以通过流程改造的方法完成优化过程。对于某些效率低下的流程,也可以完全推翻原有流程,运用重新设计的方法获得流程的优化。流程的重新设计可按以下步骤进行:首先要充分理解现有流程,避免新设计中出现原有的问题;然后通过头脑风暴等方法集思广益,奇思妙想,提出新思路;接下来要将这些新思路转变成新的流程设计,对新提出来的流程思路的细节进行探讨,坚持"全新设计"的立场,反复迭代,多次检讨,瞄准目标设计出新的流程;最后画出流程图,通过模拟它在现实中的运行对设计进行检验。

(六)流程优化的方式与方法

1. 流程优化的方式

流程的优化方式有三种:水平工作整合、垂直工作整合和工作次序最佳化。水平工作整合是指将原来分散在不同部门的相关工作,整合或压缩成为一个完整的工作,或将分散的资源集中,由一个人、一个小组或一个组织负责运作,这样可以减少不必要的沟通协商,并能为顾客提供单一的接触点;垂直工作整合是指适当地给予员工决策权及必要的信息,减少不必要的监督和控制,使工作现场的事能当场解决,提高工作效率,而不必经过层层汇报;工作次序最佳化是指利用工作步骤的调整,达到流程次序最佳化。

下面以 IBM 信贷公司的顾客贷款服务流程改进为例,如图 8-3 所示。左边是原来的贷款服务流程,一共要经过七个步骤才能完成整个服务活动,改进后的流程如右边所示,只需要经过三个步骤即可完成贷款服务。流程改进的策略是:打破劳动分工的传统工作规则,合并作业内容,将原来分为 5 个步骤(不同的 5 个部门)的工作合并为一步完成;利用计算机决策支持系统,指导新角色(交易员团队)完成全部工作。流程改进的效果也很明显,工作周期由原来的 7～14 天,减少到平均 4 个小时;由于响应速度提高,留住顾客,促成交易,使得交易额比原来增加了约 100 倍。

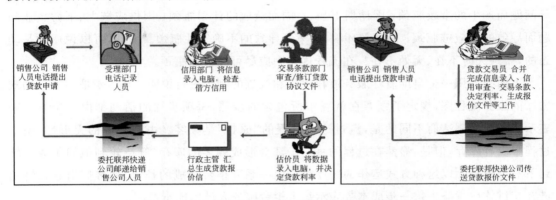

图 8-3　IBM 信贷公司顾客贷款服务流程的改进对照

2．流程优化的方法

目前流行的流程优化方法主要有以下几种:

(1)标杆瞄准法(benchmarking,BMK)。又称竞标赶超、战略竞标,是将本企业各项活动与从事该项活动最佳者进行比较,从而提出行动方法,以弥补自身的不足。

(2)DMAIC 模型。是实施六西格玛(6σ)的一套操作方法。DMAIC 是 6σ 管理中最重要、最经典的管理模型,主要侧重在已有流程的质量改善方面。所有 6σ 管理涉及的专业统计工具与方法,都贯穿在每一个 6σ 质量改进项目的环节中。

(3)ESIA 分析法。在流程的设计和优化过程中,应尽可能减少流程中非增值活动,调整流程中的核心增值活动。E(eliminate)是清除,主要是对企业现有流程内的类似于过量产出、活动间的等待、不必要的运输、反复的加工、过量库存、缺陷、失误、重复的活动、活动的重组、反复的检验以及跨部门协调等非增值活动予以清除。S(simplify)是简化,在尽可能清除了非必要的非增值环节后,对剩下的活动仍需进一步简化。I(integrate)是整合,对分解的流程进行整合,以使流程顺畅、连贯、更好地满足顾客需求。A(automate)是自动化,对于流程的自动化,不是简单以为自动化完成就可以了。事实上,许多流程,计算机的应用反而使得流程更加复杂和烦琐,因而是在对流程任务的清除、简化和整合基础上应用自动化。同时,任务的清除、简化和整合,许多也是要依靠自动化来解决。

(4)ECRS 分析法:即取消(eliminate)、合并(combine)、重排(rearrange)、简化(simplify)。具体是指取消所有不必要的工作环节和内容;合并必要的工作;程序的合理重排；简化必需的工作环节。

（5）SDCA 循环：即"标准、执行、检查、调整"模式，就是标准化维持，包括所有和改进过程相关的流程的更新（标准化），并使其平衡运行，然后检查过程，以确保其精确性，最后作出合理分析和调整使得过程能够满足愿望和要求。

（6）"瓶颈"分析法：瓶颈一般是指在整体中影响流程效率的关键限制因素。通常把一个流程中生产节拍最慢的环节叫做瓶颈。企业的生产活动中，通常存在以下瓶颈：因要素数量不匹配而产生的能力瓶颈；因质量问题而检查、返工等产生的质量瓶颈；因设备、安全等问题而产生的事故瓶颈；因计划不当、不周而造成的计划瓶颈；因供应链上、下游企业问题而导致的供应链瓶颈；因外部环境、政策等导致的不确定性瓶颈。因此，可以说瓶颈是动态的，瓶颈无时不在、无处不在！在流程优化中应尽可能去除瓶颈。

下面我们用一个自助餐厅服务流程优化和改进的例子进行说明。图 8-4 是一家自助式餐厅的服务流程图，规定了顾客在就餐中所包含的步骤，每项步骤的活动都由一个方块来表示。与商品制造商不同的是，流过这个过程的"原料"是顾客。由于服务的无形性，整个过程中没有库存，但是，显然在过程的每一步都会形成顾客的库存，等待轮到他们服务并转到下一个柜台。以这种方式运作的餐厅将是由一系列柜台组成的长链，顾客们沿着长链前进并在付款后就餐。每一步成本数表示每个柜台服务人员的成本费用。

	开胃菜柜台	色拉柜台	热食品柜台	甜食柜台	饮料柜台	收银台
	$8/小时	$8/小时	$8/小时	$8/小时	$8/小时	$10/小时
站点数	1	1	1	1	1	1
活动时间	15秒	30秒	60秒	40秒	20秒	30秒
处理时间	15秒	30秒	60秒	40秒	20秒	30秒
每小时最大产量	240	120	60*	90	180	120

*瓶颈　每顿饭菜的服务成本 = 50 / 60= $0.83

图 8-4　自助餐厅的服务流程计划

通过图 8-4 发现，该自助餐厅的服务能力瓶颈是在热食品柜台，因此考虑增加一个热食品柜台以消除能力瓶颈，改进之后的流程如图 8-5 所示，服务能力得到提升，同时，每顿饭菜的服务成本也有所降低。

通过第一次的流程改进后，发现自助餐厅的服务能力仍然存在瓶颈，瓶颈转移到甜食柜台，因此考虑继续进行流程的优化以消除能力瓶颈，第二次改进之后的服务流程如图 8-6 所示，此时各站点的服务能力基本均衡，同时每顿饭菜的服务成本也降得更低。

（七）企业流程优化咨询项目的实施步骤

具体而言，企业流程优化咨询项目的实施包含以下几个步骤。

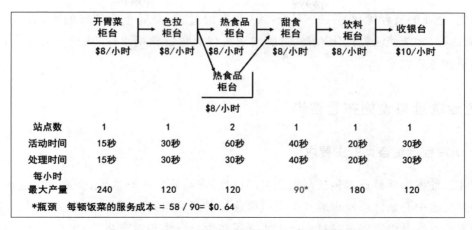

图 8-5　自助餐厅的服务流程计划(第一次改进)

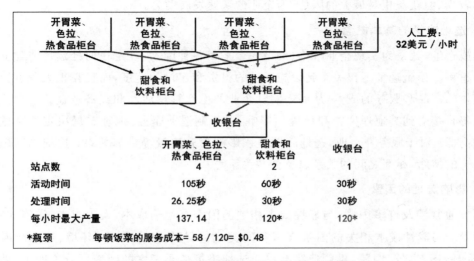

图 8-6　自助餐厅的服务流程计划(第二次改进)

（1）总体规划。首先要得到管理层的支持与委托，设定基本方向。要明确企业战略目标、内部需求和 IT 建设，确定流程优化目标和范围、项目组成员、项目预算和计划。

（2）流程优化咨询项目启动。召开项目启动大会，进行全员动员，宣传造势，并进行内部流程优化理念培训。

（3）流程描述及诊断分析。通过访谈、问卷调查、实地调查、跟踪研究等方法研究公司现有流程，评估、分析、发现现有业务流程存在的问题和不足，通过问题归集，得出诊断报告。流程分析与诊断可以通过绩效评价、事故检讨、客户反馈、检查控制和学习研究等途径实现。

（4）流程优化设计。本阶段主要是在上述分析基础上，对现有业务流程当中发现的问题展开修改、补充、调整等改进工作，提出流程优化咨询方案和改进建议。研究方法包括访谈法、头脑风暴法、德尔菲法以及标杆学习法。

（5）流程优化的实施。本阶段主要是将流程优化和改进方案付诸实际操作运行，主要实施步骤有签署发布、宣传培训、现场指导和检查控制以及持续改进。

总之,企业的流程优化是一个不断持续改进的过程,需要企业领导的重视,员工的参与,只有这样,才能使流程优化落到实处,实现流程优化的预期目标,从根本上提高企业的管理水平和竞争力。

二、企业选址与设施布置咨询

(一)企业选址咨询的主要内容

企业选址咨询项目通常包括制造业工厂选址、产品研发中心选址、企业总部选址、工商企业各类配送中心选址以及房地产企业项目选址的调查研究与评估、咨询。企业选址咨询项目的主要目标是协助客户寻找企业人才资源和用户资源相对充裕、一次投资和经常性投资相对较少、但获益相对最大的区位,为企业的快速发展助力。

1. 选址决策的基本概念

设施选址,就是为实现企业战略目标、综合平衡各种因素,确定在何处建厂或建立服务设施的过程。设施选址不仅关系到设施建设的投资和建设的速度,而且在很大程度上决定了所提供的产品和服务的成本,从而影响到企业的生产管理活动和经济效益。一个企业的竞争力将直接受到其地理位置和环境的影响,对于制造业企业,地理布局决定着某些直接成本的高低;对于服务业企业,选址问题直接影响着客流量等供需关系;选址的问题还影响着员工的情绪、相互之间的关系以及公共关系等。

2. 影响选址的因素

选址通常涉及许多因素,与显性成本相关的因素有运输成本、人工成本、实施成本、建设费用等。与隐性成本相关的因素有国家间文化差异的考虑、法律、环境、地方政府的态度、房价、气候、学校、医院、再创造机会等。选址决策需要考虑的因素可分为四类,即经济因素、政治因素、社会因素和自然因素,其中经济因素是基本的。

(1)经济因素。经济因素主要包括运输条件与费用、劳动力的可获性与费用、能源可获性与费用以及厂址条件和费用几个方面。首先,企业在做选址决策时,要追求单位产品的生产成本和运输成本最低。一般来说,生产制造型企业应更接近原材料产地,而服务型企业更应接近消费市场;其次,对于劳动密集型企业,人工成本占制造成本的比例很大,因此劳动力资源的可获性和成本也成为选址的重要条件;再次,对于钢铁、炼铝、火力发电厂等耗能大的企业,其选址应该靠近燃料、动力供应地;最后,建厂地方的地势、利用情况和地质条件,也会影响到建设投资。同时,地价也是影响投资的重要因素,城市地价高,城郊地价较低,农村地价更低。

(2)政治因素。政治因素主要包括政治局面是否稳定,法制是否健全,税负是否公平等。政治局面稳定是发展经济的前提条件。建厂,尤其是在国外建厂,必须要考虑政治因素。要了解当地有关法规,包括环境保护方面的法规,不能将污染环境的工厂建在法规不允许的地方。若税负不合理或太重,使企业财务负担过重,也不宜设厂。

（3）社会因素。社会因素主要包括居民的生活习惯、文化教育水平、宗教信仰和生活水平。不同国家和地区、不同民族的生活习惯不同。企业的产品一定要适合当地的需要。

（4）自然因素。自然因素主要是指气候条件和水资源状况。气候条件将直接影响职工的健康和工作效率；有些企业耗水量巨大，应该靠近水资源丰富的地区。同时耗水量大的企业给水质造成的污染也大。选址时要同时考虑当地环保的有关规定，安装治理污染的设施，这又会增加投资。例如，啤酒厂，对水质要求高，则不仅要靠近水源，而且要考虑水质。

3．企业选址的决策方法

（1）量本利分析法。量本利分析法可以用来评价不同的选址方案。任何选址方案都有一定的固定成本和变动成本，对制造业来说，厂址不影响其产量或销售量，假定无论厂址选在何处，其产品的售价是相同的，收入曲线相同。因此，可以采用量本利分析图进行多方案选址决策，如图 8-7 所示，当产量或销量 $Q \leqslant a_1$ 时，方案 2 的成本最低，可选择方案 2；当 $a_1 \leqslant Q \leqslant a_2$ 时，选择方案 1 较好，而当 $Q \geqslant a_2$ 时，则应选择方案 3。如果是服务业，如零售店，不同选址方案的销售量不同，则要综合考虑产品销量、单价以及成本，选择获得利润最高的方案。

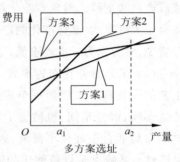

图 8-7　利用量本利分析法进行
多方案选址决策

（2）因素评分法。量本利分析法只是从经济上进行比较，但通常选址涉及多方面因素，且不同因素对选址决策的重要程度也不同，因此可采用因素评分法综合比较不同选址方案，作出选址决策。表 8-1 为因素评分法的举例。某企业建厂有 A、B、C 三个备选方案，现确定影响企业选址的主要因素为交通条件、土地状况、停车场地可获性、公众态度以及扩展潜力，根据每项因素的重要程度赋予相应的权重，通过专家评分对三种方案的各项因素进行评分，最后通过加权法，可知厂址 C 最优。

表 8-1　运用因素评分法进行选址决策举例

选 址 因 素	权　　重	厂址 A	厂址 B	厂址 C
交通条件	0.25	70	100	80
土地状况	0.10	80	70	100
停车场地可获性	0.20	70	60	60
公众态度	0.25	90	80	90
扩展潜力	0.20	90	80	80
综合	1.00	79.75	80	80.5

（二）企业设施布置咨询

1．企业设施布置的含义及其目标

设施布置是指对车间或工作中心进行布局，以确保系统中工作流（顾客或材料）的畅通。设施布置的目标是保证合理的物料流动；确保工作的有效性和高效率；实现环境的美

观以及满足容积和空间的限制。不同类型的企业设置布置的目标不同,如办公室布局与制造业布局强调的重点就不同,制造业布局强调的是物料的流动,而办公室布局则强调的是信息的传递,零售业或服务业的布局追求的是使单位面积的利润最大。

2. 常见的设施布置类型

(1) 固定位置的布置形式。对于一些重量、体积或其他一些因素使移动产品不现实或难度极大的产品,如大型建设项目、船舶、飞机和火箭的制造以及医院病人的手术通常采用固定位置的布置形式。

(2) 对象专业化布置形式。按对象专业化原则布置有关机器和设备,常见的如流水生产线或产品装配线。对象专业化布置形式适用于单一品种的大批量生产方式。产品导向的布局适合于大批量的、高标准化的产品的生产,其优点是单位产品的可变成本低,物料处理成本低,存货少,对劳动力标准要求低;其缺点是投资巨大,不具产品弹性,一处停产影响整条生产线。

(3) 工艺专业化布置形式。工艺专业化是指按照工艺特征建立生产单位,将完成相同工艺的设备和工人放到一个厂房或一个区域内,这样构成诸如铸造厂、锻造厂、热处理厂、铸造车间、锻造车间、机械加工车间、热处理车间、车工工段、铣刨工段等生产单位。工艺导向的布局适合于处理小批量、顾客化程度高的生产与服务,其优点是设备和人员安排具有灵活性;其缺点是设备使用的通用性要求较高的劳动力熟练程度和创新,在制品较多。

(4) 成组加工单元布置形式。成组技术布局则是将不同的机器分成单元来生产具有相似形状和工艺要求的产品。其优点是能够改善人际关系,增强参与意识;减少在制品和物料搬运及生产过程中的存货;提高机器设备利用率;减少机器设备投资与缩短生产准备时间等。

3. 设施布置决策分析方法

(1) 作业相关图法。作业相关图法由穆德提出,它是根据企业各个部门之间的活动关系密切程度布置其相互位置。首先将密切程度划分为绝对密切、特别密切、密切、一般、不太密切和完全无关 6 个等级,分别用字母 A、E、I、O、U、X 表示。然后将待布置的部门一一确定出相互关系,根据相互关系重要程度,按重要等级高的部门相邻布置的原则,安排出最合理的布置方案。

例如,一个快餐店欲布置其生产与服务设施。该快餐店共分成 6 个部门,计划布置在一个 2×3 的区域内。已知这 6 个部门间的作业关系密切程度,如图 8-8 所示,请作出合理布置。根据作业相关图法,对快餐店的服务设施布置如图 8-9 所示。

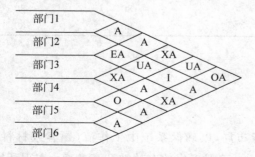

图 8-8　快餐店设施布置作业相关图　　　　图 8-9　快餐店最终设施布置图

（2）从一至表法。从一至表是一种常用的生产和服务设施布置方法。利用从一至表列出不同部门、机器或设施之间的相对位置，以对角线元素为基准计算各工作点之间的相对距离，从而找出整个单位或生产单元物料总运量最小的布置方案。这种方法比较适合于多品种、小批量生产的情况。

拓展阅读

第三节　企业运作系统运行咨询

企业运作系统的运行咨询主要是对生产的产品和所提供的服务进行规划与指导，包括生产计划的制订、现场管理咨询等。

一、运作能力与计划咨询

（一）生产计划的制订

1. 生产计划概述

按照计划来管理企业的生产经营活动，被称为计划管理，计划管理是一个过程，通常包括编制计划、执行计划、检查计划完成情况和拟订改进措施四个阶段。计划管理包括企业生产经营活动的各个方面，如生产、技术、劳资、供应、销售、设备、财务、成本等。

2. 企业计划的层次

企业里有各种各样的计划，这些计划是分层次的，一般可以分为战略层计划、战术层计划与作业层计划三个层次。不同层次的生产计划区别如表 8-2 所示。作业层计划支持战术层计划，战术层计划支持战略层计划，从而保证企业战略的实现。

表 8-2　生产计划的层次

	战略层计划	战术层计划	作业层计划
计划期	长（≥5 年）	中（1 年）	短（月、旬、周）
计划的单位时间	粗（年）	中（月、季）	细（工作日、班次、小时、分）
空间范围	企业、公司	工厂	车间、工段、班组
详细程度	高度综合	综合	详细
不确定性	高	中	低
管理层次	企业高层领导者	中层或部门领导者	底层或车间领导者
特点	资源获取	资源利用	日常活动处理

3. 生产计划的指标体系

生产计划的指标体系通常包括以下几个方面。一是品种指标，包括品名、规格、型号、种类数等；二是质量指标，主要包括合格品率、废品率、返修率等；三是产量指标，主要是指生产多少合格品；四是产值指标，指计划期内出产的可供销售产品的价值。

4. 制订生产计划大纲的一般步骤

确定每段时间的需求；确定每段时间的能力，包括正常工作时间、超时工作时间和转包；明确企业和部门对于安全库存、员工队伍的流动程度等方面的有关政策；确定正常工作、加班工作、转包、维持库存、推迟交货、雇用和解雇等方面的单位费用；提出备选计划并计算每种计划的费用；选择最满意的计划方案。

5. 制订生产计划大纲的方法

制订生产计划大纲可以采用线性规划法、线性决策法和反复试验法等方法进行决策。反复试验法是在管理实践中应用最广的方法，这种方法也称为试错法，是通过反复试验，取得经验，发现问题，作出改进，再用于实践，如此反复直到找出相对满意的方案，虽然不一定能得到最优解，但一定可以得到可行的且令人满意的结果。

6. 企业的年度生产计划

生产大纲或综合计划不涉及具体产品，不能直接用于指挥生产活动。必须将假定产品或代表产品转换成具体产品，将综合计划变成产品交付计划和产品出产计划。产品交付计划规定了要向顾客交付的产品的具体型号规格和交付时间，产品出产计划规定了要出产的产品的具体型号、规格和出产时间。产品出产计划是物料需求计划（MRP）的主要输入。

通常来说，备货型（MTS）企业编制年度生产计划的核心内容是确定企业生产产品的品种和产量，产品品种的确定可采用波士顿矩阵或收入利润顺序法等方法。品种确定之后，确定每个品种的产量，可以采用线性规划方法，可求得在一组资源约束下（生产能力、原材料、动力等），各种产品的产量，使利润最大。

订货型（MTO）企业的年度生产计划则需要作出订单是否接受的决策，并确定订单价格和交货期。对于订单的处理，除了即时选择的方法外，有时还可将一段时间内接到的订单累积起来再作处理，这样做的好处是，可以对订单进行优选。对于小批生产也可用线性规划方法确定生产的品种与数量，对于单件生产，无所谓产量问题，可采用 0-1 型整数规划来确定要接受的品种。

（二）运作能力的衡定

1. 生产能力的衡定

制造业的生产能力通常是指在一定时期内，在先进合理的技术组织条件下所能生产一定种类产品的最大数量；生产能力通常有设计能力、查定能力和现实能力之分，也可以分为固定能力和可变能力。流程式生产通常具有较为清晰明确的生产能力，而加工装配式生产能力相对模糊。企业生产能力通常可以采用具体产品法、代表产品法和假定产品法来进行衡定。

2. 服务能力的衡定

服务业的运作能力则可以通过最大可接待顾客数量进行核定，也可通过服务设施容量进行衡定。对于服务业,由于顾客的参与,运作能力相对于制造业来说更难以确定。服务能力计划对时间和空间的依赖性较大;由于服务的无形性和不可存储型,服务是不能像有形产品那样,运用库存来缓冲供需矛盾;服务能力需要随服务需求的增长而扩大。

3．生产能力计划

制订生产能力计划的目的是保证其生产计划的实现。企业的生产计划有长期、中期、短期之分,相应的生产能力计划也有长期、中期、短期生产能力计划。

（三）运作能力与计划的匹配

市场需求的起伏和波动是绝对的,而企业的生产能力又是相对稳定的,要解决这个矛盾,就需要通过一些处理非均匀需求的策略得以实现。处理非均匀需求可以通过营销的手段来调节市场需求,尽可能平滑市场需求的波动,可以采用的策略包括改变价格、推迟交货、按需求来源不同转移需求、刺激低谷需求、供不应求时适当限制需求、开发预定系统、调节上下班时间、固定时间表等;同时从企业运作管理的角度,也可以通过调节和改变运作能力,以应对需求的波动,常用的改变运作能力的方式包括改变劳动力数量、合理的人员班次安排、忙时加班加点、闲时培训、利用库存调节、转包、改变"自制还是外购"决定、通过顾客参与调节产能、将固定产能变成可调节产能、分享产能、培训多技能员工等。以上策略可以混合使用,究竟采用什么样的策略,一般要通过反复试验确定。

二、生产现场管理咨询

（一）5S 现场管理咨询

1．5S 的起源

5S 起源于日本,是指在生产现场中对人员、机器、材料、方法等生产要素进行有效的管理。日本企业将 5S 运动作为管理工作的基础,推行各种品质的管理手法,第二次世界大战后,产品品质得以迅速地提升,后在丰田公司的倡导推行下,5S 对于塑造企业的形象、降低成本、准时交货、安全生产、高度的标准化、创造令人心旷神怡的工作场所、现场改善等方面发挥了巨大作用,逐渐被各国的管理界所认识。

2．5S 的主要内容

5S 就是整理（SEIRI）、整顿（SEITON）、清扫（SEISO）、清洁（SEIKETSU）、修养（SHITSUKE）五个项目,因均以"S"开头,简称 5S。整理就是区分必需和非必需品,现场不放置非必需品;整顿就是能在 30 秒内找到要找的东西,将寻找必需品的时间减少为零;清扫是将岗位保持在无垃圾、无灰尘、干净整洁的状态;清洁是将整理、整顿、清扫进行到底,并且制度化、管理公开化,透明化;修养是对于规定了的事,大家都要认真地遵守执行。5S

现场管理口诀如图 8-10 所示。

• 整理：要与不要，一留一弃；	• 只有整理没有整顿，物品真难找到；
• 整顿：科学布局，取用快捷；	• 只有整顿没有整理，无法取舍乱糟糟；
• 清扫：清除垃圾，美化环境；	• 只有整理、整顿没清扫，物品使用不可靠；
• 清洁：洁净环境，贯彻到底；	• 3S 之效果怎保证，清洁出来献一招；
• 修养：形成制度，养成习惯。	• 标准作业练修养，公司管理水平高。

图 8-10　5S 现场管理口诀

整理、整顿、清扫、清洁、修养，这五个"S"并不是各自独立，互不相关的。它们之间是一种相辅相成，缺一不可的关系。整理是整顿的基础，整顿又是整理的巩固，清扫是显现整理、整顿的效果，而通过清洁和修养，则使企业形成一个整体的改善气氛。

随着世界经济的发展，5S 已经成为工厂管理的一股新潮流。5S 广泛应用于制造业、服务业等改善现场环境的质量和员工的思维方法，使企业能有效地迈向全面质量管理。根据企业进一步发展的需要，有的企业在 5S 的基础上增加了安全、节约、保密、学习等要素，构成了企业自有的"6S"或"8S"。

3．推行 5S 活动的目的及作用

S 活动不仅能改善生活环境，还可以提高生产效率，提升产品的品质、服务水准，将整理、整顿、清扫进行到底，并且给予制度化，这些都是为了减少浪费，提高工作效率，也是其他管理活动有效展开的基础。推行 5S 最终要达到三个方面的八大目的，如图 8-11 所示。

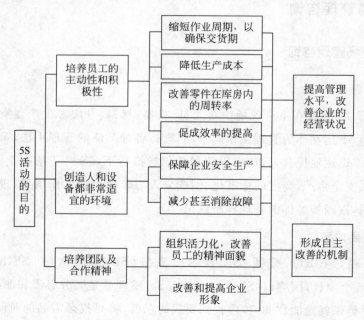

图 8-11　5S 现场管理活动的目的及作用

（1）缩短作业周期，确保交货。推动5S，通过实施整理、整顿、清扫、清洁来实现标准的管理，企业的管理就会一目了然，使异常的现象明显化，就不会造成人员、设备、时间的浪费。企业生产顺畅，作业效率提高，必然缩短作业周期，确保交货。

（2）降低生产成本。一个企业通过实行或推行5S，能极大地减少人员、设备、场所、时间等这几个方面的浪费，从而降低生产成本。

（3）改善零件在库周转率。需要时能立即取出有用的物品，供需间物流通畅，就可以极大地减少那种寻找所需物品时，所滞留的时间。因此，能有效地改善零件在库房中的周转率。

（4）促成效率的提高。良好的工作环境和工作氛围，再加上很有修养的合作伙伴，员工们可以集中精神，认认真真地干好本职工作，必然就能大大地提高效率。

（5）保障企业安全生产。整理、整顿、清扫，必须做到储存明确，东西摆在定位上物归原位，工作场所内都应保持宽敞、明亮，通道随时都是畅通的，地上不能摆设不该放置的东西，工厂有条不紊，意外事件的发生自然就会相应地大为减少，当然安全就会有了保障。

（6）减少直至消除故障，保障品质。优良的品质来自优良的工作环境。工作环境，只有通过经常性的清扫、点检和检查，不断地净化工作环境，才能有效地避免污损东西或损坏机械，维持设备的高效率，提高生产品质。

（7）改善员工的精神面貌，使组织活力化。明显地改善员工的精神面貌，使组织焕发一种强大的活力。员工都有尊严和成就感，对自己的工作尽心尽力，并带动改善意识形态。

（8）改善和提高企业形象。整齐、整洁的工作环境，容易吸引顾客，让顾客心情舒畅；同时，由于口碑的相传，企业会成为其他公司的学习榜样，从而能大大提高企业的威望。

4．5S现场管理的实现手法

（1）5S活动的推行步骤。首先，企业需要成立相应的推行组织，拟定推行方针、目标以及具体的工作计划及实施方法；接下来要在企业中进行活动前的宣传造势，并对员工进行普及教育；然后在企业内进行5S活动的实施，在实施过程中进行监督、考核、评比，及时检讨与修正，最后将5S活动纳入企业定期管理活动中，不断反馈并持续改进。

（2）5S活动的实施方法

- 抽屉法：把所有资源视作无用的，从中选出有用的。
- 樱桃法：从整理中挑出影响整体绩效的部分。
- 四适法：适时、适量、适质、适地。
- 疑问法：该资源需要吗？需要出现在这里吗？现场需要这么多数量吗？
- IE法：根据运作经济原则，将使用频率高的资源进行有效管理。
- 装修法：通过系统的规划将有效的资源利用到最有价值的地方。
- 三易原则：易取、易放、易管理。
- 三定原则：定位、定量、定标准。
- 流程法：对于布局，按一个流的思想进行系统规范，使之有序化。

- 标签法：对所有资源进行标签化管理，建立有效的资源信息。
- 三扫法：扫黑、扫漏、扫怪。
- OEC 法：日事日毕，日清日高。
- 雷达法：扫描权责范围内的一切漏洞和异端。
- 矩阵推移法：由点到面逐一推进。
- 荣誉法：将美誉与名声结合起来，以名声决定执行组织或个人的声望与收入。
- 流程再造：执行不到位不是人的问题，是流程的问题，流程再造为解决这一问题。
- 模式图：建立一套完整的模式图来支持流程再造的有效执行。
- 教练法：通过摄像头式的监督模式和教练一样的训练使一切别扭的要求变成真正的习惯。
- 疏导法：像治理黄河一样，对严重影响素养的因素进行疏导。

（3）5S 活动的实施难点。5S 活动实施过程中最大的困难主要来自员工不愿配合，未按规定摆放或不按标准来做，理念共识不佳；事前规划不足，不好摆放及不合理之处很多；公司成长太快，厂房空间不足，物料无处堆放；实施不够彻底，持续性不佳，抱着应付心态；评价制度不佳，造成不公平，大家无所适从；评审人员因怕伤感情，统统给予奖赏，失去竞赛意义。

5. 5S 现场管理实施的意义

5S 是现场管理的基础，5S 水平的高低，代表着管理者对现场管理认识的高低，这又决定了现场管理水平的高低，而现场管理水平的高低，制约着 ISO 9000、TPM、TQM 活动能否顺利、有效地推行。通过 5S 活动，从现场管理着手改进企业"体质"，则能起到事半功倍的效果。

（二）目视化管理

1. 目视化管理的相关概念

现场目视化管理就是通过安全色、标牌、标签等方式区分或鉴别人员身份及资质、工位器具及设备的使用状态、工艺介质及流向、生产作业区域的危险状态等，以提醒和警示岗位员工时刻防范施工作业中存在的风险，增强事故的自我防范意识。目视管理是一种以公开化和视觉显示为特征的管理方式，也可称为看得见的管理，或一目了然的管理。

2. 目视化管理的目的与作用

把工厂潜在的大多数异常显示化，变成谁都能一看就能明白的事实，这就是目视管理的目的。目视化管理的作用主要表现在以下几方面。

（1）迅速快捷地传递信息。目视管理的作用，就是迅速快捷地传递信息；

（2）形象直观地将潜在的问题和浪费现象都显现出来。目视管理依据人类的生理特征，充分利用信号灯，标识牌，符号颜色等方式来发出视觉信号，鲜明准确地刺激人的神经末梢，快速地传递信息，形象直观地将潜在的问题和浪费现象都显现出来。不管是新进的员工,还是新的操作手,都可以与其他员工一样,一看就知道、就懂、就明白,问题在哪里。

（3）特别强调的是客观、公正、透明化。有利于统一的识别,可以提高士气,让全体员工上下一心去完成工作。

（4）促进企业文化的建立和形成。目视管理,通过对员工的合理化建议的展示,优秀事迹和对先进的表彰,公开讨论栏,关怀温情专栏,企业宗旨方向,远景规划等各种健康向上的内容,能使所有员工形成一种非常强烈的凝聚力和向心力,这些都是建立优秀企业文化的一种良好开端。

3.目视化管理的特点

以视觉信号显示为基本手段,大家都能够看得见;以公开化,透明化为基本原则,尽可能地将管理者的要求和意图让大家看得见,借以推动自主管理或自主控制;现场的作业人员可以通过目视的方式将自己的建议、成果、感想展示出来,与领导、同事以及工友们进行相互交流。

4.目视化管理的工具

（1）红牌。红牌适宜于5S中的整理,是改善的基础起点,用来区分日常生产活动中非必需品,挂红牌的活动又称为红牌作战。

（2）看板。用在5S的看板作战中,使用的物品放置场所等基本状况的表示板。看板上有明确物料的具体位置在哪里? 做什么,数量多少,谁负责,谁来管理等等重要的项目,让人一看就明白。

（3）信号灯或者异常信号灯。在生产现场,第一线的管理人员必须随时知道作业员或机器是否在正常地开动,是否在正常作业,信号灯是工序内发生异常时,用于通知管理人员的工具。信号灯的种类包括发音信号灯、异常信号灯、运转指示灯和进度灯。

（4）操作流程图:是描述工序重点和作业顺序的简明指示书,也称为步骤图,或称为标准操作流程（SOP）,用于指导生产作业。

（5）反面教材:一般是结合现物和柏拉图的表示,主要目的是让现场的作业人员明白不良现象及后果。

（6）提醒板:用于防止遗漏或遗忘。比如有的车间内的进出口处,有一块白板上面注明今天有多少产品要在何时送到何处,或者什么产品一定要在何时生产完毕。

（7）区域线:区域线就是对半成品放置的场所或通道等区域,用线条把它画出,主要用于整理与整顿、异常原因、停线故障和看板管理等。

（8）警示线:就是在仓库或其他物品放置处用来表示最大或最小库存量的涂在地面上的彩色漆线,用于看板管理中。

（9）告示板:也就是书写和发布公告的地方,是一种及时管理的道具,比如说通知今天下午两点钟开会,就可以通过告示板发布信息。

（10）生产管理板:是揭示生产线的生产状况、进度的表示板,记入生产实绩、设备开动率、异常原因(停线、故障)等,用于看板管理。

(三)定置化管理

1. 定制化管理的含义

定置管理,就是将"物"放置到固定、适当的位置的管理。它以处理好生产、作业场地中人与环境的关系为出发点,消除工作中的不合理因素和浪费现象,使生产现场井然有序,工作物布置合理,工位器具齐全,人、机、料、法、环高效结合,从而提高生产作业效率,改善工作质量。定置管理必须做到"有物必有区,有区必有牌,挂牌必分类"和"按图定置、图物相符"的基本要求。

2. 定置化管理的对象

车间生产作业现场的可移动物均属于定置管理对象,一般包括:原材料、可移动设备、备件、工具、运输工具、吊具、工具箱、消防器材、产成品、在制品、废品、垃圾等。

3. 定置管理应该遵循的原则

(1)工艺性原则。工作现场的定置管理必须符合工艺流程及工艺要求,与操作规程或岗位作业标准相统一。

(2)安全性原则。现场定置管理必须符合安全、环保和劳动保护的要求,切实考虑安全因素,促进安全生产。

(3)实效性原则。定置管理必须从实际出发,以有利于提高劳动生产率、降低成本、提高产品质量和树立良好企业形象为原则。

(4)环境舒适原则。定置管理应以建立整洁、舒适的工作环境和有条不紊的工作秩序为原则。

(5)节约性原则。在定置管理实施过程中,以材料等各种资源的节约为宗旨,因地制宜,精简适用。

(6)持续改进原则。定置管理是长期性管理活动,要通过日常的严格管理和持续不断的改进,来达到巩固定置成果的目标。

第四节　企业运作系统维护咨询

生产运作系统维护的咨询主要包括质量管理咨询、设备管理咨询和精益生产管理咨询。

一、质量管理咨询

(一)质量管理咨询的含义

质量管理咨询是指管理咨询公司以提高质量管理水平为目的,组派具有综合实力的咨询组人员,从客观和先进的立场出发,对企业的质量管理工作现状、有效性及发展进行调查分析,找出存在的问题和差距及产生的原因,设计切实可行的改善和提升方案,并进行指导实施的一系列活动。具体包括完善质量管理职能;完善质量记录、统计的信息系统和流程;在生产运作过程中落实质量体系中的控制方法和工具;设计品控系统;在生产现场通过目视化管理和员工参与提升全员质量意识;分解质量指标,完善绩效考核体系,实现质量目标等。

(二)质量管理咨询的类型

(1)按照咨询内容划分,质量管理咨询可分为全面咨询和专题咨询。全面咨询是指对企业产品形成的结果和过程的各个方面进行咨询,既包括产品质量,也包括过程质量,还包括管理质量;既包括产品本身性能指标,也包括工作质量。专题咨询是就产品形成的某一方面或某些环节,或者仅就结果及产品或服务本身的质量情况进行分析,提出问题点和改善建议的咨询活动,如设计过程咨询、采购过程咨询、评估过程咨询等。

(2)按企业达到的目的划分,可分为解决与改善型的咨询和优化与创新型的咨询。解决与改善型的咨询通常是针对企业已发生某种影响产品或工作质量的问题,对客户提出的咨询要求而进行的咨询活动,其目的明确、目标清晰、针对性强。优化与创新型的咨询通常是企业为了追求完美、提高效率而提出的咨询要求,目标较笼统,针对性不强,需要企业与咨询顾问共同研究确定具体优化与提升的重点环节,针对提出的课题进行分析并给出咨询建议。

(3)按照管理咨询主体来划分,可分为内部咨询、内外结合咨询和外部咨询。内部咨询是企业自发实施的咨询活动,由企业内部人员组成咨询小组就本企业质量现状进行分析,提出问题点和改进建议的活动,参与内部咨询人员须接受咨询技能专项学习,其策划和实施按照通用程序与要求进行的咨询活动。内外结合咨询是由企业与第二方或第三方共同执行的咨询活动,根据工作内容进行一定的分工,其程序与要求也完全符合咨询活动的规范内容,是一个双方达成共识并共同策划实施的咨询活动。外部咨询是企业完全聘请外部咨询组织或咨询专家进行咨询的活动,企业自身全面成为被咨询和服务的对象。

以上咨询的种类不同,其工作范围、项目时间、所用方法也就存在一定的差异,咨询效果也不尽相同,但其基本要点是要以企业也就是客户的需求和基础为依据进行选择。

(三)质量管理咨询的内容

(1)产品质量咨询。产品质量,就是反映产品满足明确或隐含需要的能力的特性总和。产品质量咨询,就是采用各种方法检查评价产品质量的好坏,指出问题,明确改进方向的活动。由于产品质量就是产品满足顾客需要的能力。因此,在咨询时应重点从产品能否满足顾客需要的角度进行分析。具体包括企业对于顾客群的确定是否准确?企业的产品质量等级是否切合所确定的顾客群的需要?企业对于顾客需要有无准确的把握?产品的质量特性是否是顾客需要的准确无误的转换?代用质量特性是否真正反映了真正质量特性,在转换过程中是否存在偏差?

（2）质量管理工作咨询。质量管理工作咨询，就是对质量管理全过程的各个环节进行考察分析，从而发现问题，予以改进的咨询活动。

（四）质量管理咨询的程序

在质量管理咨询实际活动中，把握客户的质量管理状况往往首先从最终产品（或服务）的质量分析入手，从而了解产品质量存在的问题及其原因，影响产品质量的直接原因是过程质量。因此，第二步要对过程质量进行分析，找出存在的问题及其原因。过程质量之所以会出现问题，往往还是管理工作不到位造成的。因此，第三步需要进行质量管理分析，找出质量管理工作中存在的问题。在上述三个环节分析清楚之后咨询人员才能提出系统的、针对性很强的改善建议。所以，一个完整的质量管理咨询，总要包括产品质量、过程质量和管理质量三个分析内容。

（五）全面质量管理相关理论

1. 质量管理的发展历程

质量管理这一概念早在 20 世纪初就提出来了，它在企业管理与实践的发展中不断完善，随着市场竞争的变化而发展起来。从质量管理的发展历史可看出，对于不同时期，质量管理的理论、技术和方法都在不断地发展和变化，并且有不同的发展特点。从一些工业发达国家经过的历程来看，质量管理的发展大致经历了三个阶段。

（1）产品质量的检验阶段（20 世纪二三十年代）。20 世纪初，美国企业出现了流水作业等先进生产方式，提高了对质量检验的要求，随之在企业管理队伍中出现了专职检验人员，组成了专职检验部门。从 20 世纪初到 20 世纪 40 年代以前，美国的工业企业普遍设置了集中管理的技术检验机构。后来又相继出现了抽样检验方法和序贯抽样检验法等统计方法。

（2）统计质量管理阶段（20 世纪四五十年代）。这一阶段的手段是利用数理统计原理，预防产生废品并检验产品的质量。在方式上是由专职检验人员转过来的专业质量控制工程师和技术人员承担。这标志着将事后检验的观念转变为预防质量事故的发生并事先加以预防的概念。但是，这个阶段曾出现了一种偏见，就是过分地强调数理统计方法，忽视了组织管理者和生产者的能动作用。

（3）全面质量管理阶段（20 世纪 60 年代至今）。从 20 世纪 60 年代开始，进入全面质量管理（TQM）阶段。20 世纪 50 年代以来，由于科学技术的迅速发展，工业生产技术手段越来越现代化，工业产品更新换代也越来越频繁，出现了许多大型产品和复杂的系统工程，质量要求大大提高了，对安全性、可靠性的要求也越来越高。美国通用电气公司的费根鲍姆（A. V. Feigenbaum）首先提出了全面质量管理的思想，并在 1961 年出版了《全面质量管理》一书。他指出要真正搞好质量管理、除了利用统计方法控制生产过程外，还需要组织管理者和生产者对生产全过程进行质量管理。他还指出执行质量职能是企业全体人员的责任,应该使全体人员都具有质量意识和承担质量的责任。经过多年实践,全面质量管理理论已比较完善,在实践上也取得了较大的成功。

2.全面质量管理的内涵

(1)全面质量管理的含义。全面质量管理,是指在全社会的推动下,企业的所有组织、所有部门和全体人员都以产品质量为核心,把专业技术、管理技术和数理统计结合起来,建立起一套科学、严密、高效的质量保证体系,控制生产全过程影响质量的因素,以优质的工作、最经济的办法,提供满足用户需要的产品(服务)的全部活动。简言之,就是全社会推动下的、企业全体人员参加的、用全面质量去保证生产全过程的质量的活动。

(2)全面质量管理的特点。所谓全面质量,就是指产品质量、过程质量和工作质量。全面质量管理认为,应从抓好产品质量的保证入手,用优质的工作质量来保证产品质量,这样能够有效地改善影响产品质量的因素,达到事半功倍的效果。全面质量管理的特点就体现在三个"全面"上,即全方位、全过程和全员参与的质量管理活动。

(3)全面质量管理的主要工作内容。全面质量管理是生产经营活动全过程的质量管理,要将影响产品质量的一切因素都控制起来,其中主要抓好从市场调查、产品设计、原材料采购、产品制造、质量检验、产品销售和服务等环节的质量控制工作。

(六)质量管理的基本工具与方法

1.PDCA循环

在质量管理活动中,要求把各项工作按照做出计划、计划实施、检查实施效果,然后将成功的纳入标准,不成功的留待下一循环去解决的工作方法进行。这就是质量管理的基本工作方法,实际上也是企业管理各项工作的一般规律。这一工作方法简称为PDCA循环,即计划(plan)、实施(do)、检查(check)、处理A(action)。PDCA循环是美国质量管理专家戴明博士最先总结出来的,所以又被称为戴明环。PDCA循环的特点如图8-12所示。

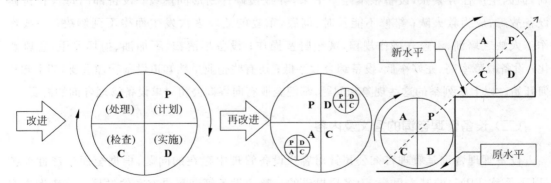

图8-12 PDCA循环示意图

PDCA循环一定要顺序形成一个大圈,接着四个阶段不停地转;大环套小环,互相促进。如果把整个企业的工作作为一个大的PDCA循环,那么各个部门、小组还有各自小的

PDCA 循环；PDCA 循环的转动不是在原地转动，而是每转一圈都有新的计划和目标。犹如爬楼梯一样逐步上升，使质量水平不断提高。

2. 质量管理的七大工具

质量管理七大工具包括直方图、数据分层法、控制图、排列图、因果分析图、散点图以及检查表。其中，用直方图可以比较直观地看出产品质量特性的分布状态，便于判断其总体质量分布情况；数据分层就是把性质相同的、在同一条件下收集的数据归纳在一起，以便进行比较分析；控制图是用来区分引起质量波动的原因是偶然的还是系统的，从而判断生产过程是否处于受控状态；排列图也叫主次因果分析图，又称帕累托图，是确定影响产品质量的关键因素的一种工具；因果分析图又叫石川图、特色要因图、树枝图、鱼刺图等，是以结果为特性，以原因为因素，准确表示事物的因果关系，进而识别和发现问题的原因和改进方向；散点图法亦称"相关图法"，是用来分析两变量之间统计相关关系的一种方法。在质量管理中运用散点图法，可以帮助找出影响产品质量的相关因素和主要因素，从而便于控制产品质量；检查表又称统计分析表、调查表，是利用统计表对数据进行整理和初步分析原因的一种工具，在实际工作中，经常把检查表和分层法结合起来使用，这样可以把可能影响质量的原因调查得更为清楚。

二、设备管理咨询

（一）企业进行设备管理咨询的动机

随着中国人口红利期的即将过去，企业用设备代替人力已成为企业发展的必然趋势，因此设备的有效管理成为企业能够持久拥有竞争力的关键因素之一。然而，很多企业在设备管理方面却面临诸多问题，如设备故障多，检修时间长，影响了正常生产；企业有检修计划，但因生产任务紧张，设备根本停不下来，导致检修计划形同虚设；设备部门每天在抢修设备故障，成为救火队；维修不能及时、彻底，重复的故障多次发生而得不到解决；一线操作工人缺乏培训，不遵守操作规程，甚至野蛮操作；设备不清扫、不加油、损坏严重，急剧恶化；设备故障率高、完好率低，设备综合效率低；还有些企业虽然知道设备管理重要，却不知从何开始。以上所列举的这些现象和问题，都使企业有向咨询公司寻求设备管理咨询的需要。

（二）设备管理咨询的含义及内容

设备管理咨询是管理咨询公司针对客户设备管理中存在的问题，根据全面生产性维护（以下简称 TPM）的基本思想，为客户提供的一整套设备管理解决方案的过程。该咨询方案应整体性覆盖设备全生命周期的管理，以零故障、零不良、零灾害和零浪费为目标，以 TPM 八大支柱为工具和方法，全面提升设备的管理水平和综合利用效率。咨询顾问通过系统和前瞻性规划，帮助客户企业实现 TPM 体系与企业现有管理体系有机衔接，保持管理的一致性。在落实实施时,利用 PDCA 循环进行动态管理,层次递进,确保 TPM 体系推进过程的稳健性和可持续性。

（三）TPM 的概念及其基本思想

全面生产性维护(TPM)是指全员参加的、以提高生产设备综合效率为目标的、以设备全生命周期为管理对象的生产维修制。TPM 是制造型企业降低成本,增加效益的直接有效的途径。TPM 的基本思想体现在三个全面,即全效益、全系统和全员参与。全效益,即要求设备整个寿命周期的费用最小、输出最大;全系统,即从设备的设计、制造、使用、维修、改造到更新所进行的设备一生的管理,因此有时又称全过程管理;全员参加,即凡是与设备的规划、设计、制造、使用、维修有关的部门和人员都参加到设备管理的行列中来。

（四）TPM 的目标

TPM 的首要目标就是要事先预防,并消除设备故障所造成的六大损失,即准备调整、器具调整、加速老化、检查停机、速度下降和生产不良品。做到零故障、零不良、零浪费和零灾害,在保证生产效益最大化的同时,实现费用消耗的合理化。TPM 的目标可以概括为四个"零",即停机为零、废品为零、事故为零、速度损失为零。

（五）TPM 的八大支柱

(1) 个别改善。为追求设备效率化的极限,最大限度地发挥出设备的性能和机能,就要消除影响设备效率化的损耗,我们把消除引起设备的综合效率下降的七大损耗的具体活动叫个别改善。

(2) 自主维护。即自主保养体制的形成,"自己的设备自己保养",自主保养活动是以运转部门为中心,以七个步骤展开。自主保养的核心内容是防止设备的劣化,只有运转部门承担了"防止劣化的活动",保养部门才能发挥出其所承担的专职保养手段的真正威力,使设备得到真正有效的保养。

(3) 专业维护。在运转部门自主保养的基础上,设备的保养部门应形成计划保养体制,做到有计划地对设备的劣化进行复原以及设备的改善保养。

(4) 开发管理。即设备初期管理体制的形成。为了适应生产的发展,必定有新设备的不断投入,于是要求企业要形成一种机制能按少维修、免维修思想设计出符合生产要求的设备,按性能、价格、工艺等要求对设备进行最优化规划、布置,并使设备的操作和维修人员具有和新设备相适应的能力。总之,要使新设备一投入使用就达到最佳状态。

(5) 品质维护。即品质保养体制的形成。为了保持产品的所有品质特性处于最佳状态,企业要对与质量有关的人员、设备、材料、方法、信息等要因进行管理,对废品、次品和质量缺陷的发生防患于未然,从结果管理变为要因管理,使产品的生产处于良好的受控状态。

(6) 人才培养。即人才培养、技能教育训练。不论是作业部门还是设备维护部门,仅有良好的愿望是难以把事情做好的,因此企业必须加强员工技能的训练和提高。需要说明的是,培训和教育训练不仅仅是培训部门的事,也是每个部门的职责,并且应成为每个职工的自觉行动,把学习融入工作当中去,在工作中学习,在学习中工作。

(7)事务改善。即管理间接部门的效率化体制的形成,管理间接部门的效率化主要体现在两个方面,就是要有力地支持生产部门开展 TPM 及其他的生产活动,同时应不断有效地提高本部门的工作效率和工作成果。

(8)环境改善。即安全、环境等管理体制的形成。"安全第一"这是一贯的认识,但仅有意识是不够的,它必须要有一套有效的管理体制才能确保。对卫生、环境也一样,企业要在不断提高意识的同时,建立起一种机制来确保卫生、环境的不断改善。例如,企业建立和实施 ISO 14000 环境管理体系就是一种很好的确保生产环境改善的策略和方法。

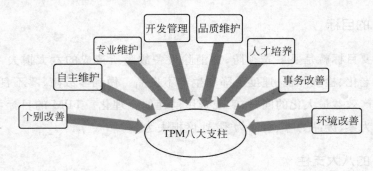

图 8-13　TPM 的八大支柱

(六)TPM 的具体实施方法

(1)日常点检。首先由技术人员、维修人员共同制定出点检卡,并且向操作人员讲解点检方法;然后由操作工人在上班后的 5~10 分钟里,用听、看、试的办法,根据点检卡内容逐项进行检查。15 分钟后,维修人员逐台看点检卡,若有标记机器运转不良的符号,立即进行处理。根据日本丰田公司的统计,80% 早期发现的故障,都是由生产工人在日常点检时发现的。

(2)定期检查。维修工人按计划定期对重点设备进行检查,测定设备劣化的程度,确定设备性能,调整好设备。

(3)计划修理。维修部门根据日常点检、定期检查的结果所提出的设备修理委托书或维修报告、机床性能检查记录等资料编制计划,定期对设备进行修理和维护,这种修理属于预防性维修。

(4)改善性维修。对设备的某些结构进行改进的修理,主要用于经常发生故障的设备。

(5)故障修理。当设备突然发生故障停机或由于设备原因产生废品时,必须立即组织抢修。这是一个重要环节,它直接影响停机时间。

(6)维修记录分析。把各项维修作业的发生时间、现象、原因、所需工时、停机时间等都记录下来,做成分析表;通过分析找出故障重点次数多、间隔时间短、维修工作量大、对生产影响大的设备和部件,把它们作为维修保养的重点对象。

(7) 开展 5S 活动,经常进行 TPM 教育。5S 活动的主要目的是从思想上建立良好的工作作风,通过实施整理、整顿、清扫、清洁、素养五个项目,规范现场管理,营造良好的工作环境,培养员工良好的工作习惯,提高企业的管理水平和人的素质。

拓展阅读

三、精益生产管理咨询

企业的目标就是在持续不断的提供客户满意产品的同时,追求最大化的利润。在当前很多企业面临的困惑是,如何在多品种小批量生产的情况下既能有效满足客户的需求,同时又能降低生产成本? 精益生产方式为解决这个问题提供了一种全新的生产方式和管理哲学。

(一)精益生产概述

1. 精益思想的起源

第二次世界大战结束不久,汽车工业的生产模式仍是以美国福特汽车为代表的大批量生产方式,这种生产方式以低成本,高效率的特点曾经风靡一时。与处于绝对优势的美国汽车工业相比,日本的汽车工业在当时则处于相对幼稚的阶段,战后的日本为快速发展其汽车工业,派出了大量人员前往美国考察。丰田汽车公司在参观美国的几大汽车厂之后发现,大批量生产方式并不适合当时的日本汽车企业,以丰田的大野耐一等人为代表的精益生产的创始者们,在不断探索之后,终于找到了一套适合日本国情的汽车生产方式,即准时制生产、全面质量管理、并行工程、充分协作的团队工作方式和集成的供应链关系管理,并在此基础上逐步创立了独特的多品种、小批量、高质量和低消耗的精益生产方法。

20 世纪 90 年代日本丰田汽车用出色的实践证明了精益生产的强大生命力,美国学者的研究、美国企业乃至美国政府的研究和实践,则证明了精益思想在世界上的普遍意义,并升华为新一代的生产哲理。1996 年《精益思想》一书的问世,标志着精益生产方式由经验变为理论,新的生产方式正式诞生。目前,精益生产方式已不再局限于生产领域,而是延伸到企业活动的各个方面,甚至扩大到制造业以外的第三产业。精益思想正不断促使管理人员重新思考企业流程,消灭浪费,创造价值。

2. 精益生产的内涵

精益生产方式是指以顾客需求为拉动,以消灭浪费和快速反应为核心,使企业以最少的投入获取最佳的运作效益和提高对市场的反应速度。其核心就是精简,通过减少和消除产品开发设计、生产、管理和服务中一切不产生价值的活动(浪费),缩短对客户的反应周期,快速实现客户价值增值和企业内部增值,增加企业资金回报率和企业利润率。精益生产的基本原理是不断改进、消除浪费、协力工作和沟通。不断改进是精细生产的指导思想,消除浪费是精益生产的目标,协力工作和沟通是实现精益生产的保证。

3. 精益生产的目标

精益生产追求的终极目标是"零浪费",具体表现在 PICQMDS 七个方面,说明如下。

(1)零转产工时浪费(products),即采用多品种混流生产,将加工工序的品种切换与装配线的转产时间浪费降为零或接近为零。

(2)零库存(inventory),即消减库存,将加工与装配相连接流水化,消除中间库存,变市场预估生产为接单同步生产,将产品库存降为零。

(3)零浪费(cost),即进行全面成本控制,消除多余制造、搬运、等待的浪费,实现零浪费。

(4)零不良(quality),即实现产品的高品质,不良不应在检查时检出,而应该在产生的源头消除它,事后的控制转为事前的预防,产品追求零缺陷。

(5)零故障(maintenance),即提高设备的运转率,消除机械设备的故障停机,实现零故障。

(6)零停滞(delivery),即消除生产中间的停滞,最大限度地压缩生产提前期,做到快速反应、缩短交货期。

(7)零灾害(safety),即生产过程中做到安全第一,不产生任何安全事故和安全隐患。

(二)企业在精益管理中面临的问题

企业在实施精益管理中通常面临以下问题和困惑:

(1)企业高层缺乏重视,企业无相关的管理制度及标准,精益管理体系一片空白;

(2)企业产销计划不均衡,生产中资源浪费较大,成本较高,效率低下;

(3)物料的供给节拍与生产节拍不匹配,出现供料过多、供料不及时等困难;

(4)员工在精益管理意识方面的缺失,企业现场整理整顿工作不到位、未建立规范化的设备清扫维护标准;

(5)理论和实际相脱离的现象十分严重,没有正确结合自身的具体情况和条件去实施精益生产;

(6)企业的供应链管理模式与实际生产不匹配,亟需优化。

以上这些问题与困惑都促使企业需要寻求外部专业人士为企业答疑解惑,在这种情况之下精益生产管理咨询就应运而生。

(三)精益生产管理咨询的内容及其作用

1. 精益生产管理咨询的主要内容

精益生产管理咨询是指管理咨询公司为客户企业所提供的精益生产系统设计和执行的咨询与辅导活动。具体包括企业在咨询公司的指导下,共同制定企业精益生产活动的开展方案;咨询公司通过驻厂咨询等方式,为企业提供精益生产实施的专项辅导,如针对企业的 5S 现场管理、看板拉动系统、TPM、生产效率提升、成本降低、降低库存等方面存在的问题进行诊断分析,并提出改进方案;由于精益生产是一项全员参与的活动,因此管理咨询公司还需要为客户企业员工提供一些相关课程的培训和讲解,如 5S 现场管理、全员生产性维护、价值流应用、IE 工业工程、看板与拉动系统、单件流、标准工时、SMED 快速换模等,对员工进行普及教育,以便精益生产在企业中能顺利推行。

2. 精益生产管理咨询的价值及作用

企业通过精益生产管理咨询,能够导入和建立一套相对完善的精益生产管理体系,提高企业的生产效率,缩短生产周期,提高企业对顾客需求的应变能力。通过精益生产管理的实施,可以帮助企业不断消除生产中的浪费,持续改进,不断提高产品质量,降低运作成本。同时,通过精益生产相关理念及课程的培训,可以提升员工的精益管理意识和精益生产实施技能。

(四) 精益生产的原则

精益思想是精益生产的精髓,精益生产是在精益思想的指导下进行消除浪费、提升效率的一种生产方式。精益思想的核心就在于"精"和"益",即以最小的成本获得最大的收益,并坚持持续改善,不断适应客户需求的变化。精益思想以客户需求为导向,明确每一项产品或服务的价值流,保证产品从概念产生到到达客户的过程中流动顺畅,以客户需求拉动整个生产过程,以人为本,发挥全体员工的积极性、创造性,坚持持续改善,追求尽善尽美。价值、价值流、流动、拉动、尽善尽美的概念已经发展成为应用于生产全过程的精益方法,也是精益思想的五大原则,如图 8-14 所示。

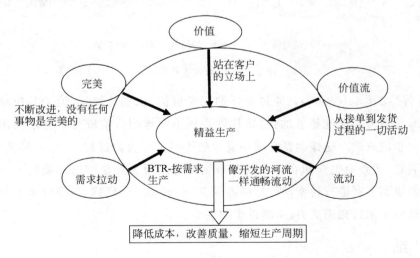

图 8-14 精益生产的原则

(1) 价值(value)。精益思想认为产品或服务的价值最终由客户来确定,只有满足客户需求的产品或服务才是有价值的。价值分为有价值、无价值但必要和无价值三种,只有满足客户需求的活动是有价值的。精益思想的价值观强调以客户为中心来审视企业生产全过程每个环节的各种活动，减少无价值但必要的活动、消除无价值的活动，在提高客户满意度的同时，降低企业自身的生产成本，实现企业与客户的"双赢"。

（2）价值流（value stream）。价值流是指企业将原材料加工为产成品过程中对产品赋予价值的全部活动，包括从概念产生到投入生产的产品开发过程；从物料需求制定到供应商送货的信息过程；从原材料到产品的加工转换过程；以及全生命周期的支持和服务过程。识别价值流是精益思想的起点，同时价值流分析也是实施精益思想最重要的基础工具之一。通过对企业价值流进行分析，区分价值流中的增值活动和非增值活动，坚持对非增值活动进行持续改善以达到消灭浪费的目的。

（3）流动（flow）。"流动"和"拉动"是实现精益思想的中坚，精益思想强调的是不间断的"流动"，要求全过程有价值的活动都要流动起来。但受限于传统部门分工和批量生产等传统观念和做法，企业的价值流动经常会被阻断。精益思想认为有停顿的地方就有浪费，强调生产的流线化、平准化、均衡化，通过推动"单元生产"模式，打破传统的部门化的、批量生产的思想。

（4）拉动（pull）。"拉动"是以客户为发起点，根据客户需求安排生产计划的一种生产方式。拉动原则由于实现了需求和生产过程的对应，可以减少和消除过早、过量的投入，从而减少库存浪费和过量生产浪费，同时还大大压缩了生产周期。当客户需求提出后，可以立即进行设计、采购、加工，准时地将所需产品提交给客户，最终实现预测式生产，直接按客户实际需求进行生产。拉动式生产方式如图 8-15 所示。

图 8-15　拉动式生产系统

（5）尽善尽美（perfection）。通过前述的定义价值、识别价值流、流动和拉动四个原则的相互作用，价值流动速度显著加快，这样就必须不断地用价值流分析方法找出更隐藏的浪费，作进一步的改进。这样的良性循环成为趋于尽善尽美的过程。"尽善尽美"有 3 个含义，即用户满意、无差错生产和企业自身的持续改进。因为外在市场环境处于不断变化之中，企业内部也要不断进行转变，所以"尽善尽美"永远是一个目标，但持续地对尽善尽美的追求，将造就一个永远充满活力、不断进步的企业。

本章小结

本章主要介绍了企业运营管理咨询的主要内容，按照咨询类别分为企业运作系统设计咨询、运作系统运行咨询以及运作系统维护咨询三类。其中企业运作系统设计方面的咨询，主要包括流程优化咨询和企业选址及设施布置咨询；企业运作系统的运行咨询，主要包括运作能力与计划咨询、5S 现场管理咨询；企业运作系统的维护咨询，主要包括质量管理咨询、设备管理咨询以及 JIT、精益生产等先进生产方式的咨询。各咨询专题的主要咨询工具总结如表 8-3 所示。

表 8-3　企业运营管理咨询工具与方法

咨 询 类 别	企业运营管理咨询专题	主要的咨询工具与方法
企业运作系统设计咨询	运作流程优化的咨询	标杆法、ESIA、ECRS、瓶颈分析、BPR 等
	企业选址与设施布置咨询	量本利分析法、因素评分法、相关图法
企业运作系统的运行咨询	运作能力与计划咨询	生产和服务能力的衡定方法、MTS 企业和 MTO 企业年度生产计划的制订等
	生产现场管理咨询	5S 活动、目视管理法、定置管理法
企业运作系统的维护咨询	质量管理咨询	PDCA 循环、质量管理七大工具、TQM
	设备管理咨询	TPM 的八大支柱
	精益生产管理咨询	精益生产原则、消除七大浪费、持续改进

 【技能训练】　模块八：企业运营管理咨询模拟演练

【训练目标】

学习完本章内容后，要求学生结合企业管理应用场景，按照运营管理咨询的专题模块，任选其中的某一个专题对企业开展咨询活动，并根据本章所学理论知识对客户企业定向展开咨询服务。

【训练任务】

根据所选定的运营管理咨询专题，通过现场调查等资料收集方法，对咨询客户企业进行模拟咨询，拟定项目报告框架，并开展小组讨论，思考每部分任务模块的人员分工与协作模式。

【训练要求】

撰写运营管理咨询项目报告，并在课程结束后进行汇报（建议字数在 3000 字左右）。

第 九 章

商业模式设计与营销管理咨询

 引导故事

荒 岛 卖 鞋

两个卖鞋的公司要在一个荒岛开辟市场,各自派了一个营销员前去调查。甲公司的营销员去后失望而归,他汇报说:"这个岛上的居民祖祖辈辈都没有穿过鞋,他们对鞋没有需求,我们不可能成功。"乙公司的营销员去后却异常兴奋,因为他发现这个岛上的人都没有穿鞋,觉得这是一个非常大的市场。他给公司回复时这样说道:"这里的人虽然从来不穿鞋,但他们的脚上缺少保护,有许多伤痕,所以我们一定有市场。但是这里的居民的脚普遍较小,所以我们应该制造小一些型号的鞋子。"后来,乙公司果然在荒岛上开辟了很大的市场,但是荒岛上的人们不使用货币,公司经进一步调查发现岛上盛产菠萝,于是就联系超市,并与岛上居民协定,以菠萝换鞋,然后公司将菠萝运送到超市以换取现金收益。

【管理启示】 市场营销环境和企业活动的关系是多样的。一方面,市场营销环境是企业从事生产和其他活动的重要条件,它制约和影响着企业活动,尤其在当下这个竞争激烈的社会,达尔文的"物竞天择,适者生存"已不仅在自然界适用,也扩展到营销领域;另一方面,尽管这样,企业面对营销环境并不是一成不变的,它可以积极主动地改变营销环境,如这个卖鞋子的例子,他们就是积极改变营销环境取得了成功。

学习目标

- 企业为什么要开展企业商业模式设计?
- 熟悉企业商业模式设计咨询的内容与步骤;
- 了解企业营销管理的目的与重要性;
- 熟悉企业营销管理咨询的内容与步骤。

第一节 企业商业模式设计咨询

一、企业商业模式概述

1. 商业模式的概念

商业模式是一个非常宽泛的概念,通常与商业模式相关的概念有很多,包括运营模式、

盈利模式、B2B模式、B2C模式、"鼠标加水泥"（O2O）模式、广告收益模式等。在本书,我们将商业模式定义为:企业按照商业目的,以实现自身能力与资源的最优配置,从而提升环境适应能力并且能够持续实现盈利的企业运营管理模式的统称。

2．商业模式的构成要素

商业模式是一种简化的商业逻辑,依然需要用一些元素来描述这种逻辑。行业研究人员及学者也列举了商业模式的以下9大核心要素:

（1）价值主张。即公司通过其产品和服务所能向消费者提供的价值。价值主张确认公司对消费者的实用意义。通常的表现形式有:标准化/个性化的产品/服务/解决方案、宽/窄的产品范围。

（2）消费者目标群体/客户群体细分。即公司所瞄准的消费者群体。这些群体具有某些共性,从而使公司能够（针对这些共性）创造价值。定义消费者群体的过程也被称为市场划分。通常的表现形式有:本地区/全国/国际、政府/企业/个体消费者、一般大众/多部门/细分市场。

（3）分销渠道。即公司用来接触消费者的各种途径。这里阐述了公司如何开拓市场。它涉及公司的市场和分销策略。通常的表现形式有:直接/间接,单一/多渠道。

（4）客户关系。即公司同其消费者群体之间所建立的联系。通常所说的客户系管理即与此相关。通常的表现形式有:交易型/关系型、直接关系/间接关系。

（5）价值配置/关键业务（或企业内部价值链）。即资源和活动的配置。通常的表现形式有:标准化/柔性生产系统、强/弱的研发部门、高/低效供应链管理。

（6）核心资源与能力。即公司执行其商业模式所需的能力和资格。通常的表现形式有:技术/专利、品牌、成本/质量优势。

（7）合作伙伴网络。即公司同其他公司之间建立的,并且为有效地提供价值并实现其商业化而形成的合作关系网络。这也描述了公司的商业联盟范围。

（8）成本结构。即所使用的工具和方法的货币描述。

拓展阅读

（9）收入模型。即公司通过各种收入流来创造财富的途径。通常的表现形式有:固定/灵活的价格、高/中/低利润率、高/中/低销售量、单一/多个/灵活渠道。

3．商业模式的设计步骤

在学习以上商业模式的9大核心要素后,我们可进一步学习了解商业模式设计的步骤和方法。通常,商业模式的设计可以分以下四步:

（1）确定价值来源（即确定我们的客户是谁）:需提出价值主张、寻找客户细分、确定渠道网络、建立客户关系。

（2）确定商业模式运行条件、资源、基础设施（即确定我们的这一模式要什么样的条件和资源）:衡量核心资源及能力、设计关键业务、寻找重要伙伴。

（3）确定成本结构（即确定设计的商业模式所需要花费的成本及成本构成）：成本类型、成本来源分析、成本构成分析。

（4）确定盈利模式（即确定在除去成本外，我们的模式设计如何实现盈利）：根据成本结构调整收益方式、盈利模式设计。

4．商业模式画布

按照以上的四个步骤，有助于我们展开商业模式设计的构思。此外，商业模式画布（business model canvas，BMC）这一方法也成为较常用的商业模式设计工具，它既是构建商业模式的工具，又是一件做任何生意都用得上的"利器"。对于今天的每一个企业经营者来说，商业模式画布都是必备的技能，对商业模式画布的理解和运用也是构建和提升创业情商的核心。画布模型让我们可以更清晰直观地了解商业逻辑，又可以使整个商业模式制定过程更加简单清晰，通常商业模式画布更适合小组范围内的讨论，小组成员也会在白板上绘制商业模式画布供小组成员讨论。下面几点可以帮助我们更好地理解商业模式画布。

（1）商业模式画布由 9 个格子组成，每一个格子代表了一个做生意的关键要素，所有的格子之间都是密不可分、相互影响的，如图 9-1 所示。注意，每个格子并不是只和它旁边的格子有联系，而是和其他所有的格子都有关系，这些丰富的关联才是商业模式的真谛。

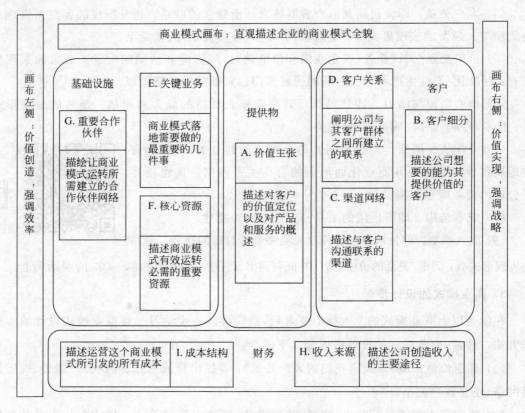

图 9-1　商业模式画布图

（2）每一个格子所在的位置都有它特定的含义，一个格子的左右、上下都是不同的格子，它们之间有非常紧密的联系。

（3）我们要把这"九宫格"作为一个整体来看，它代表着对即将开展生意的全盘规划，所关注的是整体要做的生意，而非某个细分的业务领域。

我们来看看这九个格子分别的含义，对应图 9-1 中的编号。

A. 价值主张：你准备为客户带来什么好处？

B. 客户细分：你的东西到底要卖给谁？他是怎样的？

C. 渠道网络：你如何找到目标客户？又如何将产品或服务交付给他们？

D. 客户关系：你准备和客户建立什么样的关系？比如，是一次性地买卖，还是永远的朋友？

E. 关键业务：你要做些什么事情（核心业务流程，如：生产、销售、交付等）才可以顺利完成与客户的交易，从而达到你要求的效果？

F. 核心资源：你需要哪些关键资源去做成这个生意？这些资源包含人、财、物、设备等。

G. 重要合作伙伴：哪些合作伙伴会让你的生意成功？

H. 收入来源：你的收入来源于哪些客户？

I. 成本结构：你是否知道这笔账是怎样算的？成本之间的关系是怎样的？成本是由哪几部分组成的？

二、商业模式咨询业务流程与方法

商业模式描述了企业如何创造价值、传递价值、获取价值的基本原理，是企业为了实现价值最大化而构建的企业与其利益相关者的交易结构。商业模式为企业的各种利益相关者，如供应商、顾客、合作伙伴、企业内的部门和员工等提供了一个将各方交易活动相互联结的纽带。以下将从商业模式的九大要素逐项介绍咨询项目组开展商业模式咨询的步骤，以及每个步骤需要思考的关键问题，即那些我们希望通过咨询报告引导我们咨询客户企业思考的问题。

（一）明确价值主张

价值主张是一家公司为其消费者提供的利益的集合或组合。价值主张可以是创新性的，并带来一种新的或革命性的产品或服务，也可以是与既有产品或服务相似，但增添了新的特点和属性。

咨询项目组将帮助企业思考以下问题：

（1）我们要向消费者传导怎样的价值？

（2）在我们的消费者所面对的问题中，我们需要优先帮助消费者解决哪一个？

（3）我们需要优先满足的是消费者的哪些需求？

（4）面向不同的消费者群体，我们应该提供什么样的产品和服务的组合？

（二）构建客户关系

客户关系描述的是一家企业针对某一个客户群体所建立的客户关系的类型。例如，私人服务（专属服务，一对一服务）、自助服务、自动化服务、社区、与客户协作，共同创造。

咨询项目组将帮助企业思考以下问题：

（1）我们的每一个客户群体期待我们与其建立并保持何种类型的关系？

（2）我们已经和客户建立了哪些类型的关系？

（3）维持这些关系的成本如何？

（4）这些客户关系类型与我们商业模式中其他模块是如何整合和如何形成对应的？

（三）设计渠道网络

渠道网络描述的是一家企业如何与其客户群体达成沟通并建立联系，以向对方传递自身的价值主张，渠道网络在客户体验中扮演着重要角色。每一个渠道可划分为五个阶段：购买，信息传递，售后，客户评价，知名度管理。渠道类型可分为直接或间接的渠道，也可分为自有渠道和合作方渠道。

咨询项目组将帮助企业思考以下问题：

（1）我们的消费者希望以何种渠道与我们建立联系？

（2）我们现在如何去建立这种联系？

（3）我们的渠道是如何构成的？哪个渠道最有效？

（4）哪些渠道更节约成本？

（5）我们如何将这些渠道与日常消费者的工作整合到一起？

（四）客户细分

客户细分描述了企业想要获得的和期望服务的不同的目标人群和机构。客户是商业模式的核心，企业需要选择服务于哪一类客户群体，并根据对这些群体个性化需求的深度理解而设计商业模式。客户细分也是不断给客户添加"标签"的过程，通过若干标签可以实现我们对用户的"画像"，即我们不见到客户本人，也知道我们的产品和服务是面向哪种类型的客户群体。

咨询项目组将帮助企业思考以下问题：

（1）潜在客户群体有哪些，是大众市场、小众市场、求同存异的客户群体、多元化的客户群体还是多边平台？

（2）我们在为谁创造价值？客户特征是怎样？

（3）谁才是我们最重要的客户？

（五）关键业务

关键业务描述的是保障其商业模式正常运行所需做到的最重要的事情。每一个商业模式都有一系列的关键业务,关键业务因不同的商业模式类型而异。通常一些关键的业务还包含一些关键流程,体现了价值的流动,以及体现企业如何赚取客户价值以实现盈利的过程。

咨询项目组将帮助企业思考以下问题:

(1) 我们的价值主张需要哪些关键业务支持?

(2) 我们的分销渠道需要开展哪些关键业务?

(3) 客户关系的维系需要哪些关键业务支持?

(4) 收入来源需要哪些关键业务流程?

（六）核心资源

核心资源描述的是保证一个商业模式顺利运行所需的最重要的资产。不同类型的商业模式需要不同的核心资源,比如实物资源、知识性资源、技术资源、人力资源、金融资源等。

咨询项目组将帮助企业思考以下问题:

(1) 我们的价值主张需要哪些核心资源支持?

(2) 我们的分销渠道需要哪些核心资源支持?

(3) 客户关系的维系需要哪些核心资源支持?

(4) 我们要想实现收入来源,需要哪些核心资源支持?

(5) 如何获得核心资源? 是企业自有,租赁获得,还是从重要合作伙伴处获得?

（七）合作伙伴关系

合作伙伴关系描述的是保证一个商业模式能够顺利运行所需的核心供应商和合作伙伴网络。基于建立合作伙伴关系的不同动机(优化规模效应、降低风险和不确定性、特殊资源及活动的获得),建立不同的合作方式。

咨询项目组将帮助企业思考以下问题:

(1) 谁是我们的关键合作伙伴? 谁是我们的关键供应商?

(2) 我们从合作伙伴那里获得了哪些核心资源?

(3) 我们的合作伙伴参与了哪些关键业务?

（八）成本结构

成本结构描述的是运营此商业模式所发生的所有成本,包括成本导向型和价值导向型两个等级。成本结构的分析关系到企业能否实现盈利,如果成本结构设置不合理,将会导致企业很难实现可持续盈利。

咨询项目组将帮助企业思考以下问题:

(1) 我们的商业模式中固定成本有哪些?

（2）最贵的核心资源是什么？

（3）最贵的关键业务是什么？

（4）我们的商业模式中还有哪些内容会产生成本？

（九）设计收入来源

收入来源代表了企业从每一个客户群体获得的现金收益，即企业如何从客户群体赚取利益，强调资金是如何赚取的一个过程。

咨询项目组将帮助企业思考以下问题：

（1）商业模式的潜在收入来源有哪些？哪些收入是来自关键利益相关者，哪些收入是来自企业自身的核心资源能力。

（2）商业模式的成本支付方式有哪些？哪些是企业自身支付，哪些是第三方支付，哪些是双方共同支付，哪些是零边际成本？

（3）适合的盈利模式有哪些，是固定收益、剩余价值还是利润分成？

（十）审视企业商业模式咨询的价值和意义

这一方面需要要求咨询项目组在完成以上九个步骤之后，按照以下的标准审视已完成的内容，以确保商业模式咨询方案的有效性。

（1）理清公司服务的客户特性、客户需求以及公司满足客户需求所提供的产品或服务。

（2）深刻认识公司为服务客户所需要的关键资源能力，以及获取方式。

（3）精确掌握公司各核心利益相关者的需求、资源禀赋特长以及各自在商业模式中的角色与功能，由此巧妙搭建公司业务系统。

（4）洞察公司收入来源与支出方式，对不同客户、不同产品或服务灵活定价。

（5）测算公司未来现金流，对资源投入与潜在收益有明确认识，并衡量企业价值与估值。

第二节　企业营销管理咨询

一、企业营销管理的内涵

营销管理是指企业为实现公司或组织目标，建立和保持与目标市场之间的互利的交换关系，而对拟定项目进行分析、规划、实施和控制。营销管理的实质，是对需求的管理，即对需求的水平、时机和性质进行有效的调解。在营销管理实践中，企业通常需要预先设定一个预期的市场需求水平。然而，实际的市场需求水平可能会和预期的市场需求水平不一致。这就需要企业营销管理者针对不同的需求情况，采取不同的营销管理对策，进而有效地满足市场需求，确保企业目标的实现。针对这一困境，就出现了企业营销管理咨询。

但是,营销管理到底是管什么,还是要回到市场营销的本质上来讲。每个人、每个企业在社会上生存和发展,都有需要,并愿意付出一定的报酬来满足部分需要,于是这部分需要就形成了需求。通常可以通过很多方式来满足需求,有自行生产、有乞讨、有抢夺、有交换等。市场营销的出发点是通过交换来满足需求。也就是说,市场营销是企业通过交换,满足自身需求的过程。企业存在的价值,在于企业提供的产品或服务能满足别人的需求,双方愿意交换,如此而已。所以需求是营销的基础,交换是满足需求的手段,两者缺一不可,营销管理就是对需求管理。

二、营销观念的发展与演变

了解营销管理领域的理论,首先我们需要从该领域的营销理念发展入手,熟悉营销观念的变化及演进发展过程,进而认识到营销管理理论演化发展的路径,如图 9-2 所示。

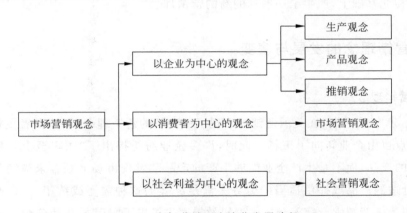

图 9-2　市场营销观念演化发展路径

1. 侧重生产观念的发展阶段

生产观念产生于工业革命初期,当时生产力水平较低,产品大多是生活、生产必需品,产品供不应求,选择性少,销售不成问题。该观念是以生产为中心的指导思想。企业的重心在于大量生产,力求产品标准化,通过降低成本而获利。

2. 侧重产品观念的发展阶段

产品观念出现在生产观念后期,同类产品不止一家生产,消费者开始比较产品质量的差异,愿意出高价购买更优质产品。该观念以品质为中心,企业管理重心在于产品创新和不断提高产品质量。

3. 侧重销售观念的发展阶段

销售观念产生于 20 世纪 30 年代后期,由于科技进步和科学管理,生产大规模发展,产量迅速增加,从卖方市场向买方市场过渡,逐渐出现某些产品供过于求。该观念以销售为中心,企业的重心在于推销工作,用尽各种推销手段和工具,通过提高销售量而获利,不管产品是否符合消费者的需要。

4. 侧重市场营销观念的发展阶段

该观念产生于 20 世纪 50—70 年代,在买方市场形成后产生的。注重消费者需求导向和竞争导向。消费者需求是市场营销活动的起点及中心,企业的任务在于认清消费者的需求,比竞争对手更快地开发产品以满足市场需要。

5. 侧重社会营销观念的发展阶段

该观念产生于 20 世纪 70 年代西方资本主义出现能源危机、通货膨胀、失业增加,环境污染严重、消费者保护运动盛行的新形势下,企业以兼顾顾客眼前利益和长远利益、顾客个人利益和社会整体利益为中心而开展营销活动。总之,要统筹兼顾三方利益,即企业利润、满足消费者需要和社会利益。

总体而言,营销观念包含生产导向型、推销导向型、市场营销导向型和社会营销导向型四种类型。在此基础上,产生了一系列的新的营销理念。

三、市场营销理念的发展与演变

1. 4P 营销理念

20 世纪 50 年代中期,在美国营销界出现了一种新的营销理念,即消费者主权论。企业营销的出发点也由企业转向了市场。此时,许多企业纷纷提出了"顾客至上""生产市场上顾客所需要的产品,而不是生产企业能够生产的产品""发现市场上顾客未被满足的需要或欲望,生产合适的产品或提供适当的劳务去满足顾客的这种需要或欲望"。在此大环境的影响下,美国著名营销学专家尤金·麦卡锡教授率先提出了"4P"的营销理念。他认为"4P"是构成市场营销活动的四大组合因素,即产品(product)、价格(price)、渠道(place)和促销(promotion)。他强调企业生产并提供适当的产品或劳务,为该产品或劳务制定出合适的价格,通过合适的分销渠道,采用恰当的促销手段,就可以将产品或劳务营销出去,就能够满足市场上广大消费者的需求或欲望。4P 营销理念的提出,对传统的市场营销理念是一个重大的修正。该理念的提出适应了买方市场的实际消费需要,对我们现代市场营销理念的形成与发展起到了极大的推动作用。

2. 10P 营销理念

到了 20 世纪 80 年代中期,美国另一位著名的市场营销专家菲利普·科特勒教授,在"4P"营销理念的基础上又先后补充了 6 个 P,提出了"10P"营销理念。他认为麦卡锡教授提出的"4P"是市场营销理念上的战术"4P",问题是企业的这些"4P"是如何确定的。他强调企业在制定战术"4P"之前必须首先制定自己的战略"4P",即探查(probing)、分割(partitioning)、优先(prioritizing)、定位(positioning)。1986 年,菲利普·科特勒在"8P"的基础上,加以进一步完善,增加了"2P",即政治权力(political power)和公共关系(public relations),并在"10P"的基础上提出了大市场营销的理念。

3. 4C 营销理念

20 世纪 90 年代,市场营销理念又得到了进一步的发展。许多学者和专家认为,以前所讲的市场营销理念,虽然讲营销是从市场上顾客的需求或欲望出发,一切以市场上顾客的需求为中心,但实际上很多企业仍没有真正做到这一点。以前所提出的"4P"乃至"10P",其实仍是一种以企业为中心来进行营销运作的营销理念。于是,以劳特朋(Lauter Born)为代表的营销专家们提出了以追求顾客满意为宗旨的"4C"营销理念。"4C"营销理念的提出,是市场营销理念的一次重要变革。它从理念上明确地提出了企业的市场营销活动,必须以提高顾客满意度为中心的思想,重新设定了市场营销的四个新的组合要素,即消费者的需要和欲望(consumer wants and needs)、成本(cost)、便利(convenience)和沟通(communication)。"4C"营销理念认为,企业应该时刻将广大顾客的需求放在首位,要不断通过企业向顾客提供的顾客所需要的产品或劳务,提高顾客对产品或劳务乃至品牌、企业的满意度。在企业营销活动的实际运作过程中,要以顾客所认可的成本生产或提供他们所需要的产品和劳务。同时,注重于为满足顾客的需要而提供产品或劳务的迅捷性,这对于顾客而言就是购买的便利性。企业要通过与顾客的多次沟通,一方面,了解顾客的反馈意见,进一步发掘出顾客的潜在需求,便于企业在今后的生产和营销过程中加以改进,并不断推出新产品。通过这种沟通,便于向目标顾客宣传、介绍企业的理念、新产品、技术、管理等方面的内容,有利于顾客对企业的详情有全面的了解。另一方面,通过这种沟通活动,可以与目标顾客建立起一定的感情,从而形成一定的关系,有利于对目标顾客的进一步锁定,培养一批忠诚的企业产品、品牌或劳务的消费者,使企业能够获得长期的目标利润。

4. 4R 营销理念

从 4C 到 4R 是市场营销理念的又一次飞跃。如果说"4C"理念是企业以顾客为中心,以提高顾客满意度为宗旨的话,那么,"4R"理念则是强调企业与顾客是一种合作伙伴关系。4R 理论是美国的唐·舒尔茨(Don Schultz)提出的。4R 理论以提高企业对顾客需求的反应和满足速度为手段,以企业与目标顾客建立长期关系为宗旨的新型的市场营销理念。该理念对组成市场营销的四个要素进行了调整,确立了新的四个要素,即关联(relation)、反应(reaction)、关系(relationship)和回应(reciprocation)。其中,关联是指企业与目标顾客之间建立起的一种供需互动的联系;反应是指企业对于市场上消费者需求变化的反应,在这里反应速度是至关重要的,它决定了企业是否能以最快的速度对市场上消费者的需求给予满足,这关系企业的生存和发展;关系是指企业必须与那些沿产品价值链的纵向、横向及其他方面的组织、团体和个人建立起一定的良好关系。这种良好关系的建立和巩固,有助于企业在谋生存、求发展的过程中赢得社会各方的支持和合作;回应是指企业通过树立"4R"的营销理念,以顾客的需求为中心,兼顾好企业、社会、员工和顾客的长短期利益,产生出符合顾客需求的产品或提供顾客需要的服务,并在此基础上获取顾客的回报,即企业的收益。

5．4V 营销理念

近年来，由于科学技术的飞速发展，不仅众多高技术被研发出来，而且还被迅速地运用于新产品和新服务的开发之中。对应这些在市场上不断推出的高新技术产品，市场营销的理念也在不断地更新。4V 正是在这种大背景下提出的又一营销新理念。有专家将这种4V 营销理念称为第三代营销模式。所谓"4V"是指差异化（variation）、功能化（versatility）、附加价值（value）、共鸣（vibration）的营销组合新理念。差异化是由市场上顾客需求的差异化所决定的。差异化的具体表现是，企业提供差异化的产品和服务，以有针对性地满足顾客差异性的需求；功能化主要是指将整体产品的概念、价值工程的概念与顾客需求相结合，来考虑产品如何将其功能与价格相匹配，从而按照顾客的偏好与经济承受能力，来更好地满足他们的需求；附加价值是指企业通过自己的营销创新活动，不仅增加有形产品能够给广大顾客所带来的价值，而且还要增加凝聚在有形产品之中的无形价值的分量。共鸣主要是指企业通过其营销活动，特别是营销创新活动的开展，来全面提升产品的让渡价值，充分满足顾客对产品"效用最大化"的追求，赢得顾客的忠诚，使他们能对企业所开展的营销创新活动加以理解，并提供支持和合作。

市场营销理念演变的历程，反映了市场营销理论创新的历程。企业要能成功地进行市场营销活动，必须十分重视跟踪市场营销理念的演进过程，运用新理念，做好新营销。

四、营销管理领域的最新业务类型

掌握和了解营销管理领域的最新业务类型，有助于我们结合当今热门的业务场景开展营销管理咨询，帮助企业在营销管理领域克服管理难题，从而体现营销管理咨询的价值。

（一）大数据营销

大数据营销是一种基于多平台的大量数据、依托大数据技术的基础上、应用于互联网广告行业的营销方式。大数据营销的核心在于让网络广告在合适的时间，通过合适的媒介，以合适的方式投给合适的人。

大数据时代，消费者日常生活中的每一笔消费记录都是有价值的，这些价值都是聚集了大量的前兆性行为数据，实现真正意义上的大数据营销，关于大数据营销有以下几个特性。

（1）多平台化的数据采集。大数据的数据来源多样，多平台采集宏观上包含互联网、移动互联网、广电网、智能显示屏、可穿戴设备甚至智能家居等一切与消费者发生关系的数据来源。

（2）强调时效性。网络时代，网民消费行为和购买方式极易在短时间内发生变化。大数据营销代理机构十分重视实践时间营销的策略，主张通过技术手段充分了解网民的需求，并及时响应每一个网民的及时需求，让目标受众群体在决定购买的黄金时间内及时接收到推送的商品广告。

（3）个性化营销。广告主的营销理念从媒体导向向受众导向转变。如今广告主完全以受众为导向进行广告营销设计，因为大数据技术可让他们知晓目标受众群体身处何方，关注着什么位置的内容以及想要获取什么样的信息。

（4）关联性。大数据营销的一个重要特点在于消费者关注的广告与广告之间的关联性，由于大数据在采集过程中可快速得知目标消费者关注的内容，以及可知晓目标消费者身在何处，这些有价值的信息可让广告的投放过程产生前所未有的关联性，而大数据往往通过构建关联关系来创造价值，具有高强度关联性的数据分析结果，能够有助于企业更好地感知消费者需求。例如，通过餐馆消费者频繁点偏辣口味的菜系，可预判消费者群体具有偏好川菜菜系的特征，进而可以向其推送关于川菜菜馆优惠及折扣等信息。

（二）精准营销

1. 精准营销的含义

精准营销（precision marketing）就是在精准定位的基础上，依托现代信息技术手段建立个性化的顾客沟通服务体系，实现企业可度量的低成本扩张之路。就是公司需要更精准、可衡量和高投资回报的营销沟通，需要更注重结果和行动的营销传播计划，还有越来越注重对直接销售沟通的投资。是在充分了解顾客信息的基础上，针对客户喜好，有针对性地进行产品营销，在掌握一定的顾客信息，市场信息后，将传统营销与数据库营销结合起来的营销新趋势。按照精细化定向营销的理念和结构框架，进行细分市场，帮助企事业单位在激烈的市场竞争中取得竞争优势。目前，越来越多的企事业单位通过"精准营销"的营销模式，精确找到目标顾客的需求，从而拉近自身与具体顾客的距离。

精准营销的含义可从以下三个层面理解：

第一，精准的营销思想，营销的终极追求就是不营销，逐步精准就是不断过渡的过程。

第二，是实施精准的体系保证和手段，而且这种手段是可衡量的。

第三，就是达到低成本可持续发展的企业目标。

2. 精准营销的核心思想

精准的含义是精确、精密、可衡量的。精准营销比较恰当地体现了精准营销的深层次寓意及核心思想。精准营销的核心思想体现在以下四个方面。

（1）精准营销就是通过可量化的精确的市场定位技术突破传统营销定位只能定性的局限。只有对市场进行准确区分，才能保证有效的市场、产品和品牌定位。

（2）精准营销借助先进的数据库技术、网络通信技术及现代高度分散物流等手段保障和顾客的长期个性化沟通，使营销达到可度量、可调控等精准要求。摆脱了传统广告沟通的高成本束缚，使企业低成本快速增长成为可能。

（3）精准营销的系统手段保持了企业和客户的密切互动沟通，从而不断满足客户个性需求，建立稳定的企业忠实顾客群，实现客户链式反应增殖，从而达到企业的长期稳定高速发展的需求。

（4）精准营销借助现代高效广分散物流使企业摆脱繁杂的中间渠道环节及对传统营销模块式营销组织机构的依赖，实现了个性关怀，极大降低了营销成本。

（三）新零售

所谓新零售，是指企业以互联网为依托，通过运用大数据、人工智能等技术手段，对商品的生产、流通与销售过程进行升级改造，并对线上服务、线下体验以及现代物流进行深度融合。简单来说，新零售就是以大数据为驱动，通过新科技发展和用户体验的升级，改造零售业形态。

线上线下和物流结合在一起，才会产生新零售。2016 年 10 月的阿里云栖大会上，阿里巴巴马云在演讲中第一次提出了新零售，"未来的十年、二十年，没有电子商务这一说，只有新零售"。

自此概念被提出以来，已经有包括阿里巴巴、腾讯、百度、京东、小米、网易等众多企业开始了新零售的探索之路。其中比较出名、并且从一开始就完全按照新零售模式操作的，有阿里巴巴的"盒马鲜生"、腾讯、京东系的"超级物种"、小米公司的"小米之家"、网易公司的"网易严选"等。

阿里巴巴公司对新零售的定义是"以消费者体验为核心，大数据技术驱动的泛零售"；腾讯公司认为新零售是"以社群、数字化、体验为核心，以支付为原点，以人为中心，以大数据为驱动的智慧零售"。还有一些观点认为"新零售就是应用新技术改造零售业""新零售就是重新回到线下，线上流量太贵了，线下反而便宜些""零售不分新旧，还是性价比和流转效率"。

（四）共享经济

共享经济，一般是指以获得一定报酬为主要目的，基于陌生人且存在物品使用权暂时转移的一种新的经济模式。其本质是整合线下的闲散物品、劳动力、教育医疗资源。有的也说共享经济是人们公平享有社会资源，各自以不同的方式付出和受益，共同获得经济红利。此种共享更多的是通过互联网作为媒介来实现的。

共享经济这个术语最早由美国得克萨斯州立大学社会学教授马科斯·费尔逊和伊利诺伊大学社会学教授琼·斯潘思于 1978 年发表的论文中提出。其主要特点是，包括一个由第三方创建的、以信息技术为基础的市场平台。这个第三方可以是商业机构、组织或者政府。个体借助这些平台，交换闲置物品，分享自己的知识、经验，或者向企业、某个创新项目筹集资金。经济涉及三大主体，即商品或服务的需求方、供给方和共享经济平台。共享经济平台作为连接供需双方的纽带，通过移动应用、动态算法与定价、双方互评体系等一系列机制的建立，使得供给与需求方通过共享经济平台进行交易。

（五）粉丝经济

粉丝经济泛指架构在粉丝和被关注者关系之上的经营性创收行为，是一种通过提升用户黏性并以口碑营销形式获取经济利益与社会效益的商业运作模式。在过去,被关注者多为明星、偶像和行业名人等。例如,在音乐产业中的粉丝购买歌星专辑、演唱会门票,以及明星所喜欢或代言的商品等。如今,互联网突破了时间、空间上的束缚,粉丝经济被宽泛地应用于文化娱乐、销售商品、提供服务等多领域。商家借助一定的平台,通过某个兴趣点聚集朋友圈、粉丝圈,给粉丝用户提供多样化、个性化的商品和服务,最终转化成消费,实现盈利。

五、企业营销管理常见问题

1. 企业营销模式中的定价问题

企业生产的每一个产品最终都要推销出去才能盈利,而商品的定价问题是企业的营销管理中一大关键。在新时期,经济不断发展,企业的生存和发展面临的挑战,各企业之间的竞争越来越激烈,加上消费者日趋提高的消费需求,各方面的因素都影响着企业对商品的定价。新时期的企业往往比较重视产品的成本问题,因而定价也跟着成本进行变动,而忽略了经济形势与消费者的偏好及特点,进而造成了企业在保证利润的基础上,面临着更大的原材料价格的浮动风险,不利于企业的发展。

2. 企业营销模式中营销队伍的建设问题

在新时期背景下,信息技术不断发展,全国各大企业在营销管理创新方面普遍借鉴很多国外的成功经验,对营销管理进行规划创新。然而,企业在营销队伍的建立问题上不重视营销人员的技能培训,营销人员技能偏低,缺乏相关的营销经验。除此之外,企业对于营销人员的工作安排、职业规划也存在不合理现象,需要进行完善规划,必要的时候,需要对企业营销团队成员的能力素养开展培训。

3. 企业营销模式中信息技术应用方面的问题

企业营销模式在新时期的发展过程中,一方面要面临着我国市场经济发展新趋势带来的困难与挑战,另一方面还要面临借鉴国外成功经验进行模式改革带来的压力,在此双重压力的情况下,大多数企业都不断完善其信息技术知识。然而,由于各大企业的实际营销情况不同,模式也各具特色,因此,短时间内信息技术的应用还不能完全适应企业营销方案的实施,如何长期有效地展开信息系统应用规划,还需要企业深入细致的展开信息技术与营销应用方案的设计。

4. 企业营销模式中营销业务流程管理的问题

企业由于要不断迎合新时期市场经济发展的趋势与国外经验的应用,因此,尚未建立健全切实有效地具有针对性的营销方案,对于营销管理方面的创新效果也并不显著。另一方面,大多数企业的营销工作人员由于缺乏专业的营销技能培训,相关的资格证件并不齐全,对于企业营销产品的成本、采购量、销售量等信息的了解程度并不够,企业营销人员对业务的不熟悉或者不专业,从而导致客户的流失。

第三节　咨询方案设计及实施指导

在学习完企业商业模式和企业营销管理两部分内容之后，我们对相应的概念有了一定的理解和认识，而针对我们的咨询对象提供的商业模式与营销管理部分的咨询方案设计也是基于以上的知识内容，进行相应的应用。以下将对具体方案制定的关键步骤进行介绍。

一、商业模式与营销管理咨询方案设计步骤

1. 简要描述商业模式

简要描述商业模式，这部分需要重点关注怎样通过简单的表述，体现核心商业模式内容。在这一部分，我们将着重介绍若干问题思路，例如：我们的商业模式是什么，具体要做什么样的产品或提供怎样的服务，我们的商业模式有什么样的特点，我们的商业模式是怎样开展和进行的，其大致的过程和流程是什么。这一方面将侧重于表述我们准备怎么做？以及我们做什么内容。以滴滴打车为例，那么商业模式的描述可以是我们将做一款可以帮助用户打出租车的 App，名叫滴滴打车。用户可以通过手机 App 查找到离他最近的出租车司机并通过 App 下单获取出租车服务。

2. 介绍商业模式的特色与优点

介绍商业模式的特点与优点，这部分内容强调我们需要在咨询方案中，向客户展示这一商业模式设计的特色在哪里。也就是我们这个商业模式在众多商业模式中凭借什么样的内容设计能够吸引客户，商业模式的亮点在哪？最拿得出手的地方在哪里？商业模式的特色与优点，往往也成为项目的亮点之处。通常会被用来与投资方以及我们潜在的客户进行沟通。换句话说，这个项目是否有价值，是否有值得投资的地方，是否具有竞争力，以及是否有潜在创新的地方，全看商业模式的特色与优点介绍。

3. 从技术实现角度介绍如何实现商业模式及营销推广

在经过商业模式介绍、商业模式特点与优点分析之后，我们需要思考的是如何将这一商业模式"落地"，也就是我们所构建的商业模式将如何实现，具体说来，我们将如何利用成熟的技术来实现我们的商业模式，如信息技术就是一个不错的手段。现今的大数据、云计算、基于微信的小程序、移动终端 App（应用程序）都能够让很多具有创新且有特色的商业模式得以实现。因此，我们需要将所用到的技术手段，思考如何一步一步地实现我们的商业模式的过程进行展现。具体将需要介绍业务流程的设计（包括关键业务开展的步骤、过程、顺序），甚至涉及 App 软件功能的设计时，还需要介绍 App 的功能模块（有哪些功能模块，每个模块的目的是什么），以及模块下有哪些功能。值得注意的是，如果涉及 App 或应用软件的开发设计，那么还需要以不同用户的视角来介绍软件界面的设计。例如，"滴滴打

车"软件,就有用户端和司机端的区别,用户负责下单寻找出租车,而开出租车的司机负责接单,寻找潜在打车的用户,那么这两种不同的用户群体,将决定软件有不同的操作界面。

按照以上步骤,将能得到具体的商业模式设计及营销管理模块的咨询方案,该方案让我们明白如何为咨询对象设计商业模式,带来新的盈利点,并且如何吸引潜在客户实现盈利。

二、营销咨询方案中的 STP 策略

以下将对企业商业模式与营销咨询方案编制过程中可能涉及的市场细分、目标市场的选择、市场定位等核心问题,提供相应的方法参考。

(一)市场细分的方法

(1)单一因素法。根据消费者需求情况,选择某一个变数对市场进行细分;例如,儿童玩具可以按年龄来进行细分。

(2)综合因素法。根据消费者需求情况,选择两个或两个以上的变数,从多个角度对市场进行细分;如服装、化妆品可以根据性别、年龄、收入情况、职业、购买心理、品牌忠诚度等来进行细分。

(3)系列因素法。根据消费者需求情况,选择两个或两个以上的变数,按一定顺序依次对某一市场进行细分。

(二)选择目标市场的方法

通常,目标市场的选择一般运用下列三种策略。

1. 无差别性市场策略

无差别市场策略,就是企业把整个市场作为自己的目标市场,只考虑市场需求的共性,而不考虑其差异,运用一种产品、一种价格、一种推销方法,吸引可能多的消费者。例如,美国可口可乐公司从 1886 年问世以来,一直采用无差别市场策略,生产一种口味、一种配方、一种包装的产品满足世界 156 个国家和地区的需要,称作"世界性的清凉饮料",资产达 74 亿美元。由于百事可乐等饮料的竞争,1985 年 4 月,可口可乐公司宣布要改变配方的决定,不料在美国市场掀起轩然大波,许多电话打到公司,对公司改变可口可乐的配方表示不满和反对,不得不继续大批量生产传统配方的可口可乐。可见,采用无差别市场策略,产品在内在质量和外在形体上必须有独特风格,才能得到多数消费者的认可,从而保持相对的稳定性。

这种策略的优点是产品单一,容易保证质量,能大批量生产,降低生产和销售成本。但如果同类企业也采用这种策略时,必然会形成激烈竞争。

另一个案例,闻名世界的肯德基炸鸡,在全世界有 800 多个分公司,都是同样的烹饪方法、同样的制作程序、同样的质量指标、同样的服务水平,采取无差别策略,生意很红火。

1992 年，肯德基在上海开业不久，上海荣华鸡快餐店开业，且把分店开到肯德基对面，形成"斗鸡"场面。因荣华鸡快餐把原来洋人用面包做主食改为蛋炒饭为主食，西式沙拉土豆改成酸辣菜、西葫芦条，更取悦于中国消费者。所以，面对竞争强手时，无差别策略也有其局限性。

2. 差异化市场策略

差异化市场策略就是把整个市场细分为若干子市场，针对不同的子市场，设计不同的产品，制定不同的营销策略，满足不同的消费需求。

例如，美国有的服装企业，按生活方式把女性分成三种类型：时髦型、男子气型、朴素型。时髦型女性喜欢把自己打扮得华贵艳丽，引人注目；男子气型女性喜欢打扮的超凡脱俗，卓尔不群；朴素型女性购买服装讲求经济实惠，价格适中。公司根据不同类女性的不同偏好，有针对性地设计出不同风格的服装，使产品对各类消费者更具有吸引力。又如，某自行车企业，根据地理位置、年龄、性别细分为几个子市场：农村市场，因常运输货物，要求牢固耐用，载重量大；城市男青年，要求快速、样式好；城市女青年，要求轻便、漂亮、闸灵。针对每个子市场的特点，制定不同的市场营销组合策略。这种策略的优点是能满足不同消费者的不同要求，有利于扩大销售、占领市场、提高企业声誉。其缺点是由于产品差异化、促销方式差异化，增加了管理难度，提高了生产和销售费用。目前只有力量雄厚的大公司采用这种策略，如青岛双星集团公司，生产多品种、多款式、多型号的鞋，满足国内外市场的多种需求。

3. 集中性市场策略

集中性市场策略就是在细分后的市场上，选择二个或少数几个细分市场作为目标市场，实行专业化生产和销售。在个别少数市场上发挥优势，提高市场占有率。采用这种策略的企业对目标市场有较深的了解，这是大部分中小型企业应当采用的策略。

日本尼西奇起初是一个生产雨衣、尿布、游泳帽、卫生带等多种橡胶制品的小厂，由于订货不足，面临破产。总经理多川博在一个偶然的机会，从一份人口普查表中发现，日本每年约出生 250 万个婴儿，如果每个婴儿用两条尿布，一年需要 500 万条。于是，他们决定放弃尿布以外的产品，实行尿布专业化生产。一炮打响后，又不断研制新材料、开发新品种，不仅垄断了日本尿布市场，还远销世界 70 多个国家和地区，成为闻名于世的"尿布大王"。

采用集中性市场策略，能集中优势力量，有利于产品适销对路，降低成本，提高企业和产品的知名度。但有较大的经营风险，因为它的目标市场范围小，品种单一。如果目标市场的消费者需求和爱好发生变化，企业就可能因应变不及时而陷入困境。同时，当强有力的竞争者打入目标市场时，企业就要受到严重影响。因此，许多中小企业为了分散风险，仍应选择一定数量的细分市场为自己的目标市场。

三种目标市场策略各有利弊。选择目标市场时，必须考虑企业面临的各种因素和条件，如企业规模和原料的供应、产品类似性、市场类似性、产品寿命周期、竞争的目标市场等。

选择适合本企业的目标市场策略是一个复杂多变的工作。企业内部条件和外部环境在不断发展变化，经营者要不断通过市场调查和预测，掌握和分析市场变化趋势与竞争对手的条件，扬长避短，发挥优势，把握时机，采取灵活的适应市场态势的策略，去争取较大的利益。

（三）市场定位方法

（1）初次定位。有两种形态：第一是新产品投入市场，需要定位；第二是产品进入新的目标市场，要进行定位。

（2）重新定位。原有的定位不好，或者目标市场的消费者有变化，或者由于市场竞争的需要，需要重新定位。

拓展阅读

（3）对峙定位。与现有竞争者争夺同一目标市场的消费者，而进行的定位方法。

（4）避强定位。避开强有力的竞争对手，寻求"空白点"。

📚 本章小结

• 企业商业模式咨询解决了企业如何盈利以及盈利模式设计的问题，帮助我们如何去发掘细分市场，如何帮助客户找到具有潜在发展机遇的市场，以及如何通过盈利模式的设计，让客户切实能够在服务客户的过程中赚取利益。

• 企业营销解决了企业如何发掘客户，并将产品和服务推广到客户手中，吸引用户并留住客户的核心问题，其中包含了营销推广、活动设计、客户群体关系维系及拓展的核心知识内容。

• 企业商业模式与营销管理咨询围绕的本质目标是企业的盈利，将需要思考更多的是如何通过盈利模式设计、营销方案及活动的设计，让企业赚到更多的收益。如果方案的设计不能带来企业盈利能力的提升，将是没有意义的。

🍃【技能训练】　模块九：企业营销管理咨询模拟演练

【训练目标】

运用所学商业模式设计与营销管理的知识，个性化的为企业设计基于信息技术来实现的创新营销方案，体现所学知识在实践场景下的应用。

【训练任务及要求】

• 结合客户企业的主营业务，选定一个具体的产品/业务方向；

• 帮助客户利用信息技术发现用户、留住用户；

• 采用创新思维，为客户思考如何利用信息技术提升产品销量（或实现更多用户价值转化），设计并描述具体的商业模式，展现商业模式如何盈利（绘制业务流程图）；

• 以 App（手机应用软件）、网页或微信公众号等形式为营销方案实现载体，设计具体功能模块，每个功能模块的内容用 1~2 句话简要进行介绍（限 500 字）；

• 营销方案设计需符合客户战略发展方向，确保与总体战略目标一致，要有商业模式描述，以及商业模式优点的介绍。

（补充说明：信息技术（IT）涉及计算机软件、移动互联网、大数据等新兴技术应用，可结合身边熟悉的事例，选用相应的信息技术应用方案，可以是用一套系统、一款软件、微信上的小程序、网页上的插件应用、网站等。）

【作业参考样例】

以"物流服务"为例，利用现有的智能手机等移动终端，设计 App，搭建 P2P 物流模式（注：P2P，是 Peer-to-Peer，点对点，P2P 物流是一种个人对个人、点对点的物流模式）。

商业模式描述：用户可以通过手机 App，联系周围的私家车司机进行"货物寄送"或"货物接收"，该模式采用"捎带物品"的设计思路，利用私家车进行货物/包裹的运送。

商业模式优点：共享私家车资源，绿色节能，包裹运输时间更灵活，可为私家车分摊成本。

P2P 物流商业模式业务流程（以寄方为视角），如图 9-3 所示。

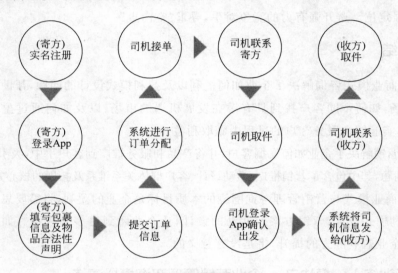

图 9-3　业务流程展示样例

拟设计的软件功能介绍（样例）：

P2P 物流商业模式业务流程（以寄方为视角）；

P2P 物流商业模式业务流程（以收方为视角）（以此类推）；

P2P 物流商业模式业务流程（以司机方为视角）（以此类推）。

P2P 物流商业模式——App 功能模块（以寄方/收方为视角）。

用户注册（用于用户实名登记）；

常用地址（用于用户管理常用收货地址）；

订单管理（用于用户管理收发订单）；

客户服务（用于用户进行客服支持）。

P2P 物流商业模式—App 功能模块（以司机方为视角）：

用户注册（用于用户实名登记）；

订单管理（用于用户管理收发订单，提供订单统计信息）；

行程管理（用于用户管理行程，提供公里数统计信息）；

客户服务（用于用户进行客服支持）。

第十章

企业信息化与电子商务管理咨询

 引导故事

ATM 机带来的企业服务变革

自动取款机又称 ATM,是 automatic teller machine 的缩写,意思是自动柜员机,因大部分用于取款,又称自动取款机。如今,国内绝大部分 ATM 机均已实现自动存取款功能,并且逐渐进入我们的生活中,但谁也不会知道,这小小的 ATM 机,主导了企业服务的变革。

在过去的银行业,往往银行一开门就会排起长队,银行门口排队的人员越来越多,大家不为别的,就为了办理现金的存取款业务,早期的银行管理人员进行了调研,发现办理现金存取款业务的客户需求最多,其次是转账和查询业务需求的客户。早期不像现在这么方便,现今我们账户余额发生变动会有短信提醒,我们也可以通过互联网查询到我们账户的余额,但在过去,很多人排队一上午,可能就是为了看看自己的账户里有多少钱。排队一上午,就为了看账户一眼,这一现象作为一个"小典故"被人们传开来,这让当地政府及银行管理层大为不满,他们便开始思考怎样提升银行的服务效率。当时提出的一个方案是延长银行人员的上班工作时间,这样可以缓解压力,但问题又来了,随着工作时间的延长,当时很多人从 8 小时上班延长到 10 小时或更长,很多银行尝试白班晚班更替,结果发现人员长期过度劳累,导致账务处理的错误率提升,并且银行业务人员会在处理重复性大量工作的过程中变得疲惫和劳累,工作效率大大降低。此时,引入 ATM 柜员机的想法应运而生,大家思考着怎样通过机器,提升业务处理效率,再经过几轮产品更替及测试后,大部分银行网点开始上线了 ATM 机。而这个小小机器,使整个银行系统的服务效率提升了一大截,可以算是划时代的提升了。

首先,AMT 机的推出,让银行服务原有的 8 小时制变为 24 小时,服务周期和时间得到大大提升,并且由于服务时间的延长,居民不再赶到一个时间去银行门口排队。他们可以在自己时间方便的时候,去 ATM 机上办理服务。其次,ATM 机替代了大量重复工作,原有的查询账户、存取款、转账等业务都得到了替代,有这些需求的用户可以在机器自助查询办理,这极大程度上缓解了业务人员的工作压力,减少了重复劳动的工作量。最后,ATM 机的出现,也大大降低了业务人员的错误率,机器数钱和计算,毕竟是按照标准流程进行的,并且机器不易疲惫,效率稳定,因而错误率大大减小。ATM 机的出现,让其他各行各业

227

都在积极思考通过技术的应用对传统产业改造升级,以提升效率,为企业创造更多价值。

【管理启示】 大量的重复性工作实际上可以用信息系统来完成,信息系统与电子商务方案的应用,极大地提升了企业管理效率,提升企业的服务质量,有助于企业成本的管控,为企业管理实践创造价值。

🎯 学习目标

- 理解什么是企业信息化;
- 理解企业信息化管理的内涵及目的;
- 理解企业信息化管理的应用;
- 掌握企业电子商务管理的定义;
- 了解企业电子商务管理的发展及应用。

第一节　企业信息化管理咨询

一、企业信息化概述

1. 企业信息化的含义

企业信息化是指企业以流程为基础,在一定的广度和深度上利用计算机技术、网络技术和数据库技术,控制和集成化管理企业生产经营活动中的所有信息,实现企业内外部信息的共享和有效利用,以提高企业的经济效益、市场反应速度和市场竞争能力。

企业信息化属于管理范畴,同时也是一个管理工程。作为管理咨询的一种,企业信息化咨询是管理咨询和信息化技术实施的结合,咨询提供方对客户进行管理与信息化手段过程的整合,形成与企业管理基础和资源相适应的、客观有效的信息化解决方案。

2. 企业信息化的发展历程

企业的信息化是一个过程,是企业利用信息技术手段提高企业自身竞争力的过程。根据信息技术发展阶段和企业应用规模的不同,企业信息化进程大致可以分为以下四个阶段。

(1) 单机使用阶段。实现会计核算、财务管理、设备备件管理、人事管理等单机模块的信息化,基本完成企业信息化的启蒙阶段,初步实现数据电子化,培养信息化建设的"游击队"。

(2) 局域网应用阶段。在单机应用的基础上,实现局域网,初步实现数据共享,完成企业信息化建设的小学阶段。

(3) 全企业范围应用阶段。在网络数据库支持下实现全企业范围的信息集成,充分实现企业信息共享,完成企业信息化建设中的中学阶段,培养信息化建设的"正规军"。

（4）企业价值链应用阶段。这一阶段企业的信息化突破了企业的界限,利用内部网。

外联网实现企业内外部信息在企业及其客户、供应商、合作伙伴之间的实时互动,促进整个价值链上的企业以一种全新的方式进行自己的生产和经营活动,从而使企业有可能以较低的成本将自己的活动范围扩展到哪一国乃至全球,参与世界范围内外的竞争,完成企业信息化建设的大学阶段,培养企业自身信息化建设的精英,实现企业信息化建设的可持续发展。例如,现在较多的基于"云"的信息技术应用,就能够将企业异地组织机构进行协同管理,大家彼此共享数据,提升了业务部署的灵活性。

3. 企业信息化管理的价值与目的

企业信息化到底是为了什么?从根本上说,就是利用 IT 技术来实施企业的管理,优化内部流程,提高企业的生产力和运行效率,从而提升企业的核心竞争力。由于企业信息化涉及企业战略的转型,而战略的转型则会影响到企业的方方面面,因此它直接关系到企业的生存,关系到企业内部权力与责任的重新分配。所以,企业信息化首先是战略问题,其次是管理问题,最后才是技术问题。这中间的每一步都需要专业的人员来进行规划和设计,这就是我们所说的 IT 管理咨询(也称企业信息化管理咨询),它是咨询业和成熟的 IT 技术之间的桥梁与纽带。通常情况下,对于大型的企业管理软件提供商来说,他们向用户售出的不仅是一个软件产品,而且是整套的咨询服务,其中软件仅仅作为载体,承载了相应的服务。

由于企业在发展过程中,会上线多种多样的信息系统,而往往由于时间周期、成本等因素的制约,导致这些系统之间数据都不互通,或者数据之间互通需要付出高额的成本,因此将形成一个个"信息孤岛",对企业信息资源的管理带来浪费。而企业信息化管理将是应用先进的计算机网络与管理方式,实现企业全部信息采集和收集的过程,进而实现信息的统一化管理。计算机网络技术在这种新型信息化管理过程中占据较大作用,可以从以下三方面分析:首先,不受时间、空间等地理因素的影响。在市场化发展的影响下,很多企业都开始进行全球化运营,资本在全球范围中流动,如果不能合理的应用计算机网络技术,就会对企业发展造成影响。在计算机网络技术的作用下,打破了各部门壁垒,同时还可利用会议方式指导企业工作,对企业全球化管理与发展带来了很大效果。其次,计算机网络技术在企业中的合理应用,可以帮助企业决策者结合企业情况制定符合企业发展的决策,维持了企业良性发展。最后,在计算机网络技术的作用下,管理者可以了解企业人员、资金、经营与营销等各方面情况,给企业发展奠定了较强的数据基础。

从企业当前的发展现状来看,现代企业运营涉及多方面内容,而且均会对企业成败造成影响。目前在科学技术的带动下,现代化技术已经开始向集成化与网络化发展,在此种发展背景下,企业信息管理也越来越完善。在大数据发展背景下,如何对企业大量信息进行挖掘,找出符合企业状况的决策已经成为信息化管理的核心内容。从现代企业管理特点上分析,企业管理的核心并不是信息,而且如何高效精确的整合信息。计算机网络技术发展速度较快,而且具有较强大的信息处理能力,实现了大数据的整合,同时可结合企业当前发展挖掘企业未来发展方向,给企业管理者提供更多有用的信息,与企业经营和发展密切相关。

二、企业信息化咨询的价值

企业信息化咨询的价值和意义在于为企业理清在信息化建设方面的关键任务和需求,企业信息化管理往往行业有句经典话语,就是"企业上信息化,上不好'等死',上得好'找死'",这句话强调企业信息化是个动态过程,过程中不能盲目跟风,必须结合企业自身实际需要来选择相应的方案。很多企业看自己的竞争对手上线了信息系统,自己也跟着上,发现上线后大量的问题解决不了,导致业务受到影响,被称为"找死"。那很多企业干脆就不上信息系统,但又看到自己的竞争对手纷纷上线了信息系统,业务效率似乎得到了提升,很多企业又陷入了"等死"的恐惧中。那么如何避免"找死"和"等死"这两种信息化实施的尴尬局面呢? 企业信息化咨询就在这一场景下出现了,专业的咨询团队为企业量身定做一套信息化规划方案,告诉企业信息化上线的理论及实操方案,帮助企业规划未来信息系统的资金预算,避免企业在信息化建设过程中走弯路,减小企业在信息系统建设过程中的不确定性及盲目性带来的风险,从而为企业创造价值。因此,在企业信息化咨询这部分也有一种说法,就是为企业省钱,也是在为企业创造价值,即省到就是赚到。以下是企业信息化咨询的具体价值体现:

第一,通过对企业信息化战略咨询,可以帮助企业对自身如何利用信息技术支撑企业战略目标的实现有一个清晰的认识,企业可以从战略高度就信息化建设达成共识,作为后续的信息化建设的总体指导。

第二,通过对信息化管理诊断和业务流程改进的咨询服务,企业可以明确自身的信息化管理状况和未来信息化建设的路径,并建立起基于信息化战略规划的业务流程功能模型。

第三,通过对信息系统总体规划咨询服务,企业对其他信息化系统建设过程可以明确建立清晰的远景,建立基于企业核心竞争战略的、以信息化战略为主导的信息化总体规划,规划过程充分体现"总体规划,分步实施"信息化建设方针。每个不同阶段对应于不同的信息化技术应用规模和范围,并在每个不同的阶段结束之前都进行相应的可量化的水平等级测评。

三、企业信息化咨询的方法

1. 企业信息化管理需求调研

企业信息化咨询工作需要咨询顾问和企业高层管理者交流来确定咨询的目标范围,以便咨询顾问对企业进行调研。企业信息化管理需求调研是企业信息化咨询的一个非常重要的基础工作,应包括确定企业所处的行业结构、发展逻辑、企业生存和发展目标等关键因素;依据行业背景完成对企业业务战略收集、分析、编制,根据企业信息化咨询需求针对性地进行综合管理调研,相应完成企业的信息化战略规划、业务流程优化、管理规范及企业的信息系统规划。

2．企业信息化现状调研

咨询顾问对企业信息系统建设现状、信息化人才结构、信息系统基础系统、信息系统应用、信息化方面合作单位、企业业务流程等分别进行访谈和问卷调查,根据企业反映情况提炼、分析、细化并核实完成项目建议书,与企业管理者反复验证,明确企业信息化咨询项目的内容、范围、目标、约束限制和成功标准,作为企业信息化咨询方法的参照框架。企业信息化现状的咨询也是为了更好地了解企业情况,从而判断企业在信息化发展建设过程中所处的阶段,进而提供有针对性的信息化规划方案。

3．信息化战略规划咨询方法

（1）底层数据的规划方法。面向底层数据的规划方法即传统的以数据为中心的规划方法,关注的是数据的准确性和一致性,偏重于技术分析方面。数据是分析的核心点,设计数据实体或数据类的定义、识别、抽取以及数据库的逻辑分析甚至设计。这类规划方法在企业过程建模以及企业数据库逻辑分析和设计方面有独到之处,但在企业的战略分析方面的功能相对比较弱。这类方法有企业系统规划法、战略系统规划法等。

（2）决策信息的规划方法。面向决策信息的规划方法,以支持企业战略决策信息为核心来考虑企业的信息化战略规划,这类方法在处理企业战略与信息系统战略相互观念方面功能较强,但在企业过程建模等方面的功能较弱。比较著名的有关键成功因素法（CSF）等。

（3）内部流程管理的规划方法。该方法强调业务流程与信息技术相匹配的核心思路,面向内部流程管理的规划方法核心通过分析企业流程链及其价值创造情况,对流程进行简化,增强流程链上活动间的匹配,寻求业务流程最大价值创造,达到增强企业竞争力的目的。典型的方法有业务流程再造（BPR）方法和价值链分析法等。

（4）供应链管理的规划方法。面向供应链管理的规划方法,实质是面向企业内部流程管理规划方法进一步向企业的上下游方向的拓展,借助与企业外部合作伙伴的联盟,依托供应链的整体优势提升企业竞争力。这类规划方法以价值链成分或项目为研究对象,通过分析成分或项目的风险和收益,制定相应的决策（如外包、独立生产、合作投资等）,以帮助企业获取竞争优势。方法可基于供应链价值分析法,供应链业务流程设计等。

四、企业信息化咨询的内容与活动

企业信息化咨询的主要内容包括企业信息化战略咨询、业务流程改进、信息系统规划、信息系统辅助选型、其他辅助的工作。在这一咨询过程中,咨询师要对企业进行充分的调研和需求分析,甚至对管理流程重新设计,将企业的核心问题归纳出来,分析企业需要怎样的管理和怎样的管理软件。

1. 信息化战略咨询

结合企业实际发展战略内容及战略目标,逐一分解到企业信息化管理板块,形成企业信息化管理的战略目标,并且指导企业进行信息化规划。

2. 业务流程改进

业务流程改进是帮助企业在业务流程操作上获得重大改进的系统方法。业务流程改进并不是一个新的概念,它是伴随企业所有者(或经理人员)有意识地(或无意识地)改进业务流程操作方法而出现的,业务流程改进的前提是分析企业现有的流程业务,发现其中成本消耗严重,并且效率低下的环节,通过信息系统的应用能够潜在改善的业务流程。

3. 信息系统规划

无论企业在建设信息系统规划中是希望借助系统建设提高管理水平,还是借助信息系统确立企业的竞争优势,都需要进行信息系统规划。

信息系统规划的主要内容可以视为企业信息化战略规划的执行过程,具体步骤如下:第一步,对企业的信息系统现状进行系统调研,详细了解情况,判定企业信息化建设处于怎样的水平(例如,刚起步阶段、快速建设阶段、稳定阶段等);第二步,在企业信息化战略的指导下,针对不同的业务特点、职能特点、功能特点和目标要求,采用科学方法规划出具体系统来实现目标、业务流程与目标要求,并对所规划的具体系统的推动方法进行阐述。在系统规划中还要考虑系统选型的标准(系统选型是指购买怎样的系统软件,选用哪家供应商品牌,选用怎样的功能模块,价位预算怎样等)。在信息系统规划工作中,咨询机构需注意以下两点:第一,坚持以客户需求为中心,严格遵从企业信息化发展战略。第二,将业务需求维持在可控的范围和规模以内,而不是完全满足业务人员的需求。

4. 信息系统选型

企业的信息系统选型工作是企业信息化建设中很重要的一个环节,这个环节是前期的信息化战略制定、业务流程的优化和管理规范、企业的信息系统规划等工作的直接体现。

(1)信息系统选型的概念。信息系统选型是指系统的准用户在拟建设新信息系统之前,基于企业信息化战略和信息系统规划,结合信息化投入顶算和对市面上主要系统产品和供应商进行调查,比较、分析和评估,最后选择其中最适合企业自身需求和特点的产品和供应商的过程。

(2)信息系统选型咨询流程。在信息系统选型和实施过程中,管理咨询和监理对于降低项目风险,保证系统成功实施发挥了不可低估的作用。信息化咨询机构帮助企业夯实信息化建设基础。一个好的信息系统要真正实施到位,如果没有企业管理体系的理顺和规范,会带来很大的问题。不同行业具有不同的行业特点和管理模式,信息化咨询机构可以帮助企业决定信息化建设过程中的方向与策略问题,帮助把握信息化建设过程中的关键点和侧重点。在理想状态下,专业咨询公司应具有相对的中立性,站在第三方角度,根据用户的需求,帮助其选择合适的产品。

信息系统选型的步骤如下：

① 成立选型工作小组。选型工作小组可以考虑采用委员会或领导小组的形式。选型工作小组的"一把手"应该由企业"一把手"或主管副总担任，由首席信息官（CIO）或者 IT 部门负责人担任执行人。选型工作小组的成员一般为 5～7 人，包括至少三个方面的人员，即管理人员技术人员、业务人员。

② 对供应商及其相关产品调研。在调研时，首先要确定调研范围和方向。一般信息系统选型按照选型类别可分成软件选型、基础设施（硬件）选型和实施服务商选型（外包服务选型）。

③ 对供应商及其相关产品进行权衡评估。基于调研结果，依据设定的评估指标，进行综合比较和评估，这里往往选择的是最适合条件要求的供应商，而并不是只强调选择报价最低的供应商。例如，对于信息安全级别要求较高的银行或金融企业，那么供应商的选择往往偏向大品牌的全球企业，服务和产品质量要求级别更高而产品价格更贵的方案。

④ 定向考察。在基本确定了潜在选择目标之后，企业需要对其做进一步详细接触和针对性评估，包括要求其提供项目计划书、解决方案以及产品演示，从技术角度关注潜在供应商对企业关键需求的理解程度以及所提供方案的适用性。

⑤ 商业洽谈和签约。在以上步骤都完成之后，接下来就进入商业洽谈阶段，重点关注实时服务条款和商业条款，最后确定软件供应商及其产品、软件实施供应商并与其签约。

五、【延展学习】企业信息化咨询的常见业务

企业信息化咨询包括以下七个方面的常见业务：IT 咨询、BPR（业务流程再造）咨询、ERP（企业资源规划）咨询、信息化需求与定位咨询、应用解决方案咨询、业务运营模式咨询、HR（人力资源）咨询。

1. IT 咨询

IT 咨询，广义地理解，既可以包括管理咨询，又可以包括 ERP 实施，还可以包括运行或者 IT 服务，甚至包括培训。狭义来讲，IT 咨询可分为三类：第一类是企业 IT 战略咨询，即企业的信息系统规划，或者政府的信息化规划；第二类是以实施 ERP 为主轴的为企业做的业务流程重组咨询，即实施咨询；第三类是 IT 技术咨询。

IT 咨询有两个特征，一个特征是用户自身不能做，要外包的部分。另一个特征是以项目为基准，这里包括很多硬件、软件和管理系统等。

2. BPR（业务流程再造）咨询

业务流程再造（business process re-engineering，BPR），就是对企业的业务流程进行根本性地再思考和彻底性地再设计，从而获得在成本、质量、服务和速度等方面业绩的戏剧性地改善。

3. ERP（企业资源规划）咨询

企业资源规划（enterprise resourse planning，ERP），它是一个以管理为核心的信息系统，识别和规划企业资源。ERP 是一种管理工具，帮助企业实现流程效率的优化。

4．信息化需求与定位咨询

企业的信息化，不管出于什么原因，都是以某种需求为出发点的。大多数情况下，企业通常会认为自己最了解自己的需求，经过一番调研和资料整理后，会面向服务商发出招标文件。殊不知，就这么简单的一件事情，却正是需要管理咨询的地方，而且是十分重要的咨询环节。找出客户的真正需求是什么，否则，一旦在这一环节出问题，将"满盘皆输"，很多企业在前期不想明白，或者需求表述不清楚，导致后期系统不适用，或者供应商不能达到要求而引起合同纠纷等问题。因此，需求和定位咨询，是企业信息化咨询的第一步，也是最重要的一步，同时也是人们容易忽视的一步。

5．应用解决方案咨询

应用解决方案咨询是针对企业信息化某个领域或某个方面的建设问题做出的具体的项目规划、实施方案。如 SCM（供应链管理）解决方案、CRM（客户关系管理）解决方案、HR解决方案、物流管理解决方案、统一物料编码管理解决方案、仓储管理解决方案、招投标管理解决方案等。其内容一般包括如下几个方面：项目背景或企业当前面临的挑战、项目目标、项目规划原则、业务流程变革及设计、系统功能结构、技术路线方案、应用平台方案、数据库方案、系统安全方案、系统集成方案、系统维护和扩展方案、项目周期、项目收益及风险分析、项目实施方案等。可以看出，应用解决方案咨询包含 IT 咨询和 BPR 咨询的内容，但它既不是纯粹的 IT 咨询，也不是纯粹的 BPR 咨询，而是一种综合咨询。

由于企业的信息化建设是由许多单个的应用解决方案或项目建设组成的，因而应用解决方案咨询实质是企业信息化咨询的核心内容。

6．业务运营模式咨询

所谓业务运营模式咨询，是指通过市场调研、行业调研、潜在客户调研和各种技术经济分析、财务分析、风险分析，确立服务平台的商业定位和盈利模式，制定相应的组织结构、业务流程及相关的绩效、岗位职责等监控体系等方面的咨询。"业务运营模式"咨询对这些平台企业可谓"生死攸关"。因为，即使企业制定和实施了再好不过的应用解决方案和技术方案，也会因为"商业定位和盈利模式"确立不当而立刻陷入"亏损的大坑"。所以承担这类咨询，不仅需要广博的管理和 IT 专业知识，更重要的是需要丰富的管理和商务运营经验及敏锐的洞察力。

7．HR（人力资源）咨询

围绕信息化建设，HR 咨询应提供有关的针对 HR 模块的咨询诊断建议，包括保障和推进信息化建设的人才招聘计划、人员培训计划、HR 业务流程、HR 管理制度、绩效管理体系等。

第二节　企业电子商务管理咨询

一、电子商务管理的含义

企业电子商务管理包含了两层概念：一个是 EBM（E-business management）这个概念

较大,包含了信息化管理、数据传输及应用、信息管理、计算机网络管理、硬件与软件的管理等,范畴广、涉及面较大。而另一个概念是 E-commerce,专指通过信息技术对企业交易活动带来的提升,如电子货币交易、电子支付系统、电子贸易等。企业电子商务管理在于通过电子化信息技术,提升企业经营效率,侧重提升和改进企业在盈利及资金管理方面的效率。

此外,电子商务管理主要是利用计算机技术、网络技术、通信技术,以及计划、组织、领导、控制等基本功能,针对企业电子商务活动组织中的财务、营销、人事、生产物料、机器设备及技术等有限资源进行妥善的安排,使企业得到更有效率的产出。

二、电子商务管理的内容

电子商务管理是一个复杂的系统,它包括对企业生产、营销、采购、财务、人力资源、研究和开发等各方面的管理。

1. 生产管理

对企业生产的管理,可以概括为以下几个方面。

(1) 生产过程管理。电子商务在企业生产过程中的应用,可在 MIS 的基础上采取计算机辅助设计与制造(CAD/CAM),建立计算机集成制造系统(CIMS);可在开发决策支持系统(DSS)的基础上,通过人机对话实施计划与控制,从物料资源规划 MRP 发展到 MRPII 和 ERP。通过这些新的生产方式把信息技术和生产技术紧密地融为一体,对企业生产方式进行管理。

(2) 库存管理。在实施电子商务之后,各个生产阶段可以通过网络相互联系,同时进行,使传统的直线行式生产变成网络经济下的并行式生产,在减少了许多不必要的等待时间的同时,也使得及时式生产成为可能,使库存降低到最低限度。应用电子商务以后,产品如果没有需求就可以暂时不生产,等到新的需求产生后再进行生产,这样就可以大大降低生产和销售成本。对库存生产的管理主要借助于电子商务快速地调研市场需求,对市场的反馈作出最快反应,同时利用网络掌握竞争者的最新动态,调整、改良企业的产品与服务,从而把库存成本降到最低限度。

(3) 数字化定制生产管理。数字化定制生产源于英文 mass customization,即规模顾客化生产,是在广泛地应用网络技术、信息技术、管理技术的基础上,用标准化的部件组合成顾客化的产品(或服务),以单个顾客为目标,保证最大限度地满足顾客需求。电子商务的发展使数字化定制生产不仅变得必要,而且成为可能。同时,电子商务使得数字化定制生产变得简单可行。企业通过构建各种数据库,记录全部客户的各种数据,并可通过网络与顾客进行实时信息交流,掌握顾客的最新需求动向。

2. 营销管理

网络营销是企业以现代营销理论为基础,利用互联网(也包括企业内部网和外部网)技术和功能,最大限度地满足客户需求,以实现开拓市场、增加盈利为目标的经营过程。也就是说,网络营销是直接营销的最新形势,是由互联网代替了传统媒介,其实质是利用互联网对产品的售前、售中、售后各环节进行跟踪服务。

由于市场性质和消费者消费行为及消费需求的变化,使企业的市场营销活动也必随之发生相应的变化。营销环节中的谈判、咨询、签约、预约、支付等均可通过电子商务实现,并且利用先进的计算机和网络技术可把产品的各种物理、化学特征以及各种相关信息完整、准确地展示在网上。这样,企业可以借助电子商务对企业营销进行管理。

3. 供应链管理

对企业而言,21世纪是一个充满机遇与挑战的全新的经济时代。互联网的应用不仅可以改善供应链中各部分间的沟通,提高供应链的效率,更重要的是互联网将改变供应链的结构。网络经济的发展,将促进传统的供应链结构模式向集成一体化的供应链动态联盟转变;网络交易将对现有采购、零售和分销及服务方式带来极大的改变,主要体现在组织结构、信息技术的应用等方面。

在供应链管理思想下,企业内部供应链将与外部的供应商和用户集成起来,与主要供应商和用户建立良好的合作伙伴关系,构成了一个网链化的扩展的企业结构,即供应链共同体。随着网络经济的发展,供应链成为一个能快速重构的动态组织结构,即集成化供应链动态联盟。它主要是基于一定的市场需求、根据共同的目标而组成的,通过实时信息的共享来实现组织结构的动态集成。

电子商务模式弥补了传统供应链的不足,它不再局限于企业内部,而是延伸到供应商和客户,甚至供应商的供应商和客户的客户,建立的是一种跨企业的协作,覆盖了从产品设计、需求预测、外协和采购、制造、分销、储运和客户服务等全过程。处于同一个供应链的厂商之间不再是零和,而是双赢。

4. 财务管理

电子商务的发展要求财务管理从静态的事后核算向实时动态的、参与经营过程的财务管理方向发展,从内部的、独立的职能管理向开放的且物流、信息流、资金流"三流合一"的集成管理方向发展;从传统的利润目标向企业未来价值(包括无形资产价值)的方向发展;从单机、封闭式的财务数据处理方式向互联网的、集成化的财务数据处理方式发展。总之,适应电子商务发展要求的财务管理必须具有实时性、预测性、智能性和战略性的特点。因此,基于互联网的网络财务的概念与电子商务相伴而生,如网络员工工资核算、网上支付供应商、网上财务信息的发布等。

5. 人力资源管理

通过电子商务方式进行人才招聘已被越来越多的企业所认识。与此相应的人才测评、人才流动的方式也正在网上迅速发展着。与传统的人才招聘、录用方式相比,改用电子商务方式进行具有十分明显的优势。比如,电子商务中的人力资源管理可以改变过去集中时间单独招聘或通过人才市场招聘的做法,通过企业网站可全天候发布用人信息,随时恭候合适人才应聘;电子商务中的人力资源管理可以降低人才招聘的开支,提高招聘的效率;电子商务中的人力资源管理中人才的招聘范围将不再受地域的限制,可扩展到全国,甚至全球范围；电子商务中的人力资源中人才的网上测评可以采取灵活多样的方法，提高测评的科学性和准确性。另外，人才通过网上流动可以悄无声息地进行，既节省费用，又有更多机会。

6. 研究与开发管理

企业生产所需要的技术，总是部分来源于企业自身的研究与开发，部分来源于企业外部。从外部来源来看，电子商务改变着技术交易的形态，大大拓宽了企业搜索所需技术的视野，也拓宽了企业委托开发的范围，改变了企业从外部获取所需技术的管理方式；从内部来源看，由于研究开发可以做到资源共享，大大提高了研发的效率，降低了研发的开支。另外，企业自身的研究与开发由于有"需求信息"的输入，必然会改变企业研究与开发的组织形态。

三、电子商务管理的业务模式

电子商务具有网上订购、服务传递、咨询洽谈、网上支付、电子银行、广告宣传、意见征询、业务管理等功能。从电子商务的服务对象来看，目前的电子商务有以下六种模式。

（1）企业对消费者的电子商务。企业对消费者的电子商务（B2C）是指企业或商业机构与消费者之间通过互联网进行的商务活动。借助网上交易平台，可以大大节省客户和企业双方的时间和空间，提高交易效率。因此网上购物成为电子商务发展的一个热点。B2C交易涉及网上支付、物流配送等许多因素，这些因素的改善会促进B2C的发展。目前所有的B2C网站都能接受消费者的在线支付，使得电子商务更加方便、快捷。

（2）企业内部的电子商务。企业内部的电子商务是指在企业内部，通过构建企业内部网并安装防火墙，将内部网与互联网隔离开来，安全地实现企业内部数据和信息的交换和共享。实现企业内部电子商务，可以增强企业处理商务活动的敏捷性，更好地为客户服务。

（3）企业对企业的电子商务。企业对企业的电子商务（B2B）是企业（或商业机构）与企业（或商业机构）之间通过互联网或各种专用网络进行的电子商务活动。它将买方、卖方以及服务于它们的中间商（如金融机构）之间的信息交换和交易行为集成到一起，从根本上改变了企业的计划、生产、销售和运行的传统模式，甚至整个产业社会的基本生存方式。

（4）企业与政府间的电子商务。企业与政府间的电子商务（B2G）是指企业与政府之间通过各种网络进行的电子商务活动。包括政府采购、政策法规的发布、税收管理等。例如，政府采购可以通过互联网发布采购清单，进行网上招标，企业通过网上投标进行回应。这种方式节约成本，透明度高，具有很大的发展潜力。

（5）政府对消费者的电子商务。政府对个人的电子商务（G2C）是指政府与消费者个人之间进行的电子商务活动。例如，消费者可以通过互联网上的政府网站缴纳个人所得税，了解政府部门最新法规等。

（6）消费者对消费者的电子商务。消费者对消费者的电子商务（C2C）是指消费者之间通过互联网进行的电子商务活动。例如，消费者通过个人网站进行的商品拍卖、转让等交易活动就属于这种模式。随着互联网个人用户的急剧增加,消费者对消费者的电子商务交易量也在不断扩大。

四、电子商务管理的工具与方法

电子商务管理工具与方法主要包括业务流程重组、企业资源计划、客户关系管理、供应链管理和知识管理。业务流程重组是主导企业电子商务活动的管理理论和技术,只有改变企业原有的组织结构、工作流程和经营模式,才能真正实现电子商务;企业资源计划紧紧抓住企业信息流程这条主线,以生产经营为目的,能有效地促进电子商务管理的现代化、科学化,适应竞争日益激烈的市场要求;客户关系管理作为一种全新的企业管理概念,是方法论、软件和 IT 能力的综合,只有多层次、多层面地提升 CRM 的管理水平,才能提升企业在电子商务中的竞争能力;供应链管理是多层次、多目标的系统工程,随着供应链赖以生存的市场环境的不断发展,供应链管理的核心任务也在不断变化,在迅猛发展的电子商务时代,供应链管理展现出多种多样优势;知识管理超越了数据管理、信息管理的领域,它整合了企业电子商务资源,释放了电子商务的潜能。

第三节 咨询方案及实施指导

一、企业信息化咨询流程

1. 建立专门的信息化项目组

信息化项目也被称为"一把手"工程,需要得到企业高层管理人员的支持。信息咨询的核心任务是沟通与协调,只有深入了解情况的行业专家才能够与企业针对项目建设的实质问题进行探讨。咨询公司要出色完成工作,保证企业信息化工程建设成功,务必邀请相关专家作为企业信息化建设的核心力量,顺利完成信息化项目咨询工作流程各阶段的任务,沟通甲乙双方,做好协调咨询服务。只有如此,信息化咨询所提供的服务才是管理战略与IT 技术的有效融合,使信息系统成功的概率增加。

2. 企业精准定位

相同的行业企业在组织制度、管理方式、技术手段、业务流一程、业务规模等方面具有相似之处的时候,相互参照信息化项目建设的经验方法同行。但是,企业间一定存在某些差异,不应该完全照搬其他企业的信息化建设方式。企业管理者应首先咨询信息服务机构、从经营方向、管理制度、技术方法、人文特征、行业境况、政策体制等方面,对企业进行精准定位,然后决定本单位信息化建设的目标、形式、范围、步骤、成果,这样才能够结合企业自身特点和条件,提升企业后续发展阶段的核心力量。

3. 选择恰当时机

企业的信息化建设不是一蹴而就的事情,不能仓促上马,并不是所有的单位都适合"立刻"投入建设。项目是否成功的一个关键因素还涉及时机问题。信息化建设从某种程度上会减轻企业竞争压力与供应商及客户的物流链条更加畅通,市场需求变化快速响应。但项目开展的前提应当是在企业体制适合、人员配备齐全、资金准备充分的时候,否则信息化项目无法完成。信息咨询服务公司应全面、科学地分析企业各方面情况,克服困难帮助有计划地积累信息化实施的力量,最终确定信息化建设的最好时机。

4. 对全体员工进行培训

信息化系统建设的实质是企业管理的战略信息化。应该在第三方咨询公司的组织下,对企业全体员工就信息化建设的必要性、所需要的操作技术、达到的效果等进行培训。它不同于项目实施操作的具体培训,能够首先在企业形成全员的信息化建设思想共识,增加员工的信息化建设积极性,提高企业信息化建设的凝聚力。应重点培养企业的管理人员对信息化技术和软件供应商的认知,在此基础上正确采用先进技术、确定信息化技术合作单位,将决策的风险降到最低。

5. 招标确定信息技术供应商

一般有众多软件供应商可供企业选择,但企业往往对其技术水平及擅长项目了解不多。企业为了选择适合的信息技术供应商,应当在信息咨询服务机构的帮助下,遵循企业建设信息化系统工程的统一规划部署的要求和针对企业需求的信息系统项目情况,制定标书,面向广大市场对技术企业进行招投标。与一个成熟适当,并且能够理解企业业务的信息技术供应商进行项目合作是企业信息化建设成功的关键。

6. 项目建设过程有效监理

完成项目招标后,软件供应商开始与企业合作进行信息化建设,项目进入第三方监理阶段。企业与软件供应商之间有许多问题需要协商沟通,而中立地位的咨询服务公司可作为第三方机构,较好地协调二者的关系,保证信息化项目能够按照预期的计划顺利实施。在实施过程中,信息咨询公司可依据有关规定,对项目的进展状况、建设质量及资金使用额度等进行全方位的监理,最终完成双方满意的"项目监理报告书"。

7. 进行项目评估验收

项目信息化建设完毕,要进行评估验收。企业信息化项目相对复杂,如果没有中立第三方,甲乙双方常常对很多问题产生分歧,例如双方认定的项目结束时间、验收标准。信息咨询服务公司依据项目信息化计划、双方签署的合同及科学合理的信息化项目评估系统,客观验收评估项目编制"项目评估书",经双方认可后作为项目完成的依据。

8. 项目的维护及升级

信息化工程项目验收后、信息化项目正式进入使用、维护与必要升级阶段。信息化项目的应用是企业的目标,企业与咨询公司应继续合作。咨询公可帮助企业进入项目管理和系统维护,必要时可依据用户需求,探索信息技术及应用的发展趋势,为用户企业提供战略性建议,进行项目系统升级改造的后续支持。

二、电子商务咨询流程

电子商务咨询是一个涵盖从建设互联网网站的战略建议到为实施咨询建议而调整经营行为等方面的广义的主题。它包括战略规划、市场营销、IT 系统建设、财务管理、人力资源开发等,简言之,它已经涉及经营活动的每个方面。公司计划、设计和实施电子商务的能力决定了公司的成败。公司利用互联网抢先进入市场或以全新方式开展业务所得到的优势已引起许多行业的高级管理人员的注意。成功实施任何信息技术项目的关键是计划和执行。下面我们将介绍企业电子商务管理中应该注意的步骤。

1. 设定目标

企业开展电子商务会有各种理由。通常希望通过电子商务实现的目标是提高现有市场的销售、进入新市场、为现有的客户提供更好的服务、寻找新的供应商、与现有的供应商更好地协调或提高招聘的效率。

2. 将目标与企业战略衔接起来

企业可以采用下向策略,关注企业为客户提供的价值。也可以考虑上向策略,关注与供应商的策略以降低成本。

虽然对于许多公司来说在线销售有很大的潜力,但电子商务还有其他多种应用方式,远不只是销售,公司可以用网络来完善其商业战略并提高竞争地位。电子商务的目标支持公司开展如下活动:建立品牌、改进营销方案、销售产品和服务、销售广告版位、更好地了解消费者的需求、改善售后服务和支持、购买产品和服务、管理供应链、进行拍卖、创建虚拟社区和网络门户等。

3. 效益成本分析

大多数公司规定对重大支出要进行评价。这些在设备、人员和其他财产上的重大投资成为资本项目或资本投资。公司评价资本项目所用的技术,从简单的计算到复杂的计算机模拟模型都有。但不管技术有多复杂,总要比较效益和成本。如果项目的效益大大超过了成本,公司就会在这个项目上进行投资。

规划电子商务项目的一个关键是识别潜在收益(包括雇员满意度和公司声誉等无形效益)和确定获得这些效益所需要的成本,并比较成本和收益。

电子商务计划的有些效益是可见的并且容易衡量,例如,提高销售或降低成本;有些效益是不可见的而且很难测量,如提高客户满意度。在确定效益目标时,管理人员应当设法使目标能够加以测量,即使是属于不可见的效益。例如,对客户满意度的目标可以通过计量客户回头率来加以衡量。

4．电子商务系统需求诊断分析

需求的定义包括从客户角度（系统的外部行为）以及开发者角度（系统的内部特性）来表述需求。软件系统的需求分析一般来说至少包含以下内容：

（1）业务需求。它反映了企业或客户对系统、产品高层次的目标要求，也就是我们通常所说的"做什么"，一般在项目的定义与范围文档中予以说明。

（2）用户需求。它描述了用户使用产品所要完成的任务，通俗理解为"用来做什么"，这在使用实例或操作脚本中予以说明。

（3）功能需求。它定义了开发人员必须实现的软件系统功能，使用户利用系统完成他们的任务，从而满足业务需求，这是大部分需求分析所关注的焦点。

（4）非功能性需求。它描述了系统展现给用户的行为和执行的操作等，它包括产品必须遵从的标准、规范和约束，操作界面的具体细节和系统构造上的限制。

（5）需求分析报告。报告所说明的功能需求充分描述了软件系统所应具有的外部行为。"需求分析报告"在开发、测试、质量保证、项目管理以及相关项目功能中起着重要作用。

如何利用电子商务系统服务错综复杂的供应商和消费顾客，如何做好产品的进、销、调、存的工作并能对其进行实时监控，是商业企业引入电子商务系统的所需解决的问题。而弄清商业用户复杂需求的真实内容，正是系统开发成功的关键所在。

5．电子商务系统规划与设计

电子商务建设是企业应用电子商务的第一步，是一个包括商务、技术、支付、物流等许多角色与要素的系统工程。在开始建设电子商务系统之前，必须充分研究涉及电子商务系统的所有因素，全面分析、统筹规划，形成尽可能完善的电子商务系统设计方案，在此基础上有条不紊地进行电子商务系统建设。

对于大型企业电子商务系统，尤其要重视强调系统的规划进行电子商务系统建设，建成后的电子商务系统很可能出现协同困难，难以实现预期的系统功能，难以实现系统建设的目标，从长远看还会造成企业资源浪费，使得将来还要为之付出更大的成本来做系统改进与整合。

在完成上述商务分析和需求分析的基础上，在掌握电子商务最新技术进展的情况下，充分结合商务和技术两方面，提出电子商务系统的总体规划和总体格局，提出电子商务系统的系统角色，亦即确定电子商务系统的商务模式，以及与商务模式密切相关的网上商品品牌、网上交易。服务支持和营销策略、电子商务系统设计工作可以由此展开，即从交易等子系统、前台、后台、技术支持、系统流程、人员设置等各个角度全面构架电子商务系统。此阶段工作的完成质量，将直接关系到后续电子商务系统建设和将来电子商务系统运行和应用的成功与否。

6．电子商务系统的测试、应用和反馈

在设计完电子商务系统之后，企业就可以在应用中测试所建立的电子商务系统的有效

性,发现错误后及时纠正,从而不断完善电子商务系统。

7. 电子商务系统的管理和维护

建立电子商务系统之后并不是放在那里就不再管理了,相反,企业还要不断投入人力和财力对电子商务系统进行管理和维护,规模越大的企业,往往投入也越大,而这些投入的回报则需要在系统建成之后逐渐获得。能不能发挥网站的效用,达到建立电子商务系统的目的,其中很关键的工作就是运营和管理好网站。

拓展阅读

拓展阅读

📚 本章小结

- 企业信息化是企业通过信息技术(IT)的应用,提升传统业务管理效率并带来企业管理模式创新的动态过程,企业信息化强调 IT 作为技术手段,在分析企业传统业务流程之后,结合企业业务管理上的痛点及问题难点,利用 IT 来解决企业传统业务流程上的问题难点,提升整体业务运作效率。

- 企业电子商务包含了两层概念:EBM(E-business management)这个概念较大,包含了信息化管理、数据传输及应用、信息管理、计算机网络管理、硬件与软件的管理等,范畴广、涉及面较大;而另一个概念对应的是 E-commerce,专指通过信息技术对企业交易活动带来的提升,如电子货币交易、电子支付系统、电子贸易等。企业电子商务管理在于通过电子化信息技术,提升企业经营效率,侧重提升和改进企业在盈利及资金管理方面的效率。

🌿 【技能训练】 模块十: 企业IT与电子商务管理咨询模拟演练

【训练目标】

通过本章内容学习,熟悉和了解企业 IT 信息化管理与电子商务管理相关理论与方法,并能够对企业的 IT 与电子商务管理进行模拟的诊断和咨询,结合市场上主流的信息化产品及解决方案,提出改进对策。

【训练任务与要求】

以 ERP 系统为例,查找当今市面上主流的 ERP 系统服务商(ERP 软件产品),分析ERP 系统服务商之间的产品特点、服务差异、产品的功能与价格比较,以此形成产品选型的基础方案。结合咨询项目组所服务的客户企业基本情况及背景资料,为企业量身定制一套IT 与电子商务管理解决方案,可针对企业具体的业务管理模块进行(如决策支持、组织管理、HR、供应链管理等);也可对企业的信息化与电子商务管理进行诊断并找出问题,作业以报告及 PPT 方案的形式呈现,鼓励多用图表辅助说明,非原创的资料来源需注明资料引用来源。

第四篇

成果展示篇

第十一章　管理咨询报告的撰写与展示
第十二章　管理咨询项目成果的验收与管理

第十一章

管理咨询报告的撰写与展示

引导故事

咨询项目工作逐渐进入尾声,项目经过反复讨论及沟通,已形成了若干文档和资料,项目总监 R 总监要求项目经理将咨询项目成果整理成一份客户能够看明白的咨询报告。项目经理 C 经理接到总监的通知后,立刻组织项目组成员进行研讨会,会上 C 经理说道:"这次的工作任务大家都知道了,我们每人负责一个模块,××负责战略模块,××负责组织模块,××负责市场模块……小李,你是刚加入我们团队的新人,又是学 IT 背景出身,和我们这家客户企业背景相近,你负责做 IT 行业分析与企业背景介绍吧! 这块最简单了。"刚接到任务的小李一脸茫然和不知所措,心想:这个模块以前没写过,到底该怎么写呀?

【管理启示】 管理咨询报告属于咨询项目成果中最为核心的一部分内容,一方面是向客户展示他们所关注的问题是否得到了解答,以及如何解决他们的问题。而另一方面则是向客户展现咨询项目组所做的工作,毕竟是客户花钱所购买的咨询服务,需要让客户感到物超所值。 因此,一份优质的咨询报告不仅能够体现咨询公司的专业性,得到客户的认可,还需要体现咨询报告的建议性,能够切实帮助客户解决问题,进而让客户满意并愉快的付钱。

学习目标

- 熟悉管理咨询报告的撰写要求;
- 理解咨询方案汇报展示的目的;
- 掌握咨询方案汇报展示的操作流程及内容;
- 学习咨询方案汇报展示的演练技巧。

第一节　管理咨询报告的撰写

一、管理咨询报告的概念与分类

(一)管理咨询报告的概念

我们这里所说的咨询报告与通常所说的报告不同,它是经济类文书中的一个分类,是经济应用文中的一个文种,它与其他"报告"的不同,在于它的撰写格式和要求都有自己的标准。咨询报告的概念有广义和狭义之分。广义的咨询报告,就是咨询公司在为客户提供咨询服务过程中产生的所有文档,包括为客户提供的辅助说明性文档、双方沟通交流使用的文档以及咨询公司内部使用的文档等。狭义的咨询报告,就是咨询公司向客户提交的正式报告,即咨询人员在对企业某类问题进行调查分析后所写出的书面材料,这也是合同中要明确列出的应提供的书面成果。管理咨询报告作为咨询公司整个咨询项目开展工作的主要成果,用于向客户企业展示咨询方案及问题拟定解决的建议,方案也作为客户企业衡量咨询公司工作价值和有效性的依据,显得十分重要。

(二)咨询报告的种类

咨询报告,按不同的标准有不同的分类。

(1)根据咨询性质的不同,咨询报告可分为专题咨询报告和综合咨询报告。专题咨询报告是就企业的某一问题进行调查分析后所写的报告,如经营策略咨询报告、产品研发咨询报告等;综合咨询报告则是对企业的经营方针、发展目标、生产技术、组织管理等各个方面进行全面咨询后所撰写的报告。

(2)根据咨询人员的不同,咨询报告可分为内部咨询报告和外部咨询报告。内部咨询报告是由企业内部人员进行调查分析后所写的报告;外部咨询报告则是由企业聘请或委托的外部咨询人员进行调查分析后所写出的报告。

(3)根据使用方式不同,咨询报告可分为正式文档咨询报告、项目辅助咨询报告、解释说明咨询报告和过程文档咨询报告。正式文档咨询报告,即正式报告(狭义的咨询报告);项目辅助咨询报告,包括项目建议书、项目日志、工作计划、阶段小结、项目总结等;解释说明咨询报告,包括设计原则、原理介绍、实施说明等;工程文档咨询报告,包括会议纪要、内部文档、小组讨论等。

(4)根据项目内容或咨询产品不同可分为不同模块的管理咨询报告,如战略咨询报告、企业文化咨询报告、组织管理咨询报告、薪酬设计咨询报告、绩效考核咨询报告、精益生产管理咨询报告等。

二、优质的管理咨询报告应具有的特点

一份优质的咨询报告总能给客户留下深刻印象,应具有以下几个特点。

1. 咨询报告的问题建议性

能够设身处地地为客户分析问题,解决与客户发展情境相适应的问题痛点及难点。这一点需要明白,客户为什么会找到咨询公司。客户找你,是因为他们深信你能够帮他们解决问题,就跟一位患者去看医生一样,他会将问题解决的期望寄托给医生。那么为了不辜负客户对你的信任,所要做的首要任务就是能够切实的对客户问题提供帮助。

2．咨询报告的方案可读性

所运用的语言及文字,要通俗易懂,让客户容易理解。在这里我们需要明白,我们的客户并非每一个都有高学历或丰富的行业管理经验,那么这时候我们的报告里,应当尽量避免采用专业性较强的术语,或较高深的理论词汇及概念。

3．咨询报告排版的精美度

结构化的规范框架能够让客户清晰地感知到项目工作的饱满,感受到咨询项目组的用心,这方面应当尽量避免错别字,格式错误,排版错误等问题的出现。同时,文字编排应当做到段落有序,语言逻辑层次感强,图表信息凝练,要点明确,要让客户翻看报告的时候就明白,这是一本集众人智慧而形成的一本具有影响力的咨询报告,也是在咨询行业所谓的报告"含金量"。

4．咨询报告的知识高度

一个浅显的问题就是客户为什么不自己解决问题?并且客户往往是遇到了自己搞不定的问题之后,才会想到请咨询公司帮忙。那么这一点所带来的启示就是我们的咨询报告一定是提供新思路和新的见解,一定是我们的问题分析角度是客户难以实现的或难以达到的(例如,咨询公司能够从整个公司层面来分析问题,而客户企业往往是一个部门独立分析问题),因此,这将决定了我们所提出的方案的独特性及专业性,要体现出特色与知识高度,这才是咨询报告的价值所在。

5．咨询报告的信息完备性

一份咨询报告之所以有价值,那是因为这一份报告不是来源于某一个人,而是这一份报告汇聚了团队人员的智慧。一份咨询报告往往汇集了多方面的数据分析结果,行业及政策信息,一些市场调研数据,一些官方发布的统计数据等。因此报告总能用数据来说话,用数据资料来分析为什么,以及未来有可能会怎么变化,让客户明白问题的来龙去脉以及未来该如何去应对,这也让咨询报告具有更高的含金量。

【实践思路】　咨询报告总会给人感觉很厚,字很多,内容很充实。而这三点特点往往就会吓倒我们刚入门的咨询顾问,会让其感到这是一项很难完成的任务和挑战。为此,提供以下三点开始撰写咨询报告的实践思路。

(1)勇于迈出第一步。时间往往会在不断纠结的过程中浪费,与其不停地思考报告要做得多么完美,不如先做出来一个不完美的报告,再通过后期的努力,让报告变得更加完美。这一思路有个好处就是在于当你没有那么完美的想法的时候,你也不用担心过度纠结而浪费时间,由于你勇敢迈出第一步开始着手准备报告的撰写了,至少对于你来说,你还有很多文字成果了,这样的局面或许能够缓解心理上的压力。而在咨询公司的项目活动中,每一名顾问所必需的技能就是撰写文字了,不管你是否擅长编写文字,你必须勇敢先迈出这一步。

(2)学会参考和借鉴。对于同类型模块的咨询报告,可以通过网络、报刊等渠道查阅到相关内容,而这些成熟的报告能够为你所即将开展的报告撰写工作提供框架和模板,提供编排内容的思路,如:需求理解、问题解决思路、行业分析、项目目标设定、流程推进效果、时间规划、费用报价、项目预算明细等。但是必须要注意的是,借鉴参考不等于抄袭,这不代表要做的事情像复制粘贴一样简单,借鉴的是思路,但里面的内容还是需要通过项目组成员的努力而获取的,设想客户花重金购买到的咨询服务,最后是来自网络的某一份已公开的资料,那么咨询项目将可以提前宣告失败,同时也将失去客户的信任。

(3) 项目组成员间的沟通交流。①项目组成员之间的讨论交流能够互通有无,由于你负责的模块只是项目的一部分,因此你负责的这个模块如何承上启下要多和大家沟通。②语言表述需要逐句斟酌,使其符合文案的用语和逻辑。语言表述上应当做到贴近客户。例如"你们公司管理上有很多不足",这里的"你们公司",会让客户感觉到咨询公司与客户公司距离的疏远,为拉近距离,可换为"咱们公司"或"咱们 Alpha 的管理上……",而在指明问题的时候"有很多不足",可改换表述为"有很多方面可以提升"或"有很多方面可以优化"。③项目组内部拍砖。让项目组内部的成员扮演专家角色,把你的报告思路摆出来供大家讨论,让大家多提建议,不要害怕被拍砖,要想想,项目组内部自己人"拍砖"可比被客户直接"拍砖"要好得多了。

三、撰写咨询报告信息素材的选用

最终咨询报告的撰写,不只是汇总前期各个细分模块的咨询报告,还需要从整体层面上来对整个报告进行优化和完善,那么在这里就需要将我们搜集到的资料素材进行选用,来让你的咨询报告变得更加专业。以下将从三个方面介绍信息素材的筛选。

第一,信息资料的权威性,是否来自各大行业网站、公司官网。例如,齐家网、搜狐网的家居板块,这些能够提供丰富的家居行业信息资料。而一些大型的搜索引擎,如百度、360等,这些搜索引擎搜索的结果往往比较简略,内容信息比较浅。比较热门的互联网行业网站有亿邦动力网、易观网、IT桔子等,如果咨询项目是关于移动互联网业务的,那么这样一些网站一般都能提供帮助。对于百度、百科等网站,这类型网站只能给你提供基础思路,但不建议作为资料来源,毕竟这些科普类的网站信息经常都在动态更新,并且信息来源不一定可靠。同时,很多文库的资料会带有水印,而水印出现在你的报告中将会让你的专业性大打折扣。

第二,信息资料的时效性。除年度为单位的数据分析外,观点类的资料最多只能用互联网上最近半年甚至三天的信息,因为有的数据变化太快,特别是重要的新闻信息。有的行业受到政策信息的影响频繁,当政策信息发布后的 3~5 个月,又会带来行业的新一轮的变化,为保证咨询方案的建议性,因此要不断地收集最新的信息,同时审视自己所用的观点是否是最新的观点。

第三,跨行业信息及资料的借鉴。我们时常会遇到找不到刚刚好的资料模板的情况,如最新的 VR 技术关联的项目方案、营销活动设计等,但这些新兴产业只是技术上的新,但管理上仍然可以沿用传统的一些管理思路,那么将可以借鉴制造行业的管理方法、用人方法、品牌管理策略等。通常我们可以借鉴行业领导者、领先者这样一些优秀企业的管理资料和信息,或者是用管理要求更高的一些行业通用管理办法,这样将会带来更好的建议性效果,例如,我们将药品制造业的生产管理方案用到食堂的食品生产管理,将会带来更好更严格的效果。

📝 情景案例

　　咨询公司的项目顾问阿明来到公司也有一两年了,随着项目工作的参与,也逐步加深了项目经理顾 C 对他的印象,公司的业务量逐渐增多,顾经理决定让阿明多锻炼锻炼,因此安排撰写咨询报告的任务给阿明,而阿明在接到任务的时候变得惶恐不安,心想以前都是经理搭好框架,自己完成框架里的一部分内容的,而现在全部都要自己来做了,一下子丈二和尚摸不着头脑。随着项目报告提交时间的临近,阿明想到了一个办法,那就是把各个部分的报告内容拼接起来,外加一些过渡性的语句做连接,那么这样不就是一份报告了吗?但后来阿明提交的报告顾经理仍然不是很满意,经理说了一句话"阿明,你写的内容很多,但我不知道你这些内容想要表达什么。"

　　若换做你是阿明,你会有更好的办法避免这样的情况出现吗?你又该如何撰写咨询报告呢?

　　其实咨询顾问的成长也是逐渐从关注局部问题,再到关注全局问题,很多项目经理也是从咨询顾问逐渐成长起来的,你总有一天要面对整个项目的运作管理问题。咨询报告不仅仅是用框架在内容上的拼接,同时还讲究按照一定的逻辑来组织你所拥有的内容。以下将呈现咨询报告的内容框架,以及使用框架的一些常用逻辑思路。

四、撰写项目咨询报告的目的及内容框架

　　管理咨询报告作为咨询项目成果的核心内容,在向项目出资方展示项目方案、预期成效以及沟通过程中发挥重要作用。

(一)撰写咨询项目报告的目的

在撰写项目咨询报告前,应当明确项目咨询报告的目的:
- 向客户(或出资方)展示项目核心成果、提出咨询建议和方案;
- 向客户(或出资方)展示项目工作开展情况、进度、过程管控;
- 向客户(或出资方)展示项目工作完成质量,体现是否达到客户预期要求;
- 给客户(或出资方)留下深刻印象,体现咨询项目组的专业性,并保留未来合作契机;

(二)咨询方案的建议框架模板

　　一份高质量的咨询报告,应当具有解决问题的建议性,体现出问题的解决思路、可采取的措施、问题可行性展示,报告内容结构应具有逻辑层次和条理性,报告的排版美观、简洁。

咨询方案建议框架模板：

一、企业背景介绍

（一）企业基本信息

（二）企业成功关键因素

（三）核心业务发展现状

（四）行业所处地位及未来发展趋势

二、战略管理方案

（一）竞争环境分析

（二）行业标杆对标分析

（三）未来三年战略发展规划

三、组织管理方案

（一）组织管理现状分析

（二）战略目标下的组织管理目标

（三）组织架构设计思路与规划

四、人力资源管理方案

（一）人力资源管理现状分析

（二）战略目标下的人力资源管理目标

（三）人员招聘方案规划

五、商业模式设计及营销方案

（一）商业模式现状分析

（二）战略目标下的商业模式设计

（三）产品营销方案设计

六、项目工作总结

（一）项目工作回顾

（二）项目成果及效果

五、基于报告框架下的内容逻辑

以上提供的是整个报告大的框架，大的框架仅仅呈现了大的内容结构。而大的框架下的每一部分内容小节，都需要按照一致的思路来表述内容。以下将介绍两种最为常用的内容构建思路。

1. 按照时间周期呈现内容

这一思路比较适用于对于规划类的内容模块，例如：按照项目周期的前期、中期、后期三个阶段，分别介绍阶段任务、阶段目标、预算、人员之间配合与协作等。也可以根据过去、现在、未来三个时间维度来分析企业在某方面的问题,例如:在过去×公司的××方面管理经历了××的变化,这些变化是由于×××……的情况所导致,基于过去所遇到的问题,以及积极改善问题的经验,我们现阶段对该问题进行……的处理,基于……的手段和方案避免重复问题的出现。在未来的 3~5 年内,我们力争在……方面实现……的管控,同时,实现……的管理效果。

2．按照宏观与微观层面构建内容

这里遵循两条内容主线的交织,宏观层面的逻辑线是为了让客户更直观快速地了解咨询项目要做的工作内容、任务情况、大方向上对公司发展带来的影响;而微观层面则是展现更多的项目实施方案、可行性分析、人员安排、预算管理等具体细节上的一些信息。例如,结合……的发展思路和要求,未来公司的主体发展方向是"大医疗、大健康、大生态"三大产业,在这一战略发展背景下的人力资源规划方案,也将进一步侧重医疗、健康、生态产业的人才布局,具体的我们将按照……方案进行操作。

六、咨询报告各个模块的常用工具

除了按照以上两个方面的逻辑来构建咨询报告的内容外,一些成熟的工具、分析模型,也能为我们咨询分析过程提供更多思路。以下将针对不同的咨询模块,提供比较常用的工具,如表 11-1 所示。

表 11-1　咨询报告各模块常用工具

■ 战略管理模块分析工具
SWOT 分析法、PEST 分析法(宏观环境的分析)、波特五力模型(竞争环境分析)
BCG 矩阵法(波士顿矩阵)、关键成功因素分析(CSF)
核心竞争力分析、利益相关者分析
■ 组织与人力资源管理分析工具
关键绩效指标分析法(KPI)、平衡计分卡(BSC)、360 度绩效考核
职位分析问卷法、关键事件技术
胜任素质模型(战略与组织相匹配模型)、职业锚、海氏工作评价系统
■ 商业模式与营销管理分析工具
4P 营销组合模型、产品生命周期模型、安索夫矩阵、哈夫模型、消费者金字塔模型、服务利润链
■ 质量与生产管理分析工具
TQM(全面质量管理)、TPM(全员生产维护)、5S 现场管理法、PDCA 循环、六西格玛、甘特图
■ 财务管理分析工具
杜邦分析法、比率分析法、经济附加值、财务分析雷达图、沃尔评分法

续表

■ **项目与物流供应链管理分析工具**

SCOR 模型（供应链运作参考模型）、ECR 系统（高效消费者回应）、绿色供应链管理、工作分解结构

■ **决策管理分析工具**

德尔菲法、头脑风暴法、鱼骨图法、5W2H 分析法、戈登法

第二节　咨询方案汇报展示的目的及作用

📝 情景案例

　　在咨询报告完成后，咨询项目组全体成员总算是完成了一项重要任务。项目经理C 与客户方对接人沟通后，决定在三天后去客户公司汇报咨询方案，在项目组讨论会上，C 经理将这一工作安排进行了公布，并安排项目咨询顾问小陈负责 PPT 的制作和讲解。小陈心想，做 PPT 多简单，不就是把咨询报告里面的内容拿出来往 PPT 上一堆不就可以了吗？临近报告的前一天，C 经理要小陈将方案发给他，结果看到方案的 C 经理大怒。"如果只是将文字堆叠在 PPT 里让客户看，我们有报告给他们，还要你来干吗？PPT 上密密麻麻的文字，我们方案汇报只安排了 30 分钟，你难道打算带过去念吗？"。小陈心想，文字多点不至于报告的时候冷场嘛，而且万一紧张，不还有这么多文字陪伴着我嘛。

　　如果换你是小陈，你会怎么做呢？你打算如何准备这样一份 PPT 呢？其实，咨询方案的汇报展示并非简单罗列报告内容那么简单。一方面我们需要在有限时间内，将咨询报告最为出彩的内容（最能拿得出手的内容）呈现给客户。另一方面，我们在制作PPT 之前还应当带着"目的"去进行，围绕以下两个方面进行思考：让客户知道"我知道"；将"我知道"变为"客户知道"。

1. 让客户知道"我知道"

这一方面的目的在于要让客户通过 PPT 的展示，明白你对客户公司环境的了解，体现在你对客户企业业务所处的行业环境的了解，你对客户企业产品及业务发展态势的了解，你对客户所处竞争环境的了解等，这一点是为了让客户深信，你的专业知识"对口"，以及你所提供的建议足够"靠谱"。我们往往会遇到一个场景，就是由于咨询顾问对客户企业所处的业务环境的不了解，导致客户对咨询公司方案或项目组的不信任，项目组成员刚对方案开头进行了汇报，台下就交头接耳，企业人员开始变得不耐烦，很多人开始不关注，项目的汇报展示变成了"走过场"。而这样一种局面背后的原因就是客户在想，你都没我熟悉这个行业，你说的都是些大概念，都是些外行话，你还来告诉我怎么解决这些问题，那不是对牛弹琴嘛。

因此,在向客户展示 PPT 方案前,我们需要审视自己的材料,回答"我们是否足够贴近客户情况",思考"我们所提供的报告是否与客户的问题情境紧密贴合? 我们的咨询方案是否放到别的行业也适用? 还是我们的报告方案是为客户量身定制的?"既然客户花了钱购买咨询服务,那么他们一定是希望咨询方案是为其量身定制的,而非人人皆适用的大众产品。因此,我们方案的设计,就需要贴合客户的具体情况,我们需要做足功课。例如,在针对服装行业的咨询时,我们就要做到对服装行业、业务流程等信息的熟悉,这样避免客户在与我们交流过程中,说及"打板""出样"等业务术语的时候我们会变得陌生。同时,增加与我们目标客户所在行业的人士沟通交流,也能够让我们的咨询方案更加接地气。

此外,要让客户知道"我知道"还有一层含义,就是必须通过 PPT 方案的呈现,体现咨询公司的特点,即我们提供了客户平时难以捕捉到,或客户观察不到的信息视角,为客户提供更多的洞见,从而凸显出咨询方案的价值,因此我们所要呈现出的 PPT 方案一定都是一些凝聚智慧的高质量"干货",而非一些放之四海而皆准的内容,哪怕我们所用到的是行业内被频繁使用的 SWOT 分析模型,也要有自己独特的见解和思考,当然,现在更多的咨询公司能够通过自己已储备的数据库、行业分析信息,来提供更多让客户感到惊叹的分析结果,那么咨询方案的价值就越高。

2. 将"我知道"变为"客户知道"

这一核心观点的思路在于我们需要通过 PPT 教会客户如何使用提供给他们的咨询分析报告,"授人以鱼不如授人以渔",因此,我们的 PPT 要在短时间内告诉客户:①客户所关注的核心痛点问题是什么;②针对这类核心痛点问题,我们建议怎么做,以及为什么要这么做。咨询方案往往能够成为咨询公司与客户之间联络沟通的纽带。客户会因为某个方案而记住你,因为某个方案而感谢你,他们认为所花的咨询费用物超所值,以后有问题的时候能第一时间想到你。如果你的方案汇报之后能够给客户产生以上的印象,或者客户有以上的行为反应,那么可见你的 PPT 方案汇报得很棒,相信咨询公司的老板不会拒绝"回头客"的。

因此,我们在向客户展示 PPT 的时候,并不是要一步步展现实施方案的细节内容,我们展现 PPT 的时候更像是带领大家游览景点的"导游"。我们的讲解是为了向客户提供大体的认识,而具体需要花时间去领会和操作的细节内容,客户可以查阅我们提供的咨询报告。要知道,我们所汇报的对象一般都是客户企业的中高层管理人员,甚至公司的董事长、CEO,他们往往事务很多,时间也很有限,如何操作这样具体的细节问题可以和下面负责的人员进行对接,而对于高层领导,则告诉他们,我们准备这样做,我们这样设计方案的思路是什么,有什么考虑,潜在预期效果是什么,所呈现的内容能够涵盖以上几个方面即可。

要将"我知道"变为"客户知道",还取决于我们如何将所做的工作以及工作分析后的咨询结果传达给客户。PPT 作为沟通的工具和信息传递的载体,可采用更多的图形或表格,来向客户更加直观地呈现数据分析结果。PPT 中应当避免大段的文字,文字过多会导致在场的人员看不清 PPT 内容;同时,大段文字的 PPT 页面,会让客户感到要点不够明确。因此,我们要做的是每一页 PPT 都呈现有限且重要的关键点(或涉及公司重要决策的关键事件),辅以相关的图表进行陈述,陈述过程中注意讲解的顺序与 PPT 中图形动画相一致,确保我们的讲解思路和客户观看的思路一致。

第三节　咨询方案汇报展示的能力要求

✍ 情景案例

　　Alpha 国际机场的业务信息化管理流程设计项目引起了业界广泛关注,各大知名的咨询公司都争相想要拿下这一项目。为此,Alpha 国际机场的项目负责人潘总发布了项目需求,拟定的项目预算是 2000 万元。为拿下这一项目标的,各大知名咨询公司都派出了各自的优秀团队竞相角逐,总共有 10 家咨询公司派项目组参加了项目方案的汇报展示。但潘总作为项目评委之一,发现各大咨询公司的项目组展示方案的方式各有不同。项目组 A 的顾问小李,PPT 上的文字极少,图表很多,小李很能说,PPT 前后总共就 5 页。项目组 B 的顾问小刘,上台前给每位评委一本项目资料,他自己也带了一本资料,他一边播放 PPT,一边对着资料讲解。项目组 C 的顾问小马,PPT 里包含了大量的文字及图表信息,内容相当丰富,小马主要基于 PPT 进行讲解,甚至很多时候会说"在市场分析一块我们做了充分的调研,以上是我们分析的结果,请各位评委查看。""这是我们产品设计的方案内容,请大家查看。"小李、小刘、小马三位顾问在众多咨询项目组汇报方案中给潘总留下了深刻印象,其他项目组顾问汇报方式也和他们三个人的模式类似。

　　如果你是潘总,你更喜欢哪个顾问的 PPT 展示风格?

　　其实在真实的咨询场景中以上三位顾问的表达方式有各自的特点,但是不同的特点会对于他们沟通演讲的项目方案带来不同的结果和影响。在这个过程中就会比较注重咨询方案汇报展示的能力。我们需要着重培养以下几方面的能力。

　　第一,方案汇报的演讲技能。演讲技能比较强调"演"和"讲"两方面。演,在于对方案的演绎,在这个过程中比较强调演讲的表情仪态以及可以采用相应的手势对自己的观点进行一定的表达。这方面比较强调所讲内容以及沟通的内容是否能够合理地传达项目的需求和项目的内容。对于"讲",就显得相对简单,这方面注重将既定信息有效地表达、传递给我们的客户。在咨询方案的汇报展示过程中,不单单是要展示我们的咨询方案内容。另一方面比较重要的,是要给客户企业留下深刻的印象。也正是因为咨询方案的汇报展示,能够让冰冷的文字带来更多的情感方面的信息,能够让咨询报告的文字不再那么冰冷,而具有更多的情感信息和意义。我们的客户能够更多地感受到项目顾问的专业性、项目顾问的自信以及对专业问题的解决思路和专业的见解与洞察力。

因此,在咨询方案的汇报过程中,不单单要求咨询顾问能够按照一定的逻辑把项目的内容客观真实地呈现给客户,还要求咨询顾问能够运用一定的情感与正确的语言,将客户所关心的问题解决方案客观系统地呈现。我们在咨询方案汇报展示的过程中,尤其需要关注咨询顾问是否能够按照一定的逻辑顺序,将项目的文档信息结合一定的数据、图表向客户传达出来。同时,在这过程中还会着重考验咨询顾问的反应能力,因为我们的客户总会针对咨询顾问所报告的方案提出各种要求以及各种问题,而这些问题,都需要项目咨询顾问灵活地应对,并且给予合适的解答,这将对咨询顾问的能力提出要求。

第二,咨询方案 PPT 内容的编排技能。PPT 是内容呈现的载体,一份好的、经过精心编排的 PPT 能够为项目方案的汇报过程增彩。①PPT 演讲报告要简洁明快、逻辑清晰,让人一目了然,只需要展开说明即可,展示以图形或表格为主,内容要点要高度凝练。②标题就是观点,PPT 和 Word 文档最大的差异就是文字少,图形、表格多,分析多。标题一定是观点,不是简单的××概况、××分析,而是"××市场一片商机、××公司独占鳌头、××公司差异化战略"。③PPT 是用图形展示观点的,应当注意排版的美观,很多配图的内容就要有一定的逻辑性,通过图形或表格表达出你的观点,而不是单纯地用文字。一个较为失败的汇报是这样的:汇报者会陈述很多内容细节,"张总,我看了很多这块市场的行业分析报告,原材料价格涨价了,竞争对手又争相囤货,那么价格涨得就越厉害。价格涨得厉害,那么我们成本就比较难管控,车间的生产工人们都有较大的怨气,抱怨工作多又赚不到钱。我一直在想,价格老这么涨下去也不是个办法,我们要采取一定的措施来应对。"此时,老板一定会想一个问题:你和我说了这么多内容,你想表达什么? 而正确的汇报方式,应当是以结果为导向的,例如:"老板,我觉得我们的产品应当涨价 20%。目前行业市场环境原材料价格上涨了 10%,我们利润空间进一步压缩,工人怨气大,若我们上涨 20% 的产品价格,一方面能保证利润,另一方面还能在与同行竞争中保持优势。您看这个方案是否可行?"

第三,PPT 内容编排的逻辑性。以下将介绍两种常用的 PPT 逻辑结构方法,一种是自上而下的"演绎法",另一种是自下而上的"归纳法"。

自上而下的"演绎法",强调按照某一具体的逻辑主线,展开内容的表达与介绍。由于一开始就订立了主题逻辑主线,那么难点工作在于将内容和素材按照逻辑主线进行编排。详见图 11-1。

自下而上的"归纳法",强调将看似散乱的资料内容,先根据不同的要点进行归纳整理,在归类的不同类别间查找相应的关联性,最后再按照关联性将内容整合为成型的方案。这一工作的难点在于对资料素材的归纳整理、类别划分的合理性及原则的确定。详见图 11-2。

此外,PPT 的内容编排还需要时刻体现出重点内容。例如,展现最想要别人知道的、最想要别人记住的、最想向别人传递的、能够吸引别人的亮点,如创新和构思,开头吸引人,整个演示设计得好。但应当避免重点突出过程中的错误应用,例如:过多的动画、过多的剪贴画、过多的幻灯片切换,或 PPT 带有播放点击音效。想要在短时间内传达大量信息,以上这些不当的操作,都会在 PPT 讲解过程中迷失重点内容。重点突出的正确应用,应当是在正

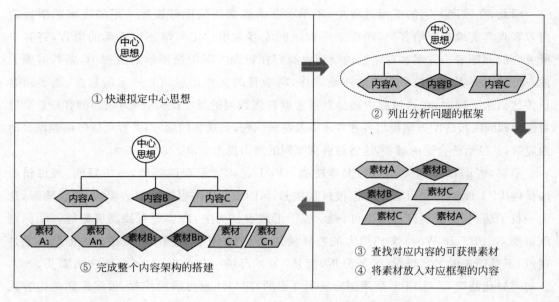

图 11-1 自上而下的"演绎法"PPT 内容编排思路

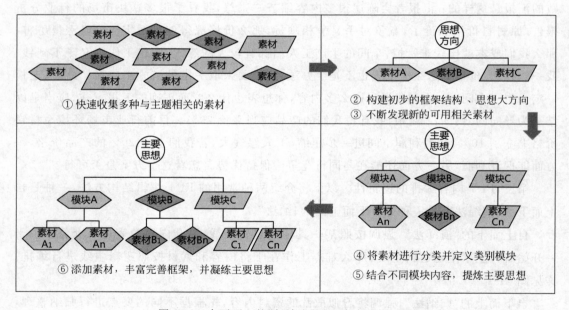

图 11-2 自下而上的"归纳法"PPT 内容编排思路

文前面加上摘要,将大量的数据放到附录里,每一页 PPT 必须有非常清晰的重点,每一个图形必须有清晰的说明,对于重点内容,PPT 中可用红色字体或采用标记进行强调。

📝 **知识补充**

PPT 编排过程中的 11 个要点:

(1) PPT 要有清晰、简明的逻辑,最好用并列或递进两种逻辑关系进行内容编排;

（2）要通过不同级别的标题体现整个 PPT 的逻辑关系，但逻辑关系级别最好不要超过 3 级；

（3）通过母版定义你的 PPT 风格，在商业应用中，一般应使用简洁、淡雅的风格，避免太花哨；

（4）在所有的风格中，最重要的是简明扼要：应使用尽量少的文字，尽可能多的图表与简洁的数字；

（5）母版背景不要用图片，应用空白或使用很淡的底色，以凸显图文；

（6）用标准的、已被成功应用的各类图表工具，不要 DIY（个性编排）；

（7）尽量少使用动画、声音效果，特别是在一些正式的场合；

（8）整个 PPT 最好不要超过 4 种颜色，太花哨不易阅读；

（9）整个 PPT 的颜色一定要协调，因此建议用同一个色调，主题颜色应当一致；

（10）不要随意选用颜色，而应用"屏幕取色器"找经常被使用的颜色；

（11）完成 PPT 之后，可切换到"浏览视图"，整体看看有无突兀、不协调的地方。

第四节　咨询方案汇报展示的操作流程

✍ **情景案例**

　　项目经理要求大家把自己所负责的工作内容整理成 PPT 以供汇报展示。其中，小张负责战略管理模块、小李负责组织及人力资源管理模块、小刘负责商业模式及营销管理模块，他们每个人先各自做各自的那部分内容，最后再约一个时间，大家把各自负责的 PPT 拼接在一起，但他们三人都在想一个问题：到底是由哪位顾问来统筹编排和整合各个部分的内容呢？难道是要项目经理来完成这项工作吗？答案显然是否定的。因为项目经理主要工作是负责整个项目工作内容的安排以及和客户进行项目接洽。项目经理通常不会有更多的时间来统筹各个部分的编排。因此，需要在项目咨询顾问之间安排一个顾问来统筹整个方案的编排。在具体汇报的过程中，是谁负责哪部分就由谁上台去汇报？还是安排一个代表，将大家做的内容集中进行汇报讲解呢？

　　若同样的问题，你作为项目咨询顾问，该如何去应对呢？

咨询方案汇报展示，往往需要通过一个项目团队来完成，这里就包括项目经理，以及 2～3 个核心项目顾问，由 4～5 个人构成的项目团队来对方案进行讲解。以下将按照咨询方案汇报展示的操作流程，按照汇报前、汇报中、汇报后，分别对项目方案汇报展示的操作流程进行讲解和介绍。

（一）咨询方案汇报展示前期工作

在咨询方案汇报展示前，咨询项目组的项目经理需要拟定好参加项目方案汇报展示的人员名单。这里需要结合各项目组成员所负责的咨询项目工作来进行内容安排以及汇报顺序的安排。例如,负责战略模块的顾问将会被安排到第一部分的咨询方案汇报中。而咨询项目经理主要负责方案的开头介绍、团队成员介绍、项目基本情况等开场介绍。在项目经理完成开场介绍之后将会安排具体负责对口内容工作的项目顾问来介绍相应的项目内容工作,并且结合 PPT 的内容进行讲解和介绍。

在咨询方案汇报展示前,项目组需要由项目经理主导项目咨询顾问,一起开一个讨论会。在讨论会上,应当按照大家咨询汇报的主题内容进行沟通协商,应确保整体的内容汇报逻辑一致,并且按照一定的标准和顺序进行编排。而编排后的内容需要整个团队成员一起来审视,并且要进行前期的汇报演练,以确保内容能够正常地呈现和体现出一定的逻辑关系,能够有效、合理地将项目报告内容展现出来。

同时,在项目汇报之前,还需要明确各个项目组成员的分工。例如,安排一到两个顾问负责整理项目汇报方案 PPT 的内容,一名顾问来编排整体的项目 PPT 方案,包括动画制作效果的编排,以及配色页面整体的优化和布局。同时,还需要安排一位咨询项目顾问计算整个项目方案汇报完成所需要的时间,以保证项目最终汇报方案能够在指定的时间内完成。此外,由于每一位顾问所负责的内容不同,将会导致每位成员汇报的项目时间也大致不同,因此需要在前期测试每一个部分的内容所需要的汇报时间,以确保最终方案汇报的时间能够在可控范围内,不至于过多超时。

(二)咨询方案汇报展示过程中的工作

在咨询方案汇报展示过程中,我们往往会要求所有负责汇报展示的小组成员上台,以体现整个项目团队的风貌以及团队的凝聚力。由于咨询方案是一个团队所有成员凝聚智慧的成果,因而需要在项目经理的带领下,所有团队成员进行上台汇报展示。这也是由于顾问之间有不同的分工,也有不同的专业知识背景,那么涉及具体的某一部分汇报展示,会由于某个具体的顾问专业知识背景而带来更加专业的讲解和分析。

在咨询方案的汇报讲解展示过程中。一方面需要咨询顾问体现出自己的专业性,以及个人的专业独到的见解。整个项目组团队成员都应当给予上台展示的顾问同事支持和鼓励。在第一位顾问完成相应的内容汇报展示后,第二位同事上台汇报展示的时候,需要有一句专业的语言来进行过渡承接。例如,"以上是我所要汇报的战略管理模块内容,那么接下来有请我的同事李××进行组织及人力资源管理部分的内容汇报"。在上台的同事之间的转接期间,还应当注意过程自然有序,避免同事之间的相互切换变得生硬,这样会带来很多不必要的尴尬。同时,在咨询方案的汇报讲解过程中,还应当随时留意客户企业人员的表情及反应。如果大家的表情都变得很茫然,那么说明讲解过程中的这些要点,台下的听众并不是很能理解。而如果台下的听众能够快速地作出反应(例如频繁地点头),那么将会给我们传达出一个信号,就是他们对此部分内容非常了解,那么我们在讲解过程中将会适当加快语速,而不用过多地讲解这部分的细节内容。

因此,在演讲过程中,不单要把关注点注意到我们需要讲解的报告内容上,还需要将台下的观众作为演讲过程中的一部分,需要随时留意台下观众的反应,以确保我们讲解的内容能够随时抓住台下观众的兴趣点，从而能让他们跟随我们的讲解思路。

（三）咨询方案汇报展示后期工作

在咨询方案汇报讲解完成后，在现场的客户企业人士将会针对汇报方案的展示内容提出相应的问题，在这个过程中就要强调咨询顾问之间的配合。例如，客户所关心的问题属于战略管理部分，那么战略管理咨询顾问，将会针对他所负责的战略管理部分的内容作出相应的解答。从事咨询方案的汇报展示也是一个不断收集顾客反馈信息的过程，如果我们在汇报过程中出现一些错误，或者是与客户真实管理场景有出入的地方，那么客户将会明确指出来，而这些客户指出的要点都将成为我们后期优化咨询报告的思路来源。

咨询方案汇报展示也是一个双向沟通交流的过程，一方面我们需要向客户展现我们的报告设计思路，而另外一方面我们也需要听取客户对于我们方案设计的想法意见及建议。由于咨询方案是为了我们客户解决问题而提出的。因此，我们的方案将主要根据客户的需求而设定，如果我们的方案与客户的需求有偏差、有出入，那么我们需要做的是在第一时间作出快速的反馈及更改相应的方案内容，以确保能够满足客户的需求。如果我们的方案某方面内容不能在短时间内给出客户比较直观快速的答案，那么说明我们的咨询方案仍有部分工作需要花时间精力来完成，那么我们将向客户提出需要一定的时间来做问题的补充，以实现咨询方案的完备性。

因此，在咨询方案汇报展示的后期工作中，主要是收集客户企业的反馈意见及建议将我们的咨询方案进行修订和整改。方案的修订整改也包括我们的 PPT 方案以及纸质版的咨询报告，也包括提供给客户的所有材料。整个沟通过程都将依照客户的反应来进行安排，如果客户不再提供新的反馈意见和建议，并且表示对我们的方案满意和认可。那么咨询方案汇报展示的效果就比较好，整个咨询方案的汇报展示工作就可以结束了。

汇报过程中的小提示：

（1）安排一名咨询顾问负责提醒同事汇报时间；

（2）所有上台汇报的顾问应当注意着装的职业化，要务必显得正式；

（3）汇报过程中应当保持微笑，并且在表达上给客户感觉亲切，并非单纯的甲乙方雇佣关系；

（4）过程中尽量多采用第一人称用语，例如，"我们××公司的业务现状……"；

（5）体现团队凝聚力，如使用衔接用语"接下来由我的同事进行讲述"；

（6）咨询方案 PPT 中一定要有客户企业的 Logo，以表示对客户的尊敬；

（7）汇报仪态应当自然，避免过度紧张而照 PPT 念文字。

第五节　咨询方案汇报展示的演练技巧

情景案例

同一个项目组的两个咨询顾问上台进行汇报。第一个项目组顾问小李在展示项目方案的过程中,全程站在屏幕的左侧,小李一边讲解一边面带微笑,同时还结合一定的手势进行介绍讲解,但是台下的观众目光更多留意到小李所播放的 PPT 内容上,而较少关注小李的表情或神态。在小李讲完他所负责的 PPT 内容之后,同事小张上台接着进行 PPT 内容讲解汇报,但小张上台讲解 PPT 汇报的过程方式和小李不一样。小张一边在台上用翻页器播放着自己的 PPT 一边对 PPT 进行讲解,但是小张在汇报过程中采用了一个小小的技巧,就是在屏幕前进行轻微的左右走动,在语言自然讲解的同时,还伴随着台前走动。这时候一个意想不到的结果出现了,台下的观众将注意力从屏幕上的 PPT 内容转到了小张的身上,更多地留意到了小张自信的仪态以及小张的微笑及面部表情。在项目方案报告会结束后的午餐过程中,企业负责人王总对项目经理陈经理说道:"你们项目组的小张蛮不错的,过程中挺自信,专业知识也过硬,给我留下了深刻的印象。"负责人王总只提到了小张而没有提到小李,那么这个过程中差异在哪呢?这两位顾问的表现差别在哪呢?若你作为项目咨询顾问,你比较喜欢哪一种方式进行汇报展示呢?

在真实的管理咨询场景中,我们往往会发现咨询顾问的语言表达能力都非常强,所讲出来的项目方案,内容都非常有逻辑,表达的语言都非常精炼,口才都非常好。那么这些顾问是怎样做到这一点的呢?其实在此过程中会有很多表达的技巧在里面。例如,一些结构化的内容呈现框架模板能够带来一定的思路。往往咨询顾问在沟通表达方案的过程中,会把要点尽量缩减为 3 点或者是不超过 5 点。那么有限的内容要点的讲解就能够降低讲解的难度,从而提升客户对所讲要点的感知。

和上面的案例情景相似,我们在展现方案的过程中,不单单想到是如何把方案内容展现给客户,我们还应当思考一个重要的问题,就是我们该如何给客户留下深刻的印象。给客户留下深刻的印象即代表着会有更多的合作机会和意愿出现。有更多的合作机会及意愿,就会意味着将来咨询公司会有更多的业务发展,从而会带来更多的利益。当你在汇报过程中,你的客户记住的不单单是你所讲的 PPT 内容,而他对 PPT 汇报的这个人留下了深刻的印象,那么表示你的汇报是成功的。如果你的客户在你讲完 PPT 之后仅仅记住了你PPT 的内容,那么说明客户对你的印象并不是很深刻,那么久而久之客户将会忽略是哪一位顾问在报告这样一个方案。

因此,我们在对咨询顾问的方案汇报讲解过程中比较强调这样一个小技巧,就是台前的走动。屏幕前的走动,并不需要太频繁。实际上你只需要在讲解 PPT 方案过程中某一个细节停顿或者是某一部分内容转换的间隙中,自然地从屏幕的左侧走到右侧,或者从右侧走到左侧单向走动,并且做到在走动的过程中,一边走动,一边自然地讲解 PPT 方案的内容,目光注视到台下的观众。这样,台下的观众将会在观看你所播放 PPT 的过程中,将目光投放到台前走动的你的身上,从而对讲解 PPT 的顾问产生印象。这样一个小小的演讲技巧,将会使你的 PPT 方案讲解更加精彩,同时也会体现出你的自信和专业性,让大家记住

PPT 的要点内容,也会记住讲解 PPT 方案的你。

本章小结

- 咨询报告的撰写与展示成为体现咨询项目组价值的重要环节,这是对整个咨询项目组所开展的工作的总结,是整个咨询团队成员智慧成果的体现。换句话说,客户能否与项目组有后续合作,能否满意地支付项目尾款,很多时候成败在此一举。因此,在这一关键且重要的环节中,我们需要保证我们所交付的项目成果的质量。运用换位思考的方式审视我们即将提交给客户的方案文档,设想如果我们是客户,我们看到这份咨询报告及听到这样的方案展示会不会感到满意? 我们的方案是否做了充分的准备? 方案里是否包含足够多我们认为能够"拿得出手"的干货? 结合本章的核心内容与知识,再结合以上的换位思考,相信我们的咨询方案会是一份我们认为最棒的方案。

【技能训练】　模块十一:　项目咨询报告的撰写与演示

【训练目标】　要求项目组顾问在前期项目调研和分析的基础上完成咨询报告的撰写,并制作 PPT,进行咨询方案的汇报展示。

【训练任务及要求】

任务一:项目方案与咨询报告撰写

核心任务:将为客户企业所提供的各个咨询项目模块方案,按照一定的逻辑条理,汇编成完整的项目咨询报告。

任务要点:

- 应体现咨询方案的建议性,有问题分析,并提出各个模块问题的解决方案;
- 体现方案的创新性和逻辑条理;
- 最终版的方案强调排版合理,页面美观,不应有错别字或格式错误。

任务二:项目方案 PPT 制作

核心任务:结合咨询方案的内容,准备相应的演练方案 PPT:

- 将客户企业的背景、战略、组织架构、人力资源管理部分内容制作成 PPT(方案汇报演练一);
- 将企业市场营销、商业模式、IT 方案部分(重在方案设计展示)的内容制作成 PPT(方案汇报演练二);
- 做好 PPT 方案的版面设计,体现报告思路;
- 由项目经理安排好方案汇报的人员。

时间进度安排:

- 方案汇报演练一(90 分钟):客户企业背景、战略、组织架构、人力资源管理部分;
- 方案汇报演练二(90 分钟):企业市场营销、IT 方案部分(重在方案设计展示)。

PPT 演练任务模块一：企业战略、组织架构、人力资源管理模块方案展示

【演练场景内容】

（一）背景介绍

- 企业业务不断发展，合理的战略、组织架构设计、良好的人力资源管理机制为企业带来更多发展机遇；
- 第三方咨询公司就"企业战略、组织架构、人力资源管理"为企业提供方案及建议；
- 现将 5 家优秀的咨询公司推荐给 5 家知名企业，为其提供专业的咨询服务。

我们的客户企业对于第三方咨询公司汇报的方案有如下三点要求：

- 要熟悉客户企业的基本情况；
- 要能为企业未来的发展提供中肯的建议；
- 提供的方案应结合实际，具备可操作性。

（二）场景介绍

- 由于时间有限，为各个咨询公司项目组预留 15 分钟汇报方案（建议安排 5 组项目组进行汇报）；
- 分别在离汇报结束还有 10 分钟、5 分钟、1 分钟时进行提示，报告人员需留意（安排 1～2 名咨询顾问（课程学生）负责提示时间）；
- 5 家项目公司按抽签顺序依次进行方案展示，项目总监（课程老师）将在汇报结束后进行集中点评。

【同行咨询公司参与评价】

- 未参加汇报展示的其余项目组全体人员要求参与同行评价；
- 可通过在线问卷、纸质评价表等形式邀请其余未参加汇报展示的项目组成员参与点评。

PPT 演练任务模块二：基于信息技术的营销方案展示

（一）背景介绍

- 企业间竞争加剧，基于信息技术的营销方案能为企业获得更多市场机遇；
- 第三方咨询公司为企业提供"基于信息技术的营销方案"设计及建议；
- 现将 5 家优秀的咨询公司推荐给五家知名企业，为其提供专业的咨询服务。

（二）场景介绍

- 由于时间有限，为各个咨询公司项目组预留 15 分钟汇报方案（建议安排 5 组项目组进行汇报）；
- 分别在离汇报结束还有 10 分钟、5 分钟、1 分钟时进行提示，报告人员需留意（安排 1～2 名咨询顾问（课程学生）负责提示时间）；
- 5 家项目公司按抽签顺序依次进行方案展示，项目总监（课程老师）将在汇报结束后进行集中点评。

第 十 二 章

管理咨询项目成果的验收与管理

引导案例

咨询项目组总监王总要求大家开展项目收尾工作,把项目过程中相关的文档及资料做好整理。咨询顾问小陈心想,这个简单,不就是把所有的文档装在一个文件夹里面嘛。小陈快速地拖动项目文档和资料,建立了一个文件夹"××咨询项目2018",将所有文件都装在了这个文件夹里。但小陈的这一做法,却让总监王总并不满意。在即将去客户企业汇报最终项目方案的前一天晚上,咨询项目组内部开了个研讨会,王总问道:"咱们给客户的材料和文档都准备好了吧?"小陈很自信地答道:"准备好了,没问题。"王总:"那打开咱们过一遍吧,咱们先从项目方案开始。"咨询项目组全体成员注视着播放 PPT 的投影屏幕,小陈将装资料的 U 盘点开,显示的是一个文件夹"××咨询项目2018"。随后小陈打开了文件夹,里面显示了几十个各种各样的文件夹及文件,密密麻麻地在屏幕上陈列着,小陈在仔细核对文档名称,希望能快速找到王总想要看到的文件,时间一点点过去,小陈花了差不多3分钟才找到了王总想要看的报告,在过程中大家看到小陈打开了文档,然后自言自语地说:"不是这个文件,换一个试试……"最后王总大怒:"小陈,你这是开杂货铺吗?难道你打算把这些文件丢给客户,让他们自己找是吗?"

如果你是客户,你看到小陈整理文件的文件夹后你会满意吗?那如果你是小陈,你觉得又该怎样做既能让客户满意,也能让王总满意呢?

【管理启示】 在咨询项目接近尾声阶段仍然有很多工作需要去做,毕竟咨询项目在操作过程中会产生大量的数据和资料。为了体现咨询项目工作的系统性以及体现工作的充实度,让客户感觉到我们的工作做得扎实。那么需要针对项目文档进行系统性的归纳整理,以确保项目的成果符合客户的要求。对于以上的案例小王犯了一个错误,就是他没有以产品的思维来对待咨询项目的成果。

学习目标

- 理解咨询方案成果的管理工作内容;
- 熟悉咨询方案有效性的评估要点;
- 熟悉咨询方案的调整与优化的内容;
- 掌握咨询方案成果交付与验收工作的内容。

第一节　咨询方案成果的管理

　　咨询项目的成果也是一种产品,只是结合客户的实际管理情境和问题所形成的知识聚合后的产品。毕竟客户是针对我们的咨询方案,以及项目成果给相关的咨询费用的。既然客户花钱购买咨询服务,那么我们所交付的成果就应当像一个产品一样,应当认真地去规划产品的内容。因此,在我们给客户发邮件的时候,不能像平时与客户沟通那么随意。我们需要将项目的成果整体打包分类,并且有条理有逻辑系统性地呈现给客户。通常比较专业的做法,是我们将项目完成的资料进行整理。并且将所有的项目成果,按照清单列出来做一个列表。然后根据列表上所对应的项目成果,编号做相应的文件夹,并且在文件夹里将相应的资料进行归档整理,并将文件夹整体打包发给客户,这样的话就避免了客户有些文件会找不到或者是客户说没有收到的情况出现。

　　同时,一个专业的咨询项目在结项时,也需要客户对项目成果清单逐一进行验收,并且要客户签字确认。签字确认这一项工作尤为重要,一方面签字确认这项工作显示了客户对项目成果的审核及核对,确保项目的所有成果材料准确无误地交付到客户手里。另一方面签字确认这项工作也避免了后续一些不必要的麻烦出现,例如我们的一些客户在前期沟通都还好好的,在交付项目成果的时候也没有说什么其他的意见或建议,但在项目成果交付之后过了一段时间,客户又提出了这样那样的问题及意见,并且让项目组反复地修改,这将大大加大项目组的额外工作量,耗费大量的工时及人员成本。而这样的一些问题往往是由于客户没有及时签字审核确认项目成果所导致的。由此可见客户审核签字确认,这项工作也是非常重要和关键的。

　　以下是咨询项目成果验收阶段所要开展的核心工作内容:

　　(1) 梳理项目成果材料,并分类;

　　(2) 结合项目成果材料类型,制定项目成果验收清单;

　　(3) 电子版项目成果资料进行封装打包,随验收清单一起发给客户签字确认;

　　(4) 项目终期报告会上提交纸质版材料及文件,包括正式版的咨询报告。

　　由于咨询项目存在项目工作多、时间周期长等特点,在项目工作过程中,必然会产生很多资料信息以及数据。这就要求我们对咨询方案成果不同类型的文件和文档进行分类有序的管理。通过以上的内容,我们介绍了咨询项目在项目尾声阶段所要开展的核心工作。接下来我们将针对咨询方案成果管理的方法逐一进行讲解,将按照咨询方案产生的不同成果类型提供相应的管理方案。

1. 项目数据及信息资料

　　这部分资料主要是我们用于收集来撰写项目咨询报告所用到的数据及信息资料。包括我们通过互联网、各大报纸期刊、企业内部的报刊及文字材料所整理出来的关键数据及信息。这些材料一部分是网络所公开的材料资源,而另外一部分是企业内部较为核心的、并且保密的数据资源。在我们完成项目工作之后,我们也有必要将这一部分信息数据移交给企业。同时,也是为了与我们的咨询报告方案的关键内容形成对应。例如,我们在分析行业发展走势及行业发展现状的时候,会引用很多行业分析公司的咨询报告。而那些报告及数据,都不一定是由我们自己完成的。那些报告通常是在我们项目开展之前,由很多正式的机构所完成的信息,包括国家统计局和地方统计局发布的统计报告等。我们将此部分的信息数据内容打包给客户是为了便于客户去追溯我们提供的报告内相关内容数据的来源。这种做法也在一定程度上体现了我们方案的严谨性,以及客观真实地展现问题的解决思路。

同时,涉及项目工作进度、项目人员工时、项目工作任务报价等费用管理文件及表格,也可以存放在此类文件夹中。

2．咨询项目的照片及工作日志

从咨询项目前期接洽到项目的立项、项目的启动会、再到项目的中期沟通会议等,这些具有标志性的咨询项目核心任务过程中,都将会产生一些重要的信息资料,而照片就是其中一个比较重要的资料。通过照片可以客观地体现咨询项目的工作开展情况,同时也体现出对客户企业的尊重(照片里面也会记录与客户沟通交流的工作场景)。咨询项目的照片往往会客观地反映工作过程中的关键内容、事件和场景。例如,我们实际去到企业的生产流水线做现场观察与调研、我们针对企业一线员工所开展的访谈、我们针对企业的重大决策以及组织变革过程中所参与的核心会议,等等。那么这些关键的照片信息都将体现出我们咨询项目所开展的核心工作,也反映了我们所开展的工作量。同时,在照片整理的过程中,我们还可以附上 3～5 张咨询项目组开内部讨论会议时的场景照片(体现出功劳和苦劳)。这一做法的目的,也是为了向客户展示咨询项目组随时随地跟进客户的项目,哪怕咨询项目组不在客户企业公司工作或者是实地驻扎。

3．咨询项目的访谈录音文件

在企业做访谈是咨询项目核心的数据来源。我们往往会通过访谈获取到客户最真实和最直观的想法。为了避免关键信息的遗漏,或者是理解的偏差,往往我们需要在收集到访谈录音之后,会再一次地反复听客户的访谈录音。通过访谈录音的关键信息,对我们的方案及观点进行矫正核对。以确保我们的方案与客户真实的问题场景相匹配。必要的时候,一些核心重要的访谈录音,我们还将花时间把它整理成文字。但这项工作是比较费时间和费人工的。例如,我们对公司最高层的领导人,如董事长或总经理进行访谈,那么很多时候,他们所传递的信息将会客观真实地反映出公司未来的发展方向及规划。那么这样的一些录音,转换成文字文档就是非常重要的,它将为我们咨询方案的设计以及问题解决的思路提供方向和指引。我们需要按照公司高层领导人的意愿和偏好去制定我们的咨询方案,以确保我们的方案得到公司最高层领导人的支持和认可。

但值得强调的是,项目访谈的录音文件我们可以在项目后期完成之后进行打包存档,这部分资料我们可以不交给客户,毕竟在客户企业开展访谈是属于一个客观的第三方调研行为。很多企业人士会在访谈过程中说到很多企业的关键核心管理问题，而这些问题并不便于向公司其他人员透露。因此，这一部分访谈录音文件只能是打包整理之后，作为咨询项目的内部资料存档。但如果我们基于整个公司的访谈情况得到一些高度提炼并且带有统计分析的结果，那么这些结果我们就可以提供给客户，因为它不再针对公司具体的员工或个人。这也是为了保证像我们在实地开展访谈过程中对客户承诺的那样，"我们会对他们的访谈内容做到保密"，所以在这个过程中我们会将访谈的录音文件留存在咨询公司，做妥善保管，但不用作为项目成果交给客户。

4. 关键里程碑事件的项目成果

关键里程碑事件的项目成果是客户最关心的，并且是他们最想看到的项目成果，其中也包括了我们想要提交给客户的最终项目咨询报告。通常，针对企业某个具体管理问题所形成的分析报告，或者是针对企业所关注的某一个市场领域展开的市场调研分析报告，这些系统的产品化的报告文档及材料被称为项目关键里程碑事件的项目成果。同时，这些具有里程碑事件的项目成果，我们也会在前期与客户沟通项目进度的时候，明确在什么时间交付什么样的项目成果，项目成果在具体的时间节点进行交付就构成了项目里程碑任务。例如，我们会告诉客户，在项目启动前期，我们会交付给项目客户"项目工作计划以及内容工作安排表"。在项目中期，我们会交付给客户"项目中期汇报 PPT 及咨询方案中期报告"供客户讨论核对。在项目接近尾声的时候，我们将针对项目中期收集到的客户意见或建议对咨询方案进行优化和完善，并将交付给客户正式版的项目咨询报告。因此，我们会和客户讨论整个项目进行过程中的一些关键时间节点，并且告诉他们在关键时间节点，我们将提供怎样的项目咨询成果。通常来看，咨询报告就是一个核心的项目成果。但这也要根据不同的咨询项目类型来定，例如有些咨询项目还会伴随系统的开发软件的设计。那么所交付的阶段性成果还会包含软件的源代码、软件的架构设计图纸以及软件的使用说明书，等等。那么这一部分项目成果也将严格按照正式交付产品的思维，进行合理的文档分类及整理。最后将整理规范的电子化文档交给客户，必要的情况下，我们还可以用比较好的印刷方式印制出精美的咨询报告。

结合以上的内容，我们提供一套项目成果管理建议方案。值得说明的是，项目成果的文件管理并无标准方案，只要规范合理、文件编排整理有序即可。

项目成果管理建议方案

一级文件夹：文件名＜××公司××咨询项目文件＞

二级文件夹目录：

1. 项目数据及资料信息

    1.1　项目所用数据

    1.2　项目资料信息

2. 照片及工作日志

    2.1　工作照片

    2.2　工作日志

3. 访谈及录音文件

    3.1　访谈录音

    3.2　访谈纪要

    3.3　访谈工作计划表

4. 里程碑事件的项目成果

    4.1　××公司××项目咨询报告

    4.2　××公司××项目中期报告 PPT

    4.3　××公司××项目成果验收报告

第二节　咨询方案有效性的评估

情景案例

    张强看了看自己即将要交付的项目报告。心想我的这个报告，里面有大量的数据图表信息，同时还借鉴了这个行业几家大公司做得比较好的管理办法及经验，我花了三天三夜专门做报告的排版设计，并运用了大量的图表及绚丽的画面设计，我相信这份报告肯定会让我们的客户满意，并且老板肯定会嘉奖我。将要交付的报告成果打印出来之后，看着非常厚一本。张强非常开心，他觉得这份报告凝聚了他和项目成员的所有心血，工作量也体现得非常扎实。然而结果却出乎他的意料。客户在看完他的报告之后，评价到"这份报告里面的组织架构、设计思路非常理想化，难以落地"。同时，要实现这样的组织架构管理体系，公司还需要招募大量的高素质人才，那么将会带来更高的成本投入。招募高素质的人才，公司虽然也想这么做，但由于现在的预算限制和公司发展情况的制约，导致公司没有办法去这样做。因此，这样的一份报告，虽然做得非常完美，看起来也非常理想，但结果公司没有办法按照报告写的那样实施操作，精美的报告被放在了公司的陈列柜里。一段时间之后，人力资源咨询项目这件事情在公司变得无人问津。随着大家各自有各自要忙的事情，半年之后咨询项目这个事情就被大家遗忘了。

    你认为张强写的这个报告有效果吗？到底怎样去衡量它的有效性呢？

    其实，衡量一套咨询方案是否有效，也是评定咨询项目是否成功的一个关键。很多咨询项目虽然已经完成，但客户付完钱之后并未觉得咨询方案能够帮到他们，或者是咨询方案过后，由于客户的认知能力、技术条件等因素的限制与制约，导致客户还是没有办法较好地将咨询方案实施。这也就是为什么说很多咨询项目做完了，就没有然后了。而很多咨询项目做完了第一单，还有第二单，第二单做完后，客户还会介绍更多的企业来做项目。衡量咨询方案的有效性就像给咨询方案打分一样，从各个维度进行评价咨询方案的优劣，以下提供几个评价咨询方案有效性的维度。

1. 方案能否落地

我们往往看一个咨询方案是否有效，就看这个方案能否落地。换句话来说，就是看客户能否实施这套方案。很多时候有效的方案并不是最佳的方案，有效的方案需要结合客户具体的问题场景，以及客户具体的管理环境。而最佳的方案可能考虑得很全面，很多条件都会比较理想和超前，但是这套方案实施起来的难度会比较大。同时，咨询方案的设计也需要平衡好客户企业中各方的关系及利益。因此，如果一套咨询方案交到客户手里，客户没有把它用起来，那么这个方案的有效性就会比较差。反之，一套方案交到客户的手里，客户能用起来，尽管这个方案有诸多有待优化的地方，或者是有些不足，但由于方案能够被客户使用，那么客户对方案的整体评价还是满意的。在客户的印象中，这套方案还是有效的。通常我们会看到很多咨询项目中的咨询顾问有较高的学历，或者是在国外留学的背景。这样的一些顾问，由于他们接受过很好的教育和培训，同时也在比较好的企业环境中实践过，他们所接触的知识也都比较新和比较超前，这让他们做出来的方案相对来说会比较理想（或者来自一线城市公司的管理经验给二三线城市的公司借鉴，就显得超前）。但这套方案交给客户之后，客户往往会觉得这套方案不够接地气，客户较难使用或者是实施这套方案需要花费更高的成本。因此，衡量一套咨询方案是否有效首要是看这套方案能否落地，这也要求我们的咨询项目顾问从客户的角度来评价方案。也就是说，如果换你是客户，那么你会否实施这套方案，方案实施过程中会存在怎样的难点。

2. 能否体现客户所关心的管理痛点问题

痛点问题不单单是指客户企业中所存在的问题。痛点问题往往是经常困扰客户或者是制约客户业务发展的一些重要核心问题。例如一家企业常年发现自己很难招到新的员工，同时公司的老员工又很不安定，总想着换个地方工作。在经过实地调研后发现痛点问题实际上是员工的激励问题。是由于这家公司激励机制设计不合理，从而导致新的人员进不来而老的人员觉得不公平这样一个现象。因此，咨询项目的出现往往是客户存在痛点问题，但是客户通常没办法直接表述痛点问题是什么。因此，这一过程就需要咨询公司结合自己的业务专业性和专业知识来帮客户梳理和查找痛点问题。有些优秀的咨询方案很有效，但整套方案甚至只解决了一个痛点问题。但随着对这个核心的痛点问题的深入分析及解决，将会切实地给客户企业带来很大的发展机遇，实现企业发展扭转乾坤的局面，进而体现出咨询方案的价值。有时候我们会看到一些咨询方案，能够帮客户解决很多问题，但是在一段时间之后，客户又会出现新的问题，甚至客户会觉得问题越来越多。那么这个时候，很有可能咨询方案没有帮客户解决核心的痛点问题，而是解决了很多表面上的细节问题

（如做一些细节上的优化，但治标不治本）。如果没有从关键和根本上解决客户的痛点问题，那么问题还将源源不断地出现。通常企业的责权利划分、激励机制的设计、组织架构的调整、企业盈利模式及商业模式的分析设计等方面都会反映企业的痛点问题。

3．客户能否举一反三地应用咨询方案解决问题

所谓"授人以鱼不如授人以渔"，一方面企业是咨询公司的客户，另一方面咨询公司更多地是帮助企业发展和成长。客户企业往往会因为业务的急迫性请到咨询公司，有时候咨询公司起到"救火队"的角色，来帮助客户解决燃眉之急的问题。但一套有效的咨询方案不光是帮助客户企业解决了问题，还能够帮助客户建立起一套解决问题的体系，在现实的咨询业务场景中，咨询项目组往往会邀请客户企业派一到两名企业人员参与到咨询项目的工作中来，一方面是这两个人员能够帮助咨询项目组做更好的联络，使项目组及时地获取客户企业的最新情况，而另一方面则是这两个企业人员将成为应用和实施这套咨询方案的任务主体，甚至在咨询项目完成之后，这两个关键的企业人士还能获得晋升的机会。因为在咨询项目的开展过程中，这两个企业人员能够从公司全局的层面来看问题及分析解决问题，所关注的问题层面和能力要求都比自己原先的岗位要求要高很多，因此一套有效的咨询方案不单单是能够帮助客户企业解决问题，还能够帮助客户企业培养人才，以支持咨询方案后续的落地实施。

4．咨询方案中的数据资料能否在问题分析过程中形成有效对应

一套咨询方案能够有效地为客户解决问题提供思路，咨询报告中的数据能够支持分析，并且与问题的分析场景形成一一对应。通常，我们所提供的咨询报告中的数据来源于两个方面，一方面是通过咨询公司自有的数据库，或者是项目组内部顾问进行测算分析而得到的，另一方面则是借鉴了很多行业调研机构所发布的数据。咨询报告是否有效，也是看咨询报告中所提到的数据资料是否正确，这些数据来源能否追溯。因此，这也要求我们在正式完成的项目咨询报告中，涉及关键数据支持的地方，应当注明数据来源，以方便客户进行追溯、求证及延展数据分析应用。例如，我们会对某个城市未来的餐饮行业市场规模进行预测，而预测的数据来源是地方统计局发布的统计分析报告，报告中的居民可支配消费指数的变化趋势，就能够潜在地为未来餐饮行业市场规模的预测提供借鉴。因此，要让客户在看报告的时候觉得有理有据，并且要切实地告诉客户，这些数据来源都是可靠且有效的。

5．咨询方案中的内容信息是否正确完整

整个咨询报告编排的内容都应当尽量做到严谨，我们常常会在咨询报告中写到"详见图×"，或"详见表×"，当我们做这些标注的时候，务必要确保客户按照这些"详见"提示，能够找到相应的内容信息。有时候我们会精确到"该模块的问题设计详见附录××页"，但按照具体的页码翻过去后发现内容却不能有效对应，这种情况往往是由于我们报告后期优化修改的时候没有做到页码的同步更改。因此，确保咨询方案中所用到的图表信息资料的完整、报告中所涉及的链接真实有效，都将成为衡量咨询方案有效性的关键。为避免出现上

述提到的内容信息不够完备正确的类似问题,一个比较有效的方法是在咨询报告完成后,每一位顾问都对报告进行核对检查,可以纠正错字、格式错误、排版问题等,从而提升咨询方案的有效性。

【作业任务】

请结合以上 5 个维度对你所完成的咨询报告有效性进行测评,结合括号里所对应的分值进行打分。

1. 方案能否落地(满分 30 分,方案完全得到应用为 30 分,方案得到部分应用为 15 分,方案未应用为 0 分);

2. 能否体现客户所关心的管理痛点问题(满分 20 分,找到 2 个以上客户的痛点问题 20 分,找到 1-2 个客户的痛点问题 10 分,未找到客户的痛点问题 0 分);

3. 客户能否举一反三地应用咨询方案解决问题(满分 10 分,咨询方案得到落实并且由前期参与咨询项目的客户企业人员负责实施 10 分,咨询方案得到落实但由企业另外安排人员进行对接 5 分,咨询方案企业没有人员可以对接实施 0 分);

4. 咨询方案中的数据资料能否在问题分析过程中形成有效对应(满分 20 分,能完全形成有效对应 20 分,能部分形成对应 10 分,完全没有形成对应 0 分);

5. 咨询方案中的内容信息是否正确完整(满分 20 分,所有内容信息正确完整 20 分,部分内容信息正确完整 10 分,所有内容信息都不正确完整 0 分)。

结合测评分值,结果在 60 分以下的方案有效性差,60~80 分段的方案基本有效,80~90 分段的方案较为有效,90~100 分段的方案有效性较强。

第三节　咨询方案的调整与优化

咨询项目的方案是为了弄清客户存在的问题及其原因,这为客户后续对方案的实施应用提供了方向和思路。但是只有方向和思路的方案并不能从根本上解决问题,还必须进行与之配套的详细方案内容优化及完善,并以此指导方案的实施及应用,才能系统地解决管理问题。

一、调整方案的内容

调整方案的内容是依据项目方案在制定过程中由客户提出的改善方向和重点,对业务流程、操作规程和管理制度重新建立或在原有基础上进行修改、补充和完善的过程。这个过程包括详细方案的构思的修正、必要观点的验证、信息及数据的梳理归类和文本内容的编制、格式调整等环节。

(一)改善方案的设计思路

任何一个咨询方案的设计在正式出来之前,都有一个构思的过程,即把方案的框架结构和重要环节的操作要点逐一描绘出来，并且进行平衡、修改、补充，使之逐步完善。咨询方案也不是一次设计就能够做得很完美的，需要在动态与客户沟通交流过程中不断进行修正和完善。同时所构思出来的咨询方案也需要得到客户的认同，如果客户不认同，那么一开始就决定了咨询方案不会得到客户的支持。

1．详细设计方案的基本内容

由于客户情况不一样，咨询项目的内容不一样，详细方案所包括的内容也会不一样。但是，设计方案一般包括业务操作层面和管理活动层面两个方面的内容。两个层面都涉及有关部门或岗位的权限与责任、质量要求、业务操作或工作流程、管理或操作方法、需要的条件等内容，还涉及阻碍方案执行的因素等其他内容。而这些内容的进一步优化完善，都需要具体针对客户企业的环境来进行详细方案内容的设计。

2．咨询方案设计思路的来源

(1) 在原有做法的基础上梳理和完善

通常比较稳妥的思路是基于客户的现有做法进行优化，这一方式也由于对客户现状影响小而较容易被客户所接受。具体来说，通过对客户内部已有的做法进行梳理和完善，形成新的解决方案。常用的分析方法有 ECRS［取消(eliminate)、合并(combine)、调整顺序(rearrange)、简化(simplify)］分析法和 5W1H［目的(why)、对象(what)、地点(where)、时间(when)、人员(who)、方法(how)］分析法。

ECRS 是分析问题的一种常用框架，即对客户现有的做法逐一审查：有没有可以排除的、有没有可以合并的、有没有可以调整顺序的、有没有可以简化的。

5W1H 也是一种分析框架和思路，即对客户现有的做法逐一提出问题：在做什么事？为什么要做这件事？应该由谁来做这件事？应该在什么时候做这件事？应该在哪里做这件事？应该怎样做这件事？做这件事的费用有多少(或效率有多高)？

上述提问方式，将有助于把客户原有做法中不合适的内容进行调整，不足的内容进行补充，使之成为完整的方案。但不管用什么样的方式进行方案的调整，都应当将拟定的方案调整思路与客户进行沟通确认，以确保方案能够满足客户需求。

(2) 借鉴标杆企业的成功经验

尽管不同的企业的企业管理有不同的特性，但仍有许多通用的问题解决思路和做法，只是由于具体企业管理场景的不同，在方案具体操作细节上会有些出入。因此，我们可以结合管理理论的基本知识，吸收和借鉴行业标杆企业的做法和思路，这也是进行方案设计的又一关键思路。像财富 500 强、全球 500 强的企业，其在管理理念和思路上都是比较先进的，能给方案的优化设计提供借鉴思路。

(3) 整合企业多方管理人员的观点和意见

对于企业在某个方面存在的管理问题，虽然企业本身并没有形成一套完整可行的解决方案。但许多管理人员及员工对解决该问题都有自己的看法。这些来自员工的观点和看法可能并不完整,但是却能从某一侧面提供问题的解决思路。因此,在广泛收集和整合多方意见思路之后,将会形成若干套潜在用于解决问题的方案,伴随着不同方案的设计思路,以及不同方案会对利益主体带来的影响,这些备选方案都将成为与客户交流洽谈的讨论内容。需要注意的是,整合多方观点并不是简单地将其叠加,而是围绕解决问题的核心思路进行的创造性工作,企业客户提供的思路也只能是用来借鉴和启发。这样出来的方案,尽管融合了很多人的建议和意见,但又不是任何单一个人的建议,这样结合多数人观点和建议的方案也更容易得到大家的认可和支持。

在方案整合过程中,也可以采用前述的 ECRS 和 5W1H 分析方法进行优化。

(4)运用创新的方法和思路调整方案设计

在企业管理咨询方案设计中,做到完全创新的解决方案并不多,但是针对企业一些非常棘手的管理痛点问题,则必须提出创新性的方案,才能解决这些问题。由于中国处在持续而深刻的变革之中,中国的国情又与西方发达国家有很大的差异,国内企业的管理问题也是多种多样的。这些问题在管理理论中没有现成的答案,没有其他企业现成的经验可以借鉴,企业员工也没有很好的思路可以整合。因此需要咨询人员以管理基本理论为依据,深入分析问题的本质,并通过各种方法创造性地提出解决思路来。

值得指出的是,一个高质量的咨询方案的形成往往需要综合运用上述几种方式。

构思解决方案的时候,应考虑如何用简单、方便、通俗的办法解决实际问题,而不是片面追求解决方案如何创新、如何深奥、如何前沿。

3. 构思多套问题解决思路

每个项目应构思三套左右的备选方案,并且注明每一套方案的限制条件、所需的资源和优缺点。典型的三套方案至少包括:第一种是最理想的方案,可能需要较多的资源和成本投入;第二种是最小化的方案,投入不多但是收效也不很明显;第三种则是两者之间的平衡,但无论任何一套方案,都必须具有可操作性。之所以要构思多个方案,主要是由于客户的资源状况和领导者个性特点等的不同,对方案的选择也可能不同,而改善方案的最终选择权在客户。

同样的,也可以制定超前的、持平的以及低于行业标准的三套方案,超前方案为了适应客户为了将来有更多布局和发展规划的想法而设计,但需要的资源和面临的不确定性相对最高。持平类的方案相对来说比较中规中矩,不确定性比较低,同时需要的资源比较适中,这为了应对客户持保守性的管理偏好而设计。低于行业标准的方案,相对来说对资源的限制和要求都最低,这种方案比较容易执行,并且见效快,方案是否有效在短时间内就能得到验证,对于那些比较追求解决问题效率、过多关注成本管理的领导者偏好比较适用。

4. 有客户深度参与的方案设计

方案构思的主体应当是咨询项目组的顾问,但整个过程中应让客户充分参与,广泛听取客户的意见及建议。首先,客户有丰富的实践经验,能提出许多有益的参考意见,甚至很多时候在实践角度下,客户比我们更专业、更了解管理问题;其次,方案的执行者也是客户,他们对方案理解得越透，执行效果会越好，特别是客户自己提出的方案，由于融合了客户的思路，从个人感情角度更容易得到客户的认可和支持。

（二）正式咨询方案的验证

咨询方案设计出来之后，需要加以试验、验证，验证方案的有效性、可行性、实用性。

对方案实施过程中暴露出来的问题或不足，应该逐一加以修正和完善。

方案的验证活动全过程包括：明确检验的方法—确定检验过程—进行小范围实施检验—实施结果分析。咨询方案小范围测试实施的全过程应由咨询人员主持，同时邀请客户有关人员参加。

值得注意的是，对于那些有可能影响正常生产经营活动的项目方案实施测试，或是需要花费一定资金、材料设备的试验，应请示客户高层主管领导批准，以避免产生负面影响。

（三）正式咨询方案文档的编制

这里的文档是指在改善方案的基础上所形成的完整的文字材料。在咨询方案改善思路设计完成之后，由负责该部分的咨询人员进行整理、加工，形成设计方案文本草案。

1．咨询项目组内部讨论设计方案的构思

在改善方案构思正式确立之前，应先在咨询项目组内部进行讨论。这样做既可以充分听取其他咨询人员的意见和建议，吸收他人的经验，发挥团队作用；又可在咨询团队内部实现资源共享。方案构思是否可行，最终由项目经理决定。

2．设计方案文本的表达形式

（1）采用咨询建议的形式

咨询建议形式包括设计报告或者直接给出建议两种方式。采用这一种方式一般包括"怎样做""为什么这样做""需要一些什么样的条件"等。如果该方案被采纳，客户将在实施指导期间正式制定管理文件和业务操作规程，或者修改相关的管理文件和业务操作规程。

（2）采用管理文件或操作规程的形式

现在许多客户要求咨询项目组把改善方案直接写成相应的管理文件（制度）或业务操作规程，或直接对客户原有的上述文件（制度及管理办法）进行修改。

3．设计方案文本草案的编写

负责该方案设计的咨询人员，根据内部讨论意见和方案文本表达形式，起草文本草案。各部分文本草案完成后，由项目经理进行审核。最终由项目经理或其他指定的人员完成方案文本的整合和统稿，形成完整的改善方案文本草案。

二、改善方案的研讨

在整体的咨询建议方案初步形成以后，咨询团队应与客户进行深度的沟通交流和研讨，自下而上地对已经形成的咨询方案征求意见。

（一）方案的研讨内容

研讨内容主要侧重于方案的有效性和可行性。

1．方案的有效性

改善方案的有效性是指按此方案实施能否解决存在的问题。由于在诊断的时候，对存在的问题及其原因作了透彻的分析并提出了改善的方向和重点，因此，改善方案的构思如果能够紧扣诊断报告所规定的方向和重点，一般能够保证改善方案本身的有效性。

2．方案的可行性

衡量咨询方案是否具有可操作性，应该考虑的主要因素有以下几点：

（1）客户是否具备实施这一解决方案所需的资源。

（2）客户能否接受方案实施的成本。

（3）客户是否具备解决这一方案所必要的技能、知识。

（4）咨询方案同客户的文化和管理风格是否相适应。

（二）方案的研讨活动

方案研讨和评价活动通常包括如下几个方面：

（1）确定参加研讨的人员。参加人员一般是客户单位相关业务和管理人员的代表，最好有客户企业管理人员参加。

（2）把文本草案发到参加讨论人员手中，请他们预先熟悉方案内容。

（3）召开会议，听取意见。会议期间认真听取客户代表发言，认真做好记录。对与会者提出的疑问，应当场解答，当场来不及解答的，会后一定单独解答。

（4）根据会上的意见和建议，修改设计方案文本草案，并将优化调整的内容告知客户企业代表。

三、调整后的方案汇报与确认

（一）汇报前的准备工作

汇报前需要准备的内容包括以下几点。

（1）详细设计报告并汇编成册

（2）决定汇报的形式

（3）做好演示用的 PPT 文件

（二）方案的演示和确认

1．演示

详细设计报告的演示需要注意以下几个要点：

（1）做好汇报前的准备工作。

（2）叙述要清晰易懂。

（3）应根据听众的具体情况，平衡在分析、研究、解释推荐方案三大部分内容所耗费的时间。

（4）报告要尽量使用表格、图表、幻灯、投影仪等视觉辅助工具进行说明，通过具体、直观、生动的说明，增加感染力。

2. 确认

演示完毕应认真听取客户领导的意见，并进一步完善详细设计方案。由于改善方案在汇报以前必须与客户中高层及相关人员进行详细沟通，听取他们的意见与建议，并进行适当的改动。因此，汇报时一般客户都会认可改善方案。但由于在之前的沟通中，客户高层可能没有充足的时间去了解所有内容，或者咨询人员没有充分表达改善方案的实质，或者企业内部存在尚未被了解的利益角逐，或者此时客户开始关注如何实施的问题等。各种情况都有可能让改善方案汇报完成后，客户高层一人或多人对方案提出疑义。

在这种情况下，就必须根据现场的情况进行应对，并把握几个关键：一是必须坚持自己提出的核心结论，并有理、有据地向客户阐述；二是对某些非原则性问题可以根据客户的意见进行修改；三是必须争取客户最高决策者的支持。

（三）调整后的正式方案的完成

方案设计阶段的结果是完整版的咨询报告。整个咨询报告书由前期阶段的诊断报告书和方案设计阶段的详细设计报告书两部分组成。

咨询报告最终版方案是在管理咨询报告（讨论稿）的基础上，进一步修改后完成的。

（四）咨询报告的展现形式

咨询报告通常以客户"喜闻乐见""易于接受"的方式来表现咨询报告的内容。需要强调的是，咨询报告可能是咨询项目组呈现给客户的唯一可见的产品，纸质版报告内容的质量及咨询服务的质量都能够对客户体验产生直接的影响，因此咨询方案报告书的表现形式也是影响客户印象的重要方面。

第四节　咨询方案成果的交付与验收

情景案例

　　咨询项目到达了尾声，客户方要求咨询项目组把项目材料一起发给客户企业的项目对接人。项目经理陈经理接到了客户的需求后安排小王负责对接这个事情。陈经理对小王说:"小王,你把材料整理好之后尽快发给客户。"小王接到陈经理的命令之后,给客户发了好几个邮件,一份邮件是关于咨询报告的、一份邮件是关于项目的材料和文档的、一封邮件是关于项目团队工作及进度表结果的。在项目后期沟通的时候客户提出了一个问题,说有些核心的项目成果资料没有收到。但小王执意认为材料他已发送给对方,于是小王又在众多的发送文件里面找了半天才找到他当时所发的邮件。客户回复说,他们收到邮件很多,也没有一封一封仔细地去检查。这一过程中带来了很多不必要的麻烦,并且占用了很多时间。

如果你是项目经理,你觉得小王这样的做法是合适的吗?如果你是小王,你该如何做呢?

其实咨询项目后期的成果交付工作也有很多学问在里面。毕竟整个咨询项目,项目组的全体人员做了很多工作,也形成了很多重要并且关键的项目资料。那么在这个时候,我们将主要思考两方面问题。第一,我们所做的所有工作该如何呈现给客户?第二,我们该如何妥善地把项目成果转交给客户,让他们确认已收到所有文件?应避免客户在项目后期说没有收到某一个文件而产生不必要的纠纷。这项工作也直接关系到了咨询项目组到底能不能收到最后一笔付款。通常我们咨询项目会分三次收到客户的款项,第一次是项目启动的时候,往往客户会支付 50% 的项目款供项目启动。在项目中期,进行项目中期汇报并且形成一定的讨论稿之后,客户会对讨论稿内容进行确认及评价。如果咨询项目在中期汇报能够让客户满意,客户将继续支付 30% 的项目款。那么还剩 20% 的咨询项目尾款,这就要靠咨询方案成果的交付与验收这项重要内容了。往往很多咨询项目组在收尾的时候,都不能让客户满意或者很多客户会在项目收尾的时候挑出很多毛病,并以此作为讨价还价的理由。能完整收回 20% 项目尾款的咨询公司是幸运的,因为它们在此项工作做得非常的完善,甚至是做到了真正的滴水不漏。咨询项目强调一个善始善终的过程。往往我们开头是比较好的,而且大家都比较有工作热情,信誓旦旦地开始做咨询项目。另外,我们也需要有一个非常精彩的结尾。一方面给客户留下咨询服务专业性的印象,另外一方面也是为了让客户能够满意地付款。

因此,我们在做咨询方案成果交付验收这项工作的时候,必须要知道,这项工作将直接关系到客户是否能够付这 20% 的项目尾款。咨询方案成果交付与验收工作一方面是为了让客户付尾款,另一方面也是为了避免额外的工作量产生。就拿 IT 系统开发业务咨询项目为例,一套 IT 系统原型开发出来之后,客户会不断地使用这套系统,而在使用过程中,客户就会有很多新的问题和新的想法。他们都希望将这些新问题和新想法加到系统的修改和开发过程中。而客户这样的一些新的想法和建议,都将导致项目组的额外工作。很多咨询项目就是因为客户不断地提新需求和新想法。导致咨询项目一直都在不断响应客户的新需求和新想法,咨询项目迟迟不能结项。甚至很多时候,客户的新的需求,不能在短时间内得到满足,从而让项目无限制地延期。咨询项目的一个比较核心的管理难题就在于项目成本的管控。如果咨询项目成本能够在项目开展期间得到合理的管控,那么就能保证咨询项目盈利。如果项目周期被无限制地延长,一方面将会占用咨询项目组更多的工作时间,而另外一方面也会加大咨询项目组的管理成本(人员工资需要继续支付),这将是项目经理不希望看到的局面。那么这样的一个问题该如何解决呢？以下是解决这一问题的核心办法。

(1) 让客户签字确认。最好的方式是让客户签字认可你的成果清单,把所有的工作成果和内容在清单上列明,而后最好让客户代表签字确认并盖上他们的公章,如果不能盖章当然签名也有同等的效力。让客户签字确认也是为了防止客户在收到项目成果之后有新的变化和想法,如果有新的更改要求,可以再签订新项目来完成。

以下是一份项目咨询成果确认书的样例。

客户名称：广东××集团股份有限公司　　　　　　　　合同编号：GD××-BIGDATA-001

广东××集团大数据平台项目咨询成果确认书

广东××集团股份有限公司：

根据双方合同的约定,乙方提交以下成果给甲方,请甲方确认。

序号	成　果　名　称	文件格式	签收人	签收时间	递交人	评　价
01	《广东××产品商业环境市场调研报告》	WORD	张国强	8 月 27 日	王建国	优√、良、一般
02	《广东××集团大数据平台需求调研报告》	WORD	张国强	8 月 27 日	王建国	优√、良、一般
03	《广东××集团大数据平台需求调研情况》	PPT	张国强	8 月 27 日	王建国	优√、良、一般
04	《广东××集团大数据平台系统架构说明书》	WORD	张国强	9 月 12 日	王建国	优√、良、一般
05	《广东××集团大数据平台系统功能介绍》	WORD	张国强	9 月 12 日	王建国	优√、良、一般
06	《广东××集团大数据平台开发计划》	EXCEL	张国强	9 月 12 日	王建国	优√、良、一般
07	《广东××集团大数据平台系统功能介绍》	PPT	张国强	9 月 12 日	王建国	优√、良、一般
08	《大数据平台 A1 模块功能讲解及需求确认》	PPT	张国强	10 月 15 日	王建国	优√、良、一般
09	《大数据平台 A2 模块功能讲解及需求确认》	PPT	张国强	10 月 15 日	王建国	优√、良、一般
10	《大数据平台 A3 模块功能讲解及需求确认》	PPT	张国强	10 月 15 日	王建国	优√、良、一般
11	《大数据平台功能设计方案》	PPT	张国强	10 月 20 日	王建国	优√、良、一般
12	《大数据平台开发工作日志》	WORD	张国强	10 月 25 日	王建国	优√、良、一般
13	《大数据项目中期报告》	PPT/WORD	张国强	10 月 25 日	王建国	优√、良、一般
14	《大数据项目最终报告》	PPT/WORD	张国强	10 月 28 日	王建国	优√、良、一般
15	项目资料及素材包(视频、文档、图片等)	综合	张国强	10 月 28 日	王建国	优√、良、一般
16	《大数据平台项目 JAVA 源代码》	.JAVA	张国强	10 月 28 日	王建国	优√、良、一般
17	系统上线实施辅导培训会 3 场	培训	张国强	10 月 30 日	王建国	优√、良、一般

项目评价：××咨询公司的王建国和李海峰两位顾问,在项目过程中积极敬业,专业勤奋。甲方对于本项目的成果产出和两位老师的配合参与表示非常感谢和满意。

广东××集团大数据平台项目负责人签字：

电话：　　　　　　　日期：

（2）让客户签收。让客户对接人签收你提交的成果，以表示收到和认可。让客户正式地确认，表示认可你项目做得很好，或是对接人对你的成果很了解，而有些没有能力分辨成果好坏的人，是不敢签字确认的。

（3）让客户表达。主要是高层的表达和认可，只要他们说句话就可以了。比如客户公司的董事长，说了某些话语，我们把它记录下来，这样就可以作为项目成果的见证。

本章小结

- 俗话说"好事情强调善始善终"，咨询项目工作也是这样，我们有气势恢宏的开场，也应有灿烂辉煌的收场。在这段过程中，课程导师见证了一个个年轻学员的成长，而年轻的学员们也感受到了自身能力的提升及知识运用到管理实践活动中的感悟。管理咨询项目成果的验收，既是对整个咨询工作开展下来的总结和反思，也是对整个项目过程参与者所付出的时间及努力的一种认可。在这一阶段需要我们做好项目收尾工作，将关键的文件材料打包，将纸质版的项目报告打印出来以供客户评阅，对于整个项目过程中表现优秀的成员，进行嘉奖和表扬，以对其在整个咨询项目过程中的卓越表现进行肯定，也在众多学员中形成学习的榜样。

【技能训练】 模块十二： 咨询项目的验收及经验分享

【训练目标】 结合管理咨询项目成果验收及管理的相关知识，指导及培养咨询项目顾问项目收尾工作的实施及开展，掌握过程中的关键任务、流程及方法。

【训练任务与要求】

1. 请各咨询项目团队将成果进行归档分类，整理好之后放到文件夹中。编制项目成果所对应的材料清单，并让客户企业代表逐项签字确认（其中，客户企业代表可由课程老师担任）。

2. 各咨询项目团队对整个咨询项目实施过程进行总结和反思，分享完成项目过程中的收获以及反思需要改进的地方；可以自我反思，也可由其他团队进行评价并提出改进建议；项目的反思及感悟体会等内容，可做成 PPT 进行汇报交流。

3. 最后，由项目总监对咨询项目整体开展情况进行总结，并对表现优异的咨询团队项目经理和咨询顾问颁发奖状（分别是最佳咨询项目经理奖、最佳咨询项目顾问奖），以示鼓励。

4. 组织全体参与演练的人员进行拍照合影，以做纪念。

5. 组织参训人员对整个演练过程及内容进行评价，并收集相应的评价资料。

参 考 文 献

[1] 侯庆轩.企业管理咨询新论[M].长春:吉林大学出版社,1992.

[2] 余明阳.咨询学[M].上海:复旦大学出版社,2005.

[3] 方少华.管理咨询工具箱[M].北京:机械工业出版社,2008.

[4] 顾元勋.企业管理咨询全周期卓越运作[M].第2版.北京:清华大学出版社,2016.

[5] 吴忠培.企业管理咨询与诊断[M].北京:科学出版社,2011.

[6] 熊亚柱.管理咨询师的第一本书[M].北京:中华工商联合出版社,2018.

[7] 丁栋虹.管理咨询[M].北京:清华大学出版社,2011.

[8] 现代咨询编写组.现代咨询[M].武汉:武汉大学出版社,1986.

[9] 程爱学,徐文锋.麦肯锡咨询方法[M].北京:北京大学出版社,2008.

[10] 张文泉,沈剑飞.管理咨询与企业诊断[M].北京:中国电力出版社,2002.

[11] 中国企业管理协会咨询服务中心,中国企业联合会管理咨询委员会.企业管理咨询理论与方法新论[M].北京:企业管理出版社,1999.

[12] 李光.现代思想库与科学决策[M].北京:科学出版社,1991.

[13] 李靖.咨询业在中国[M].北京:企业管理出版社,2001.

[14] 钟书华.中国咨询市场[M].武汉:华中科技大学出版社,2001.

[15] 郑刚,陈劲,蒋石梅.创新者的逆袭:商学院的十六堂案例课[M].北京:北京大学出版社,2017.

[16] 甄建民.现代咨询基础与实务[M].天津:天津社会科学院出版社,1999.

[17] 杨永志.中国咨询业发展研究[M].太原:山西经济出版社,1995.

[18] (美)艾森·拉塞尔,保罗·弗里嘉.麦肯锡意识[M].张涛,赵陵,译.北京:华夏出版社,2002.

[19] (美)鲍勃·耐尔逊,彼得·伊科纳米.如何做好咨询[M].廖亦彬,等,译.北京:企业管理出版社,2000.

[20] 魏丕植.中国咨询业曾领先世界——中国咨询业的历史、现状及未来[J].黄河之声,2014,12:10-14.

[21] 冷玥.中国内资管理咨询企业知识管理体系研究[J].农业图书情报学刊,2015,27(7):140-143.

[22] 金怡伶.中国管理咨询行业现状研究[J].中小企业管理与科技,2016,(5):95.

[23] 吴林峰.我国管理咨询行业存在的问题及标准化对策分析[J].标准科学,2017,(11):30.

[24] 刘祎,赵崧.我国管理咨询行业发展形势研判[J].经济视野,2015,(8):274.

[25] 董红晔.我国咨询行业发展现状与对策建议[J].现代管理科学,2017,(2):109-111.

[26] 王吉鹏.咨询业应主动拥抱大数据[J].企业管理,2018,(1):28-29.

[27] 杨敏.大数据给咨询行业带来的机遇和挑战[J].建材与装饰,2017,(9):267-268.

[28] 孙耀君.西方管理思想史[M].太原:山西人民出版社,1987.

[29] 芮明杰.管理学:现代的观点[M].上海:上海人民出版社,1999.

[30] 理查德·L.达夫特.组织理论与设计[M].北京:清华大学出版社,2003.

[31] 彼得·圣吉.变革之舞[M].北京:东方出版社,2001.

[32] 王建华.现代财务管理[M].合肥:安徽人民出版社,2002.

[33] 托马斯·卡明斯,克里斯托弗.组织发展与变革[M].北京:清华大学出版社,2003.

[34] 约翰·P.科特,丹·科恩等.变革之心[M].北京:机械工业出版社,2003.

[35] 曾仕强.中国式管理[M].北京:中国社会科学出版社,2005.

[36] 李玉萍,徐东,彭于彪.上市·策[M].北京:清华大学出版社,2008.

[37]　王汝平.C 管理模式[M].成都：四川人民出版社,2011.

[38]　王怀明.组织行为学：理论与应用[M].北京：清华大学出版社,2014.

[39]　陈春花,杨忠,曹洲涛等.组织行为学[M].第 3 版.北京：机械工业出版社,2016.

[40]　杨善林.企业管理学[M].第 3 版.北京：高等教育出版社,2015.

[41]　任佩瑜,曾玉成.现代企业管理学——理论、技术与方法[M].北京：科学出版社,2017.

[42]　朱颖俊.组织行为与管理[M].武汉：华中科技大学出版社,2017.

[43]　周三多,陈传明,贾良定.管理学——原理与方法[M].第 6 版.上海：复旦大学出版社,2016.

[44]　孙丽君,王满四.管理学[M].北京：高等教育出版社,2014.

[45]　许玉林.组织设计与管理[M].上海：复旦大学出版社,2013.

[46]　李剑锋.组织行为管理[M].第 4 版.北京：中国人民大学出版社,2010.

[47]　(日)三矢裕,谷武幸,加护野忠男.阿米巴经营模式[M].刘建英,译.北京：东方出版社,2013.

[48]　李震,王波.运营管理[M].成都：西南财经大学出版社,2010.

[49]　陈荣秋,马士华.生产运作管理[M].第 5 版.北京：机械工业出版社,2017.

[50]　陈心德,吴忠.生产运营管理[M].北京：清华大学出版社,2011.

[51]　白思俊.现代项目管理[M].北京：机械工业出版社,2012.

[52]　何盛明.财经大辞典[M].北京：中国财政经济出版社,1990.

[53]　陈佳贵.企业管理学大辞典[M].北京：经济科学出版社,2009.

[54]　陆雄文.管理学大辞典[M].上海：上海辞书出版社,2013.

[55]　王学东.电子商务管理[M].第 2 版.北京：高等教育出版社,2005.

[56]　张彦.社会研究方法[M].第 2 版.上海：上海财经大学出版社,2015.

[57]　张彦,吴淑凤.社会调查研究方法[M].上海：上海财经大学出版社,2006.

[58]　王雪莉.影响中国企业组织变革成功因素研究[D].北京：清华大学博士论文,2003.

[59]　周晖.企业组织变革研究——基于变革对象的组织变革理论[D].上海：上海财经大学博士论文,2003.

[60]　孙伟.基于组织文化的企业再造研究[D].济南：山东师范大学硕士论文,2009.

[61]　王璞,何平著.组织结构设计咨询实务[M].北京：中信出版社,2003.

[62]　袁童婧.中美比较视角下我国企业人力资源管理外包问题与对策研究[D].西南大学,2012.

[63]　刘毅峰.我国中小型民营企业人力资源管理现状分析与对策研究[D].天津大学,2009.

[64]　毕莹.民营企业人力资源管理存在的主要问题及对策[J].统计与管理,2017(10).

[65]　范书红.我国企业人力资源管理存在的问题及解决对策[J].中小企业管理与科技(下旬刊),2015(12).

[66]　钱强.新时期我国企业人力资源管理存在的问题与对策[J].中国外资,2012(21).

[67]　企业人力资源管理师专家委员会.企业人力资源管理师(一级)教材[M].北京：中国劳动社会保障出版社,2015.

[68]　王怀明.组织行为学：理论与应用[M].北京：清华大学出版社,2014.

[69]　黄立军.中小企业人力资源战略[M].广州：广东经济出版社,2008.

[70]　美邦的三个突破性营销策略[J].现代营销(经营版),2018,(1)：26-27.

[71]　陈欢,陈澄波.新零售进化论[M].北京：中信出版集团,2018.

[72]　企业信息化咨询问题研究[J].中国管理信息化,2018,21(17)：56-57.

[73]　王学东.电子商务管理[M].北京：电子工业出版社,2011.

[74]　厉向君.咨询报告在企业管理中的作用及撰写格式探讨[J].应用写作,2017,(6)：20-24.

[75]　2018 中国十大管理咨询公司排名[EB/OL].[2018-03-01].https://www.douban.com/note/659066251/.

[76]　麦肯锡兵败实达[EB/OL].https://doc.mbalib.com/view/ed8ac88ba2b9aa0c7ce3f02d5972e687.html.

[77]　管理咨询行业市场现状和发展趋势研究报告[EB/OL].[2017-07-30],https://www.sohu.com/a/

116481368_507818.

[78] 微信公众号工业智能化.华为人力资源管理的 16 个内涵特点[EB/OL].[2017-07-20],http://www.sohu.com/a/158722490_772730.

[79] 做 TPM,就是要做到自己的设备自己维护_生产[EB/OL].[2018-12-26],http://www.sohu.com/a/284550674_99938382.

[80] 华静一.红领集团:智能化生产颠覆制造业[EB/OL].[2016-10-12],http://mp.ofweek.com/gongkong/a345653129626.

[81] 香飘飘:打造中国奶茶行业标杆品牌[EB/OL].[2017-11-21],http://www.sohu.com/a/205802259_694623.

[82] IBM 数字化重塑案例:IBM 助力大东鞋业加速数字化转型开启 7 天快时尚[EB/OL].[2018-3-22],https://www-01.ibm.com/common/ssi/cgi-bin/ssialias? htmlfid=21019021CNZH&.

[83] 汉哲管理咨询(北京)股份有限公司网站资料[EB/OL].http://www.han-consulting.com.cn/.

[84] 中大咨询公司网站[EB/OL].http://www.mpgroup.cn/tuiguang/article-culture-103086.html.

[85] 上海永颢咨询培训网[EB/OL].http://www.shset.com/hr.aspx?id=60.

[86] 经典招聘案例小故事:农场招聘捕鼠科科长[EB/OL].http://www.hrsee.com/?id=371.

[87] 普华永道.组织架构体系优化设计[EB/OL].https://www.pwccn.com/zh/services/consulting/people-and-organisation/organisation-structure-design.html.

教师服务

感谢您选用清华大学出版社的教材！为了更好地服务教学，我们为授课教师提供本书的教学辅助资源，以及本学科重点教材信息。请您扫码获取。

>> 教辅获取

本书教辅资源，授课教师扫码获取

>> 样书赠送

企业管理类重点教材，教师扫码获取样书

 清华大学出版社

E-mail: tupfuwu@163.com
电话：010-83470332 / 83470142
地址：北京市海淀区双清路学研大厦 B 座 509

网址：http://www.tup.com.cn/
传真：8610-83470107
邮编：100084